丛书主编　丁见民
丛书副主编　付成双　赵学功

美 洲 史 丛 书

战后美国外交政策探微

赵学功　著

南开大學出版社

天　津

图书在版编目(CIP)数据

战后美国外交政策探微 / 赵学功著. －天津：南
开大学出版社，2023.4
（美洲史丛书 / 丁见民主编）
ISBN 978-7-310-06406-9

Ⅰ.①战… Ⅱ.①赵… Ⅲ.①美国对外政策－外交史
－研究 Ⅳ.①D871.20

中国国家版本馆 CIP 数据核字(2023)第 013190 号

战后美国外交政策探微
ZHANHOU MEIGUO WAIJIAO ZHENGCE TANWEI

南开大学出版社出版发行
出版人：陈 敬
地址：天津市南开区卫津路94号 邮政编码：300071
营销部电话：(022)23508339 营销部传真：(022)23508542
https://nkup.nankai.edu.cn

雅迪云印(天津)科技有限公司印刷 全国各地新华书店经销
2023 年 4 月第 1 版 2023 年 4 月第 1 次印刷
238×170 毫米 16 开本 19.25 印张 4 插页 325 千字

定价：168.00 元

如遇图书印装质量问题,请与本社营销部联系调换,电话：(022)23508339

南开大学中外文明交叉科学中心
资助出版

编者的话

自从 1492 年哥伦布发现"新大陆",美洲开始进入全世界的视野之内。不过,哥伦布认为他所到达的是东方的印度,故误将所到之地称为印度群岛,将当地原住民称为"印地人"。意大利航海家阿美利哥在随葡萄牙船队到南美洲探险后,于 1507 年出版的《阿美利哥·维斯普西四次航行记》中宣布哥伦布所发现的土地并非东方印度,而是一个新大陆。稍后学者为了纪念新大陆的发现,将这一大陆命名为"亚美利加",即美洲。此后很长时期内,欧洲人,无论是西班牙、葡萄牙还是英国、法国的探险家,都将这一大陆称为美洲。葡萄牙航海家费迪南德·麦哲伦,西班牙探险家赫尔南·科尔特斯、弗朗西斯科·皮萨罗,英国探险家弗朗西斯·德雷克、沃尔特·雷利无论在发给欧洲的报告、书信还是出版的行记中,都将新大陆称为美洲。甚至到 18 世纪后期,克雷夫科尔撰写的《一位美国农夫的来信》使用的依然是"America",而法国人托克维尔在 19 世纪 30 年代出版的名著《论美国的民主》也是如此。可以说,在"新大陆"被发现后的数百年中,美洲在欧洲人的观念中都是一个整体。

1776 年,随着英属北美 13 个殖民地的独立,美洲各区域开始走上不同的发展道路。首先独立的美国逐渐发展壮大,西进运动势如破竹,领土扩张狂飙猛进,到 19 世纪中期已经俨然成为美洲大国。接着,原在西班牙、葡萄牙殖民统治之下的广大拉丁美洲地区,也在 19 世纪 20 年代纷纷独立,建立了众多国家。不过,新独立的拉美各国在资源禀赋极为有利的情况下,却未能实现经济快速发展,社会问题丛生,现代化之路崎岖缓慢。现代学者在谈及拉美问题时,屡屡提及"现代化的陷阱"。最后,加拿大在 19 世纪中期经过与英国谈判才获得半独立地位,但此后其"国家政策"不断推进,经济发展和国家建设稳步提升,于 20 世纪初跻身经济发达国家之列。

表面上看,似乎美洲各国因为国情不同、发展道路各异而无法被等同视之，但当历史进入 19 世纪末期以后，美洲一体化的趋势却日渐明显，似乎应了"分久必合"的老话。1890 年 4 月，美国同拉美 17 个国家在华盛顿举行第一次美洲会议，决定建立美洲共和国国际联盟及其常设机构——美洲共和国商务局。1948 年在波哥大举行的第九次美洲会议通过了《美洲国家组织宪章》，联盟遂改称为"美洲国家组织"。这一国际组织包括美国、加拿大与拉丁美洲大部分国家。

除了国际政治联合外，美洲经济一体化也在第二次世界大战后迅速发展。美洲区域经济一体化首先在拉丁美洲开启。拉美一体化协会（Latin American Integration Association）是最大的经济合作组织，其前身是拉丁美洲自由贸易协会，主要成员国包括阿根廷、玻利维亚、巴西、智利、哥伦比亚、厄瓜多尔、墨西哥、巴拉圭、秘鲁、乌拉圭和委内瑞拉。此外，1969 年成立的安第斯条约组织（又称安第斯集团），由玻利维亚、智利、哥伦比亚、厄瓜多尔和秘鲁组成。1994 年，安第斯条约组织正式组建自由贸易区。1997 年，安第斯条约组织更名为安第斯共同体，开始正式运作。与此同时，加勒比共同体、中美洲共同市场、南方共同市场等区域经济一体化组织纷纷出现。其中，1995 年建立的南方共同市场是拉美地区发展最快、成效最显著的经济一体化组织。北美自由贸易区的建立，则是美洲一体化的里程碑。1992 年，美国、加拿大和墨西哥三国正式签署《北美自由贸易协定》。1994 年 1 月 1 日，协定正式生效，北美自由贸易区宣布成立。

时至今日，美洲各国在经济和政治上的联系日益紧密，美洲在政治、经济和文化等诸多方面依然是和欧洲、亚洲、非洲迥然不同的一个区域。无论是被视为一个整体的美洲，还是走上不同发展道路的美洲各国，抑或走向一体化的美洲，都值得学界从历史、文化、外交、经济等多维度、多视角进行深入研究。

南开大学美洲史研究有着悠久的历史和深厚的学术传统。20 世纪二三十年代，曾有世界史先贤从美国学成归来，在南开大学执教美国史，为后来美国史的发展开启先河。不过，南开美国史研究作为一个具有影响的学科则可以追溯到杨生茂先生。先生 1941 年远赴海外求学，师从美国著名外交史学家托马斯·贝利，1947 年回国开始执教南开大学，他培养的许多硕士生和博士生成为国内高校美国史教学和科研的骨干。1964 年，根据周恩来总理的指示，国家高教委在南开大学设立美国史研究室，杨生茂先生任主任。这是中国高校中最早的外国史专门研究机构。此后，历经杨生茂先生、张友伦先生和李剑鸣、赵学功教授三代学人的努力，南开大学美国史学科成为中国美国史研究一个颇具影响的学术点。2000 年，美国历史与文化研究中心成立，成为南开大学历史学院下属的三系三所三中心的机构之一。2017 年，以美国历史与文化研究中心为基础组建的南开大学美国研究中心，有幸入选教育部国别与区域研究（备案）基地，迎来新的发展机遇。不过，南开大学美国研究中心并非仅仅局限于历史学科。南开美国研究在薪火相传中一直都具有跨学科的多维视角特色，这可以追溯到冯承柏先生。冯先生出身于书香世家，数代都是南开学人。他一生博学多才，在美国研究、博物馆学与图书情报等数个领域都建树颇丰，在学界具有重要的影响，他为美国研究进一步开辟了交叉学科的宽广视野。在冯先生之后，南开美国研究的多学科合作传统也一直在延续，其中的领军者周恩来政府管理学院的韩召颖教授、美国研究中心的罗宣老师都是冯先生的杰出弟子。

南开大学拉丁美洲史是国家重点学科"世界史"主要分支学科之一，也是历史学院的特色学科之一。南开大学历史系拉丁美洲史研究室建立于 1964 年，梁卓生先生被任命为研究室主任。1966 年，研究室一度停办。1991 年，独立建制的拉丁美洲研究中心成立，洪国起教授为第一任主任，王晓德教授为第二任主任，董国辉教授为现任主任。2000 年南开大学实行学院制后，拉美研究中心并入历史学院。1999 年，中心成为中国拉丁美洲史研究会秘书处所在地。洪国起教授在 1991—1996 年任该研究会副理事长，1996—1999 年任代理理事长，1999—2007 年任理事长。2007—2016 年，王晓德教授担任研究会理事长，韩琦教授担任常务副理事长；2016 年后，韩琦教授担任理事长，王萍教授、董国辉教授担任副理事长。

此外，加拿大史研究也一直是南开大学世界史学科的重要组成部分。20 世纪 90 年代，张友伦先生带队编著并出版《加拿大通史简编》，开启研究先河。杨令侠、付成双教授分别担任中国加拿大研究会会长、副会长，先后担任南开大学加拿大研究中心主任。南开大学加拿大研究中心是中国加拿大研究的重镇之一，出版了众多加拿大研究成果，召开过数次大型学术研讨会。

深厚的学术传统结出丰硕的学术成果，而"美洲史丛书"就是前述研究成果的一个集中展现。这套丛书计划出版（或再版）18 部学术著作，包括杨生茂著《美国史学史论译》、张友伦主编《加拿大通史简编》、冯承柏著《美国历史与中美文化交流研究》、洪国起著《拉丁美洲史若干问题研究》、陆镜生著《美国社会主义运动史》、韩铁著《美国历史中的法与经济》、王晓德著

《拉丁美洲对外关系史论》、李剑鸣著《文化的边疆：美国印第安人与白人文化关系史论》、韩琦著《拉丁美洲的经济发展：理论与历史》、赵学功著《战后美国外交政策探微》、付成双著《多重视野下的北美西部开发研究》、董国辉著《拉美结构主义发展理论研究》、王萍著《智利农业与农村社会的变迁》、丁见民著《外来传染病与美国早期印第安人社会的变迁》、张聚国著《上下求索：美国黑人领袖杜波依斯的思想历程》、罗宣著《美国新闻媒体影响外交决策的机制研究》、王翠文著《文明互鉴与当代互动：从海上丝绸之路到中拉命运共同体》与董瑜著《美国早期政治文化史散论》。

与其他高校和科研机构的相关成果相比，这套丛书呈现如下特点：第一，丛书作者囊括南开大学老中青三代学者，既包括德高望重的前辈大家如杨生茂、张友伦、冯承柏、洪国起，又包括年富力强的学术中坚如王晓德、李剑鸣、赵学功、韩琦等，还包括新生代后起之秀如付成双、董国辉和董瑜等；第二，丛书研究的地理区域涵盖范围宽广，涉及从最北端的加拿大到美国，再到拉丁美洲最南端的阿根廷；第三，涉猎主题丰富广泛，涉及政治、经济、文化、外交、社会和法律等众多方面。可以说，这套丛书从整体上展现了南开大学美洲史研究的学术传统特色和专业治学水平。

为保证丛书的编写质量，南开大学历史学院与南开大学出版社密切合作，联手打造学术精品。南开大学中外文明交叉科学中心负责人江沛教授在担任历史学院院长时启动了"美洲史丛书"的出版工作，并利用中外文明交叉科学中心这个学术平台，提供学术出版资助。余新忠教授继任历史学院院长后，十分关心丛书的后续进展，就丛书的编辑、出版提出了不少建设性意见。南开大学世界近现代史研究中心主任杨栋梁教授对丛书的出版出谋划策，鼎力支持。此外，美国研究中心、拉丁美洲研究中心的博士及硕士研究生出力尤多，在旧版书稿与扫描文稿间校对文字，核查注释，以免出现篇牍讹误。

南开大学出版社的陈敬书记、王康社长极为重视"美洲史丛书"的编辑出版工作，为此召开了专门的工作会议。项目组的编辑对丛书的审校加工倾情投入，付出了艰巨的劳动。在此向南开大学出版社表示衷心的感谢！

丁见民

2022 年 4 月

前　言

　　自 1991 年师从著名历史学家杨生茂先生开始学习美国史至今，倏忽已逾三十余载，在此期间曾发表了数十篇有关美国外交史的文字，收入在这本小书中的十余篇文章即是其中的一部分。

　　这些文字主要集中在三个方面。一是美国的核政策，主要考察战后美国核战略和核政策的发展演变及缘由、核武器与美国对外政策之间的联系等。核武器在战后美国对外政策中扮演了极为重要的角色，是美国政府进行冷战的主要工具。可以说，在很大程度上核问题一直居于战后美国对苏政策的核心，核军备竞赛与核裁军贯穿于整个冷战时期的美苏关系。不仅如此，美国还凭借其享有的核优势，多次试图通过核威胁来达成其政治和军事意图，结果却事与愿违。朝鲜战争、古巴导弹危机的个案研究都揭示出美国核力量作用的限度。

　　二是美国对古巴的政策，主要考察了美国政府对古巴革命胜利的反应。1959 年古巴革命的胜利对美国在西半球的霸权来说是一个沉重打击，艾森豪威尔政府对古巴采取了政治上敌视、外交上孤立、经济上封锁的政策，同时考虑通过隐蔽的准军事行动以武力推翻古巴革命政府，建立一个亲美的政权。为此，美国政府制订了一整套的隐蔽行动计划，由美国中央情报局具体组织，招募古巴流亡分子进行训练，计划对古巴实施军事入侵。肯尼迪政府在继续采取上述政策的同时，还制订了针对古巴的作战计划，试图以武力推翻古巴政府，建立一个亲美政权。即使在古巴导弹危机发生后，美国政府在对古巴进行海上封锁的同时，仍加紧策划实施应急作战计划，对古巴进行空袭和入侵，并展开了大规模的军事部署。但是，鉴于此举不论是政治上还是军事上都存在诸多难以解决的问题，而且有可能导致与苏联的全面战争，美国政府终究未敢轻举妄动，军方制订的应急作战计划成为纸上谈兵。

　　三是美国对东亚的政策，主要是勾勒了战后美国东亚政策的演变以及美国对越南战争和对日本的政策。冷战时期，美国对东亚政策曾做出重大调整，大体可以分为三个阶段。第一个时期是从杜鲁门政府至约翰逊政府，美国东亚政策表现出来的最明显的特点就是遏制与干涉，朝鲜战争、越南战争则是这一特征的集中体现。第二个时期为从尼克松政府至卡特政府，基本特点是在实力相对衰落的情况下实行战略收缩。第三个时期是里根政府，美国意欲加强在东亚地区的地位，确保并不断扩大在该地区的影响和利益。侵越战争是美国外交史上的一次大失败，不论是对美国国内还是对于当时的东亚国际关系，都产生了极为深刻的影响。收录书中的三篇文章考察了美国陷入越南战争泥潭以及结束战争的大致过程。

书中的各篇文章体现了发表时自己对一些问题不成熟的思考和浅见，也记录了个人学术努力的历程，因而都基本上保持了原貌，除了对个别内容进行删减，主要是做了技术上的修改和完善，包括统一译名，统一格式，规范注释体例，订正原文中的个别文字错误。部分文章的少量引文和内容可能会有重复之处，因为论述的角度和重点有所不同，考虑到文章的完整性，没有进行删节，敬请见谅。

各篇文章在写作、发表时得到了诸多学界师友的鼓励、提携和帮助。有关美国核问题的文章为南开大学基本科研业务费资助项目的阶段性成果。本书的出版得到了南开大学历史学院黄家友书记、余新忠院长等各位领导和南开大学中外文明交叉科学中心负责人江沛教授的支持。南开大学出版社叶淑芬编辑认真、负责、敬业，为本书的出版贡献良多。在此一并谨表谢忱。毫无疑问，限于笔者的能力和水平，收入本书的各篇小文还存在着不少问题，乃至谬误之处，祈请诸位师友批评指教。

目　录

核问题与美国外交

美国对古巴的政策

美国对东亚的政策

核问题与美国外交

冷战时期美国核战略思想的演变

自从 1945 年核武器问世以来，便成为美国谋求实现其自身政治、军事和外交目标的重要工具，并由此形成了一套核战略思想。对于什么是核战略这一问题，学者们尚未有一个统一的严格的定义。大体说来，比较一致的观点是这一概念应包含四部分基本内容：核威慑政策或声明，即由政府决策人物公开宣布的有关核武器的理论、政策、原则以及打击目标等综合性政策；核力量使用政策，即核武器实际运用的方针政策，包括核战争计划和打击目标政策，这是核战略中最为核心部分，集中体现了最高决策层对核战争的基本观点和意图；核武器发展政策，即有关核力量研究、发展、试验等方针政策；核裁军政策，即有关围绕削减核军备而制定的相关政策。①在冷战时期，作为世界上第一个核国家，美国的核战略随着核武器的不断发展经历了几次较大的调整，大体上可以分为形成时期、大规模报复时期、灵活反应时期、缓和时期、星球大战时期等几个阶段，并且每一个阶段都呈现出不同特征。

一、核战略形成期

核武器的出现与冷战起源息息相关。1941 年 10 月初，美国总统罗斯福

① 国内外的相关研究主要包括徐光裕：《核战略纵横》，北京：国防大学出版社，1987 年；王仲春、夏立平：《美国核力量与核战略》，北京：国防大学出版社，1995 年；顾德欣：《核裁军史》，北京：国防大学出版社，2004 年；王仲春：《核武器、核国家、核战略》，北京：时事出版社，2007 年；张静怡、宋久光：《从"纯威慑"到"实战威慑"：60 年代以来美国核战略的演变》，《美国研究》，1988 年第 4 期；潘锐：《从"大规模报复"到"星球大战"》，《太平洋学报》，2002 年第 3 期；Bernard Brodie, *The Absolute Weapons*, New York: Harcourt Brace, 1946; McGeorge Bundy, *Danger and Survival: Choices About the Bomb in the First Fifty Years*, New York: Randon House, 1988; Samuel Williamson and Steven Readen, *The Origins of U. S. Nuclear Strategy*, New York: St. Martin's Press, 1993; Lawrence Freedman, *The Evolution of Nuclear Strategy*, London: Palgrave Macmillan, 2003.

做出了研制原子弹的决定。随后，美国、英国以及加拿大科学家共同努力，终于在 1945 年 7 月 16 日研制成功。在此期间，美国政府采取了极为严格的保密措施，主要是防范苏联。尽管不少科学家和一些政府官员确信，美国不能永远保守原子能秘密，建议与苏联进行对话，实现原子能的国际管制，但罗斯福总统却不愿意这样做。可以说，美英在原子能问题上的政策在很大程度上加剧了美苏之间的不信任，成为导致战时同盟瓦解的一个重要原因。

1945 年 8 月 6 日和 9 日，美国分别对日本广岛和长崎投掷了两颗原子弹，将这两个城市夷为平地。杜鲁门政府此举究竟意图何在，学术界一直众说纷纭，争论不休。传统学派认为，这完全是出于军事考虑，旨在减少美军伤亡，加快战争结束的步伐。修正学派则指出，美国是试图通过显示原子弹的威力，以迫使苏联在战后安排问题上做出让步。现在比较流行的说法是，杜鲁门政府之所以决定使用原子弹，军事考虑是第一位的，当然也确有政治目的，只不过后者占有次要地位。[①]

不管怎样，在战后初期，随着冷战的展开，原子弹无疑成为美苏关系中的一个非常微妙而又重要的因素。美国陆军部长亨利·史汀生认为，在许多部门，原子弹被视为能抵消苏联在欧洲大陆日益增长的影响的工具。他本人主张在原子能问题上尽早同苏联进行接触和对话，拟定控制核武器的办法，认为美国如果利用这种武器来炫耀"我们的优势，只会使他们更加怀疑我们的目的与动机"。副国务卿迪安·艾奇逊也提出了同样的建议。他警告说，苏联一定会竭尽全力去恢复因原子弹而造成的力量失衡，如果美国在原子能问题上坚持排斥政策，势必会进一步加剧美苏关系的紧张。但是杜鲁门决意继续垄断原子弹，并不断扩大原子弹的生产，以增加与苏联打交道的筹码。[②]

原子弹的巨大破坏力促使杜鲁门政府对苏联采取更为强硬态度，不断向其施加压力，迫使其在东欧、中东以及东亚问题上妥协。美国决策者对原子弹的长期垄断表现出异乎寻常的自信，认为苏联不可能很快制造出自己的核武器，可能需要 5—15 年的时间。杜鲁门甚至坚信苏联人永远也不可能制造出原子弹。由于拥有了原子弹这张"王牌"，杜鲁门设想大幅度削减军队。1945

---

① J. Samuel Walker, "The Decision to Use the Bomb: A Historiographical Update", *Diplomatic History*, Vol.14, No.1, Winter 1990, pp.97-114; "Recent Literature on Truman's Atomic Bomb Decision", *Diplomatic History*, Vol.29, No.2, April 2005, pp. 311-334.

② Martin J. Sherwin, "The Atomic Bomb and the Origins of the Cold War: U.S. Atomic-Energy Policy and Diplomacy, 1941-45", *The American Historical Review*, Vol.78, No.4, October 1973, pp. 966-968.

年 9 月 15 日，他提出在 1946 年 6 月以前把 800 多万人的战时陆军削减到
195 万人，海军和空军也相应削减。1946 年 3 月，陆军部宣布到 1947 年 7 月
把陆军削减到 107 万人，其中 40 万是空军部队。应当说，在 1949 年之前，
美国并没有一个明确的核战略，只是把原子弹当作其武器库中一个威力巨大
的炸弹，而且，由于居于垄断地位，美国原子弹的生产规模也很小。在垄断
原子弹时期，美国尚没有一个明确的核战略，只是将其视为一个威力更大的
常规武器而已。

　　事实证明，美国决策者的判断完全是错误的。就在美国开始研制原子弹
之时，苏联科学家同样开始对原子能问题给予关注。从 1943 年开始，苏联情
报部门陆续获得了其他国家研制原子弹的机密情报。苏联领导人斯大林指示
国防委员会组织有关部门实施苏联的原子能发展计划，并由核物理学家库尔
恰托夫来具体负责。

　　1945 年 7 月波茨坦会议期间，杜鲁门故意告诉斯大林，美国已经制造出
一种破坏力很大的新武器之后，斯大林表面上无动于衷，这令杜鲁门颇感失
望，但实际上，斯大林立即下令苏联有关部门加快研究速度。这可以说是美
国施展"原子外交"的开始。对此，斯大林表示，杜鲁门"企图向我们施压，
原子弹的确给他撑了腰，但是这种讹诈和威胁是我们所不能接受的"，苏联决
不能容忍任何国家拥有对苏联的决定性优势。在苏联领导人看来，美国投掷
原子弹的真正目标不是日本，而是苏联，旨在向苏联施加压力。[1]

　　原子弹在日本所造成的毁灭性破坏使苏联决策者充分认识到了原子弹的
威力。斯大林等人在公开场合对原子弹表现出不屑一顾的样子，认为它只能
吓唬那些胆小鬼，并不能决定战争的进程，但私下里都认为"那是个非常有
威力的东西"。1945 年 8 月 20 日，斯大林召见库尔恰托夫，强调美国在广岛
投掷原子弹震撼了整个世界，力量均势已经被破坏，指示他要在尽可能短的
时间内制造出原子弹，使苏联"免受巨大的威胁"。[2]尽管苏联在战后初期面
临着百废待兴、医治战争创伤的艰巨任务，研制原子弹仍成为压倒一切的首
要任务。1946 年 1 月 25 日，斯大林再次指示，研究工作要以"苏联的规模"

---

[1] Stephen Zaloga, *Target America: The Soviet Union and the Strategic Arms Race, 1945-1964*, Novato: Presidio Press, 1993, p.27; John Lewis Gaddis, *We Now Know: Rethinking Cold War History*, New York: Oxford University Press, 1997, pp.95-96.

[2] David Holloway, *The Soviet Union and the Arms Race*, New Haven: Yale University Press, 1983, p.20.

进行，并表示将提供最大限度的援助。① 12 月，苏联第一座原子反应堆投入运转。1949 年 8 月 29 日，苏联第一颗原子弹爆炸成功，美国垄断原子弹的时代宣告结束。

不言而喻，苏联原子弹的爆炸不啻是对美国决策者的当头一击，不少官员对此做出的第一反应是怀疑。杜鲁门的国家安全顾问悉尼·索尔斯认为，这很可能是核反应堆爆炸引起的虚惊，而不是原子弹爆炸。国防部部长路易斯·约翰逊表示，无论苏联试验的是什么，反正不可能是原子弹。9 月 23 日，杜鲁门发表声明说，在过去的几个星期中，苏联进行了一次原子爆炸，并称"自从人类首次释放原子能以来，其他国家在这种新力量上的发展是意料之中的事情。我们过去一直就估计到这个可能性"。②

核垄断地位的丧失极大地加剧了美国人的不安全感，促使杜鲁门政府对国家安全政策做出大幅度调整。首先是决定研制威力更大的氢弹，恢复美国的核优势。对此，美国国内存在着较大分歧。大多数科学家认为，研制氢弹的做法"会给人类带来极大的危险，远远超过了这一武器所带来的军事优势"，担心超级炸弹"很可能成为一种灭绝种族的武器"。国务院顾问乔治·凯南提出了一份长达 70 多页的备忘录，建议美国政府与苏联进行认真谈判，以达成原子能的国际管制。事实上，就连新任国务卿的艾奇逊也似乎主张暂缓发展氢弹，建议最好就超级炸弹规定一个 18—24 个月的延缓期，在此期间尽最大努力缓和国际局势，与苏联人达成协议；如果不能达成协议，再大力生产原子弹和氢弹。他强调，如果美国在军事上对核武器的依赖与日俱增，那么"我们无法自信地提倡和主导国际管制和废除此类武器的能力"。

但是，这一观点遭到了原子能委员会部分成员、国会和军方的强烈反对。国会两院原子能委员会主席布赖恩·麦克马洪在给杜鲁门的备忘录中对此进行了猛烈攻击，宣称如果听任苏联率先得到氢弹，灾难很可能就会降临。原子能委员会成员刘易斯·斯特劳斯认为，美国现在要抓紧时间研制氢弹，要像当初研制第一颗原子弹那样，投入相应的人力和财力，只有这样才能保持领先地位，美国单方面放弃研制这一武器非常容易导致苏联单方面拥有这类武器。10 月 10 日，参谋长联席会议上书国防部部长约翰逊，强调"在苏联获得原子武器的情况下，如果要求我们的核武器继续起到对战争的威慑作用，

---

① David Holloway, *Stalin and the Bomb*, New Haven: Yale University Press, 1994, p.148.

② U.S. Department of State, *Foreign Relations of the United States, 1949*, Vol.1, Washington, D.C.: United States Government Printing Office, 1976, p.541.

那就必须保持我们在核储备以及生产速度上的压倒优势"。11 月 23 日，参谋长联席会议主席奥马尔·布拉德利向杜鲁门提出，美国的克制并不能阻止苏联发展核武器，如果苏联有了超级炸弹而美国却没有，这种情况"将是不可容忍的"。[①]

杜鲁门的观点很明确，"既然我们不能实现国际控制，我们就必须保持在核武器方面保持最强大的地位"，认为"任何能保证我们在国防原子能发展领域中获得领先权的东西必须进行试验"。1950 年 1 月 31 日，他指示原子能委员会继续包括氢弹在内的各种原子武器方面的研究工作。他告诉其助手，就氢弹而言实际上并没有决定可做，美国不得不研制这一炸弹，必须拥有它，"即使只是为了与苏联讨价还价"。在杜鲁门看来，苏联原子弹的爆炸打破了原来的力量平衡，美国只有通过研制威力更大的炸弹才能恢复这种平衡。[②]3 月，军方提出了一项更为明确的要求，主张将"热核武器的发展计划当作最急迫的工作来完成"，并提供必要的支持，杜鲁门立即批准了这一建议。[③]

与此同时，美国政府开始着手调整国家安全政策，其结果即是美国国家安全委员会第 68 号文件的出笼。该文件极力渲染苏联的军事力量，认为苏联的军事实力已经对"自由世界"构成严重"威胁"，美国必须大力扩充军备，才能掌握冷战的主动权，遏制住苏联的"扩张"。文件要求在迅速扩充常规军备的同时，"进一步提高核武器的数量和质量"，强调"如果苏联抢在美国之前发展了热核武器，那么整个自由世界面临的苏联压力将极大地增强，美国遭受攻击的危险也随之而增加；如果美国先于苏联发展热核武器，那么美国暂时有能力向苏联施加更多压力"。[④]由此可见，在美国决策层看来，氢弹的研制与否直接关系着美国的国家安全。

在杜鲁门时期，美国的核战略处于初创阶段，尚未形成系统的理论体系。美国决策者并没有深刻地认识到原子弹对国际关系发展所产生的广泛影响，

---

① U.S. Department of State, *Foreign Relations of the United States, 1949,* Vol.1, Washington, D.C.: United States Government Printing Office, 1976, p. 595.

② John Lewis Gaddis, *Strategies of Containment: A Critical Appraisal of Postwar American National Security Policy,* New York: Oxford University Press, 1982, p. 82.

③ David A. Rosenberg, "American Atomic Strategy and the Hydrogen Bomb Decision", *The Journal of American History,* Vol.66, No.1, June 1979, p. 85.

④ National Security Council(NSC) 68, "United States Objectives and Programs for National Security," April 7, 1950, National Archives, College Park, Maryland; Samuel Wells, "Sounding the Tocsin: NSC 68 and the Soviet Threat", *International Security*, Vol.4, No.2, Fall 1979, pp. 116-138.

只是将其视为威力空前的炸弹。美国领导人凭借手中的核优势，频频挥舞原子弹，对苏联、中国等国家施加压力，核武器成为美国推行遏制政策的重要工具。根据 1948 年 9 月美国国家安全委员会拟定的第 30 号文件，一旦发生战争，美国必须迅速而有效地使用包括原子弹在内的一切适当的手段，保卫美国的国家安全利益。一位美国学者指出，自轰炸广岛以来，外交上的每一次交锋都笼罩着原子能的魔影。[①] 在冷战初期，虽然美苏两国并没有直接进行军事较量，但世界依然是险象丛生、危机迭起，甚至几次濒临核战争的边缘。

1948 年 6 月，苏联对柏林实施全面封锁，由此导致东西方在柏林问题上发生了所谓第一次柏林危机。为了迫使苏联解除封锁，在危机的高潮，美国决策者决定使用核外交，将 60 架可以携带核弹头的战略轰炸机部署到英国的空军基地，对苏联进行威胁。尽管这些飞机当时并没有装载原子弹，而且都没有经过改装，也不能携带核武器，但苏联并不知晓。根据美国一位原子能事务官员的说法，美国派遣 B-29 轰炸机，就是希望使人们产生它们装备了核武器，并且美国打算使用这些武器的印象。国防部部长詹姆斯·福里斯特尔、驻德美军军官亨利·克莱宣称"将毫不犹豫地使用原子弹"，而且首先要攻击莫斯科和列宁格勒。杜鲁门也表示，如有必要，他将准备动用原子弹。[②] 五角大楼甚至请求将原子弹的控制权从杜鲁门总统手中移交给军队，以便做好随时使用的准备。

目前还没有确切的证据说明美国的核部署对苏联的决策产生了怎样的影响，但美国决策者确信，核威胁在柏林危机中发挥了作用，促使苏联做出让步，并最终解除封锁。[③] 这是冷战时期美国首次实施的核外交。朝鲜战争是东西方之间展开的第一场大规模军事较量，美国决策者依然把核武器作为取得最后胜利的撒手锏。1950 年 6 月朝鲜战争爆发的当天晚上，美国领导人即讨论对苏联远东空军基地实施核打击问题。美国决策者认为，苏联在背后策划了这场战争，并且也只有苏联才有能力阻止美国的干预。杜鲁门甚至在 1950 年 11 月 30 日的记者招待会上公开发出核威胁，声称一直积极考虑这一问题。一些政府官员和国会议员甚至公开要求用原子弹对苏联实施先发制人式

---

① Walter LaFeber, *America, Russia and the Cold War, 1945-1992*, New York: McGraw-Hill, 1993, p.41.

② John Newhouse, *War and Peace in the Nuclear Age*, New York: Alfred A. Knopf, 1988, p.67; Lawrence Freedman, *The Evolution of Nuclear Strategy*, New York: Palgrave Macmillan, 2003, p.50.

③ John Lewis Gaddis, *The Long Peace: Inquiries into the History of the Cold War*, New York: Oxford University Press, 1987, p.110.

的打击。不仅如此，在整个朝鲜战争期间，美国一直都在积极策划使用原子弹问题，并制订了相应计划和方案。

不仅如此，从 20 世纪 40 年代末开始，美国政府内部不断有人主张用核武器对苏联发动预防性战争，军方更是制订了一系列针对苏联的核作战计划。1946 年 6 月，美国参谋长联席会议拟定了第一个对苏联实施核打击的"铁钳"作战计划，认为与苏联的战争将是一场全面战争，需要动用美国及其盟国包括原子弹在内的所有战争潜力。根据该计划，一旦发生美苏战争，要求以 50 枚原子弹摧毁苏联 24 个城市。1948 年 5 月，美国军方又制订了"半月"计划，建议用 50 枚原子弹攻击苏联，摧毁其进行战争的努力，并使其 50% 的工业陷于瘫痪。1949 年初，军方以"特洛伊"计划取代"半月"计划，设想在一个月之内，用 133 枚原子弹攻击苏联 70 座城市，主要目标包括工业中心、交通运输枢纽以及发电站等。朝鲜战争期间，美国军方完成了"敲诈"计划，要求对苏联 100 多座城市投掷 200 多枚原子弹。[①]

从 1945 年至 1949 年初，美国确定的核打击目标主要是苏联的城市和工业，主要原因是，这些目标很容易确定，摧毁这些目标是削弱苏联军事力量的最佳途径。1949 年之后，随着苏联拥有了原子弹和军事力量的不断壮大，美国的打击目标清单也更为复杂化，主要包含了三类：工业设施；交通运输线；军事设施。但是，对于一旦发生战争美国应该首先打击何种目标，美国空军内部意见并不统一。[②]

为了保持核垄断地位，1946 年 6 月，美国提出了实施国际原子能管制的"巴鲁克计划"。按照该计划，世界上的原子能发展与使用的所有活动都由一个国际原子能机构来进行管制；任何把核燃料用于武器发展的违约行为都将受到严惩；在该机构建立起管制后，所有国家应当停止原子弹的制造，对现有原子弹将按照有关规定加以处置；在原子能问题上任何国家都不具有否决权。很显然，这一计划有助于美国继续垄断原子弹。实际上，美国的主要意图即在于此。尽管此方案得到了英国、加拿大等国家的赞同，但苏联表示坚决反对，认为该计划不过是美国借以"维持它的原子垄断"和"窃取苏联军事机密"的一种工具。苏联驻联合国代表葛罗米柯提出，应当缔结一项国际协定，完全禁止拥有、生产和使用原子武器，而不是达成一项国际控制协定。

---

① 参见 Steven Ross, *American War Plans, 1945-1950*, London: Frank Cass, 1996.

② Aaron Friedberg, "A History of the U.S. Strategic Doctrine, 1945-1980", *Journal of Strategic Studies*, Vol.3, No.3, 1980, pp. 40-41.

缔约国应承担如下义务：在任何情况下都不得使用核武器；禁止生产和保存这类武器；在该协议生效后 3 个月内销毁所有核武器的储备；缔约国宣布，任何对上述条款的破坏是对人类犯下最严重的国际罪行。他特别强调，苏联决不接受对否决权问题的任何限制。[①] 如果接受苏联的建议，美国就要销毁自己的原子弹，这显然是美国政府不可能做到的。杜鲁门表示，"在任何情况下，我们都不应扔掉我们的枪杆，除非我们能够肯定世界上其他国家都不能武装起来反对我们"。[②]

出于各自利益的考虑，美苏双方互不让步，这就预示着刚刚开始的核军备限制谈判将会困难重重。1946 年 7 月美国在太平洋上的比基尼岛进行了第二次原子弹试验，进一步增加了苏联的危机感。毫无疑问，美国的决策大大加剧了美苏核军备竞赛。1949 年初，苏联退出了联合国原子能委员会。1952 年 11 月 1 日，美国在马绍尔群岛成功试验了第一个热核装置，其当量为 1040 万吨梯恩梯，比投掷在广岛的那颗原子弹当量大 1000 倍。就在美国对此感到沾沾自喜之时，苏联领导人却宣布，"美国已不再拥有对氢弹的垄断权"。1953 年 8 月 8 日，在美国试验氢弹 9 个月后，苏联也进行了首次热核试验。

二、大规模报复战略

1953 年 1 月艾森豪威尔执政后，美国的核战略逐步开始形成。大规模报复战略是美国第一个系统的核战略，确立了核武器在美国国家安全和军事战略中的核心地位。10 月，艾森豪威尔批准了国家安全委员会第 162 号文件，确定今后无论何时，只要需要就使用核武器，以核武器和战略空军为中心来制订全盘战略计划。1954 年 1 月，国务卿约翰·杜勒斯在对外关系委员会发表讲话，首次公开提出了这一战略。他宣称，威慑侵略的办法就是"自由世界"愿意并且能够在它所选择的地点，以其所选择的方式有力地做出反应，这个基本的决定就是主要依靠一种巨大的报复能力，"能够即刻以我们所选择

① Larry Gerber, "The Baruch Plan and the Origins of the Cold War", *Diplomatic History*, Vol.6, No.1, Winter 1982, pp. 69-95; 安·安·葛罗米柯主编：《苏联对外政策史（1945—1980）》，韩正文等译，北京：中国人民大学出版社，1989 年，第 95 页。

② Gregg Herken, *The Winning Weapon: The Atomic Bomb in the Cold War, 1945-1950*, New York: Alfred A. Knopf, 1980, p.175.

的方式进行报复"。杜勒斯所言"巨大的报复能力"即是核武器,这表明大规模报复战略其实就是以美国强大的核武库为后盾,对苏联等国家进行威慑。根据这一战略,一旦发生战争,美国将使用核武器,而且在打击目标方面没有限制,这就要求美国必须在战略武器和战术武器方面占据绝对优势地位,否则不足以对其他国家构成威慑。

这一战略的出台主要是基于以下几方面的考虑:第一,朝鲜战争的教训。美国决策者通过朝鲜战争深深地认识到,在亚洲同共产党国家打一场地面战争对美国来说是非常不利的,付出的代价太高。第二,平衡预算的需要。艾森豪威尔上台后,大力压缩政府财政赤字,削减常规军备,而把有限的资金投入核武器的研制和生产方面,既可以加强美国的安全,同时减少了军备的支出。第三,美国的核垄断地位虽然已经被打破,但苏联的核力量还不足以对美国本土构成直接的威胁,使得美国仍可以发挥自己的核优势,对苏联进行威慑。

大规模报复战略是以核力量为主体的军事战略,而将常规军事力量置于较为次要的地位。基于这一战略,美国的核力量得到了长足发展。1953 年,美国已拥有 1000 枚左右的核武器,400 多架战略轰炸机,并开始在欧洲部署战术核武器。1956 年 5 月,美国在太平洋上首次进行氢弹空投试验,氢弹从此进入实战阶段。1959—1961 年间,美国平均每天制造的各种核武器数量达数十枚,美国的核武库急剧膨胀。1957 年,库存核弹头为 5000 枚,至 1960年则激增至 16000 枚左右。美国还在英国、意大利、土耳其、西德等部署了"雷神""木星"中程导弹,直接威胁着苏联的欧洲地区。海军装备了新式的"北极星"潜射导弹。在大力发展进攻性核力量的同时,美国从 1955 年起即着手研制反弹道导弹系统。

苏联则奋力追赶,并在洲际导弹等领域开始领先于美国。1957 年 10 月,苏联率先发射了洲际导弹和人造卫星,表明美国本土从此将直接面临遭受苏联核打击的危险。美国人由此惊呼出现了所谓"导弹差距",美国处于其历史上"最为严重的危险时期"。当时的美国人普遍认为,苏联的军事力量在飞速发展,尤其是在远程导弹方面遥遥领先于美国,美国已经丧失了原来的战略优势,苏联的导弹直接威胁着美国的安全,使美国处在历史上最危险的关头。1957 年美国《国家情报分析报告》认为,苏联在 1960 年底之前,将部署 500

枚洲际导弹，到 1961 年中可达到 1000 枚。[①]政治评论员约瑟夫·阿尔索普根据美国情报评估报告于 1958 年 7 月透露：1959 年苏联计划部署洲际导弹 100 枚，1960 年为 500 枚，1961 年增至 1000 枚，1962 年为 1500 枚，到 1963 年底将达到 2000 枚。而美国洲际导弹的数量是，1960 年 30 枚，1961 年 70 枚，1962 年 130 枚。他在其专栏文章中写道："在五角大楼，人们一谈起导弹差距就惊恐不已。"[②]

1959 年 1 月，美国国防部长尼尔·麦克尔罗伊首先提出了"导弹差距"论。他根据美国当时能得到的最可靠的情报估计，到 20 世纪 60 年代初期，苏联的洲际导弹的数量将是美国的 3 倍。"由于苏联吹嘘它的优势，以及美国承认暂时存在着导弹差距，舆论似乎得出这样的结论：美国不仅目前在军事上落后于苏联，而且在以后的 10 年或 20 年中也将继续落后。"[③]尽管事实上美国在核武器方面仍处于领先地位，在"导弹差距"中享有优势，但是来自各方面的强大压力迫使艾森豪威尔不得不做出反应，以迎头赶上苏联。在其第二个任期内，美国的战略武器数量几乎增加了两倍，轰炸机的数量和质量也有很大的提高。

1957 年 11 月，艾森豪威尔政府成立了一个以盖瑟为首的委员会，讨论苏联在核领域对美国构成的挑战。不久，盖瑟委员会提出报告，承认了美国核力量的脆弱性，预言在研制洲际导弹方面苏联已经处于领先地位，今后一段时间美国将处于关键时期，必须加快战略核力量的建设步伐。到 20 世纪 60 年代后期，美苏之间基本上达成了战略平衡。美国拥有洲际导弹 1054 枚，潜艇发射导弹 656 枚，远程轰炸机 540 架，苏联则分别拥有 1200 枚、230 枚和 150 架。[④]随着苏联核力量的迅速发展，美国的绝对核优势已经丧失，大规模报复战略的基础发生了严重动摇。不仅如此，大规模报复战略也并没有得到盟国的支持，英国、法国等始终对这一战略的有效性持怀疑态度，特别担心西欧会成为美苏进行核战争的牺牲品。

---

① John Newhouse, *War and Peace in the Nuclear Age*, New York: Alfred A. Knopf, 1988, p.122.

② Christopher Preble, "Who Ever Believed in the Missile Gap: John F. Kennedy and the Politics of National Security", *Presidential Studies Quarterly*, Vol.33, No.4, December 2003, p.805; Roy Licklider, "The Missile Gap Controversy", *Political Science Quarterly*, Vol.85, No.4, December 1970, p.605; Colin S. Gray, "Gap Prediction and America's Defense", *Orbis*, Vol.16, No.1, Spring 1972, pp.266-273.

③ 托马斯·沃尔夫：《苏联霸权与欧洲》，冷向洋译，上海：上海人民出版社，1976 年，第 116 页。

④ Richard Smoke, *National Security and the Nuclear Dilemma*, New York: Random House, 1987, p.126.

在核力量使用方面，1954 年 3 月，美国战略空军司令部提出了一个以"消灭一个国家"为目的的"基本战争计划"，设想在两个小时之内，向苏联投掷735 枚原子弹，届时苏联除了冒烟的、有放射性的废墟之外不会剩下任何东西。[①]随着核技术的迅速发展与核武器种类和数量的不断增多，特别是美军各军种都配备了各种类型的核武器，使得制订全面的核作战计划变得更为必要。1960 年以前，美国的核作战计划一直由战略空军司令部单独拟定，存在着诸多问题。1960 年 8 月，艾森豪威尔批准建立"联合战略目标计划参谋部"，负责制订统一联合作战计划，将确定的各种军事、工业和政府目标有机地统一起来，最大限度发挥核打击的作用。军方随后制订了第一份"统一联合作战计划"，规定在核战争爆发时立即对苏联、中国和东欧国家的 1050 个目标投掷 3500 枚核武器，以取得战争的胜利。[②]

艾森豪威尔执政时期，美国曾在东亚地区多次挥舞核武器。1953 年 5 月朝鲜停战谈判期间，杜勒斯通过印度向中国发出威胁，称如果不能尽快实现停战，美国将不得不扩大战争规模，并可能使用原子弹。[③]1954—1955 年和1958 年两次台湾海峡危机期间，美国政府大搞"战争边缘政策"，曾多次酝酿对中国实施核打击。1954 年 4—5 月间，美国还曾考虑在奠边府战役中使用战术原子弹来打破北越军队对法军的包围。

自 20 世纪 50 年代中期，尽管出于宣传和政治目的，美苏双方都曾提出种种限制核军备竞赛的倡议，包括"原子用于和平"和"开放天空"等设想，并且在联合国内外开始进行有限的接触，但都没有达成任何实质性的协议。[④]主要原因在于美国不愿放弃并想方设法维持自己的核优势，对谈判缺乏必要

---

① David A. Rosenberg, "The Origins of Overkill: Nuclear Weapons and American Strategy, 1945-1960", *International Security*, Vol.7, No.4, Spring 1983, pp.11-36; David A. Rosenberg, "A Smoking Radiating Ruin at the End of Two Hours: Documents on American Plans for Nuclear War with the Soviet Union", *International Security*, Vol.6, No.3, Winter 1981/1982, pp.5-17; Marc Trachtenberg, "A Wasting Asset: American Strategy and the Shifting Nuclear Balance, 1949-1954", *International Security*, Vol.13, No.3, Winter 1988/1989, pp.7-49.

② David McDonough, "The Evolution of American Nuclear Strategy", *Adelphi Papers*, Vol.46, No.383, 2006, p.18.

③ 参见 Roger Dingman, "Atomic Diplomacy during the Korean War", *International Security*, Vol.13, No.3, Winter 1988/1989; Rosemary Foot, "Nuclear Coercion and the Ending of the Korean Conflict", *International Security*, Vol.13, No.3, Winter 1988/1989; Conrad Crane, "To Avert Impending Disaster: American Military Plans to Use Atomic Weapons during the Korean War", *The Journal of Strategic Studies*, Vol.23, No.2, June 2000.

④ 丹·考德威尔：《论美苏关系》，何立译，北京：世界知识出版社，1984 年，第 121-129 页；Ronald Powaski, *March to Armageddon: The United States and the Nuclear Arms Race*, New York: Oxford University Press, 1987, pp.84-92.

的诚意，提出各种禁止核试验的建议在很大程度上是出于宣传目的，以取得国际社会的支持。

三、灵活反应战略

大规模报复战略将核武器作为解决复杂的军事问题的核心手段，使美国屡屡陷入困境，既不敢贸然发动核战争，又无力有效地应对局部地区的冲突问题。事实上，这一战略出台不久，就在美国国内遭到不少人的批评，并在政府内部产生了激烈争论。

1960 年大竞选时期，民主党参议员约翰·肯尼迪作为总统候选人就明确地表示反对大规模报复战略。他在《星期六评论》上发表文章说，鉴于苏联已经获得了核武器及运载手段，"使我们清楚地认识到核战争是一种相互毁灭的战争"，"自由世界仅靠大规模报复的威胁就可以得到保护的那种想法再也站不住脚了"，西方国家的领导人不会也不应该用无限的武器对付有限的"侵略"。他还指出，美国政府现行的军事战略使美国"始终处于一种困境之中，只能在要么毁灭世界，要么投降之间做出选择"。曾任美国陆军参谋长的马克斯韦尔·泰勒在其 1959 年出版的《不定的号角》一书中明确强调，大规模报复战略已经走到了尽头，"目前迫切需要对我们在战略上的需求进行一次重新评估"。大规模报复战略由于过分依赖核力量的威慑作用，从而丧失了战略上的主动权，主张用"灵活反应"战略取而代之。不仅如此，大规模报复战略也并没有得到美国盟友的支持。英国、法国等始终对这一战略的有效性持怀疑态度，特别担心西欧会成为美苏核战争的牺牲品。

肯尼迪执政后，灵活反应战略成为美国的基本国家安全政策和核战略。也正是从这一时期开始，美国决策者开始认真考虑将核武器如何用于实战威慑，在实际冲突中使用这一武器。灵活反应战略恰恰适应了肯尼迪政府关注的一旦威慑不能奏效而发生冲突，美国应如何做出反应的需要，这是冷战时期美国核战略的一次重大调整。自此以后，虽然历届美国政府都随着形势的变化、美苏核力量对比的消长以及核武器技术的发展，对这一战略的某些方面进行多次调整，但都未脱离该战略的基本框架和指导思想。①

---

① 王仲春：《核武器、核国家、核战略》，北京：时事出版社，2007 年，第 127 页。

　　肯尼迪政府改变了前任过分重视核武器而忽视常规力量的做法，全面准备应对各种类型的战争，重点是有限战争。肯尼迪认为，美国面临的不仅仅是美苏战争，而且更多的是地区冲突、代理人的战争、丛林战和游击战。五角大楼把战争分为核战争、有限战争和特种战争。复杂的形势要求有相应的对策，建立一支多样化的军事力量，以应对不同形式的需要，做出适当的、灵活的反应。很显然，那种僵硬的动辄挥舞核大棒的政策既不能满足现实的需要，也不能确保美国的国家安全和利益。根据灵活反应战略，美国政府设想用"特种部队"来对付第三世界的民族解放战争，用常规力量来对付"有限战争"，用数量和质量均占优势的核力量作为威慑力量。

　　为了确保美国的核优势，美国的核力量在肯尼迪任内得到了迅速发展。从 1961 年 3 月发表第一篇国防咨文开始，肯尼迪政府加快了由潜艇发射的"北极星"导弹和地下发射的"民兵"导弹的生产和发展，将可发射"北极星"导弹的潜艇的数量由 6 艘增加到 41 艘，潜艇上对准苏联目标、装有核弹头的导弹数量从 96 枚增加到 464 枚，"民兵"洲际导弹的数量从 300 枚增加到 800 枚，并将 15 分钟预警的 B-52 战略轰炸机的数量增加了 50%。根据肯尼迪政府的计划，美国战略核导弹的数量要由 1100 枚增加到 1700 枚，其中包括 1000 枚"民兵"导弹、656 枚"北极星"潜艇导弹。1961 年 4 月，美国武器库中拥有各类战略核武器 3000 件，到 1964 年 7 月，增至 5000 件，增加了 66%。[①] 他还扩建了美国的常规力量，由 11 个正规师扩大到 16 个师，总人数近 100 万，以确保美国威慑力量的不可摧毁性。与此同时，肯尼迪要求大幅度增加民防计划的费用，大规模建造掩蔽所，并把民防工作的管辖权移交给国防部，以此防备苏联的突然袭击或由于偶然事件而引起的战争。因此，正如一位美国学者所言，"一个大规模建造掩蔽所的计划，同一个相当大的核优势结合起来，就构成一种具有潜在的挑衅性的姿态"。[②]

　　1961 年 3 月，五角大楼拟定了一个针对苏联的第一次打击计划，旨在摧毁其远程导弹，并估计苏联伤亡人数会达 100 万。根据 1961 年 9 月美国参谋长联席会议制订的"统一联合作战计划"即 SIOP-62 计划，如果 1963 年爆发美苏全面战争，战略空军司令部的所有力量将对苏联发动进攻，战略轰炸机

---

① Philip Nash, "Nuclear Weapons in Kennedy's Foreign Policy", *The Historian*, Vol.56, No.2, December 1994, p.286; Richard Smoke, *National Security and the Nuclear Dilemma*, New York: Random House, 1987, p.111.

② 戴维·霍罗威茨：《美国冷战时期的外交政策：从雅尔塔到越南》，上海市"五·七"干部六连翻译组译，上海：上海人民出版社，1974 年，第 332 页。

和导弹将携带总数为 3423 件的核武器，对"中苏集团"的 1077 个军事和工业与城市目标发动进攻，行动的主要意图是"摧毁或中立中苏集团的战略核能力以及重要的军事和政府部门"，同时打击其主要的城市与工业中心。据美国参谋长联席会议估计，苏联、中国以及东欧国家 3.6 亿—4.25 亿的人口将被消灭。曾参与起草、修订该文件的美国国防部一位官员认为，如果实施该作战计划，意味着美国除了打击苏联和中国所有的军事目标之外，还要摧毁苏联和中国的每一座城市。①

1961 年 7 月，肯尼迪在国家安全委员会会议上强调：至关重要的是，在关键时刻，美国要赶在苏联之前使用核武器。9 月 20 日，战略空军司令托马斯·鲍威尔向肯尼迪表示，现在是苏联向美国发动突然袭击最危险的时候，"如果全面核战争不可避免的话，美国应该首先发起攻击"。肯尼迪也对发动对苏联的先发制人打击表示出某种兴趣，他主要担心的是"苏联需要多长时间才能发射他们的导弹"。②

1962 年 6 月 16 日，美国国防部长罗伯特·麦克纳马拉在位于安阿伯的密歇根大学发表讲话，称美国已经得出结论，在可能的程度内，一旦发生核战争，主要的军事目的应当是摧毁敌人的军队和军事设施，而不是它的平民；要做到这一点，美国必须拥有一个超过苏联许多倍的全面核优势，以保证在遭受打击以后的还击力量至少和苏联先发制人的打击力量一样强大，"给予可能的敌人以可以想象的最强烈的刺激力量"，同时又要维护美国的社会结构，确保国家的生存，取得实力竞赛的胜利。③这一讲话被称为"打击军事力量"或"不打城市"战略。这也是战后美国首次公开提出将军事力量作为核打击的主要目标的政策主张。这一政策主张在美国核战略发展史上占有重要的地位，标志着"实战威慑"战略思想的诞生。

美国军方对艾森豪威尔时期的"统一联合作战计划-60"进行了重大修订，在规划打击目标时，将苏联与其他社会主义的国家作了区分，并将苏联的战

---

① Desmond Ball and Jeffrey Richelson eds., *Strategic Nuclear Targeting*, Ithaca: Cornell University Press, 1986, p. 66.

② "Briefing for the President by the Chairman of JCS on the Joint Chiefs of Staff Single Integrated Operational Plan 1962", September 13, 1961, Digital National Security Archive(以下简称为 DNSA)/Cuba, No. 00107; Fred Kaplan, "JFK's First-Strike Plan", *The Atlantic Monthly*, Vol.288, No.3, October 2001, pp.81-86; Scott Sagan, "SIOP-62: The Nuclear War Plan Briefing to President Kennedy", *International Security*, Vol.12, No.1, Summer 1987, pp.22-23; Fred Kaplan, *The Wizards of Armageddon*, Stanford: Stanford University Press, 1991, p.269.

③ Lawrence Freedman, *The Evolution of Nuclear Strategy*, New York: Palgrave Macmillan, 2003, pp.222-223.

略核力量与城市目标作了区分。新的"统一联合作战计划-62"对使用核武器提出了五种选择方案，按照先后次序为：战略核力量；远离城市的其他军事力量和资源；城市附近的军事力量及资源；指挥、控制系统；必要时对城市、工业地区进行大规模的攻击。在美国确定的1860个打击目标清单中，城市-工业目标只有210个，其余都是军事目标。[1]这一计划体现了麦克纳马拉的战略意图，在美国战略核力量威慑失败的情况下，为美国决策者提供了一个可以用于军事目的的统一政策和战争计划。

但是，麦克纳马拉的"不打城市"的战略思想在当时并没有成为核战略思想的主流，反而遭到来自国内外舆论的批评，认为在美国拥有明显优势的情况下谈论打击苏联军事目标，无异于谋求"第一次打击"。西欧国家向来把苏联城市视为核打击的抵押品，认为正是因为这些城市处于西方国家的核威胁之下才使得苏联领导人谨慎行事，而美国一旦放弃了打击苏联城市这一威胁，也就失去了遏止苏联进攻西欧的威慑手段。同样重要的是，苏联方面并不认同美国的这一思想，单方面实施"打击军事力量"战略也就失去了意义。根据苏联的军事战略，要求在核战争爆发初期的几小时或几分钟，就对美国前方和后方的军事、政治以及经济目标同时发起密集的核突击，在短时间内达成战争的政治目的。此时，在美国占主导地位的是与大规模报复战略一脉相承的"确保摧毁"战略。鉴于美国取得了对苏联的明显优势，特别是潜射核力量的发展，使美国获得了可靠的"第二次打击力量"，这也为"确保摧毁"战略的实施创造了条件。麦克纳马拉本人也在随后改变了自己的立场，向"确保摧毁"战略思想转变。

1964年，麦克纳马拉提出了"相互确保摧毁战略"，以城市和工业中心为主要核打击目标，威胁要在核报复打击中摧毁对方城市，使对方不敢对美国首先发动核攻击。麦克纳马拉认为，美国应拥有一支即使在遭到苏联核袭击后仍能在还击中摧毁苏联20%—25%的人口和2/3工业的第二次打击能力，这就需要成功地向苏联发射300—400颗核弹头，彻底摧毁200座城市或严重摧毁300座城市。根据他的判断，苏联人口的20%—33%和工业生产能力的50%—75%被摧毁，将意味着在今后许多年内苏联作为一个主要大国地位的消失。[2]"相互确保摧毁战略"主要是通过将对方的城市和工业中心作为打

---

① Desmond Ball and Jeffrey Richelson eds., *Strategic Nuclear Targeting*, Ithaca: Cornell University Press, 1986, p. 66.

② Desmond Ball, "Targeting for Strategic Deterrence", *Adelphi Papers*, No.185, 1983, p.1.

击对象，以此来威慑苏联对美国发动核打击。在某种程度上，这一战略是从"大规模报复战略"演变而来，两者都将城市和人口目标作为首要的打击目标。所不同的是，前者依靠第二次打击力量，而后者则具有第一次打击的特点。[①]

随着美国核战略逐步走向成熟，核武器的发展也步入了长足发展时期，洲际导弹、潜射导弹和远程轰炸机构成的"三位一体"进攻性战略核力量得到了大大加强。20 世纪 60 年代中期，美国拥有各类核弹 35000 枚，总当量约 300 亿吨。为了具备"第二次打击能力"，美国大力加强进攻性核力量的建设，从 1961 年—1968 年，战略导弹从 159 枚增至 1710 枚，其中洲际导弹由 63 枚增至 1054 枚，潜射导弹从 96 枚增为 656 枚。1967 年库存的核弹头总数达到了 32000 枚。美国战略导弹数量已达饱和状态，发展重点转向提高质量，发展生存能力强、命中率较高、反应迅速的导弹，并研制多弹头战略导弹。在战略轰炸机方面，850 架 B-47 中程轰炸机全部退役，大量装备 B-52 远程轰炸机。

古巴导弹危机是冷战时期美苏之间最为严重的一次直接的对抗，这是核时代人类最接近于导致核灾难的一个事件。本质上，这场危机可以说是美苏核军备竞赛的必然结果。长期以来，苏联在核军备竞赛中一直处于劣势，不论是在核武器的数量上还是质量上，都明显落后于美国。苏联当时拥有的导弹和轰炸机几乎全是中程或中远程的，打击北美的能力十分有限。为了扭转战略上的不利地位，从而改变整个冷战环境，赫鲁晓夫决定将 42 枚中程导弹以及其他武器部署到古巴，并派出大约 42000 名苏联军人和技术人员在古巴进行武器的装配、操纵、维修和保卫工作。[②]

1962 年 10 月 22 日，肯尼迪总统发表电视讲话，宣布对古巴实施海上封锁。他强调，从古巴发射的任何攻击西半球国家的导弹都将引起美国对苏联的全面报复。与此同时，全球美军进入高度戒备状态。战略空军司令部的 183 架轰炸机被疏散到国内 33 个民用机场和军事基地，57 架轰炸机和 61 架空中加油机在空中待命，49 架携带核弹头的 B-52 轰炸机在空中进入预定位置，做好了攻击准备。90 枚"宇宙神"和 46 枚"大力神"洲际导弹也提高了警戒级别。战略空军司令部用明码而不是密电发出指令，为的是让苏联清楚美国

---

① 王仲春：《核武器、核国家、核战略》，北京：时事出版社，2007 年，第 130 页；张静怡、宋久光：《从"纯威慑"到"实战威慑"》，《太平洋学报》，2002 年第 3 期，第 12 页。

② Raymond Garthoff, "The Havana Conference on the Cuban Missile Crisis", *Cold War International History Project Bulletin*, Spring 1992, pp.2-3.

进入了核战备状态。此外，美国向古巴附近海域出动了 8 艘航空母舰、16 艘驱逐舰，另有各种船只 180 多艘，并出动 68 个空军中队。① 苏联方面态度强硬，所有武装部队也进入战备状态。

从表面看来，古巴导弹危机期间，美苏双方剑拔弩张，战争一触即发，但在激烈对抗的后面，双方都没有孤注一掷，而是仍然保持了克制和谨慎。肯尼迪拒绝对苏联在古巴的导弹基地采取先发制人的所谓"外科手术式"打击，而是采取了"海上隔离"，并亲自指挥。他指示海军部门，除非绝对必要，否则不得拦截任何苏联船只，更不能追踪并登上那些怀疑装载违禁品的船只。更为重要的是，肯尼迪还秘密地通过外交途径来化解危机，甚至同意做出一些重大让步。同样，赫鲁晓夫也极力避免与美国迎头相撞，命令开赴古巴的苏联船只返航，并建议举行一次最高级会谈以解决问题，甚至在苏联潜艇被美军击毁后，他也没有做任何声张，而是选择了将事情悄悄地平息。肯尼迪在危机过后说的这句话道出了双方的共同心理："从双方都拥有核能力，双方都想保护自己的社会这一意义上来说，我和赫鲁晓夫先生是处境相同的。"②

1962 年 10 月的古巴导弹危机使双方真正认识到了核对抗的危险，开始认真考虑如何防止核战争的发生。1963 年 6 月 20 日，美苏达成了《热线协定》，在莫斯科和华盛顿之间建立了直接的无线电和电话联系，以便两国领导人在危机期间能够保持联系。8 月 5 日，美国、英国和苏联签署了《禁止在大气层、外层空间和水下进行核试验的条约》，即《部分核禁试条约》，规定缔约国保证不在条约禁止的领域进行核试验，保证不引起、不鼓励或以任何方式参加上述核试验。这是战后美苏在限制核军备竞赛方面取得的第一个具体成果。

20 世纪 60 年代末至 70 年代中期，由于美苏两国在战略力量方面达成了大体平衡，并且整个东西方关系进入相对缓和阶段，美苏在限制战略武器方面取得了较大进展。1968 年 7 月，美苏签署了《防止核武器扩散条约》，确定有核缔约国不得将核武器让予任何其他国家；无核缔约国不得拥有核武器，并接受国际原子能机构的核查；缔约国就停止核军备竞赛和实现核裁军进行

① Scott Sagan, "Nuclear Alerts and Crisis Management", *International Security*, Vol.9, No.4, Spring 1985, p.109; Graham Allison and Philip Zelikow, *Essence of Decision: Explaining the Cuban Missile Crisis*, New York: Longman, 1999, p.218.

② Theodore Sorensen, *Kennedy*, New York: Harper and Row, 1965, p.578.

谈判。应当说，尽管美苏签署该条约的意图在于阻止其他国家掌握核武器，但在防止核扩散方面还是发挥了一定的积极作用。

四、缓和背景下的调整

1968年，理查德·尼克松在接受共和党总统候选人提名时表示，在对苏关系上，要从对抗走向谈判。尼克松执政后，对美国的外交和军事战略进行了重大调整，提出了旨在实行战略收缩为主要内容的"尼克松主义"。在对苏关系上，开始采取较为灵活的态度谋求与苏联对话，推行缓和政策。这是尼克松政府调整对外政策的一个显著特点。造成这一变化的主要原因之一，即是美国失去了昔日的核优势，美苏两国战略力量已接近均衡。如果美国对苏联发动大规模核进攻，苏联也能以同样的手段进行报复，给美国以重创。美国战略导弹数量从1967年之后冻结在1700枚的水平上，苏联的战略导弹数量到20世纪70年代初期已增至2358枚，并且也拥有了分导式多弹头导弹，美苏之间形成了战略均势。尼克松清醒地认识到，美国凭借优势力量来遏制苏联的时代已经过去，对苏强硬政策已难以奏效，唯有通过改善两国关系、进行军控谈判才能约束苏联军备的发展速度。

从苏联方面来讲，推行缓和政策主要基于以下几点原因：第一，苏联经过多年的不断努力，终于在战略核力量方面与美国达成了均势，苏联为此也付出了高昂的代价，给国内经济造成了很大压力。苏联希望通过缓和、控制军备竞赛，改善国内经济状况，同时从西方国家获得资金和技术，增强自身经济实力。第二，苏联的战略力量已得到大大加强，这就使它可以与美国达成某些协议，以此来约束美国的行动，同时迫使美国承认苏联的均势地位，这对苏联的战略利益将有益无害。倘若在形成均势后继续大规模扩大战略武器的数量优势，会不可避免地引起美国的竞争，促成新一轮的激烈军备竞赛，这对苏联来说是难以承受的。第三，美苏关系缓和有助于加强和巩固苏联在东欧国家的地位。第四，苏联试图通过改善美苏关系来阻止中美的接近，进而实现苏美联手对付中国。基于上述考虑，苏共中央总书记勃列日涅夫在1971年4月举行的苏共二十四大所作的政治报告中正式提出了以缓和为核心的"和平纲领"，宣称要在70年代把缓和放在苏联外交政策的首位。尽管出发点不同，缓和双边关系却成了美苏两国的共同需要。

这一时期美苏之间一次直接的对抗就是 1973 年第四次中东战争期间，为了阻止苏联出兵，美国政府再次命令包括战略空军在内的武装部队处于三级战备状态。10 月 22 日，以色列违反停火协定，向埃及军队发动进攻，埃及政府要求苏联和美国派军队出面干预。对此苏联表示接受，甚至考虑不惜单独采取行动。苏联空降师奉命进入戒备状态，做好出发准备，85 艘舰只也随即进入地中海。美国国务卿亨利·基辛格认为，允许苏联出兵中东会导致今后苏联对中东事务的严重干涉，有损美国在该地区的利益。美国政府向苏联明确表示，在目前情况下美苏出兵埃及是不合时宜的，美国不会容忍苏联单方面出兵的举动，此种行动将导致"不可估量的"结果。与此同时，美国加紧进行军事准备，第 82 空降师待命行动，"罗斯福"号航空母舰开始驶向地中海，使美国在这一地区的航母达到 3 艘，60 架 B-52 轰炸机也由关岛返回美国本土，进入警戒状态。[①] 25 日，苏联领导人建议苏联将同美国一道派 70 名代表去中东观察停火协议的执行。基辛格认为，苏联在危机中退缩了，避免了军事对抗。次日，美国取消了战备状态。此次危机之后，美苏两国再也没有进行类似的核威胁。

尼克松、福特两届政府的核战略基本上是"相互确保摧毁战略"的继承和发展，其立足点是避免核战争，更加强调常规力量的主导作用，以核武器为盾，继续加强第二次打击力量的建设。尼克松执政后，公开批评"相互确保摧毁战略"，指出"我决不能（而且我的继任者也决不能）把不分青红皂白地屠杀敌方平民作为对挑衅唯一可能做出的反应"。20 世纪 70 年代中期，美国政府修改了前一时期准备重点打击苏联城市的核战略指导思想，转而强调用数量有限的核武器有选择、有限制地打击数量有限的军事目标，首先是苏联的战略核武器基地。这一被称为"有限核选择战略"首先由国防部部长詹姆斯·施莱辛格提出，因而也被称为"施莱辛格主义"。

实际上，1974 年初，包括施莱辛格在内的一些美国政府高层官员就开始谈论美国正在修订核战略。"有限核选择战略"主要体现在 1974 年的《国家安全决策备忘录第 242 号》中，1975 年初施莱辛格首次公开披露了其基本内容。第一，控制升级。这是第 242 号备忘录提出的新战略主张的核心内容，

---

① Raymond Garthoff, *Détente and Confrontation: American-Soviet Relations from Nixon to Reagan*, Washington, D.C.: The Brookings Institution, 1994, p.427.

要求在威慑一旦失败、冲突爆发时，美国应有选择地、有控制地使用核武器，以便"在尽可能低的冲突级别上谋求战争的早日结束"。第二，建立一支由多种核力量组成的、可靠的战略预备力量，目的在于实施"战争间威慑"和作为谈判时讨价还价的筹码，从而迫使对方接受对美国有利的条件而结束冲突。第三，阻止苏联的战后恢复。在控制升级失败的情况下，美国剩余战略力量的目标是摧毁对敌人在战后恢复大国地位有决定性意义的政治、经济和军事资源的70%，使美国在一场核大战后先于苏联恢复强国地位。[①]另外，鉴于美苏在战略核力量方面达成了所谓的"恐怖平衡"，尼克松和福特政府认为美苏间发生核大战的可能性减少了。

1977年卡特政府重新采用"相互确保摧毁战略"，认为美国只要拥有可以在还击中摧毁苏联20%—30%人口和50%—60%工业的"充足的核力量"，就可以遏制核战争的爆发，没有必要耗费巨额军费发展打击军事目标的核能力，因而采取了以打击城市为主的核战略。卡特政府对于施莱辛格的"有限核选择"思想持否定态度，认为使用任何核武器都必将使冲突迅速升级为全面核战争，从而使美苏双方都遭到毁灭。20世纪70年代后期，随着苏联在全球扩张势头的不断增强，美苏关系趋于紧张，美国政府开始重新评估其核战略。

1980年7月，卡特签署了总统第59号指令，宣布"一个建立在相互确保摧毁理论基础上的核战略不再是可行的"，提出将"抵消战略"作为美国新的核战略，重点由打击城市和工业目标转为打击军事目标，包括洲际导弹发射井、指挥系统、军政领导人的地下掩体；由否定有限核战争的可能性转向强调美国必须保持对有限核战争做出有控制的反应能力。根据这一战略，美国的核力量既能对大规模攻击实施全面核报复，又能对小规模攻击有选择地使用核力量，打击单个或多个目标。这实质上反映的仍是灵活反应的思想，不论苏联发动何种规模、类型的进攻，美国都有能力应对，并让苏联付出代价。国防部部长哈罗德·布朗在国防报告中强调，美国已经得出了这样的结论，即要使威慑充分有效，美国必须能够按照苏联发起进攻的类型和规模做出反应；美国的目的是在最可能广的方案范围内，使苏联无法达到胜利的目的；要使苏联领导人清楚地认识到，对于苏联发动的任何核进攻，美国决不

① Leon Sloss and Marc Millot, "US Nuclear Strategy in Evolution", *Strategic Review*, Vol.12, No.1, Winter 1984, pp.22-23.

会在要么僵硬地毫无反应，要么彻底毁灭苏联两者之间做出选择，苏联也不可能取得胜利。①

与此同时，美国进一步调整核打击目标。在 1980 年拟定的《第 5 号统一作战计划》中，确定的打击目标总数约 8800 个，其中军事目标和工业目标各占一半。布朗强调，近 20 年来，在美国的战略核力量的使用计划中，一直明确地包含着打击军事目标和非军事目标的各项方案；一直以来，美国的核力量不仅准备打击军事目标，而且准备打击那些支持战争的工业目标和进行战后恢复工作的目标。卡特政府修订核战略的目的仍然是加强对苏联的威慑，旨在表明美国已做好应对各种类型战争的准备，苏联不可能幻想发动进攻而不付出高昂的代价。

这一时期，美国进攻性战略核力量质量有了较大发展。战略导弹总数保持 1710 枚，但随着多弹头导弹的部署，从而使战略导弹可运载的核弹头数达 9000 枚，打击精确度显著提高。到 20 世纪 70 年代中期，战术核武器增至 22000 枚，其中部署在美国本土 10800 枚，部署在欧洲 7000 枚，部署在大西洋舰队 1000 枚、亚洲 1700 枚、太平洋舰队 1500 枚。1975 年 4 月，美国还建成第一处"卫兵"反弹道导弹发射场。

与此同时，美国加快了与苏联核裁军谈判的步伐。限制战略武器谈判是美苏关系缓和的一个重要标志。尼克松上台伊始，就表示愿意就战略武器问题与苏联谈判，苏联对此立即做出反应，宣称已准备好同美国就限制战略核武器"开始认真交换意见"。1969 年 10 月，双方就举行限制战略武器谈判达成协议，同年 11 月，谈判在芬兰首都赫尔辛基拉开了序幕。

谈判之初，双方围绕战略核武器的概念等一系列问题展开了激烈争吵，致使谈判屡屡陷入僵局。美国的基本意图是：将反弹道导弹与限制进攻性战略武器联系起来，用限制美国在反弹道导弹上的优势来换取削弱苏联在进攻性战略武器数量上的优势，遏制苏联陆基洲际导弹尤其是重型洲际导弹的发展，冻结苏联的战略武器数量，而同时保持住美国在多弹头分导技术上的领先地位。美国主张把双方战略导弹数量限制在美国已拥有的 1710 枚水平上，进行对等削减。苏联则提出，任何能达到对方领土的核武器都属于战略进攻性武器，美国部署在欧洲大陆以及在地中海和太平洋上美国航空母舰的飞机

① 哈罗德·布朗：《美国未来二十年的对外战略》，现代国际关系研究所北美研究室译，北京：时事出版社，1986 年，第 89 页。

即所谓"前沿配置系统"均应算作战略武器，而苏联的中程导弹和以西欧为作战目标的轰炸机群因不能到达美国领土不计入战略武器数内。因双方立场相去甚远，在 1970 年内谈判未能取得任何进展。

及至 1971 年初，美苏两国的态度有所松动。苏共二十四大确立了和美国进行认真谈判的方针。勃列日涅夫在大会总结报告中指出："我们正在就有关限制战略武器问题同美国进行谈判。这次谈判如能得到圆满结果，就能避免又一个回合的火箭武器竞赛，就能腾出大量资金用于建设性的目的。我们正在努力使这项谈判取得积极成果。"5 月中旬，苏联表示同意限制进攻性武器和防御性武器的谈判同时进行，从而使谈判僵局有了突破。与此同时，美国方面也做出较大让步，放弃了战略进攻性导弹的对等原则，允许苏联在洲际导弹方面占有一定数量的优势，但不得扩大，实行所谓过渡性冻结，并默许把苏联正在发展的新型"逆火"式洲际超音速战略轰炸机排除在谈判范围之外。5 月 20 日，美苏发表共同声明，强调两国在回顾了限制战略武器会谈过程之后，"已同意今年集中力量制订一项限制部署反弹道导弹协议"，并在达成这一协议的同时，"将商定关于限制进攻性战略武器的某些措施"。这一声明为双方以后的进一步会谈并最终取得谅解打下了基础。

1972 年 5 月底，尼克松总统应邀前往莫斯科，同苏联领导人勃列日涅夫进行会谈。这是战后第一个美国总统对苏联的访问，双方签署了《美苏关系基本原则》《美苏联合公报》等一系列文件，保证尽一切努力避免军事冲突，防止核战争，用和平手段解决争端。限制战略武器问题是美苏首脑会晤的中心议题，双方签订了《关于限制反弹道导弹防御系统条约》《关于限制进攻性战略核武器的某些措施的临时协定》。这两个文件表明，美苏承认双方战略核力量保持均衡，任何一方不得享有单方面的优势。《关于限制反弹道导弹防御系统条约》规定，双方可各拥有两个反弹道导弹系统，其中一个用来保卫首都，另一个用来保卫洲际导弹基地。《临时协定》是对反弹道导弹系统条约的补充，旨在缓和双方在进攻性战略武器方面的竞争，主要是冻结两国武器库中进攻性导弹的数量。其结果是，在陆基洲际导弹方面，美国可拥有 1054 枚，苏联为 1618 枚；在潜艇发射导弹上，美国为 710 枚，苏联为 950 枚。苏联以数量优势在一定程度上抵消了美国的质量优势。但是，协定未限制导弹质量的发展和核弹头的数量，这就为双方继续扩充军备留下了余地。

美苏首脑莫斯科会晤是一个重大事件，标志着美苏关系进入了一个新的缓和时期。尼克松政府认为，首脑会晤"为世界上两个最强大的国家之间建立一种新型关系奠定了基础"。苏联方面则宣称双方达成的协议具有"重大的国际意义"，是"美苏关系发展中的重大步骤"。

1973 年 6 月，勃列日涅夫访美，与尼克松举行了第二次首脑会晤。双方签署了《关于进一步限制进攻性战略武器谈判的基本原则》《美苏关于防止核战争协定》等文件。《基本原则》规定，"双方将在一年内做出认真努力来制订一项关于限制进攻性战略武器的更完备的措施的永久性协定的各项条款，并使该协定在 1974 年签署"。但同时又同意双方的进攻性武器可以"现代化和更新"，这实际上是允许继续在核武器的质量上进一步发展和完善。两国首脑在防止核战争协定中强调，美苏政策的一个目标是消除核战争的危险和使用核武器的危险，重申双方的行事方式将是为了避免出现两国关系的恶化局势，避免军事对抗，消除两国之间以及它们之中任何一方和其他国家之间爆发核战争的可能性。双方确认，如果有核战争的危险，双方将根据协定条款立即进行紧急磋商，并做出避免这一危险的一切努力。

1974 年 6 月，尼克松再次访苏，同勃列日涅夫举行了第三次首脑会晤，双方就进一步限制反弹道导弹系统、限制地下核试验等方面的合作达成了协议。双方同意只在一处部署反弹道导弹系统，并停止建设新的反弹道导弹发射场。但在限制战略武器这一最重要问题上，因双方分歧严重，互不相让，未能取得重大进展，仅同意于 1974 年底召开一次"小型最高级会议"，以求在这一问题上达成协议。

1974 年 8 月尼克松因"水门事件"被迫辞职，福特继任总统，继续对苏推行缓和政策。同年 11 月，福特与勃列日涅夫在海参崴举行"工作会晤"，集中讨论了限制战略武器问题。双方表示"决心使美苏关系改善的过程不断发展并不致逆转"。会谈结束后双方发表了关于限制进攻性战略武器问题的联合声明，宣布愿意根据"同等安全的原则"，签订一项有效期至 1985 年底的关于限制进攻性战略武器的条约，对进攻性核武器的运载工具和分导多弹头导弹加以数量限制。双方商定今后 10 年内，双方的进攻性战略武器运载工具的总额均不得超过 2400 个，其中能运载分导多弹头的导弹不得超过 1320 个。这个限额远远超出美苏两国当时实际拥有的数量。[①] 双方还同意，在 1980 年和 1981 年底以前，开始就 1985 年以后进一步限制和尽可能削减战略武器进行谈判。为达成海参崴协议，美苏双方都做出了较大让步。苏联放弃了过

---

① Richard Smoke, *National Security and the Nuclear Dilemma*, New York: Random House, 1987, p.172.

去谈判中坚持的要在战略核武器数量上多于美国、要把美国的"前沿配置系统"列入限制范围等要求。美国则允许苏联保留威力巨大的重型洲际导弹，并同意将美国占有很大优势的重型轰炸机计算在总数内。福特总统对于在海参崴协议基础上达成第二阶段限制战略武器条约持乐观态度。苏联方面也宣称，将在 1975 年上半年签订条约。但事情的发展远不是那么顺利。由于美苏在战略核武器的限额问题、定义问题、核查问题存在严重分歧，致使限制战略武器谈判一度陷入僵局。苏联对安哥拉事务的干涉，更给美苏关系的缓和蒙上了一层阴影，两国关系开始紧张，勃列日涅夫预定 1975 年 6 月访美的计划也因此而告吹。

卡特执政后，美苏限制战略武器谈判速度加快。经过反复讨价还价，1979 年 6 月中旬，卡特和勃列日涅夫在维也纳举行最高级会议，签署了《关于限制进攻性战略武器条约》，即《第二阶段限制战略武器条约》，主要规定了双方战略武器的总限额以及分导多弹头运载工具的最高限额，确定至 1981 年底双方进攻性战略武器运载工具限额各为 2250 件，其中分导式多弹头运载工具各 1320 件。尽管该条约不可能限制美苏之间的军备竞赛，但它的签订仍然有一定的积极意义，为以后限制和削减战略武器的谈判提供了基础。正当美国国会讨论准备批准这一条约时，苏联却以大规模兵力入侵阿富汗，卡特政府对此反应强烈，不仅推迟了限制战略武器条约的最后表决，而且还提出了"卡特主义"，对苏政策渐趋强硬，表明美国政府正在对 70 年代的对苏缓和政策进行调整，在很大程度上它也标志着美苏缓和暂告一段落。

缓和显然并没有制止住核军备竞赛，但它提供了一个谈判的环境，至少使拥有大量核武器的敌对双方有可能面对面坐下来，月复一月、年复一年去寻找减少核战灾难的道路。自 60 年代起，核战无胜者已成为美苏领导人的共识。为了防止核战争的发生，美苏两国力求缓和，避免直接对抗。

20 世纪 70 年代以来，美苏核军备竞赛的重点由数量转向质量，不断发展新型的运载工具，提高攻击的准确性，使核弹头小型化，并部署多弹头分导式导弹、巡航导弹以及反导弹系统。卡特政府继续推行现实威慑战略，美国的战略力量依然处于劣势。苏联利用美国战略调整之机，大力扩军备战，积极向外扩张，走上了与美国争夺世界霸权的道路。在战略核力量方面，苏联部署的 SS-18 等新型陆基洲际导弹威力巨大，命中率高，对美国在欧洲的基地构成严重威胁。苏联从 1977 年起大量部署机动性强、高精确度、能携带

3个弹头的 SS-20 中程导弹。面对苏联咄咄逼人的攻势，美国领导人显得力不从心。美国的战略地位受到了前所未有的挑战。

五、里根政府的核战略

1981 年 1 月里根入主白宫后对苏联奉行强硬政策，军备竞赛进一步加剧。他力图恢复美国的战略优势地位，扭转不利于美国的战略态势，明确提出要重建美国军事实力。10 月，他发布《第 13 号国家安全决策指令》，宣布摒弃"相互确保摧毁战略"，继续推行"抵消战略"。里根政府把"相互确保摧毁战略"称为美苏之间"相互自杀的契约"，认为"这种相互确保摧毁理论忽略了三个根本问题：第一，如果苏联人认为我们对他们的核袭击的反应只会在自杀和屈服二者之间做出抉择，那么苏联可能相信美国根本不会对核袭击做出反应；第二，建立在使苏联平民大量伤亡基础上的理论既不道德也不审慎；第三，美国政府懂得核战争不可能取胜，我们的核战略是要保证苏联领导人也相信核战争绝不可能取得胜利，因此绝不打核战争"。①里根政府更加强调要增加核战略的灵活性、可信性和选择性。

执政初期，里根政府对核战争的基本立场是：核战争是可能爆发的，在一定意义上也是可以打赢的，美国必须谋求核优势，以取得战争的胜利。国防部部长卡斯帕·温伯格 1982 年 8 月 17 日在众议院拨款委员会作证时指出，由于"苏联人的实际行动已表现出他们相信核战争是可以打赢的，因此要遏制战争，就应当准备一旦威慑失灵时真正打一场核战争并设法获胜"。为了应对苏联日益增长的核实战潜力，美国政府将其核力量的现代化置于最优先考虑的地位。里根还摒弃了核战争必定是短暂的观点，确信不论是全面核战争还是有限核战争都不一定能够迅速取胜，因而，美国必须努力提高核力量的"生存能力"，使之能够在爆发战争的各种情况下经受住苏联的第一次打击，并对苏联实施核报复。

到了 20 世纪 80 年代中期戈尔巴乔夫上台后，苏联政府大力推行"新思维"，努力缓和与美国的关系，里根政府对核战争的看法也发生了转变。里根在 1988 年 1 月的《美国国家安全战略》报告中指出，"我一再强调核战争不

① 蔡祖铭主编：《美国军事战略研究》，北京：军事科学出版社，1993 年，第 176 页。

可能取胜，绝不能打核战争"。虽然如此，里根政府并没有改变其通过加强核实战准备提高核威慑政策效果的基本核战略方针。他在《美国国家安全战略》报告中强调，虽然为了起到威慑作用需要有对付各种冲突的能力，美国的战略核部队及核战略却是各种军事力量的重要基础；美国必须拥有有效的战略核能力，以及在必要时使用核力量的决心和意志。

在打击对象方面，里根政府由侧重打击苏联的城市、工业和人口中心等转向打击苏联的战略力量、部队集结地、军工生产基地、指挥控制中心等军事目标，这种转变表明美国的核战略进一步向实战方向发展。里根政府认为，这样既可以减少人口的伤亡，控制战争的升级，又可以削弱苏联持久作战的能力。

里根还推翻了核战争必将是短暂的判断，提出无论是有限核战争或全面核战争都可能是长期的，"美国的核力量必须能在持久战中获胜"。同时肯定了核战争是可以控制的，"欧洲有可能在某种条件下爆发有限核战争，而不致导致两个超级大国的全面核对抗"。换言之，里根认为，核战争并非不可控制，有限核战争是可能的。温伯格也在一次讲话中表示，"美国的核政策已经发生了变化，认为在欧洲发生核交锋是可以控制的"。

1981 年 6 月，里根政府提出了 6 年内耗资 1800 亿美元的战略核武器现代化计划，建立一支前所未有的、强大的现代化战略力量，从而打破与苏联的核均势僵局，重新获得核优势地位。至 1988 年底，美国已经部署了 MX"和平卫士"洲际导弹 50 枚，"三叉戟"潜射战略导弹 384 枚，B-1 战略轰炸机 100 架。在战术核武器方面，1981 年 8 月 8 日，里根下令生产中子弹，以增强战区核威慑能力；发展新型短程核导弹以取代过时的战术导弹，并大量部署"战斧"式舰载巡航导弹。

更重要的是，1983 年 3 月 23 日，里根政府提出了"战略防御计划"，即所谓"星球大战计划"，力图构筑多层次、多手段拦截导弹的战略防御体系，把苏联的导弹拦截在太空中，取得压倒苏联的"第一次打击能力"。因而，这一计划是对美国长期奉行的"相互确保摧毁战略"的否定，意味着核战略的基础从单纯依靠核报复转向攻防兼备的双重核威慑。冷战结束前，美国拥有陆基洲际导弹 1000 枚、潜射导弹 640 枚、战略轰炸机 311 架，战略核力量运载工具共计 1951 件，各种核弹头约 2.6 万颗，其中战略核弹头 1 万颗，总当量达 50 亿吨。

在大力加强战略力量的同时，美国还试图通过军备控制谈判削减苏联核武器的数量。执政初期，里根政府的谈判政策较为强硬，对 1969 年开始的美苏核军备控制谈判所达成的协议，特别是卡特政府与苏联签署的《第二阶段限制战略武器条约》持批评态度，认为这些条约和协议只是单方面限制了美国核军备的发展，却不能阻止苏联扩充其核军备，使得美苏战略核力量对比发生了不利于美国的变化。

1985 年 3 月戈尔巴乔夫上台后，在军备谈判方面采取了较为积极的态度，核裁军从"限制"阶段迈入了实质性的"削减"阶段。1985 年 11 月和 1986 年 10 月，里根、戈尔巴乔夫先后在日内瓦和冰岛的雷克雅未克围绕军控问题举行了两次会晤。1987 年 9 月，双方签署了《减少核危险中心协定》，规定在两国首都建立减少核危险中心，通过卫星传真线路彼此通报向对方方向发射弹道导弹的情况，以降低爆发核战争的可能性。同年 12 月 8 日，两国首脑在华盛顿举行第三次会晤，签署《美苏关于销毁中程导弹和中短程导弹条约》（简称《中导条约》）。条约规定，两国应在条约正式生效后立即停止所有射程为 500—5500 公里中短和中程导弹的生产和试验；三年内应销毁双方所有的中程导弹，中短程导弹应在 18 个月内被销毁；销毁实现后则禁止一切有关这两种导弹的生产、试验和部署。条约同时还提出了严格的核查方法和销毁方法。尽管该条约规定的销毁的两种导弹只占两国核武库的 4%，但它是自出现核武器以来美苏达成的第一个真正裁减核军备的协议，对于促进美苏关系的缓和及进一步推动两国战略核武器谈判具有积极意义。1988 年 6 月，双方在莫斯科互换《中导条约》的批准书，条约正式生效。1991 年 7 月，美苏签署了《削减战略武器条约》，规定在今后 7 年内将战略核武器削减 30%，双方把各自的三种战略武器运载工具（陆基洲际导弹、潜艇弹道导弹和重型轰炸机）削减为 1600 件，双方部署的核弹头各为 6000 枚。这些条约的签订结束了两国之间的核军备竞赛，大大促进了东西方关系的缓和与冷战的结束。

六、结 语

通过上述考察，可以发现，冷战时期美国的核战略几经演变，从初创时的简单、僵硬逐步走向成熟，变得更为灵活多样和复杂化。但大体而言，每一届政府的核战略都是在核威慑战略这一框架下进行的调整，都是美国国家安全战略和军事战略的重要工具和后盾，核武器始终是美国各种战略手段中

"最具威慑力的最后手段"。同时，也可以看出，美国的核战略无论是以何种名称和形态出现，都带有较强的进攻性、扩张性和冒险性，是为美国的全球战略服务的。核讹诈始终是美国核威慑战略的基本特征，核优势则是美国实力地位的一个主要象征。

美国的核威慑政策、核力量使用政策、核力量发展政策以及核军备控制政策是核战略的基本内容，四者是一个有机的统一整体，缺一不可，同时又相互制约。影响美国核战略变化的因素很多，但主要包括以下几方面。其一，美国外交政策特别是对苏政策的变化。说到底，核武器作为一种重要的威慑力量，是为美国实现自己的政治和外交意图服务的，核战略的发展演变当然要服从美国冷战战略的变化和国家安全的需求。其二，技术的变革。随着原子能科学的不断发展，核武器的研制越来越呈现加速度趋势，核武器变得越来越多样化、小型化、精确化，特别是分导式多弹头技术的发展，对美国核战略产生了深刻影响。正是军事技术的变革使得核武器从原来的纯威慑力量逐步成为可用于实战、满足不同形势需求的真正的武器。同时，技术的不断进步也使得核武器的通信、指挥、控制系统变得更为复杂化。其三，苏联核战略的变化。冷战时期，苏联是美国最主要的对手，美国的核力量也主要是用来对付苏联的挑战。随着双方军备竞赛的加剧和力量对比的变化，美国的核战略也因此而不断调整。从一定意义上说，美国的核政策也是对苏联政策和行动的一种反应，体现了对苏联威胁认知的变化。核武器的最大作用在于威慑对手，随着对手战略力量的不断增强，美国的核战略必须相应地做出调整，从而能继续有效地起到威慑的效果。实际上，自 20 世纪 50 年代后期开始，美苏两国在核武器问题上进入了一个相互威慑时期。在研究美国核战略变化的同时，也必须对冷战时期苏联的核战略有一个较为清楚的认识。

核武器在美苏关系中具有独特的作用，它可以说是一把双刃剑。一方面，为了追求所谓的战略优势，维护国家安全，双方在核军备竞赛方面可以说是不遗余力，从而加剧了世界紧张局势。另一方面，核军备竞赛不仅没有给美苏两国带来安全，反而使双方都面临着被对方毁灭的危险。由于核武器空前巨大的破坏力，使用核武器意味着两败俱伤。尽管美国曾多次制订各种各样的核作战计划，并在朝鲜半岛、台湾海峡、中东、加勒比海、印度支那等地区挥舞核大棒，对其他国家进行核讹诈，但都没有奏效。事实是，自二战结束以来，美国从未在实战中应用过核武器。在很大程度上，使用核武器已经成为一种"禁忌"。[①]这种情况的出现并非美国核威慑战略的结果，也非美国的所谓"自我约束"所致，而是有着复杂的国内、国际因素制约着美国使用核武器。需要指出的是，美苏不仅在双边关系中互以核武器为威慑，而且对其他国家也频频动辄威胁，这就促使他国相继研制和发展核武器，以维护自身安全，并由此导致限制核军备谈判变得更为复杂。

长期以来，冷战为什么没有演变成热战始终是国内外学者讨论的一个重要话题。一部分学者认为，核武器的巨大毁灭性消除了发动战争的欲望，因而维持了世界和平。在他们看来，"核武器能维持和平，因为核武器破坏力是如此之大，妄图发动核战争无疑是自杀之举"。如果没有核武器，那么柏林危机、古巴导弹危机，或许还有中东危机，就很有可能升级和失控。也有一些学者对此提出异议，确信即使没有核武器，战后世界的发展也不会发生大的变化。[②]

随着美苏核军备竞赛的步步升级，爆发核战争的危险也在不断增长。为了避免意外事态的发生，美苏双方不得不小心谨慎，并就限制核军备竞赛进行谈判。两国领导人都深刻认识到，在核时代，一旦发生美苏全面战争，其后果不可想象，这不仅是美苏两国的自我毁灭，甚至可能是整个人类的灾难。[③]在这一点上，美苏两国领导人达成了共识，这是双方展开对话的基础所在。同样重要的是，由于两国都投入大量的人力、物力和资金用于国防建设，使双方的经济都不同程度地受到影响，特别是苏联的经济发展出现了严重的失衡。毫无疑问，包括核武器在内的军备竞赛使双方都付出了高昂的代价。此外，自 20 世纪 50 年代以来，世界各国人民也强烈反对核武器的扩散，和平运动不断高涨。因而，核军备控制成为必要。核军备控制和核裁军也成为美国核战略的一个重要组成部分。

（原刊于《世界近现代史研究》第十辑，北京：社会科学文献出版社，2013年）

---

① Nina Tannenwald, "The Nuclear Taboo: The United States and the Normative Basis of Nuclear Non-use", *International Organization*, Vol.53, No.3, Summer 1999, pp.433-468.

② 张小明：《冷战及其遗产》，上海：上海人民出版社，1998 年，第 147 页；小约瑟夫·奈：《理解国际冲突：理论与历史》，张小明译，上海：上海人民出版社，2003 年，第 208 页。

③ Jonathan Knight, "The Great Powers Peace: The United States and the Soviet Union Since 1945", *Diplomatic History*, Vol.6, No.2, Spring 1982, p.182; William Jackson, "The Soviets and Strategic Arms", *Political Science Quarterly*, Vol.94, No.2, Summer 1979, p.247.

核武器、美苏关系与冷战的起源

对于冷战的起源，国内学术界已经有不少的研究，但大都集中在意识形态、地缘对抗等方面，从核武器这一视角来揭示这一问题的成果并不多见，且限于资料等方面的原因，论述不够深入，仍有很大的拓展空间。[①]国外的相关研究成果中大都集中在美国对日使用原子弹这一问题上。在冷战研究的传统学派看来，核武器与冷战的起源并无关联，美国对日使用核武器旨在减少美军的伤亡，缩短战争的进程，完全是出于军事上的需要，冷战起源的根本在于苏联的对外扩张和对西方深深的敌意，不论美国采取何种政策，包括就原子能事宜尽早与苏联磋商，都不能阻止冷战的发生。[②]修正派学者则认为，美国对日本使用原子弹实际上对准的是苏联，更多的是出于政治上的考虑，在军事上是"完全不必要的"，旨在通过核威胁来促使苏联在东欧问题上做出让步，冷战由此肇始。在修正派的代表性人物阿尔普罗维茨看来，是杜鲁门改变了其前任政策，转而对苏采取强硬态度，才使得美苏同盟关系瓦解，将批评的矛头直接对准了杜鲁门。伯恩斯等学者甚至称，罗斯福在原子能问题上并没有采取完全排斥苏联的政策，之所以在美英垄断和国际合作与控制两种方案间举棋不定，为的是最大限度地保持行动的灵活性，并增加与苏联谈

[①] 国内的研究参见白建才：《试论核武器在冷战发生、发展和结束中的作用》，《陕西师范大学学报》，2000年第 1 期；张小明：《冷战及其遗产》，上海：上海人民出版社，1998 年，第 117-123 页。

[②] Herbert Feis, *The Atomic Bomb and the End of World War II*, Princeton: Princeton University Press, 1966, pp.190-201; Robert J. Maddox, *Weapons for Victory: The Hiroshima Decision Fifty Years Later*, Columbia: University of Missouri Press, 1995, pp.163-164; Wilson D. Miscamble, *The Most Controversial Decision: Truman, the Atomic Bombs, and the Defeat of Japan*, New York: Cambridge University Press, 2011, pp.146-147, 150-151.

判的筹码。[①] 长期以来，两派各持己见，争论不休。[②] 应当说，双方的观点和看法都失之偏颇，值得进一步商榷。

对于战后初期美国的原子能国际控制计划，不少西方学者都给予了很高的评价，认为美国对这一问题采取了"现实主义的政策"，"巴鲁克计划"是基于威尔逊国际主义观念而提出的构建战后新的世界秩序的思想，并将双方谈判失败的责任完全归咎于苏联，指责苏联一方面加紧核武器的研制，一方面为了避免在政治上陷于孤立，并为扭转因原子弹而造成的美苏军事力量失衡赢得时间，因而在联合国与美国展开了一场外交游戏和宣传战，由此导致冷战的发生及双方军核备竞赛的开始。[③] 还有学者提出，核武器在美苏冷战起源过程中扮演了"中心"角色，认为苏联领导人采取一切手段不遗余力地研制核武器，是美苏关系出现紧张并不断恶化的重要原因。[④] 凡此种种显然是与历史事实不相符的，对冷战起源的解释过于简单和片面。现依据有关各方的档案资料和研究成果，就核武器在美国对外政策以及冷战起源中所起的作用进行初步探讨。

一、美英核垄断政策

核武器的研制从一开始就不仅仅是一个军事和技术上的问题，而是与大国关系息息相关，原子能问题与美国对外关系构成了一个硬币的两面。对于

---

① P.M.S. Blackett, *Fear, War and the Bomb: Military and Political Consequences of Atomic Energy*, New York: McGraw-Hill, 1949, pp.127-139; Gar Alperovitz, *Atomic Diplomacy: Hiroshima and Potsdam*, New York: Vintage, 1965, pp.237-242; Gar Alperovitz, *The Decision to Use the Atomic Bomb and the Architecture of an American Myth*, New York: Alfred A. Knopf, 1995, pp.128-129; Richard D. Burns and Joseph M. Siracusa, *A Global History of the Nuclear Arms Race*, Vol.1, Santa Barbara: Praeger, 2013, p.38.

② Barton Bernstein, "The Atomic Bomb and American Foreign Policy, 1941-1945", *Peace and Change*, Vol.2, No.1, Spring 1974, pp.1-16; J. Samuel Walker, "The Decision to Use the Bomb: A Historiographical Update" in Michael Hogan, ed., *America in the World*, New York: Cambridge University, 1995; J. Samuel Walker, "Recent Literature on Truman's Atomic Bomb Decision," *Diplomatic History*, Vol.29, No.2, April 2005, pp.311-334; Michael Kort, "The Historiography of Hiroshima", *New England Journal of History*, Vol.64, Fall 2007, pp. 31-48.

③ David Kearn, "The Baruch Plan and the Quest for Atomic Disarmament", *Diplomacy and Statecraft*, Vol.21, No.1, 2010, p.59; Larry Gerber, "The Baruch Plan and the Origins of the Cold War", *Diplomatic History*, Vol.6, No.1, Winter 1982, p. 82.

④ Campbell Craig and Sergey Radchenko, *The Atomic Bomb and the Origins of the Cold War*, New Haven: Yale University Press, 2008, p. 167.

美国总统罗斯福而言，原子弹是美国塑造战后世界一个非常有价值甚至是具有潜在决定性意义的工具。美国政府采取的政策是，在与英国保持密切合作的同时，不仅将同为战时盟友的苏联完全排除在外，甚至将核武器作为日后应对苏联的重要工具。尽管此时苏联是美国的盟友，但这是出于对付共同敌人的需要，罗斯福从来没有真正信任斯大林，双方根深蒂固的猜忌和怀疑并没有随着战争的进行而消除。在罗斯福的战后世界构想中，虽然苏联和中国也占有相当的地位，但他显然更重视与英国的关系。他曾多次明确表示，要大力扶植英国，使之成为美国战后一个可靠盟友，并在欧洲遏制苏联影响的扩大；英国作为美国的主要盟友在战后世界秩序安排和维护世界和平方面将起着举足轻重的作用，美英合作甚至要比建立一个国际组织更为有效。因而，保持英国的强大至关重要，美国不仅要向其提供经济援助，而且也要在原子能研究方面保持全面合作。罗斯福的特别助理霍普金斯也曾强调，美国必须现实地认识到，在未来的任何战争中，英国都将支持美国，美国也必须与英国并肩携手，一个软弱的盟友毫无用处。①

　　同样，在英国领导人看来，原子能合作研究问题不仅有助于维护与加强美英关系，更重要的是可以确保英国在战后拥有对抗苏联的重要外交武器。在很大程度上，促使英国在原子能研究领域谋求与美国全面合作的一个重要原因就是对苏联的担忧。丘吉尔及其科学顾问约翰·安德森多次向美方明确表示，英国政府是从战后的军事角度来全面考虑原子能问题的，拥有核武器的主要目的在于对付"来自东方的威胁"，苏联将在战后成为欧洲一支最为重要的力量，并且也是英国面临的主要威胁，原子弹对英国来说不仅可以确保其在欧洲的地位，而且也是用来抵御苏联强大军事力量、维护自身安全的唯一有效工具。丘吉尔宣称，除非美英携手合作，否则苏联很可能会率先研制出这一武器，并对西方国家进行"讹诈"。②

　　毫无疑问，苏联因素在促成战时美英原子能合作方面起了重要的作用。1943 年 8 月 19 日，罗斯福与丘吉尔在魁北克签署了双方在原子能研究领域

---

① Martin J. Sherwin, *A World Destroyed: The Atomic Bomb and the Grand Alliance*, New York: Random House, 1977, p.114; Barton J. Bernstein, *The Atomic Bomb: The Critical Issues*, Boston: Little, Brown, 1976, p.97.

② Bundy, "Memorandum of Meeting at 10 Downing Street on July 22, 1943", Harrison-Bundy Files Relating to the Development of the Atomic Bomb, 1941-1946, Record Group 77, National Archives, College Park, Maryland; Groves, "Diplomatic History of Manhattan Project", Record Group 77, Manhattan Engineer District Files, National Archives, College Park, Maryland, p.11.

进行全面合作的协议，其中明确规定，没有双方的同意不得与第三方交流任何有关原子能的情报。很显然，这里的所谓第三方指的就是苏联。根据这一协定，双方还在华盛顿设立了"联合政策委员会"，由美国陆军部长史汀生担任主席，具体协调双方原子能研究的合作事宜。[①]

既然美英领导人都将原子弹视为实现其军事和外交目标的重要工具，是今后对付苏联的"制胜武器"，毫无疑问，他们都竭力维护对这一武器的共同垄断，并将任何与苏联分享原子秘密或谋求实行国际控制的建议束之高阁。美英政府的这一做法引起了一些科学家的忧虑和不安。在他们看来，美国和英国幻想长期垄断核秘密是"极为危险的"。

被英国政府派往美国参加曼哈顿工程的丹麦理论物理学家、诺贝尔奖获得者尼尔斯·玻尔是较早认识到核武器将会对战后国际关系产生深刻影响的科学家之一，并率先劝说美英领导人将原子能的研究和应用置于国际控制之下。作为在西方世界享有盛誉的学者，玻尔非常关注科学技术的进步对人类社会发展的影响。他认为，原子弹对世界各国安全造成的巨大威胁将不可避免地导致新一轮的军备竞赛，"除非做出无与伦比的努力在西方和苏联之间达成谅解和信任"，否则西方国家和苏联结成的同盟在战争结束后不可能持续下去。他呼吁美国和英国尽早与苏联开始谈判，以求实现原子能有效的国际控制，因为"一个安全的世界必然是开放的世界"，只有在相互信任的基础上才能就原子能控制达成协议，这是确保战后世界和平与稳定的唯一途径，否则就不可能有真正的安全。1944年初，玻尔多次致函英国负责原子能事务的安德森爵士等人，强调最好是由美英首先提出倡议，通过在联合国组织内部加强信任，以阻止将来的竞争，使原子能的研究符合各国共同的长远利益。[②]

玻尔的这一思想得到了美国最高法院法官、罗斯福总统的密友费力克斯·法兰克福特的支持。1944年2月初，玻尔在与法兰克福特会面时阐述了对原子弹给国际关系所带来的深刻影响的看法，认为原子能的研究可能给人类带来最大的福利，也可能会造成极大的灾难。因而，美国在战后面临两种可能的选择：核军备竞赛或者实行某种形式的国际控制。而美国曼哈顿工程

① U.S. Department of State, *Foreign Relations of the United States*, The Conferences at Washington and Quebec, 1943, Washington, D.C.: United States Government Printing Office, 1970, pp.1117-1119.

② Niels Bohr, *The Political Arena*, Oxford: Elsevier, 2008, pp.87-88; Herman Feshbach, Tetsuo Matsui and Alexandra Oleson eds., *Niels Bohr: Physics and the World*, London: Routledge, 2014, pp.319-330; Abraham Pais, *Niels Bohr's Times: In Physics, Philosophy, and Polity*, New York: Oxford University Press, 1991, p.498.

的完成将为推进各国之间关系的友好发展提供了难得的机遇。法兰克福特显然被玻尔的观点打动了，随即将这一谈话内容转告了罗斯福，并阐述了自己对原子能国际控制的看法。法兰克福特认为，极为重要的是，美国在这一问题上应采取主动，努力寻求与苏联就原子能控制问题达成协议的可能性；如果苏联通过自己的渠道知晓了美英的原子弹研究计划，这将造成灾难性的后果。他向罗斯福表示，玻尔对苏联科学界的研究情况是非常了解的，认为苏联完全有能力研制出原子弹；如果盟国在战争时期不能就原子能的国际控制问题进行讨论，战后就不可避免地会出现核军备竞赛。因而，罗斯福应及早与斯大林接触，提出一项解决这一问题的建议，这是避免战后美苏关系恶化和核军备竞赛的唯一办法。他还向罗斯福强调，解决这一问题要比建立战后一个国际组织的任何计划都更为重要。罗斯福表示对他所谈论的问题"担心得要死"，渴望获得任何有助于解决这一问题的意见，并表示将就此与丘吉尔进行商谈。①

罗斯福的积极回应无疑令玻尔非常兴奋。他随后向英国方面提交了数份备忘录，重申美英不可能长久地保持对核武器的垄断；战争结束后，苏联势必会全力研制这一武器；呼吁美英采取行动，并建议美英两国的科学家首先与苏联的科学家加强交流与合作。玻尔还把自己的想法写成备忘录交给了负责原子弹研制的美国物理学家罗伯特·奥本海默，强调各国科学家间的交流能够带来进步、理性，乃至和平。在他看来，如果美英主动将曼哈顿工程告诉了苏联领导人，并使其确信这一项目不会危及苏联，那么战后的核军备竞赛才能得以避免。恰在此时，玻尔收到了苏联物理学家卡皮察的来信，邀请他前往苏联。玻尔认为这是一个极好的机会，希望罗斯福和丘吉尔能同意他接受这一邀请。

丘吉尔对有关原子能国际控制的任何建议都缺乏兴趣。实际上，在丘吉尔与玻尔会面之前，安德森等人已经多次提请他对战后原子能的控制问题加以关注，认为在筹划战后世界的安全问题时，如果没有考虑到原子能这一至关重要的问题，那么一切都将是幻想，因为世界的未来实际上有赖于原子能是用来造福于人类还是要毁灭人类。安德森认为，对美英来说，在原子能领域最为迫切的问题就是如何处理好与苏联的关系，美英应将曼哈顿工程的相

---

① Frankfurter to Halifax, April 18, 1945, Frankfurter-Bohr folder, Box 34, Oppenheimer Papers, Library of Congress; Richard Rhodes, *The Making of the Atomic Bomb*, New York: Simon and Schuster, 1986, pp.526-527.

关情况告知苏联领导人，并与之合作，共同就原子能的国际控制拟定一项方案，建议出外交大臣立即就这一问题展开研究。安德森还为丘吉尔草拟了一份致罗斯福的电报，要求就此与美国政府磋商。丘吉尔的回答则是"我不同意"，认为发送任何这样的电报都是毫无必要的，表示坚决反对就此与苏联进行接触。[1]

　　丘吉尔在原子能国际控制问题上的消极立场注定了他与玻尔5月中旬的会谈无果而终。事实上，在不到半个小时的会谈中，大部分时间都是丘吉尔与其原子能事务顾问彻韦尔谈论其他的事情。最后，玻尔只得表示希望向丘吉尔提交一份备忘录，以便全面阐述自己的想法。对此，丘吉尔回答说只要不涉及政治，他很乐意听取玻尔的意见。丘吉尔的态度令玻尔十分懊丧，称他和丘吉尔说的"完全不是一种语言"。[2]虽然如此，玻尔还是在5月下旬致函丘吉尔，再次强调对原子能实施国际控制的必要性和重要性，为说服丘吉尔做了最后的努力，但丘吉尔不为所动，只是将来函封存了事。[3]他对原子能的立场在其写给艾登的一封信中阐述得很清楚，"在任何情况下，我们的政策应该是，只要我们能控制住局面，就要尽力将这一问题掌握在美国和英国人手中"，强调目前他反对任何将原子能秘密泄露给第三方或第四方的做法。[4]

　　鉴于丘吉尔对原子能国际控制态度极为冷淡，玻尔便将希望寄托在罗斯福身上。他通过法兰克福特向罗斯福递交了一份7页长的备忘录，强调原子弹具有前所未有的破坏力，将彻底改变未来的战争条件，必须对此予以最迫切的关注。他认为，除非在适当的时候能切实达成控制使用这种新武器的协议，否则任何暂时的优势，即使是非常明显，都会因其对人类安全构成的长久威胁而被抵消。他重申，在原子能问题上各国应建立起相互信任，作为取得谅解的第一步，美国和英国应首先公开原子弹的秘密，并确立对其实施国际控制，唯有如此才能防止出现"可怕的军备竞赛"。他表示，此举有助于消除各大国之间任何猜忌的起因，未来几代人的命运将有赖于这些大国的携手

[1] Margaret Gowing, *Britain and Atomic Energy, 1939-1945*, London: Macmillan Press, 1964, p.352; Joseph Lieberman, *The Scorpion and the Tarantula: The Struggle to Control Atomic Weapons, 1945-1949*, Boston: Houghton Mifflin, 1970, pp.32-33.

[2] Margeret Gowing, *Britain and Atomic Energy, 1939-1945*, London: Macmillan Press, 1964, p.355.

[3] Bohr to Churchill, May 22, 1945, Frankfurter-Bohr folder, Box 34, Oppenheimer Papers, Library of Congress; Kevin Ruane, *Churchill and the Bomb in War and Cold War*, London: Bloomsbury, 2016, p.80.

[4] Martin J. Sherwin, *A World Destroyed: The Atomic Bomb and the Grand Alliance,* New York: Random House, 1977, p.108.

合作，而现在就是美英采取行动的最为有利的时机。[①]

8月26日，罗斯福邀请玻尔到白宫就原子能问题进行了长达一个半小时的会谈。玻尔表示，反法西斯盟国在政治和经济上的分歧可能成为战后世界的主要问题，因而在世界范围内建立相互信任的合作关系是非常必要的。他认为苏联具有制造原子弹的能力和技术，也一定正在展开研制工作；在原子弹研制成功之前，或者在战争中使用之前，美、英、苏三国就原子能使用的监督问题达成协议较为容易，如果继续采取保密政策，势必会大大增加苏联领导人对美英意图的怀疑，从而也就失去了一个打破双方意识形态壁垒、建立互信的前所未有的机会，建议首先恢复战争期间所中断的各国科学家之间的联系。罗斯福对玻尔的建议表示同意，称美国必须与苏联接触，并就此达成谅解，这将"开启人类历史的一个新纪元"，认为苏联领导人在理解科学技术进步的重要性以及由此所带来的具有革命性结果方面完全是一个现实主义者。同时他还表示，在即将举行的美英首脑会晤期间自己会与丘吉尔就这一问题进行磋商，并设法说服其改变在原子能问题上的立场。[②]罗斯福的态度令玻尔颇受鼓舞。1944年9月初，他致函罗斯福，再次强调现在即是有关最关切的各方考虑原子能控制问题的恰当时机，重申对核武器的有效控制关乎人类未来的前途和命运。及至1945年三四月，玻尔仍试图努力说服美国政府尽快与苏联就此进行谈判。[③]

美国科学研究与发展局局长万尼瓦尔·布什、国防研究委员会主席詹姆斯·科南特以及参与曼哈顿工程的一些科学家也提出了大致相同的建议，认为应将原子弹以及世界上的铀矿资源和各国的原子能研究活动置于一个由各国代表组成的国际委员会控制之下，以防止出现核军备竞赛，并且在这一机构内美国和苏联以及其他国家共同分享有关核技术。与玻尔一样，他们认为，任何一个拥有优秀科技人才的国家都能在三四年之内达到美国和英国现有的研究水平，甚至取得优势；通过采取严格的保密措施来维护核垄断根本无济于事，甚至对原材料实施控制也难以奏效。在他们看来，保密措施虽然可以

　　① Bohr to Roosevelt, July 3, 1944, Frankfurter-Bohr folder, Box 34, Oppenheimer Papers, Library of Congress; Abraham Pais, *Bohr's Times: In Physics, Philosophy, and Polity*, New York: Oxford University Press, 1991, p.501; Robert Gilpin, *American Scientists and Nuclear Weapons Policy*, Princeton: Princeton University Press, 1965, pp.42-44.

　　② Stefan Rozental ed., *Niels Bohr*, New York: Wiley, 1967, pp.197-199; Margaret Gowing, *Britain and Atomic Energy, 1939-1945*, London: Macmillan Press, 1964, p. 357.

　　③ Niels Bohr, *The Political Arena*, Oxford: Elsevier, 2008, pp.109-110; Bohr to Roosevelt, September 7, 1944; Bohr to Roosevelt, March 25, 1945, Frankfurter-Bohr folder, Box 34, Oppenheimer Papers, Library of Congress.

在短期内确保美国在原子能领域的优势，但从长期来看却会对美苏关系造成严重的负面影响，而尽早与苏联就原子能的控制问题达成协议不仅有助于维护和加强战时盟国间的团结，而且对战后的世界和平也是大有裨益的。不仅如此，他们还警告说，原子弹的研制只是第一步，随着核技术的不断发展，人们很快就会研制出更具毁灭性的武器，世界上任何一个国家的中心城市都将面临着核打击的威胁。布什、科南特等人一直非常担心美苏之间的秘密军备竞赛将在战后引发一场可怕的冲突。芝加哥大学 22 名参与曼哈顿工程的科学家则联名呼吁美国政府尽快向世人公开有关原子弹研制的信息。[1]

但是，不论是丘吉尔还是罗斯福，恰恰就是希望能够长久地维持对原子弹的垄断。尽管罗斯福曾表示非常担心原子弹可能对未来的美苏关系所产生的影响，并承诺将就此与苏联展开磋商，但他并未采取任何行动。不仅如此，他一方面指示下属对法兰克福特是如何知晓曼哈顿工程一事展开调查，同时进一步强化了美英的原子能合作。1944 年 6 月 13 日，罗斯福与丘吉尔就战时及战后美英控制苏联疆域之外的钍和铀矿资源达成协议，据此双方成立了"联合开发托拉斯"，负责这些资源的勘探、开发等工作。美英的目标是要控制全世界已知的所有主要铀矿资源，这是其核垄断计划中至关重要的一环。实际上，还在 1943 年初，罗斯福就曾指示曼哈顿工程军事负责人莱斯利·格罗夫斯"应尽可能完全地"占有世界上的铀矿资源。格罗夫斯开始绕过国务院，就购买和控制铀、钍矿资源事宜与比利时、巴西、荷兰、瑞典等展开谈判。[2]

9 月 18 日，罗斯福、丘吉尔在纽约州海德公园会晤时又签署了一项秘密备忘录，明确规定向世界各国通报原子弹研制进展情况以便就其控制和使用达成国际协议的建议是"不可接受的"，应继续将原子弹的研制工作视为"绝密"；在击败日本之后，为了商业和军事目的，美国和英国将继续在原子能研究方面进行全面合作，直至双方同意终止。鉴于玻尔一直主张在原子能问题

① Richard Hewlett and Oscar Anderson, *The New World, 1939-1946,* Washington, D.C.: U.S. Atomic Energy Commission, 1962, pp.328-329; James G. Hershberg, *James B. Conant: Harvard to Hiroshima and the Making of the Nuclear Age*, New York: Alfred A. Knopf, 1993, pp.198-199; Martin J. Sherwin, *A World Destroyed: The Atomic Bomb and the Grand Alliance*, New York: Random House, 1977, p.118.

② "Agreement and Declaration of Trust", June 13, 1944, Harrison-Bundy Files; Jonathan Helmreich, *Gathering Rare Ores: The Diplomacy of Uranium Acquisition, 1943-1954*, Princeton: Princeton University Press, 1986, p.48; Richard Hewlett and Oscar Anderson, *The New World, 1939-1945*, Washington, D.C.: U.S. Atomic Energy Commission, 1962, pp.285-286.

上实行国际控制，这引起了美英领导人的不安，决定调查他的活动，并采取必要的措施以确保其不会向苏联泄密。[①]丘吉尔甚至表示，应该拘禁玻尔，"或者无论如何也应让他知道他正处于犯下不可饶恕罪行的边缘"。[②]就这样，罗斯福和丘吉尔通过签署秘密备忘录的方式进一步确定了日后美英原子能合作的基本原则，同时也表明了双方要共同维护对核武器的垄断，从而堵塞了在这一问题上与苏联进行谈判的大门。

科南特、布什对美英领导人的此次会晤极为不满，认为罗斯福在原子能问题上与英国人的合作过于密切，试图极力维护英国的大国地位，而同时没有考虑到此举会不可避免地导致与苏联关系的紧张，促使其全力以赴研制原子弹，从而引发美苏之间激烈的核军备竞赛，最终引发一场战争。在布什看来，罗斯福显然认为"他能够同丘吉尔合作，拟定出一个关于原子能的美英战后协定，并通过这一协定牢牢地掌握原子弹，从而或许可以控制世界的和平"。[③]他们力图通过史汀生促使罗斯福改变政策，要求除了原子弹的制造过程外，一切重要的科学信息都应在使用前最大限度地予以公开，唯有如此才能降低军备竞赛的危险，并使各国就原子能国际控制问题达成协议的可能性大为增加。他们重申，美英的核保密政策不仅是一种幻想，而且是极为危险的，势必对未来的国际关系产生极为严重的后果，使苏联及其他国家对美英产生疑虑。[④]

史汀生则表示，他对美国长久地保守核秘密这一可能性并不抱幻想，并非常担心美国的做法对苏联可能造成的负面影响，但他坚持认为现在还不是与苏联共享这一秘密的时候。在他看来，鉴于核武器事关重大，苏联必须在国际乃至国内问题上做出一些重大让步才能换取美国公开这一秘密，在此之前一定不能相信苏联。罗斯福对此表示同意。显而易见，原子弹已经成为美

---

① U.S. Department of State, *Foreign Relations of the United States*, The Conference at Quebec, 1944, Washington, D.C.: United States Government Printing Office, 1972, pp.492-493.

② Martin J. Sherwin, *A World Destroyed: The Atomic Bomb and the Grand Alliance*, New York: Random House, 1977, p.284; Margaret Gowing, *Britain and the Atomic Energy, 1939-1945*, London: Macmillan Press, 1964, p.358.

③ Bush, Memo for Conant, September 25, 1944, Bush-Conant File Relating to the Development of the Atomic Bomb, 1940-1945, Record 277, National Archives, College Park, Maryland; James G. Hershberg, *James B. Conant: Harvard to Hiroshima and the Making of the Nuclear Age*, New York: Alfred A. Knopf, 1993, p.216; Robert Dallek, *Franklin D. Roosevelt and American Foreign Policy*, New York: Oxford University Press, 1995, p.471.

④ Bush and Conant to Stimson, September 30, 1944, Harrison-Bundy Files.

国对苏政策的一根重要杠杆。[①]

因而，尽管雅尔塔会议为美苏领导人当面讨论这一问题提供了难得的机会，而且罗斯福也很清楚苏联情报部门已经获悉了曼哈顿工程的存在，认识到美英继续采取保密政策将有损与苏联的关系，但他并未向斯大林提及任何有关原子能研究和曼哈顿工程的信息。罗斯福曾考虑该是向斯大林通报情况的时候了，却遭到丘吉尔的反对。丘吉尔强调，应将核秘密牢牢控制在美英手中，这对于英国战后的安全至关重要。格罗夫斯则认为，在当时，美国政府内实际上没有一个人想让苏联知悉曼哈顿工程。总而言之，美国失去了一个与苏联就原子能国际控制问题进行磋商并借以了解其态度的良机，而美英坚持核垄断政策只能进一步增加苏联领导人对西方意图的疑虑，罗斯福的战后美苏合作构想也注定化为泡影。[②]直至罗斯福去世，美国的原子能保密政策没有任何改变。不仅如此，1945 年 4 月初，美国还秘密出动特别行动小组到德国境内的苏军控制区，彻底摧毁了德国在该地所建的原子能设施，同时将所有相关研究资料、1200 多吨铀矿石以及重水等悉数运回美国，将不能带走的物品全部予以烧毁。美国政府非常担心，一旦这些设施以及相关资料落入苏联之手，势必会对其原子弹研制工作产生极大的推动作用。[③]

二、核武器与美苏关系

随着曼哈顿工程的不断推进，原子弹的问世已经指日可待。在美国对苏关系中，核武器因素所起的作用也愈来愈大。史汀生说得很明白，在美国的

---

① Stimson Diary, December 30 and 31, 1944, Yale University Library, roll 110, February 15, 1945; Sean L. Malloy, *Atomic Tragedy: Henry L. Stimson and the Decision to Use the Bomb against Japan*, Ithaca: Cornell University Press, 2008, p.85.

② J. W. Pickersgill and D.F. Forster, *The Mackenzie King Record*, Vol.2, Toronto: University of Toronto Press, 1968, pp.326-327; Warren F. Kimball, *Forged in War: Roosevelt, Churchill, and the Second World War*, New York: William Morrow, 1997, p.280; Barton J. Bernstein, "The Uneasy Alliance: Roosevelt, Churchill, and the Atomic Bomb, 1940-1945", *Western Political Quarterly*, Vol.29, No.2, 1976, p.228.

③ Leslie Groves, *Now It Can be Told: The Story of the Manhattan Project*, New York: Harper, 1962, pp.237-238; Francis Smith, "Memorandum for the Files", April 7, 1945, Correspondence of the Manhattan Engineer District, 1942-1946, Microfilm Publication M1109, file 7F, National Archives, College Park, Maryland.

原子能政策中，所有重要的问题都与苏联直接相关。[①]杜鲁门政府不仅延续了罗斯福的政策，同样将核武器视为实现美国政治和外交目标甚至是对付苏联的重要工具，而且还在多个场合对苏联进行原子威胁。

杜鲁门在继任总统前对曼哈顿工程一无所知。1945 年 4 月 25 日，史汀生向他汇报说，在今后 4 个月之内，美国将会研制成功一种"人类历史上迄今所知的最为可怕的武器"，一颗这样的炸弹能够摧毁整个城市。他同时警告说，尽管美国在原子弹的研制方面处于领先地位，并控制着制造这一武器的资源，但美国不可能长久地保持这一优势，最有能力很快赶上美国的就是苏联。史汀生认为，对美国和世界而言，原子弹的研制包含着巨大的危险，但同时也提供了难得的机遇，能否建立起一套切实可行的、使原子能得到有效控制的国际机制，关乎世界的和平和人类文明未来的命运。他强调，与其他国家分享核秘密以及在什么基础上分享将成为美国对外关系中的"一个首要问题"；如果可能，必须对原子能实施控制，使其成为世界和平的保障而非人类文明的威胁，建议在战后通过建立一个国际机构对其进行有效的监督。史汀生同时也提出了所谓"拖延战略"，认为现在与苏联就这一问题进行接触为时尚早，一切要等到原子弹研制成功之后。不仅如此，在公开核秘密之前，美国应尽可能多地占有世界其他地区的铀矿资源，以加强战后美国的谈判地位。[②]根据史汀生的建议，美国政府成立了一个"临时委员会"，就战后原子能的研究、开发和控制等问题进行研究，并提出政策建议。

不少参与原子弹研制工作的科学家对于使用核武器可能造成的严重影响颇感不安，极力主张对其实施国际控制。最早推动美国政府做出研制原子弹决定的芝加哥大学冶金实验室主任利奥·西拉德极为担心美国的政策势必会在战后引发一场核军备竞赛，从而带来"灾难性的后果"。他在一份通过著名物理学家爱因斯坦呈交给罗斯福的报告中强调，原子弹给美国带来的暂时的某种军事优势，将由于在政治和战略上的严重失误而化为乌有；核武器的威力是如此巨大，以至于任何两个大国同时拥有它就不可能达成和平，除非这两个大国结成持久的同盟。西拉德警告说，必须对铀和原子能的研究活动实

① Henry L. Stimson and McGeorge Bundy, *On Active Service in Peace and War*, New York: Farrar, Straus and Giroux, 1971, p.636.

② "Memo Discussed with President", April 25, 1945, Harrison-Bundy Files; Stimson Diary, April 25, May 14, 1945, Yale University Library, roll 112; Michael B. Stoff, Jonathan F. Fanton and R. Hal Williams eds., *The Manhattan Project: A Documentary Introduction to the Atomic Age*, New York: McGraw-Hill, 1991, pp.93-96.

施国际控制，否则美国人口密集、工业集中的城市中心最易成为核打击目标。在他看来，美国面临的最大的直接危险是，原子弹的试验将很可能导致美苏之间的一场核军备竞赛，苏联很快就会成为一个核大国，结果将是两败俱伤。5 月底，他又将此备忘录交给即将出任国务卿的贝尔纳斯。[①]

6 月中旬，经过长时间的讨论，以芝加哥大学詹姆斯·弗兰克为首的 7 名科学家联名向史汀生递交了一份报告，强调原子弹的破坏力超过了现有一切武器，并且没有有效的手段进行防御；为了避免日后出现军备竞赛，必须在相互信任的基础上立即采取措施，建立对核军备的国际核查制度，而美国对日本的突然核打击将会破坏这种必要的信任。报告认为，通过用原子弹突袭日本的办法而获得的军事优势，将由于丧失信义、造成全世界恐惧与憎恨以及国内公众舆论的谴责而化为乌有。报告建议美国应将原子弹投掷在无人居住的沙漠或荒岛上，并邀请各国派员前往参观，以见证其杀伤力，以此向全世界显示，虽然美国拥有这种威力巨大的武器，但并不投入使用；如果各国同意建立有效的国际监督，那么美国将来也不会使用这类武器。这样，"就会为达成国际协议创造最好的气氛"。报告表示，这种做法听起来似乎有些荒诞不经，但核武器的毁灭力之大确实无可比拟。如果想充分利用核武器的有利因素，就必须采取新的、富有想象力的方式。[②]

7 月，西拉德起草了一份有 69 名科学家签名的请愿书，再次强调原子能的发展将为各国提供新的毁灭手段，而原子弹只代表朝这一方向迈出的第一步，在其未来发展的过程中能够取得的破坏力几乎是没有限制的；作为首先拥有这一武器的美国"也许要对开启一个无法想象其毁灭规模的时代大门而承担责任"。史汀生的特别助理向其汇报说，几乎所有参与曼哈顿工程的科学家都十分担心原子弹的研制可能带来的严重危险，认为如不能对其实施有效

---

① Albert Berger, *Life and Times of the Atomic Bomb*, New York: Routledge, 2016, p.76; Leo Szilard, "Atomic Bomb and the Postwar Position of the United States in the World", *Bulletin of Atomic Scientists,* Vol.3, No.12, December 1947, pp.351-353; Alice Kimball Smith, *A Peril and a Hope: The Scientists' Movement in America, 1945-47*, Cambridge: The MIT Press, 1971, pp.28-29.

② "A Report to the Secretary of War, June 1945", *Bulletin of Atomic Scientist*, Vol.1, No.10, May 1946, pp.2-4; Alice Kimball Smith, *A Peril and a Hope:The Scientist's Movement in America, 1945-47*, Cambridge: The MIT Press, 1971, pp.43-46, 371-383; Robert Gilpin, *American Scientists and Nuclear Weapons Policy*, Princeton: Princeton University Press, 1965, pp.44-47.

的国际控制，所引发的军备竞赛或许会威胁到人类文明的存在。[①]

在美国事关原子能事务的决策层内，也有相当一部分人清醒地认识到，考虑原子能控制和国际合作时，首要的问题是要看苏联的态度，主张美国应尽早就此与苏联进行磋商，通过情报分享等方式以加强双方之间的合作。布什、科南特建议，一旦原子弹研制出来，除了具体的生产细节外，其他一切资料都应立即公之于世。他们反对向日本某个城市首先使用原子弹，建议采取通过"显示"其威力的办法向日本发出威胁，除非立即投降，否则美国将对其实施核打击。[②]

5月底和6月下旬，奥本海默与"临时委员会"中其他3名参与曼哈顿工程的科学家就对日使用原子弹问题进行了讨论，他们一致认为鉴于核秘密不可能维持太长时间，而美国的排他性政策势必会造成美苏关系的紧张，并与原子能国际控制的目标相悖，建议在即将召开的盟国波茨坦首脑会议上，如有适当的时机，美国应告知苏联核武器的存在，向其说明美国打算用来打击日本，并希望今后就这一问题进行磋商，以确保这一武器成为和平的保障。他们强调，与盟友分享核秘密对美国是"极为有利的"，美苏原子能合作有助于促进国际关系的改善。不仅如此，在他们看来，美国还应将这一信息同时通知法国、中国等国家，欢迎各国就加强在原子能领域的国际合作献计献策。奥本海默等人强调，如果在原子弹实际使用之前提出有关原子能研究的信息交流，将会极大地加强美国的道义地位。[③]

这一建议得到了史汀生以及陆军参谋长乔治·马歇尔的支持。史汀生特别担心，如果在没有告知苏联的情况下美国就向日本投掷了原子弹，将会对美苏关系造成严重的影响，建议杜鲁门若在波茨坦会议上与斯大林相处融洽，就应将美国研制原子弹的情况通报斯大林，并告知美国获悉苏联也在开展这一武器的研制工作，期盼能够就这一武器的国际控制问题展开磋商。马歇尔也表示，应将曼哈顿工程的相关情况告知作为盟友的苏联，甚至建议最

---

① Richard Rhodes, *The Making of the Bomb*, New York: Simon and Schuster, 1986, p.749; Harrison, "Memorandum for the Secretary of War", June 26, 1945, Harrison-Bundy File.

② G. Pascal Zachary, *Endless Frontier: Vannevar Bush, Engineer of the American Century*, Cambridge: The MIT Press, 1999, pp.215-216.

③ Arneson, "Notes on the Basic Interim Committee Meeting", June 21, 1945, Harrison-Bundy, file 100; Richard Hewlett and Oscar Anderson, *The New World, 1939-1946*, Washington, D.C.: U.S. Atomic Energy Commission, 1962, pp.356-357.

好邀请两名苏联知名科学家实地观看即将进行的原子弹试验。[1]

　　美国最高决策者却有着完全不同的看法，依然将核垄断视为与苏联进行谈判、谋取外交优势的重要砝码。杜鲁门认为，美国应继续保守核秘密，就原子能实施国际控制以及与苏联分享核秘密的时机还不成熟，苏联至少应该在波兰、罗马尼亚、南斯拉夫以及中国东北问题上做出妥协，才能换取美国同意采取这一措施。他确定，在成功地向日本投掷第一颗原子弹之前，决不应向苏联透露任何原子能研究的相关信息。[2]在新任国务卿詹姆斯·贝尔纳斯看来，由于核武器的威力空前，有可能使美国在战争结束时处于发号施令的地位。他担心，一旦美国将有关信息告知苏联方面，斯大林很可能会要求参与原子弹的研制工作，或者命令苏军立即对日宣战，届时美国将处于一种非常困难的境地。贝尔纳斯赞同格罗夫斯的估计，即美国在原子能研究方面远远领先于任何国家，苏联由于缺乏铀资源，或许需要 20 年的时间才能制造出原子弹。因而，至少在一段时期内，核垄断可以为美国实现战略目标提供更为强有力的外交杠杆。他还认为，原子弹的威力会给苏联留下深刻的影响，从而促其在东欧问题上变得"更易管理"，否则要让苏联从东欧国家撤军将是非常困难的。[3]

　　总之，在美国外交决策者眼中，原子弹已然成为可以用来对付苏联的一张"王牌"。在贝尔纳斯的推动下，"临时委员会"提出建议，认为对美国最为理想的行动方针是尽快推进原子弹的制造和研究工作，确保美国在这一领域的领先地位，同时尽一切努力改善与苏联的政治关系。贝尔纳斯或许并没有意识到，美国的这两大目标其实是完全相悖的。[4]

　　1945 年 7 月中旬，美、英、苏三国领导人在波茨坦召开会议，这是杜鲁门首次与斯大林见面。实际上，还在四五月份，斯大林、丘吉尔就曾提议举

---

[1] Arneson, "Notes of the Interim Committee Meeting", May 31, 1945, Harrison-Bundy Files; Stimson Diary, May 31, July 3, 1945; Barton J. Bernstein, "Roosevelt, Truman, and the Atomic Bomb, 1941-1945", *Political Science Quarterly*, Vol.90, No.1, 1975, p.40.

[2] Stimson Diary, June 6, 1945, Yale University Library, roll 112.

[3] Leo Szilard, "Reminiscences", *Perspectives in American History*, Vol.2, 1968, p.128; J. Samuel Walker, *Utter Destruction: Truman and the Use of Atomic Bombs against Japan*, Chapel Hill: The University of North Carolina Press, 2004, p.18.

[4] Arneson, "Notes of the Interim Committee Meeting", May 31, 1945, Harrison-Bundy Files; Micheal B. Stoff, Jonathan F. Fanton and R. Hal Williams, *The Manhattan Project: A Documentary Introduction to the Atomic Age*, New York: McGraw-Hill, 1991, pp.114-115.

行首脑会晤，以便解决当时盟国所面临的重大问题，但杜鲁门以各种理由予以拒绝，将会议日期推迟到7月中旬，即美国第一颗原子弹进行试验的预定日期。奥本海默回忆说，他和他的同事们都承受着巨大的压力，要求在波茨坦会议之前必须完成原子弹的研制工作，决不能向后拖延。在杜鲁门、史汀生等看来，原子弹试验的成功将大大增加美国与苏联谈判的筹码。[①]

7月16日，原子弹试验成功的消息无疑令美国决策者大喜过望，认为这一最具毁灭性的武器不仅能彻底扭转整个战局，甚至还将改变历史和文明的发展进程。杜鲁门、贝尔纳斯、史汀生以及马歇尔等都确信，原子弹的试验成功使得苏联对日宣战已没有必要，一旦对日本使用了这一武器，在苏联出兵之前日本就已经按照美国所提的条件投降了，这也意味着今后美国可以单独占领日本。[②]副国务卿格鲁认为，倘若苏联参战，蒙古国、朝鲜半岛以及中国东北都将落入其"势力范围"，甚至中国大陆和日本最后也将难以幸免。贝尔纳斯特别关注中国东北的大连和旅顺，担心一旦苏军进入，就很难再让他们撤走。[③]因而，美国领导人在会议上想方设法试图阻止至少是推迟苏联对日作战，并拒绝让斯大林参与《波茨坦公告》的讨论，也没有允许其签字，这令斯大林颇为不满。马歇尔则没有等到会议结束就提前回国，旨在向苏联表明在远东战场上美国不再需要苏联的支持和帮助。[④]

不仅如此，美国决策者决定，在波茨坦会议上暂不与苏联就解决世界上的其他问题进行谈判，一切都要等到对日使用原子弹之后。在贝尔纳斯看来，原子弹不仅极大地增强了美国的力量，而且将决定着美苏关系的发展，它的使用势必会极大地震撼苏联领导人，对其产生影响，从而促其同意并接受美

① Gar Alperovitz, *The Decision to Use the Atomic Bomb and the Architecture of an American Myth*, New York: Alfred A. Knopf, 1995, pp.148-149; Kai Bird and Martin Sherwin, *American Prometheus: The Triumph and Tragedy of J. Robert Oppenheimer*, New York: Alfred A. Knopf, 2005, p.304.

② Stimson Diary, July 23, 1945, roll 113, Yale University Library; Robert Ferrell ed., *Off the Record: The Private Papers of Harry S. Truman*, New York: Harper & Row, 1980, p.54; Robert Messer, *The End of an Alliance: James F. Byrnes, Roosevelt, Truman, and the Origins of the Cold War*, Chapel Hill: The University of North Carolina Press, 1982, p.105.

③ Leon Sigal, *Fighting to a Finish: The Politics of War Termination in the United States and Japan*, Ithaca: Cornell University Press, 1989, p.97; Wilson Miscamble, *From Roosevelt to Truman: Potsdam, Hiroshima, and the Cold War*, New York: Cambridge University Press, 2007, p.202.

④ Tsuyoshi Hasegawa, *Racing the Enemy: Stalin, Truman, and the Surrender of Japan*, Cambridge: Harvard University Press, 2005, pp.160-165; Frank Settle, *General George C. Marshall and the Atomic Bomb*, Santa Barbara: Praeger, 2016, p.122.

国的立场。对此，美国前驻苏大使戴维斯明确地告诫说，核威胁对苏联不可能奏效，只能增加苏联对美国的敌意，给双方的关系造成难以弥补的伤害。[①]

丘吉尔同样认为，原子弹试验的成功可以使美英"处于更为有利的谈判地位"，这一武器或许能够促使苏联变得"听话一些"，并可以改变西方与苏联之间的力量对比。他表示，倘若苏联掌握了核秘密，很可能意味着"文明的终结"，而现在美国则可以用其来塑造世界。他甚至提出可以警告斯大林，如果苏军不从东欧地区撤出，美英就将包括莫斯科在内的苏联数个重要城市夷为平地。[②]史汀生的态度也变得强硬起来，称如果苏联领导人不对其国内政治和社会做出"根本性改革"，美国就不应与其共享核秘密。[③]在很大程度上是因为有了原子弹，杜鲁门前后判若两人，在谈判中充满了自信，并主宰着整个会议进程。他就罗马尼亚、保加利亚、匈牙利、芬兰的"承认问题"和波兰的选举及边界问题不断对斯大林发号施令，指责苏联试图扩大在东欧、地中海地区以及土耳其的影响。[④]

杜鲁门并没有像奥本海默等人所希望的那样在首脑会议期间就原子能问题与苏联展开坦率地会谈，只是在 7 月 24 日与斯大林的会谈中"不经意"提到美国拥有了一种破坏力特别巨大的新式武器。杜鲁门在日记中写道，斯大林"对此没有特别的兴趣"，"他的反应只是说很高兴听到这个消息，希望我们能够很好地对日本使用"。斯大林的这一态度令杜鲁门以及在一旁密切观察斯大林反应的丘吉尔颇感失望，贝尔纳斯等人甚至错误地认为斯大林根本没有明白杜鲁门所言的重要性。实际上，斯大林在 3 天之前就已经通过情报机关获悉了美国原子弹试验的信息。[⑤]

1945 年 8 月 6 日和 8 日，美国先后向广岛和长崎投掷了原子弹，几乎将两个城市夷为平地。应当说，杜鲁门的这一决定主要是出于军事上的考虑，

---

① J. Samuel Walker, *Utter Destruction: Truman and the Use of Atomic Bombs against Japan*, Chapel Hill: The University of North Carolina Press, 2004, pp.64-65; Martin J. Sherwin, *A World Destroyed: The Atomic Bomb and the Grand Alliance*, New York: Random House, 1977, p.224.

② Kevin Ruane, *Churchill and the Bomb in War and Cold War*, London: Bloomsbury Academic, 2016, p.129.

③ Sean L. Malloy, *Atomic Tragedy: Henry L. Stimson and the Decision to Use the Bomb against Japan,* Ithaca: Cornell University Press, 2008, p.133; Henry L. Stimson and McGeorge Bundy, *On Active Service in Peace and War*, New York: Farrar, Straus and Giroux, 1971, pp.638-639.

④ Stimson Diary, July 21, 22 and 23, 1945; Micheal B. Stoff, Jonathan F. Fanton and R. Hal Williams eds., *The Manhattan Project: A Documentary Introduction to the Atomic Age*, New York: McGraw-Hill, 1991, pp.209-210.

⑤ Harry Truman, *Years of Decision*, Garden City: Double Day, 1955, p.416; James Byrnes, *Speaking Frankly*, Westport: Greenwood Press, 1974, p.263.

旨在减少美军的战争伤亡，加快战争的进程，美国研制原子弹的目的就是要赢得战争的胜利。但在客观上，却对苏联以及美苏关系都产生了极为深刻的影响。正如一名英国驻莫斯科记者所言，在苏联，每个人都认识到原子弹已经成为世界权力政治中非常重要的因素，并且确信美国对日使用这一武器的真正意图首先是要恐吓苏联。就连科南特也表示，除非尽快公开核秘密，否则苏联有理由确信，美国拥有原子弹这一事实本身就对苏联的安全构成了威胁。[①]的确，在苏联领导人看来，美国投掷原子弹的真正目标不是日本，而是对苏联进行核讹诈，是威胁要发动一场"新的甚至是更可怕的毁灭性战争"；美国的核垄断使苏联的安全陷入了可怕的危险境地。[②]

　　美国对日使用原子弹对斯大林所造成的影响是多方面且复杂的。最直接的结果是促使斯大林加快苏军出兵中国东北，并于 8 月 9 日对日宣战。本来他打算在中下旬对日发起进攻，而原子弹的使用令其颇为担心，日本有可能在苏联出兵之前就已经向美国投降了。在舆论宣传方面，为了尽可能减少苏联民众以及东欧共产党领导人对原子弹的恐惧，斯大林等在公开场合对原子弹表现出不屑一顾的样子，认为从军事上来看，原子弹"并不具有重要的意义"，美国现在或许只有一两颗原子弹，即使再多一些也发挥不了什么作用；美国只是试图借助原子弹进行讹诈和威胁，而不会真的发动战争。在接受英国记者采访时，斯大林强调，"我不认为原子弹像某些政治活动家所说得那样厉害。原子弹是用来吓唬神经衰弱的人的，但它不能决定战争的命运，因为对决定战争的命运来说，原子弹是完全不够的"。8 月 11 日，苏联领导人在与到访的艾森豪威尔将军会谈时，甚至根本没有提及原子弹问题。苏联军方更是对原子弹采取了几乎是完全无视的态度。1945 年至 1946 年间，其公开和内部发行的报纸和期刊发表的有关原子弹的文章只有 3 篇。[③]

　　在外交方面，原子弹的使用无疑使苏联领导人对西方原有的疑虑大大加深。斯大林于 9 月中下旬数次指示正在伦敦参加盟国外长会议的苏联外长莫

---

① Barton J. Bernstein, "The Quest for Security: American Foreign Policy and International Control of Atomic Energy, 1942-1946", *The Journal of American History*, Vol.60, No.4, 1974, p.1025.

② John Lewis Gaddis, et al., *Cold War Statesmen Confront the Bomb: Nuclear Diplomacy Since 1945*, New York: Oxford University Press, 1999, p.45; Vladislav Zubok and Constantine Pleshakov, *Inside the Kremlin's Cold War*, Cambridge: Harvard University Press, 1996, p.42.

③ Joseph Lieberman, *The Scorpion and the Tarantula: The Struggle to Control Atomic Weapons, 1945-1949*, Boston: Houghton Mifflin, 1970, p.198; Lawrence Freedman, *The Evolution of Nuclear Strategy*, London: Macmillan Press, 1987, p.60.

洛托夫，一定要在谈判中采取强硬立场，坚持到底，决不能向美英做出丝毫让步，会议的失败对苏联来说不会有任何影响。他强调，如果屈从于西方的威胁，苏联将会一无所得。因而，莫洛托夫在会议上不仅要求美英不要插手罗马尼亚、保加利亚等东欧国家的内部事务，而且还希望西方国家承认苏联在地中海以及非洲一些地区享有的权益，并提出苏联应参与战后对日本的占领。贝尔纳斯显然被激怒了。他本以为慑于原子弹的威力，苏联会变得"驯服一些"，从而做出必要的让步。苏联在伦敦外长会议上之所以立场强硬，就是要向西方国家表明，尽管美国拥有核武器，但对苏联来说并不可怕，核威胁对苏联不起作用。[①]

或许最为重要的是，苏联领导人决定全速研制自己的原子弹。实际上，早在美国开始研制原子弹之时，苏联科学家同样开始关注原子能问题。尽管美英采取了极为严格的保密措施，从 1941 年秋至 1945 年，苏联情报部门仍陆续获得了核武器研制的近万页相关情报。[②]1942 年底，斯大林指示国防委员会组织有关部门实施原子能发展计划，并由核物理学家库尔恰托夫负责具体的技术研究工作。波茨坦会议期间，斯大林表面上对杜鲁门所说的美国已经制造出原子弹的消息无动于衷，但实际上，他随即要求苏联有关部门要加快研究速度，强调杜鲁门企图依靠原子弹来向苏联施压，"但是这种讹诈和威胁是我们所不能接受的"，苏联决不能容忍任何国家拥有对苏联的决定性优势。[③]

美国对日使用原子弹不久，苏联领导层即于 8 月中旬连续召开秘密会议，商议加快原子能研究事宜。斯大林向库尔恰托夫等人强调，美国在广岛投掷原子弹震撼了整个世界，力量均势已经被破坏，他要求尽可能在最短的时间内制造出原子弹，使苏联"免受巨大的威胁"。在他看来，美国拥有原子弹而苏联却没有，这是不能接受的。库尔恰托夫表示，如果各项工作都能得

① Robert Messer, *The End of an Alliance: James F. Byrnes, Roosevelt, Truman, and the Origins of the Cold War*, Chapel Hill: The University of North Carolina Press, 1982, pp.127-128; Campell Craig and Sergey Radchenko, *The Atomic Bomb and the Origins of the Cold War*, New Haven: Yale University Press, 2008, pp.97-98.

② 刘玉宝、张广翔：《国外核情报与苏联原子弹的研制》，《历史研究》，2015 年第 1 期，第 139 页。

③ Stephen Zaloga, *Target America: The Soviet Union and the Strategic Arms Race, 1945-1964*, Novato: Presidio, 1993, p.27; John Lewis Gaddis, *We Now Know: Rethinking Cold War History*, New York: Oxford University Press, 1997, pp.95-96.

到全方位的支持，可以在 5 年之内研制出苏联第一颗原子弹。[①] 根据斯大林的指示，苏联国防委员会于 8 月 20 日成立了一个负责管理原子能和原子弹研制工作的特别委员会，并赋予其极大的权力，主要任务首先是在苏联寻找铀矿，并设法从东欧或其他国家获得铀矿资源和原子能研究的新技术，尽快研制出原子弹。斯大林强调，研制工作一定要在中央委员会的领导下由全党来进行，并且要采取严格的保密措施。与此同时，苏联情报机构和外交官不仅广泛展开了相关情报的收集工作，而且还对广岛和长崎进行了实地调查，获得了大量第一手资料，苏联科学家据此对原子弹所造成的后果进行了分析。[②]

尽管苏联在战后初期面临着百废待兴、医治战争创伤的艰巨任务，核武器的研制工作仍成为压倒一切的首要任务，共有约 40 万人直接投入了这一工作，另有其他相关工作人员近 30 万人，其规模远远超过了美国的曼哈顿工程。斯大林于 1946 年 1 月 25 日指示库尔恰托夫，研究工作一定要以"苏联的规模"全面展开，在主要方面"决定性地向前推进"，苏联政府将为此尽一切努力提供"最广泛、最大限度的帮助"。1946 年苏联投入科学研究的预算为前一年的 3 倍多。[③] 12 月，苏联第一座原子反应堆投入运转。1949 年 8 月 29 日，苏联的第一颗原子弹爆炸成功，宣告了美国核垄断时代的结束。

三、美国国内对原子能国际控制的争论

原子弹的毁灭性杀伤力使得原子能国际管制问题变得更为急迫和必要。在美国政府高层中，以贝尔纳斯为首的强硬派坚持将核武器视为美国与苏联讨价还价的重要筹码和"一个可以用来获取外交成果的杠杆"。他确信，原子弹的使用势必已令苏联大为震撼，主张通过核威胁来促使苏联在东欧等一系

① David Holloway, *The Soviet Union and the Arms Race*, New Haven: Yale University Press, 1983, p.20; Ann Lane and Howard Temperley, *The Rise and Fall of the Grand Alliance, 1941-45*, New York: St. Martin's Press, 1995, pp.216-217.

② Mark Kramer, "Documenting the Early Soviet Nuclear Weapons Program", *Cold War International History Project Bulletin,* Winter 1995/1996, pp.269-270; David Holloway, *Stalin and the Bomb: The Soviet Union and Atomic Energy, 1939-1956*, New Haven: Yale University Press, 1994, p.129; Campell Craig and Sergey Radchenko, *The Atomic Bomb and the Origins of the Cold War*, New Haven: Yale University Press, 1983, p.96.

③ Holloway, *Stalin and the Bomb: The Soviet Union and Atomic Energy, 1939-1956*, New Haven: Yale University Press, 1994, pp.148, 149; "Stalin's Secret Order", *Cold War International History Project*, Fall 1994, p.5.

列国际问题上做出妥协，坚决反对在原子能研究方面与苏联进行接触和任何形式的国际控制，要求全力加强和推进曼哈顿工程，制造出更多的原子弹，同时展开对威力更大的氢弹的研究工作，确保美国在原子能领域的优势地位。贝尔纳斯称，在讨论对原子能实施国际控制之前，必须首先确定能否制定出一套政策以谋求"体面的和平"。他认为，如果苏联连美国进入罗马尼亚、保加利亚等东欧国家都不允许，那种希望对其境内正在制造原子弹的工厂实施视察的想法简直是异想天开，所谓对原子能实施国际控制的主张不过是那些对国际政治一无所知的科学家们幼稚想法。[1]

　　美国国务院的苏联问题研究专家、驻苏代办乔治·凯南在一定程度上支持这一立场。他在给贝尔纳斯的备忘录中明确警告说，苏联研制核武器将对美国的国家安全构成极大的威胁，虽然目前不会对美国发动进攻，其实力地位一旦得到大幅提升，就会毫不犹豫地采取行动。因而，如果没有适当的保证措施对苏联原子能的使用加以控制，决不能向其提供任何重要的相关情报资料，否则就是对美国重要安全利益的无视。[2]

　　史汀生则对核武器在战后美国外交政策中的作用有了新的看法，并采取了现实主义的态度。他本来认为，为了换取核武器的"中立化"或最终销毁，苏联很可能会在其意识形态、地缘政治等方面做出妥协，甚至由此促成其内部发生重大变革。[3]在布什、科南特等人的影响下，他开始清醒地认识到这种想法是"错误的"，美国垄断原子能的政策会导致苏联独立展开研究，从而引发双方激烈的军备竞赛。史汀生认为，原子弹是一种极为危险的武器，而美国试图长时间的垄断不过是一种幻想。倘若美国以此作为外交杠杆或军事优势在欧洲遏制苏联，势必会遭到失败，而那种将苏联内部变革作为分享原子能秘密先决条件的要求同样不可能实现。苏联内部的变革是一个长期的过程，而基于相互信任基础上的美苏原子能合作无疑将加速这一进程。在他看来，原子弹已经成为美苏关系中的核心问题，美国的做法只能促使苏联加紧研制自己的核武器。他主张，在两国关系"无可挽回地恶化之前"，美国应当立即

---

① "Memo for the Record", August 18, 1945, folder 98, Harrison-Bundy Files; U.S. Department of State, *Foreign Relations of the United States, 1945*, Vol.2, Washington, D.C.: United States Government Printing Office, 1967, pp.56, 60-62.

② George Kennan, *Memoirs, 1925-1950*, Boston: Little, Brown, 1967, pp.296-297.

③ Henry L. Stimson and McGeorge Bundy, *On Active Service in Peace and War*, New York: Farrar, Straus and Giroux, 1971, pp.640-641.

就此与苏联无条件地展开谈判，以便将其原子能发展计划纳入美国主导的国际控制轨道上来。因而，史汀生对贝尔纳斯动辄以核武器威胁苏联的做法颇为不满和担心。[①]

1945 年 9 月中旬，史汀生就原子能问题向杜鲁门提交了一份长篇备忘录，强调美国的核垄断几乎可以肯定会引发一场苏联与西方国家间"疯狂的"军备竞赛，从而使得原子能的国际控制变得不可能。美国现在面临着两种选择：一种是他赞成的实施国际控制，这是一条风险较小的方案；另一种是贝尔纳斯所主张的"错误的道路"，即美国继续保守核秘密，从而导致核军备竞赛，使世界重新回到权力政治的老路。他警告说，如果美国现在无意解决这一问题，而仅仅是不断地同苏联谈判，并炫耀美国拥有了这一武器，只能使苏联对美国的意图和动机愈加怀疑和不信任，促使其全力以赴研制自己的原子弹。史汀生认为，有证据表明，苏联已经启动了这一工作，对美国来说主要担心的不是苏联何时会研制出这一武器，而是当其一旦拥有了这一武器，是否还愿意与其他国家合作。在他看来，美苏能否建立起一种令人满意的关系不仅与核武器密切有关，而且实际上完全由这一问题所主导。史汀生敦促杜鲁门就原子能问题尽快与斯大林进行"直接、坦率的"磋商，以便就原子能国际控制以及共同开发原子能的和平利用等问题达成协议，这是解决与苏联相关的核问题的最为现实的办法。他特别强调，双方能否达成协议关乎世界的未来局势。如果苏联同意这一计划，美国则暂停核武器的研制，并销毁其拥有的原子弹，同时提议在任何情况下美、英、苏都不将原子弹用于战争，除非三方同意。他还告诫杜鲁门说，"我在漫长的人生经历中所取得的主要经验教训就是，你要使一个人值得信任的唯一办法就是信任他"。[②]

在 9 月 12、21 日两次内阁会议上，史汀生就原子能的国际控制问题全面阐述了自己的看法，并得到了商务部部长亨利·华莱士、副国务卿迪安·艾奇逊、陆军部副部长罗伯特·帕特森以及布什等人的支持。华莱士认为，那种希望长久保住核秘密的"马奇诺防线式"的想法是极为危险的，美国现在

---

① U.S. Department of State, *Foreign Relations of the United States, 1945*, Vol.2, Washington, D.C.: United States Government Printing Office, 1967, pp.40-41; Stimson Diary, September 4, 5, 17, 1945, roll 113, Yale University Library.

② Stimson, "Memorandum for the President: Proposed Action for Control of Atomic Bombs", September 11, 1945, Stimson Papers, roll 113, Yale University Library; U.S. Department of State, *Foreign Relations of the United States, 1945*, Vol.2, Washington, D.C.: United States Government Printing Office, 1967, pp.41-44; Henry L. Stimson and McGeorge Bundy, *On Active Service in Peace and War*, New York: Farrar, Straus and Giroux, 1971, pp.642-646.

面临的问题是要走向对抗还是和平。布什提醒与会者，如果苏联全力研制原子弹，会在 5 年之后达到美国现在的水平。会后，布什还向杜鲁门提交了一份 7 页的备忘录，详细阐述了自己的看法，建议美国政府立即采取行动。他强调，向苏联建议交换科学情报可以打开在原子能方面国际合作的大门，而且最后可以获得有效的控制，这一建议并不涉及泄露原子弹本身的结构和制造过程等核心秘密。[①]

与此同时，艾奇逊、帕特森也在提交给杜鲁门的备忘录中进一步指出，在苏联领导人看来，美英原子能合作是两国联手对付苏联的"毋庸置疑的证据"，而且美国宣布代表联合国对原子弹实行监管也是对苏联明显的排斥，苏联势必会做出强烈反应，他们建议应就此与苏联直接谈判，采取一切措施以避免走向一场导致相互毁灭的核军备竞赛。艾奇逊告诫杜鲁门，美国的保密政策不仅是徒劳的，而且是极为危险的，解决问题的出路在于找到一种对科学情报交流进行管理、对原子能实施国际控制的有效办法。他同样认为，如果美国坚持排斥苏联的政策，只会进一步加深苏联的猜疑和敌视，从而使双方的关系持续恶化。他建议，在与英国协商后，美国与苏联进行接触，以便就交换科学情报和在发展原子能方面进行合作达成协议，确定在充分监督的情况下放弃这类武器的研制。[②]

海军部长詹姆斯·福里斯特尔、格罗夫斯等人则坚决反对史汀生、艾奇逊的主张。福里斯特尔把核武器视为"美国人的私有财产"，认为"基本上属于东方国家的"苏联与日本一样不可信任，战后美苏关系不可避免地走向对抗，美国在原子能问题上提出的任何进行国际合作的建议都将被苏联视为软弱的表现，甚至将史汀生的主张称为"绥靖"，指责史汀生及其支持者试图将原子弹交给苏联人。他提出美国应代表联合国对原子弹实行监管。[③]格罗夫斯发表讲话称，在建立一个开放的世界从而使任何一个国家没有机会秘密地扩充军备方面，核武器是美国用来谈判的有力杠杆，因而美国必须严格控制这一秘密，直至所有其他国家表现出对和平的渴望为止。他强调，只要核武器

　① Bush, "Scientific Interchange on Atomic Energy", September 25, 1945, DNSA, Nuclear Non-proliferation, NP00004.

　② U.S. Department of State, *Foreign Relations of the United States, 1945*, Vol.2, Washington, D.C.: United States Government Printing Office, 1967, pp.48-50, 54-55; Dean Acheson, *Present at the Creation: My Years in the State Department,* New York: Norton, 1969, pp.124-125.

　③ Walter Millis ed., *The Forrestal Diaries*, New York: Viking Press, 1951, pp.95-96; James Forrestal, "Atomic Bomb", October 1, 1945, DNSA, Nuclear Non-proliferation, NP00005.

仍然存在，美国在这方面就必须是"最强大、最好和最多"，甚至主张对任何谋求发展核武器的"不友好国家"发动先发制人式打击，建议在原子弹研制方面继续与英国合作，不断改进生产流程，进一步加强对世界上现有铀、钍的控制，确保美国的领先地位。这一观点得到了军方领导人的支持。①

美国参谋长联席会议向杜鲁门提交的备忘录明确表示，目前美国应当"严守一切与原子弹相关的秘密"，尽可能长时期地保持核垄断地位。其主要理由是：今后几年内其他国家都不会制造出这一武器；鉴于各大国在主要的国际政治问题上意见不一，核秘密的公开有可能引发一场军备竞赛，而美国城市、工业高度集中，极易遭受核打击，决不能将这种毁灭性武器交予他国；由于美国正在研发与核战有关的其他先进武器系统，在适当的国际控制措施确立之前就与他国分享核秘密是不明智的，同时也会被其他国家看作是"示弱"。因而，参谋长联席会议所属的联合战略考察委员会建议在原子能方面美国应采取如下行动：确保控制所有铀矿资源；最大限度地加快原子弹的研究和生产；继续采取最为严格的保密措施，绝不向任何国家或联合国公开任何相关信息；扩大原子弹的库存，确保能够充分地用来实施战略作战计划。该委员会称，对美国来说，尽可能长时间地保守核秘密是唯一明智的选择。②在反对派看来，原子弹不仅是美国未来安全的有效保障，是制胜的法宝，而且还是用来与苏联进行谈判的有力杠杆和后盾，对苏联的行为可以起到威慑作用。

在美国国会，一些议员持与史汀生大致相同的看法。参议员富布赖特认为，美国对日使用原子弹使得人们对未来世界充满恐怖和不安，并动摇了对联合国的信心。他强调，美国绝不可能长久地保持对原子弹的垄断，强烈建议由联合国对核武器实施有效的国际控制；如果美国放弃垄断的企图，与苏联分享原子能技术，这将有助于加强刚建立不久的联合国的力量。他认为，在核威胁面前，美国要比苏联更为脆弱，一旦遭受突然袭击，整个国家一夜之间将陷入瘫痪。③

但是，这种观点在国会中并不占主导地位。参议院外交委员会主席汤

---

① "Keep Bomb Secret", *New York Times*, September 22, 1945; Gar Alperovitz, *The Decision to Use the Atomic Bomb and the Architecture of an American Myth*, New York: Alfred A. Knopf, 1995, p.133; Gregg Herken, *The Winning Weapon: The Atomic Bomb in the Cold War, 1945-1950*, New York: Alfred A. Knopf, 1980, pp.111-112.

② James Schnabel and Robert Watson, *The Joint Chiefs of Staff and National Policy, 1945-1947*, Washington, D.C.: Office of Joint History, Office of the Chairman of the Joint Chiefs of Staff, 1996, pp.120, 128; The Joint Chiefs of Staff, "Memorandum for the President", October 23, 1945, DNSA, Nuclear Non-proliferation, NP00006.

③ Haynes Johnson and Bernard Gwertzman, *Fulbright: The Dissenter*, Garden City: Doubleday, 1968, pp.99-100.

姆·康纳利以及资深参议员阿瑟·范登堡、理查德·拉塞尔等都公开强调，美国应尽可能长时间地严守涉及核武器的所有秘密。众议院司法委员会主席萨摩斯、俄亥俄州的一名共和党议员都提出议案，要求对任何泄露核秘密的人判处死刑。[①]对国会的一项调查显示，90%的受访者明确表示反对美国与其他国家分享核秘密。不仅如此，8月下旬的一次民意调查显示，高达73%的美国民众也反对将核秘密置于联合国安理会或其他机构的控制之下。[②]

原子能国际控制问题同样是美国科学界关注的焦点。1945年8月底，大约300多名参加曼哈顿工程的科学家联名起草了一份宣言，呼吁美国政府在原子能研究方面加强国际合作与交流。9月初，64名芝加哥大学的科学家联名致函杜鲁门，认为美国的核垄断只能暂时保证美国的安全；如果美国长期推行这种保密政策，只能引发美苏之间的军备竞赛。相反，倘若美国将核秘密与联合国分享，以表示美国支持原子能国际控制，则很可能为真正的安全和互信奠定基础。一些核科学家还发表声明，呼吁立即就原子能的发展实施国际控制，以便为国际社会永久解决这一问题做出努力。下旬，该大学就"原子能控制"问题举行专题讨论会，与会的50多人中大部分是参与曼哈顿工程的科学家。弗兰克和西拉德在会议主题发言中系统阐释了对原子能国际控制的看法。西拉德还在会后致函国务院助理国务卿威廉·本顿，强调促成原子能国际控制的关键在于与苏联达成协议。[③]10月，哈佛大学和麻省理工学院的515名科学家发表了5点声明，强调：其他国家将很快研制出核武器；对这一武器尚无有效的防御措施；仅靠数量上的优势并不能确保美国的安全；一场核战争将摧毁相当大一部分的人类文明；唯有国际合作才能避免这一灾难的发生。[④]

①　Shane Maddock, *Nuclear Apartheid: The Quest for American Atomic Supremacy from World War II to the Present*, Chapel Hill: The University of North Carolina Press, 2010, p.36; C. P. Trussell, "Congress is Keyed to Receive Message of Truman Today", *New York Times*, September 6, 1945; Felix Belair, "Plea to Give Soviet Atom Secret Stirs Debate in Cabinet", *New York Times*, September 22, 1945; "House Group Asks Secrecy on Bomb", *New York Times*, October 2, 1945.

②　U.S. Department of State, *The International Control of Atomic Energy: Growth of a Policy*, Washington, D.C.: U.S. Government Printing Office, 1948, p.13; Hazel G. Erskine, "The Polls: Atomic Weapons and Nuclear Energy", *The Public Opinion Quarterly*, Vol.27, No.2, 1963, p.164.

③　"64 Educators Ask Atom Data Sharing", *New York Times*, September 10, 1945; Alice K. Smith, *A Peril and a Hope:The Scientist's Movement in America, 1945-47*, Cambridge: The MIT Press, 1971, pp.93-95.

④　Paul Boyer, *By the Bomb's Early Light: American Thought and Culture at the Dawn of the Atomic Age*, Chapel Hill: The University of North Carolina Press, 1994, p.52.

　　奥本海默也多次提议，美国应就原子能国际控制问题与苏联进行接触，以避免核军备竞赛的出现。他认为，苏联拥有优秀的物理学家和大量的资源，可以在很短的时间内研制出原子弹。奥本海默、加州大学伯克利校区回旋加速器实验室主任欧内斯特·劳伦斯、核物理学家恩里科·费米等人在起草的一份备忘录中建议美国政府应对国家的基本政策做出重大改变。他们确信，随着原子能研究的不断深入，将会研制出更多、更为有效的武器，这些武器在军事上没有任何有效的办法进行防御；他们不但不能够制订一项计划来保证美国在未来数十年在核武器领域中的霸权地位，而且同样不能确保即使取得了这一地位就能使美国免遭最为可怕的毁灭，美国的国家安全不能依赖于科学技术的发展，建议美国政府必须采取一切必要的措施来缔结相关的国际协议，以阻止战争的再度发生。在奥本海默等人看来，合作与情报共享是避免军备竞赛的有效措施，而国际机构的建立则可以确保这种合作的进行。[①]

　　杜鲁门的基本考虑却是美国必须尽可能长时间地牢牢控制住核武器，在任何情况下都不能放弃。8月15日，他要求美国政府相关部门采取必要的措施，以防止任何有关原子弹的研究、设计、生产过程以及军事上的使用等信息的泄露，除非经过他的明确批准。他还多次公开强调，决不会公开任何有关原子弹制造过程的信息。在另一方面，他也不得不在原子能国际控制问题上做出一些和解的姿态。10月3日，杜鲁门向国会提出咨文，强调军备竞赛将导致一场灾难，建议在原子能控制方面首先与英国、加拿大展开会谈，然后再与其他国家磋商，以便达成一项在原子能领域用合作代替敌对的国际协议。[②]

　　杜鲁门在国会的讲话受到美国社会各界尤其是科学界的广泛欢迎。哈佛大学、麻省理工学院、芝加哥大学以及洛斯阿拉莫斯实验室等地的科学家们纷纷发表声明，支持美国政府的行动，强调原子能的国际控制是避免核军备竞赛、消除核武器给人类所造成的恐惧的唯一有效办法，而作为第一个掌握了核武器的国家，美国应立即发起建立阻止战争再度发生的国际合作机制。

　　① Alice K. Smith and Charles Weiner, eds., *Robert Oppenheimer: Letters and Recollections*, Stanford: Stanford University Press, 1980, pp.293-294; Richard Rhodes, *The Making of the Atomic Bomb*, New York: Simon and Schuster, 1986, pp.751-752.

　　② James Schnabel and Robert Watson, *The Joint Chiefs of Staff and National Policy, 1945-1947*, Washington, D.C.: Office of the Joint History, Office of the Chairman of the Joint Chiefs of Staff, 1996, p.116; Felix Belair, "Truman Suggests Atomic Ban, U.S. Control Body", *New York Times*, October 4, 1945.

实际上，美国政府的态度非常消极，甚至根本没有为美、英、加三方会谈做任何必要的准备，更没有拟定出一套谈判方案，这令新任陆军部长帕特森以及布什等人颇为沮丧。[1]布什向贝尔纳斯提出一份 7 页的备忘录，认为美国面临的最大问题是如何与苏联就此进行接触，美、英、加拟定的方案也必须考虑到苏联的利益。他提出了分阶段谈判的建议：美国、英国和苏联首先同意在联合国内建立一个负责处理所有有关原子能研究信息的机构，并且在这一机构中苏联和西方密切合作；该机构有权对任何国家进行核裂变研究的实验室和工厂进行核查；在此基础上，各国停止研制核武器。在布什看来，要想彻底消除核武器对世界和平与安全的威胁，有赖于美国和苏联两个大国的密切合作。与此同时，帕特森提出了大致相同的谈判方案，这些建议成为美国原子能国际控制谈判的基本政策。实际上，所有这些方案都是以维护美国的核垄断地位、阻止苏联研制核武器为基础。[2]

四、原子能国际控制计划的失败

1945 年 11 月 15 日，杜鲁门与英国首相艾德礼、加拿大总理麦肯齐·金在华盛顿会晤时就原子能国际控制问题达成一致，提出在联合国成立一个委员会，并由其提出如下建议：在所有国家之间扩大交流用于和平事业的基本科学知识；采取必要措施来对原子能研究实施国际控制，以保证其只用于和平用途；消除各国军备中的核武器以及其他一切大规模毁灭性的主要武器；通过视察和其他有效的保障方法，以保护履行该协议的国家不受违约及规避行为的危害。杜鲁门表示，美国要致力于通过新成立的联合国，而不是通过与苏联直接谈判的方式实现原子能国际控制的目标。[3]

在发表这一公开声明的同时，杜鲁门私下则向艾德礼表示，美国将恪守罗斯福向丘吉尔所做出的承诺，在核垄断方面仍将视英国为美国的伙伴。英

---

① John Lewis Gaddis, *The United States and the Origins of the Cold War, 1941-1947*, New York: Columbia University Press, 1972, p.270.

② U.S. Department of State, *Foreign Relations of the United States*, 1945, Vol.2, Washington, D.C.: United States Government Printing Office, 1967, pp.63, 69-73; David Tal, *The American Nuclear Disarmament Dilemma, 1945-1963*, Syracuse: Syracuse University Press, 2008, pp.13-14.

③ "Three-Nation Declaration on Atomic Energy", *New York Times*, November 16, 1945.

国方面显然对此非常满意。16 日，美、英、加三国领导人签署了一份秘密文件，重申三方将在原子能领域继续保持全面而有效的合作，"联合政策委员会"将以适当的形式继续存在，就三方的原子能合作事宜提出指导建议，"联合开发托拉斯"则同样行使自己的职能。此时，该机构已控制了世界各地 97% 的铀矿石和 65% 的钍矿。而由格罗夫斯与安德森负责起草的备忘录则进一步确定：除非经过协商，美、英、加三国同意不得向任何其他国家和机构及个人泄露任何信息或进行任何有关原子能的谈判；三国政府将通过购买或其他措施确保控制或占有包括三国在内的所有铀、钍资源，同时尽一切努力从英联邦和其他地区获取资源供应，将其置于"联合开发托拉斯"管辖之下，并在维护共同利益的原则下基于科学研究、军事和人道主义目的在三国之间按需分配；在基础科学研究方面，应继续保持全面、有效的合作；只要符合"联合政策委员会"的相关规定，在原子能设施的设计、建造和运行等方面的合作原则上也是"适宜的"。[①] 显而易见，美、英、加三方会谈的意图是旨在继续维护核垄断，并谋求利用联合国使其核垄断合法化，而这与原子能国际控制的目标显然完全是背道而驰的。

苏联方面本来就对美国没有邀请其参加三方会谈大为光火，而联合声明根本没有提及苏联，也没有表示要在原子能国际控制问题上与其进行磋商，这就使苏联领导人进一步认识到，西方国家不仅根本无意与苏联分享核秘密，而且还试图以此来威胁苏联。《真理报》发表文章指责美国推行的"原子外交"正把世界拖回战前的"旧时代"，并企图重建反苏集团。[②] 苏联外交部的官员大都对西方的建议持反对态度，认为这些国家旨在利用核武器对苏联施加政治压力，以迫使其屈从于美国提出的不合理要求，削弱其在联合国以及东欧等地区的地位，使苏联降为二等国家的地位，这一联合声明进一步强化了美国和英国对苏联的敌视。苏联前外交部长李维诺夫甚至明确表示，在核武器方面与西方国家的任何谈判都不可能取得积极的成果，对苏联来说最有利的做法就是对这一问题完全置之不理。莫洛托夫则公开警告美国，不要试图用原子弹来对苏联进行讹诈，苏联很快就将打破美国的核垄断，并明确

① U.S. Department of State, *Foreign Relations of the United States, 1945*, Vol.2, Washington, D.C.: United States Government Printing Office, 1967, pp.75-76, 84-85.

② Lieberman, *The Scorpion and the Tarantula: The Struggle to Control Atomic Weapons, 1945-1949*, Boston: Houghton Mifflin, 1970, pp.201-203.

表示不会在美国的核讹诈面前做出任何让步。①

　　美、英驻苏大使埃夫里尔·哈里曼和克尔都认为，在苏联领导人看来，核武器已经成为美国推行其外交政策的重要工具，而且也是对苏联军事力量的一种抵消，这进一步增加了其不安全感。②事实上，即使在美国国内，包括富布赖特、韦恩·莫尔斯在内的一些国会议员也对美国政府没有邀请苏联参加会谈表示不满，敦促杜鲁门立即与苏联就原子能研究与控制问题展开磋商。③

　　为了促使苏联接受西方三国的联合声明，贝尔纳斯于 11 月底向苏联方面提议，在莫斯科举行美、苏、英三国外长会议，讨论包括原子能国际控制在内的一些共同关心的问题。在李维诺夫看来，这一提议意味着美英从其以前的"压力"政策后退了，转而试图就战后最为重要的一些问题寻求双方都能接受的解决办法，这是苏联奉行强硬政策的结果。④斯大林指示苏联外交部，在莫斯科外长会议上仍应坚持这一政策。12 月 11 日，苏联外交部就美、英、加联合声明起草了一份反建议，明确提出禁止将原子能用于军事目的，停止制造并且要销毁现存的核武器。

　　对于美国来说，原子能国际控制无疑是此次莫斯科外长会议的核心议题。贝尔纳斯将其列为会议的第一项议程，但莫洛托夫坚持要求将其列为最后一项议程，并且在会议期间又两次提出推迟讨论这一议题，理由是苏联需要更多的时间来研究美国的方案。苏联之所以如此，就是要向西方国家表明，这一问题对苏联来说无关紧要。同时，也是为了借以观察美国是否在解决事关苏联重大利益的东欧问题上做出妥协。

　　起初，美国国务院拟定了一份就美苏扩大两国科学家交流和加强双方在科学情报、工程技术信息及资料方面交换的谈判文件，但遭到军方和一些国

　　① Scott Parrish, "A Diplomat Reports", *Cold War International History Project Bulletin*, Spring 1992, p.21; Campell Craig and Sergey Radchenko, *The Atomic Bomb and the Origins of the Cold War*, New Haven: Yale University Press, 2008, pp.100-101.

　　② U.S. Department of State, *Foreign Relations of the United States*, *1945*, Vol.2, Washington, D.C.: United States Government Printing Office, 1967, p.83; Ibid, Vol.5, p.923; Barton J. Bernstein, *The Atomic Bomb: The Critical Issues*, Boston: Little Brown, 1976, pp.133-134.

　　③ Richard Hewlett and Oscar Anderson, *The New World, 1939-1946*, Washington, D.C.: U.S. Atomic Energy Commission, 1962, p.470.

　　④ Holloway, *Stalin and the Bomb: The Soviet Union and Atomic Energy, 1939-1956*, New Haven: Yale University Press, 1994, p.159.

会议员的强烈反对，担心美国此举有可能会泄露制造原子弹的重要信息。福里斯特尔向贝尔纳斯抱怨说，他"强烈地感到"这一方案走得"实在有些太远了"。[①] 参议院外交委员会主席康纳利等人认为实施这一计划意味着就是要把原子弹"送给"苏联，强调必须首先确立一整套完整的视察制度才能开始原子能的信息交流。范登堡则表示对这一计划"极为震惊"，称"我们认为科学家以及科学情报的交流纯属绥靖"。[②] 在此情形下，杜鲁门只得指示艾奇逊致电贝尔纳斯，提出的任何建议事先都必须征得华盛顿的同意；除非双方就核查和安全保障事项方面意见达成一致，否则不要向苏联方面公开任何有关原子弹的情报，也不要就信息交流做出任何承诺。[③] 即使如此，仍未能平息那些议员的不满。

恰恰在核查以及安全保障措施问题上，美苏会谈陷入了僵局。莫洛托夫拒绝了美国提出的在原子能控制方面分阶段进行的建议，而是要求在安理会的领导下由原子能委员会直接采取行动，以确保各国的原子能研究只用于和平目的，消除各国军备中的核武器及一切大规模杀伤性武器。苏联最终同意在联合国原子能委员会框架内进行谈判，这是莫斯科外长会议取得的最主要成果。

1946 年 1 月初，艾奇逊受命负责制定美国原子能国际控制政策。他随即要求由田纳西河流域管理局局长戴维·利连撒尔、奥本海默等组成的顾问小组提出具体的建议。在利连撒尔看来，顾问小组的任务就是要提出一种可能被各国特别是被苏联接受的方案。顾问小组认为，仅靠联合国通过的一纸协议宣布核武器为"非法"并不能解决问题，也不应将原子能的国际控制建立在制裁上，而是要想法控制发展原子能所必需的材料上。经过反复讨论，顾问小组于 3 月中旬向国务院提交了一份政策报告，即"艾奇逊-利连撒尔报告"。该报告主要由奥本海默起草，建议成立一个联合国原子能开发署，由其对世界各国的核材料、技术和生产设施实行国际控制；任何国家都不得制造原子弹，美国将随即停止核武器的生产，并拆除已有的原子弹；各国可以本着和平利用原子能的目的进行研究。奥本海默认为，这种完全的透明使任何

　　① U.S. Department of State, *Foreign Relations of the United States*, *1945*, Vol.2, Washington, D.C.: United States Government Printing Office, 1967, pp.93, 96-97.

　　② Tom Connally, *My Name is Tom Connally*, New York: Crowell, 1954, p.287; Arthur Vandenberg, *The Private Papers of Senator Vandenberg*, Boston: Houghton Mifflin, 1952, pp.227-228.

　　③ U.S. Department of State, *Foreign Relations of the United States*, *1945*, Vol.2, Washington, D.C.: United States Government Printing Office, 1967, pp.609-610; Gregg Herken, *The Winning Weapon: The Atomic Bomb in the Cold War, 1945-1950*, New York: Alfred A. Knopf, 1980, p.80.

国家都不可能拥有足够的工业、技术、材料等资源来秘密制造核武器。美国舆论和社会各界普遍认为这一方案为解决原子能国际控制问题带来了希望，但实际上美国并未在原子能问题上做出任何实质性让步，苏联却不得不将其研究工作完全置于国际社会的控制之下，这对苏联来说显然是不可能接受的。[①]

在贝尔纳斯的大力举荐下，杜鲁门任命纽约华尔街的一位金融家伯纳德·巴鲁克为美国在联合国原子能委员会的谈判代表。巴鲁克在美国政界享有较高的威望，特别是在参议院颇受尊重，但基本上没有涉足过外交领域，对原子能事务更是一无所知。因而，艾奇逊、利连撒尔、布什、科南特等都对杜鲁门的这一任命大为失望，奥本海默则拒绝担任巴鲁克的科学顾问。但巴鲁克决意要在原子能国际控制方面行使自己的权力。杜鲁门、贝尔纳斯都向他表示，艾奇逊、利连撒尔等人起草的报告只是一份"工作草案"，并非经过批准的政策文件，美国政府最终的方案要由巴鲁克来提出。[②]很快，巴鲁克就组建了自己的顾问班子，并着手对艾奇逊、利连撒尔的报告做出重大修改，从而形成了所谓的"巴鲁克计划"。

巴鲁克及其顾问认为，首先必须建立起一整套可靠的安全保障措施，美国才能拆除已有的核设施，并与苏联进行相关的信息交流；联合国应授权美国储备一些核武器来进行遏制；一旦就原子能问题达成协议，任何违反协议的国家都将会立即受到严厉的制裁和惩罚，必要时可使用武力；在原子能问题上，任何国家都不能行使否决权；在签署原子能国际控制协议之前，应由原子能开发署对包括苏联在内的世界各地的铀、钍等材料进行调查。无疑，巴鲁克的这些主张旨在维护美国对核武器的垄断，确保美国无限期地保留核武器和核工厂。尽管这一计划遭到了艾奇逊、奥本海默等人的强烈反对，认为苏联根本不可能接受，却得到了美国最高决策者的支持。杜鲁门认为，要想使原子能委员会有效地工作，必须赋予其惩罚可能的违约者的权力，他赞成巴鲁克在谈判中采取强硬立场。[③]6月14日，在联合国原子能委员会成立的

① U.S. Department of State, *Foreign Relations of the United States, 1946,* Vol.1, Washington, D.C.: United States Government Printing Office, 1972, pp.761-764; Kai Bird and Martin Sherwin, *American Prometheus: The Triumph and Tragedy of J. Robert Oppenheimer*, New York: Alfred A. Knopf, 2005, pp.340-341.

② David Lilienthal, *The Journals of David E. Lilienthal*, Vol.2, New York: Harper and Row, 1964, p.30; Harry Truman, *Years of Trial and Hope*, Garden City: Doubleday, 1956, pp.8-9.

③ Dean Acheson, *Present at the Creation: My Years in the State Department*, New York: Norton, 1969, p.155; U.S. Department of State, *Foreign Relations of the United States*, 1946, Vol.1, Washington, D.C.: United States Government Printing Office, 1972, pp.846-851.

开幕式上，巴鲁克正式提出了美国的国际原子能控制的建议，并得到了英国、加拿大等国家的支持。[①]

"巴鲁克计划"将苏联置于一种进退两难的境地：接受这一计划意味着将在原子能研究方面永远受制于人，并且不可能拥有自己的核武器，从而在军事力量对比方面远逊于美国；倘若拒绝，则会背负上发动冷战、热衷于核军备竞赛和威胁世界和平的罪名。实际上，对于美国是否真的愿意实行原子能国际控制，苏联方面一直是持怀疑态度的，认为美国国内在讨论原子能问题时具有明显的"反苏"特征，美国政府和军方都不愿意朝着在原子能控制方面进行国际合作的方面迈进，而是要处心积虑地设置重重障碍，想方设法尽可能长时间地维护其核垄断地位，并以此来向苏联施压；除非国际原子能委员会达成的协议符合美国的利益，否则美国不会遵守。对此，苏联外交部确定的行动方针是，在回击美国的消极立场同时，应尽一切努力引导联合国原子能委员会的工作朝着苏联所需要的方向发展。

美国的方案遭到了苏联的强烈反对，被认为是"原子外交的产物"，意在企图"统治世界"。6月19日，苏联驻联合国代表葛罗米柯提出建议，要求签署一项永久的、对所有国家都公开的国际公约，规定缔约国禁止制造和使用原子武器，承诺在任何情况下都不使用核武器，并禁止以利用原子能为基础的各类武器的制造和储存；要求在批准该条约3个月后销毁一切现有的核武器；任何违反公约的行为应被认为是最严重的反人道罪，应给予严厉的惩罚；一切国家，无论其是否为联合国成员国，均应履行该条约的一切规定。他强调，苏联决不接受对否决权问题的任何变动，这实际上彻底否决了"巴鲁克计划"，同时他还要求由联合国大会和安理会来讨论这一计划。在苏联方面看来，由于联合国原子能委员会12名委员中，西方国家的代表有10名，占据绝对优势地位，这一机构显然并不是讨论核裁军的恰当场所。[②]10月底，苏联外长莫洛托夫在联合国大会发表讲话时进一步阐述了苏联的全面裁军计划，并敦促美国放弃核垄断的企图。

苏联的核裁军计划显然也是美国所不能接受的。美国政府代表团的一位

---

① U.S. Department of State, *Documents on Disarmament, 1945-1959*, Vol.1, Washington, D.C.: United States Government Printing Office, 1960, pp.7-16; "Baruch's Speech at Opening Session of U.N. Atomic Energy Commission", *New York Times*, June 15, 1946.

② Drew Middleton, "Baruch Atom Plan Spurned by Pravda", *New York Times*, June 25, 1946; U.S. Department of State, *Documents on Disarmament, 1945-1959*, Vol.1, pp.17-24.

成员警告说，战后美国在军队复员方面已经走得太远了，如果现在再停止制造原子弹，"我们将处于几乎没有防御的地步，只有极少量的军队可用来对付苏联"。杜鲁门此时根本无意就核裁军问题与苏联进行认真谈判，认为苏联关于禁止使用核武器、停止生产并销毁这类武器的建议"等于要求我们销毁我们的原子弹"，如果美国接受苏联的这一立场就会被"剥夺一切"，"我们现在因原子能方面的发现和创造而获得的优势和安全就会丧失殆尽"。他向巴鲁克强调说，在任何情况下美国都不应刀枪入库，"除非我们能够确定世界上其他国家都不会武装起来反对我们"，要求他坚持既定立场。[①]

美苏双方都坚持己见，毫不退让。巴鲁克强调，鉴于事关重大，美国在原子能问题上不可能与苏联进行任何交易，苏联要么全面接受，要么停止谈判，别无其他选择。巴鲁克的态度之所以如此强硬，是基于以下几方面的考虑：其一，美国在谈判中居于主导地位，苏联则因为尚未拥有核武器而处于劣势，将不得不在关键问题上做出让步；其二，不论谈判结果如何，都不会影响美国的核垄断地位。在他看来，如果美国继续保持核垄断的话，就能够得到想要的东西，毕竟美国已经有了原子弹，而苏联却没有，而且在今后一个较长时期内也不会有。他私下向共和党领袖范登堡保证说，在每一个阶段如果没有对美国的国家安全适当而又可靠的保障和保护，他决不会同意任何公开核秘密或拆除美国已有原子弹的行动。[②]

巴鲁克、格罗夫斯等都对原子弹的垄断表现出异乎寻常的自信，认为苏联不可能很快制造出自己的核武器，可能需要 15 年或者 20 年的时间；杜鲁门甚至称苏联人永远也不可能制造出原子弹。倘若谈判破裂，则可促使美国民众清醒地认识到当前所面临的危险，从而使得美国政府扩充军备的行动赢得更多民众的支持。美国政府的这一企图显然达到了预期目的。1946 年 11 月的民意测验表明，支持美国继续制造更多原子弹的民众已从 4 月份的 61% 升至 72%。[③] 在某种意义上或许正因为如此，美国的谈判态度才表现出异常的僵硬，对达成协议毫无诚意。

　　① Harry Truman, *Years of Trial and Hope*, Garden City: Double Day, 1956, p.11; Arnold A. Offner, *Another Such Victory: President Truman and the Cold War*, Stanford: Stanford University Press, 2002, p.149.

　　② David Lilienthal, *The Journals of David E. Lilienthal*, Vol.2, New York: Harper and Row, 1964, p.123; Gerber, "The Baruch Plan and the Origins of the Cold War", *Diplomatic History,* Vol.6, No.1, Winter 1982, p.76.

　　③ Hazel G. Erskine, "The Polls: Atomic Weapons and Nuclear Energy", *The Public Opinion Quarterly*, Vol.27, No.2, 1963, p.168.

巴鲁克关于苏联会做出让步的估计证明是完全错误的。苏联方面明确表示，对于美国的方案无论是全部还是部分都不能接受，并称美国提出的有关核查建议是对一个国家主权的侵犯。鉴于双方立场针锋相对，直至 12 月底谈判仍毫无进展。巴鲁克要求联合国原子能委员会举行全体会议对美国的建议投票表决，旨在将国际社会未能就原子能国际控制达成协议的责任归咎于苏联。美国的方案以 10 对 0 票获得通过，并送交安理会进一步审议，苏联和波兰投了弃权票。由于在联合国原子能委员会没有得到苏联的支持，这就意味着苏联有可能行使否决权，以阻止"巴鲁克计划"在安理会的通过。1947 年 1 月，巴鲁克宣布辞去美国联合国原子能委员会代表职务。尽管在联合国的谈判仍在继续，由于美苏分歧严重，显然不可能达成协议。1948 年初，联合国原子能委员会表示，谈判陷入僵局并中止活动，这也宣告了美国原子能国际控制政策的失败。

表面看来，在原子能国际控制问题上，美苏围绕着核查、主权等问题争执不下，实际上，双方的谈判主要是出于政治和道义以及宣传上的需要，都不会而且也没有为达成协议做出必要的妥协和让步。就美国而言，不论是艾奇逊-利连撒尔报告还是"巴鲁克计划"，实质上都是在竭力维护美国核垄断地位的同时，将苏联的原子能研究置于其监控之下。美国原子能国际控制政策之所以失败，根本原因在于这一政策的矛盾性。一方面，为了阻止苏联研制原子弹，美国决策者将原子能国际控制列为其对外政策和国家安全的核心议题；但在另一方面，又将核武器视为实现其政治和外交目标的重要工具，无意放弃对核武器的垄断，担心一旦失去这种垄断，美国的安全就会变得异常脆弱，因为原子弹用来打击美国这类高度发达、工业集中的国家最为有效。[①]

美国向日本投掷原子弹之后，杜鲁门即发表声明称，在一个法纪荡然的世界里，原子弹如若失控，将造成极大的危险。他强调，不会公开有关原子弹研制过程及其军事用途的任何信息，美国必须担负起这一新型武器的"托管人"的角色，以保护美国以及世界其他国家免遭被全面摧毁的危险。随后他又多次表示，美国是原子弹"神圣的托管人"，不会与任何国家分享核秘密，

---

① Shane Maddock, *Nuclear Apartheid: The Quest for American Atomic Supremacy from World War II to the Present*, Chapel Hill: The University of North Carolina Press, 2010, pp.61-62; U.S. Department of State, *Foreign Relations of the United States*, *1946*, Vol.1, Washington, D.C.: United States Government Printing Office, 1972, p.739.

宣称由美国来托管核武器不会对任何国家构成威胁。[①]不言而喻，所谓"托管"不过是"垄断"的代名词而已。杜鲁门坦承，美国的政策有可能导致军备竞赛，但美国"将处于领先地位"。就在美、英、加三国领导人会晤结束不到一周，杜鲁门就宣称，出于"试验"需要，美国将继续制造原子弹。[②]

从美国国内政治来看，自 1946 年初，美国政府对苏政策变得更趋强硬。驻苏使馆代办凯南、白宫顾问克拉克·克利福德和乔治·埃尔西都先后对苏联外交政策的"僵硬性""扩张性"以及美苏关系发展的前景做了详细分析和阐释，强调不论美国如何行事，都不会改变苏联政策的基本特性及其对西方的敌意；为了应对苏联的"威胁"，美国必须大力扩充军备，唯有实力才是能使苏联领导人明白的唯一语言。这些观点赢得了美国最高决策者的赞成，并为遏制政策的出台奠定了基础。[③]丘吉尔则由杜鲁门陪同在密苏里州富尔顿发表演说，公开指责苏联在东欧构筑起一道"铁幕"。甚至连一直要求对原子能实施国际控制的史汀生也改变了原来的立场，建议美国政府应立即尽可能多地制造各类核武器。[④]可以想见，在美国决策者对苏联的敌意日渐加深的情形下，双方围绕原子能国际控制的谈判注定难以成功。

在原子能国际控制方面，美国军方一直持反对态度。太平洋战争结束不久，陆军航空兵的一位高级将领劳里斯·诺斯塔德即致函格罗夫斯，要求扩大原子弹的生产，以便准备将来对苏联发起进攻。他将苏联 66 座城市列为核打击的目标，认为要彻底摧毁这些城市至少需要 123 颗原子弹。这是美国军方中较早提出的对苏联实施核打击的计划。[⑤]美国参谋长联席会议最为担心

---

① U.S. Department of State, *International Control of Atomic Energy*, p.117; McGeorge Bundy, *Danger and Survival: Choices about the Bomb in the First Fifty Years*, New York: Random House, 1988, pp.133-134.

② Offner, *Another Such Victory: President Truman and the Cold War*, Stanford: Stanford University Press, 2002, p.109; Michael D. Gordin, *Red Cloud at Dawn: Truman, Stalin, and the End of the Atomic Monopoly*, New York: Picador, 2009, p.40.

③ U.S. Department of State, *Foreign Relations of the United States*, *1946*, Vol.6, Washington, D.C.: United States Government Printing Office, 1969, pp.696-709; Thomas Etzold and John Lewis Gaddis eds., *Containment: Documents on American Policy and Strategy, 1945-1950*, New York: Columbia University Press, 1978, pp.50-71; Melvyn Leffler, *A Preponderance of Power: National Security, the Truman Administration, and the Cold War*, Stanford: Stanford University Press, 1992, pp.131-138.

④ John Lewis Gaddis, *The United States and the Origins of the Cold War, 1941-1947*, New York: Columbia University Press, 1972, p.335; Walter Millis ed., *The Forrestal Diaries*, New York: Viking Press, 1951, p.200.

⑤ Lauris D. Norstad, "Memorandum for Major General Leslie Groves", September 15, 1945, Correspondence of the Manhattan Engineer District, 1942-1946, file 3, National Archives, College Park, Maryland.

的就是一旦苏联掌握了核武器，将会极大地危及美国的国家安全，强调美国
"要想确保和平时期的安全和在未来的重大冲突中获胜"，就必须尽可能保持
在核武器领域的优势地位。[①]

1946 年 1 月，参谋长联席会议所属的联合战略考察委员会提出报告强
调，在目前世界各国都完全享有主权的情况下，要想对核武器实行有效的国
际控制实际上是不可能的。[②] 军方领导人认为，美国的军事实力之所以在世界
上首屈一指，就是因为享有核垄断地位。他们强调，战后美国的常规力量已
大为减少，原子弹成为美国军事力量中具有决定性作用的组成部分，即使美
国暂时地垄断核武器，对于确保局势的稳定乃至长久的和平也是至关重要的，
今后采取的任何禁止核试验的措施都将对美国造成严重的负面影响，其结果
只能使美国的优势减少，而其他国家的力量却不会受到削弱。在军方领导人
看来，此举将威胁到美国乃至整个世界的安全，显然不符合美国的国家利益。
军方的意见是，原子弹作为一种威慑力量，对美国的安全以及对外政策的实
施都是"至关重要的"，目前决不能对美国制造或使用这一武器的能力进行限
制。巴鲁克曾就原子能控制问题征询了多位军方高层的意见，他们的看法对
巴鲁克显然产生了较大的影响。[③]

令美国军方感到欣喜的是，所谓的原子能国际控制谈判不过是美苏两国
进行的一场宣传战而已。格罗夫斯表示，原子能国际控制的失败可以确保美
国在这一领域享有更长时间的优势。更为重要的是，自 1945 年下半年，美国
军方已将苏联视为对美国潜在的最大威胁，开始拟定一系列针对苏联的核作
战计划，并不断修改完善。原子弹已成为维护美国国家安全的核心力量。到
1946 年 8 月，美国制造原子弹的能力达到了每星期两颗的速度。[④]

---

① Joint Chiefs of Staff, "Over-all Effect of Atomic Bomb on Warfare and Military Organization", October 30, 1945, DNSA, Nuclear Non-proliferation, NP00007.

② U.S. Department of State, *Foreign Relations of the United States, 1946*, Vol.1, Washington, D.C.: United States Government Printing Office, 1972, p.744.

③ Melvyn P. Leffler, *A Preponderance of Power: National Security, the Truman Administration, and the Cold War*, Stanford: Stanford University Press, 1992, p.116; Richard Hewlett and Oscar Anderson, *The New World, 1939-1946*, Washington, D.C.: U.S. Atomic Energy Commission, 1962, p.575; Barton J. Bernstein, "The Quest for Security: American Foreign Policy and International Control of Atomic Energy, 1942-1946", *The Journal of American History*, Vol.60, No.4, 1974, p.1036.

④ Steven Ross, *American War Plans, 1945-1950*, London: Frank Cass, 1996, pp.25-50; Michael S. Sherry, *Preparing for the Next War: American Plans for Postwar Defense, 1941-1945*, New Haven: Yale University Press, 1977, pp.213-216.

即使联合国原子能委员会对"巴鲁克计划"进行激烈争论之时，美国于1946 年 7 月在南太平洋的比基尼珊瑚岛上仍进行了两次核试验。在苏联看来，美国一方面赞成原子能的国际控制，一方面却不断发展和完善核武器，并将其作为在国际政治中进行讹诈的工具。受邀观看美国原子弹爆炸试验的一名苏联专家在旧金山登岸伊始即向媒体宣布，苏联多年来一直致力于原子能的研究，既有原料也有技术人员，用不了多久就会研制出自己的核武器。[①]毫无疑问，美国的核试验不仅破坏了原子能国际控制谈判，而且进一步刺激了美苏之间的军备竞赛。

五、结　语

长期以来，学术界有这样一种流行的观点，即：罗斯福远比杜鲁门熟谙国际事务，更注重大国之间的合作，如果他在 1945 年 4 月没有去世的话，美苏同盟关系或许能持续下去，而杜鲁门由于缺乏处理国际事务以及与苏联打交道的经验，没有能很好地解决美苏之间出现的矛盾，特别是在东欧问题上态度僵硬，从而最终导致冷战的发生。[②]换言之，美国领导人在关键时刻的突然更迭加速了美苏冷战的到来。这种观点或许有一定的道理，但在核政策方面，应该说杜鲁门的做法与罗斯福的并无二致，都是要竭力维护美国的核垄断地位，并将其视为实现美国目标的重要手段和工具。就当时而言，核武器问题实质上体现的是美国对苏政策和双边关系。格罗夫斯曾言，曼哈顿工程从一开始就是基于苏联是美国的潜在对手而进行的，所采取的安全防范措施主要也是针对苏联。从这一意义上讲，罗斯福在原子能问题上所确定的美英垄断政策实际上已经为冷战的产生铺平了道路。[③]

当然，冷战的起源是一个极为复杂的问题，既涉及美苏长期的意识形态上的分歧，也与当时双方在东欧、亚洲等地区的激烈争夺密切相关，核武器在其中都不同程度地发挥了作用。在美国领导人看来，一方面，作为一种具

---

① Drew Middleton, "Russian Questions U.S. Faith on Atom", *New York Times*, July 4, 1946; "Soviet Has Atomic Bomb Ready to Test, Russian Scientist Implies", *New York Times*, August 13, 1946.

② Gar Alperovitz, *Atomic Diplomacy: Hiroshima and Potsdam*, New York: Vintage, 1965, p.13.

③ Leslie Groves, *Now It Can be Told: The Story of the Manhattan Project*, New York: Harper, 1962, p.141; Gregg Herken, *The Winning Weapon: The Atomic Bomb in the Cold War, 1945-1950*, New York: Alfred A. Knopf, 1980, p.106.

有毁灭性杀伤力的武器，原子弹必须置于美国的绝对控制之下，只有美国担负起"监管"的责任，才能避免核战争的爆发，并使原子能的研究造福于人类。另一方面，正是由于美国率先掌握了核秘密，使得其在对苏政策方面愈发强硬，不断要求苏联在东欧、中东及东亚问题上做出让步。如果没有这一武器，美国领导人的基本政策或许不会改变，但在与苏联打交道过程中态度有可能变得不至过于僵硬。自然，美国政府咄咄逼人的政策进一步激起苏联的强烈反应。斯大林多次要求苏联外交部的官员在与美国人打交道时要立场坚定，决不能在美国的核威胁下退缩。同时，美国垄断核武器也使得苏联对整个东欧地区作为缓冲地带和桥头堡的价值有了新的认识。正因为如此，双方的矛盾以及对东欧的争夺变得更为尖锐。

毫无疑问，核武器虽然不是冷战的产物，但在促使战时美苏同盟瓦解、冷战爆发的过程中扮演了非常独特的角色。从核武器角度而言，冷战的发生具有一定的必然性，在很大程度上是因为核武器的巨大毁灭性所决定的。即使美英两国在这一问题上也是纷争迭起，更何况在意识形态、战略目标、社会制度等诸多方面都存在严重对立的美国和苏联，双方的冲突显然在所难免。实际上，战时美英两国将苏联排除在外秘密研制核武器，无疑已经为日后三方关系的发展埋下了巨大的隐患。在美国领导人看来，这一武器不仅是实力的象征，同时也是实现美国外交和政治目标的一张"王牌"，是克敌制胜的法宝。同样，苏联领导人也将其视为对付美国和西方、维护国家安全的必不可少的工具。

由于美国一开始就在原子弹的研制方面实施严格的保密政策，并在多个场合向苏联方面进行核讹诈，试图以此促其妥协让步，这不仅大大恶化了双方关系，同时也加剧了两国在核武器问题上的较量。而"巴鲁克计划"试图通过某种形式的国际控制来达到其垄断核武器、阻止苏联和其他国家研制这一武器的目的，更使得美苏之间的猜疑和隔阂进一步扩大。从根本上说，美苏在核武器问题上的矛盾和冲突是双方长久以来缺乏必要信任的合乎逻辑的结果。核武器的出现不仅强化了双方在诸多问题上的对抗，而且围绕着垄断与反垄断，美苏展开了激烈的角逐，由此拉开了愈演愈烈的核军备竞赛的序幕，而这恰恰构成了冷战最基本的特征之一。

（原刊于《历史研究》2018 年第 5 期）

美国对苏联首次核试验的反应

核武器的问世是人类历史上具有划时代意义的事件，极大地影响了冷战时期的大国关系。美苏两国竞相把核武器当作抗衡对手、追逐霸权的工具，使得核军备竞赛愈演愈烈，并由此达成了所谓的"恐怖平衡"，严重威胁着世界的和平与稳定。而1950年美国研制氢弹的决定，则是美苏核军备竞赛的一个重要分水岭，标志着双方竞争的重大升级。

一、美国对苏联研制核武器的评估

在战后初期，原子弹成为美苏关系中的一个非常微妙而又重要的因素。美国陆军部长亨利·史汀生认为，在许多部门，原子弹被人们看成能抵消苏联在欧洲大陆日益增长的影响的工具。他本人主张在原子能问题上同苏联进行接触和对话，拟定控制核武器的办法，警告说如果美国利用这种武器来炫耀优势，只会使苏联更加怀疑美国的动机和目的。时任副国务卿的迪安·艾奇逊也提出了同样的建议。他警告说，苏联一定会竭尽全力去恢复因原子弹而造成的力量失衡；如果美国在原子能问题上坚持排斥政策，拒不让苏联分享核秘密，势必会进一步加剧美苏关系的紧张。但是杜鲁门决意继续垄断原子弹，并扩大原子弹的生产，以增加与苏联打交道的筹码。原子弹的巨大破坏力促使杜鲁门政府对苏联采取更为强硬态度，不断向其施加压力，迫使其在东欧、中东以及东亚问题上做出让步。[①]

美国决策者对原子弹的垄断表现出异乎寻常的自信，一直非常乐观地认

---

① Barton J. Bernstein, "Roosevelt, Truman, and the Atomic Bomb, 1941-1945", *Political Science Quarterly*, Vol.90, No.1, 1975, p.63.

为，苏联不可能很快制造出自己的核武器，可能需要数年甚至是 20 年的时间。1946 年 10 月，美国中央情报局提出评估报告，认为苏联要到 1950 年至 1953 年间才有可能制造出第一颗原子弹。[①] 1947 年 12 月，美国原子能委员会和中央情报局的分析人员根据"已知情报和苏联的科技能力"，确信苏联在 1951 年以前制造出原子弹的可能性非常小。[②] 1948 年 7 月，中央情报局再次做出估计，根据目前所掌握的情报，苏联制造出其第一颗原子弹的最早日期可能是 1950 年中，但 1953 年中的可能性为最大。[③] 一直到 1949 年 8 月下旬，中央情报局依然坚持这一判断。最乐观的就数杜鲁门总统了，他坚信苏联人永远也不可能制造出原子弹。

　　事实证明，美国决策者的判断完全是错误的。就在美国开始研制原子弹之时，苏联科学家同样开始对原子能问题给予关注。从 1943 年开始，苏联情报部门陆续获得了其他国家研制原子弹的机密情报。苏联领导人斯大林指示国防委员会组织有关部门实施苏联的原子能发展计划，并由核物理学家库尔恰托夫来具体负责。但是，在当时的情况下，苏联面临的首要任务是击退德军的进攻，前线需要的是更多的枪支弹药，难以投入足够的人力、物力和财力来进行原子能研究。同时，包括斯大林在内的一些高层领导和科学家并没有真正认识到核裂变的巨大意义，认为研制原子弹如果不是不可能，至少需要相当长的时间，对于正在进行的战争没有什么意义。因而，从 1943 至 1945 年，苏联在原子能研究方面进展缓慢。1945 年 7 月波茨坦会议期间，杜鲁门故意告诉斯大林说美国制造出一种全新的武器之后，斯大林表面上无动于衷，这令杜鲁门颇感失望，但实际上，斯大林急令苏联有关部门加快研究速度。这可以说是美国施展"原子外交"的开始。对此，斯大林表示，苏联绝不能容忍任何国家拥有对苏联的决定性优势。[④]

　　原子弹在日本所造成的毁灭性破坏使苏联决策者充分认识到了原子弹的巨大威力。尽管斯大林等人在公开场合对原子弹表现出不屑一顾的样子，说

---

　　① Central Intelligence Agency (以下简称为 CIA) ORE3/1, Soviet Capabilities for the Development and Production of Certain Types of Weapons and Equipment, October 31, 1946, DNSA, Soviet Estimate (SE) 0004.

　　② Charles Ziegler, "Intelligence Assessments of Soviet Atomic Capability, 1945-1949", *Intelligence and National Security*, Vol.12, No.4, October 1997, p.13.

　　③ CIA, Estimate of the Status of the Russian Atomic Energy Project, July 6, 1948, U.S. Declassified Documents Online, CK2349398666.

　　④ John Lewis Gaddis, *We Now Know: Rethinking Cold War History*, New York: Oxford University Press, 1997, p.95.

它只不过是可以用来吓唬胆小者，但私下里认为"那是个非常有威力的东西"。1945 年 8 月 20 日，斯大林召见库尔恰托夫，强调美国在广岛投掷原子弹震撼了整个世界，力量均势已经被破坏，指示他要在尽可能短的时间内制造出原子弹，使苏联"免受巨大的威胁"。斯大林决定，苏联的原子能计划应该享有特殊的地位，在中央委员会的领导下秘密进行。据此，国防委员会成立了一个"特别委员会"，负责原子弹研制的一切工作。在苏联领导人看来，美国投掷原子弹的真正目标不是日本，而是苏联，旨在向苏联施加压力。[1]尽管苏联在战后初期面临着百废待兴、医治战争创伤的艰巨任务，研制原子弹仍成为压倒一切的首要任务。1946 年 1 月 25 日，斯大林再次指示要采取必要的措施以加速工作，扩大研究队伍规模，吸引更多的科学家参加这一项目，并表示政府将提供最大限度的援助，改善科学家的物质和日常生活需求。[2]苏联在研制原子弹方面采取了极为严格的保密措施，整个工作被纳入了军事体制，致使西方情报机构自始至终未能对苏联原子能计划的规模、进展情况等做出准确判断。[3]

就在苏联研制原子弹的关键时刻，为了保持自己的核垄断地位，美国政府于 1946 年 6 月提出了建立国际原子能管制的"巴鲁克计划"。按照该计划，世界上所有国家的原子能发展都要由一个国际原子能机构来进行管制；任何把核燃料用于武器研制的违约行为都将受到严惩；在该机构建立起管制后，所有国家应当停止原子弹的制造，对现有原子弹将按照有关规定加以处置；在原子能问题上任何国家都不具有否决权。尽管该计划得到了英国、加拿大等国家的赞同，苏联政府表示坚决反对，认为该计划不过是美国借以"维持它的原子垄断"和"窃取苏联军事机密"的一种工具。出于各自利益的考虑，美苏双方互不让步，致使刚刚开始的核军备控制谈判无果而终。1946 年 7 月，美国在太平洋上的比基尼岛进行了第二次原子弹试验，进一步增加了苏联的危机感。12 月，苏联第一座原子反应堆投入运转。1947 年 1 月，斯大林再次召见库尔恰托夫等人，要求在 1948 年务必研制出原子弹。经过几年的努力，1949 年 8 月 29 日，苏联第一颗原子弹爆炸成功，美国垄断原子弹的时代宣告结束。

---

① David Holloway, *The Soviet Union and the Arms Race*, New Haven: Yale University Press, 1983, p.20.

② David Holloway, *Stalin and the Bomb*, New Haven: Yale University Press, 1994, p.148.

③ Donald P. Steury, "How the CIA Missed Stalin's Bomb", *Studies in Intelligence*, Vol.49, No.1, 2005.

二、美国国内围绕研制氢弹展开的争论

1949 年 9 月 3 日，美国一架远距离侦察机在苏联境内收集到了放射性空气标本，随后，美国派出更多的飞机收集空气样品。情报部门和一个由专家组成的特别委员会经过认真的分析研究，确信在 8 月 26 日到 29 日间，苏联在亚洲大陆某处进行了核试验。不言而喻，这一消息不啻是对美国决策者的当头一棒，不少官员对此做出的第一反应是怀疑。杜鲁门的国家安全顾问悉尼·索尔斯等人认为，这很可能是核反应堆爆炸引起的虚惊，而不是原子弹。国防部部长约翰逊表示，无论苏联试验的是什么，反正不可能是原子弹。

令人困惑的是，美国政府习惯于制订各种各样的应急计划，以备不测，但对苏联原子弹的试验似乎缺乏足够的准备。其实，早在 1945 年，美国的一些科学家就曾预言，苏联将在 1948—1950 年间研制出原子弹。时任美国驻莫斯科使馆商务参赞在 1945 年 12 月写给国务院的报告中说：苏联一心要得到原子弹，为数不多的证据表明，这一工作将拥有绝对优先权，苏联将利用一切可以调动的资源来研制原子弹，其他任何事情都要为此做出牺牲。但是，美国行政当局"似乎没有针对这种情况预先制订任何计划"，甚至根本没有预先加以考虑，"没有任何迹象表明国务院和国防部为此做过准备，或者认真考虑过这种情况"。[1]尽管一些科学家认为苏联爆炸原子弹是预料之中的事情，但美国政府官员和科学界的普遍反应仍是感到震惊。

在其顾问的一再敦促下，杜鲁门于 1949 年 9 月 23 日发表公开声明说，"我们所获得的证据表明，在过去的几个星期中，苏联进行了一次原子爆炸"。他还尽力降低苏联核爆炸的重要性，称"自从人类首次释放原子能以来，其他国家在这种新力量上的发展是意料之中的事情。我们过去一直就估计到这个可能性"。[2]有的美国学者认为，华盛顿对于失去核垄断的直接反应是"令人宽慰的"，它并没有启动新的核计划，杜鲁门之所以做出研制氢弹的决定，主

---

[1] John Newhouse, *War and Peace in the Nuclear Age*, New York: Alfred A. Knopf, 1988, p.73.

[2] Office of the Federal Register, National Archives and Record Service, *Public Papers of the Presidents of the US: Harry S. Truman*, 1949. Washington, D.C.: United States Government Printing Office, 1964, p.485.

要是受美国国内政治的影响。①这一观点显然并不符合历史实际。事实上，当时美国决策者可以有三种选择：置之不理；与苏联进行谈判，谋求达成原子能的国际管制；研制破坏力更为强大的核武器，增加核武库的储存量，确保美国对苏联的绝对核优势。应当说，尽管苏联原子弹爆炸成功，但当时尚不会对美国构成真正的威胁。苏联要研制出像美国 B-29 那样的可以投掷原子弹的远程轰炸机尚需时日，美国在今后相当一个时期仍然保持着对苏联的核优势。因而，苏联核爆炸对华盛顿造成的影响只是政治上和心理上的，远非军事上的威胁，美国不必为此大动干戈，前两项选择或许更为恰当。但是，美国政府采取的却是第三种方案。之所以如此，固然有政治上的原因，但更多是出于军事上的考虑。

　　早在 1942 年，利用核聚变制造氢弹（也称热核武器或"超级炸弹"）的可能性就得到了理论上的证明。当时美国将研制原子弹作为优先任务，对于氢弹的研制并没有采取实际行动。战争结束后，美国政府于 1946 年 12 月成立了原子能委员会，其主要职能是负责领导原子能领域内的全部研究、生产工作，同时还成立了一个由 9 名专家组成的顾问小组，著名物理学家罗伯特·奥本海默担任主席，负责向原子能委员会提供有关建议和意见。但是，鉴于战后初期美国独享原子弹，氢弹的研制并未提上议事日程。

　　在美国政府内部，就是否进一步研制比原子弹更具威力的氢弹展开了激烈辩论。国务院顾问乔治·凯南几次提出备忘录，建议美国政府与苏联进行认真谈判，以达成原子能的国际管制。在他看来，美国立即研制比原子弹更具杀伤力的氢弹，必然导致本已对西方怀有猜忌、疑惧的克里姆林宫更加坚定地与以美国为首的"自由世界"对抗的决心，促使苏联进一步发展核武器，并对美国在西欧、近东、地中海地区的盟友产生负面影响，因为这些国家将处在苏联的直接核威胁之下，成为苏联对付美国核优势的"人质"，这些国家很可能会走向中立主义。在给杜鲁门的一份长达 70 页的备忘录中，他正确地预言：在苏联拥有原子弹之际，美国决定研制更高一级的核武器，其结果必然导致美苏之间的核军备竞赛，进而根本改变遏制战略赖以生存的基本原则。②

　　事实上，就连国务卿艾奇逊也似乎主张暂缓发展氢弹，建议最好就氢弹

---

　　① Vojtech Mastny, *The Cold War and Soviet Insecurity: The Stalin Years*, New York: Oxford University Press, 1996, p.77.

　　② U.S. Department of State, *Foreign Relations of the United States, 1950*, Vol.1, Washington, D.C.: United States Government Printing Office, 1977, p.39.

规定一个 18—24 个月的延缓期，在此期间尽最大努力缓和国际局势，与苏联达成有关原子能国际管制的协议。如果不能达成协议，再大力生产原子弹和氢弹。他向杜鲁门强调，如果美国在军事上对核武器的依赖与日俱增，那么美国在原子能问题上不可能取得国际合作的成功。[①]

美国原子能委员会顾问小组的成员们认为，氢弹的研制虽然有成功的可能性，但是这项工作过于复杂，开支过于庞大，这将严重影响原子弹的研制工作。在他们看来，大量小型和可以投送的原子弹比任何巨型武器更为实用，即使可以设法投送氢弹，适合它攻击的目标只有莫斯科和列宁格勒。鉴于此，"我们大家都希望想方设法地避免发展这种武器，我们都不愿看到美国率先开展这项行动。我们一致认为，目前倾注全力从事这种发展工作将是错误的"。不过，顾问小组的意见并不完全一致，而是分为两派。以奥本海默为代表的多数派强调，研制氢弹的提议给人类带来极大的危险，其程度远远超过了发展氢弹带来的军事优势，"如果氢弹被使用，其破坏力根本无法得到限制，这种炸弹很可能成为一种灭绝人类的武器"，因此，"我们认为氢弹不应被研制出来"。而以费米、伊西多·拉比为代表的少数派则认为，这种武器事实上具有无限的破坏力，无论是研制这种武器还是关于制造它的知识都是对全人类的威胁，无论怎样看这一武器都是一种邪恶的东西。他们建议，"美国总统有必要把我们的意见转告给美国的公众和整个世界：我们认为率先实施发展这项武器的计划犯了基本道德准则的错误。与此同时，应当请求世界各国同我们一道做出庄严的保证，不进行发展和制造这类武器的工作。如果各国做出了这种保证，那么即使不存在一个控制机构，一旦某个大国的研究工作发展到可以进行试验的高级阶段，它将会被有效的物理手段检测出来。这一点看来是很可能做到的。此外，我们还拥有自己的核武器库，我们有办法对生产和使用氢弹的行动进行充分的军事报复"。[②]两者的区别在于，多数派主张无条件放弃研制这一武器，少数派则认为做出这一承诺必须有一个"先决条件"，即苏联政府也必须同意这么做。但是，顾问小组的反对意见并没有对最高决策者产生多大影响，一些人甚至认为杜鲁门根本没有看到过这一报告。[③]

① U.S. Department of State, *Foreign Relations of the United States, 1949*, Vol.1, Washington, D.C.: United States Government Printing Office, 1976, p.613.

② U.S. Department of State, *Foreign Relations of the United States, 1949*, Vol.1, Washington, D.C.: United States Government Printing Office, 1976, pp.572-573.

③ 詹欣：《杜鲁门政府研制氢弹政策的形成及其影响》，《史学集刊》，2004 年第 2 期，第 56 页。

美国原子能委员会对于这一问题也存在争议，分裂成两派。该委员会主席利连撒尔等人反对在当时研制氢弹，认为美国的原子弹储备足够对苏联构成严重威慑，大力发展这种几乎具有无限毁灭力的武器将会使世界上大多数国家疏远美国，使美国的声誉受到损害，并不能加强美国的总体力量。而以刘易斯·斯特劳斯、戈登·迪安为代表的另一部分人则要求立即着手制订试验计划。10 月 7 日，斯特劳斯率先提出一份备忘录，认为"为制造原子弹而多生产裂变材料"是不够的，"现在已经到了计划要有数额跃进的时候了，我们现在要抓紧研制氢弹，要像研制第一颗原子弹那样，投入相应的人力和财力，只有这样才能保持领先地位"。与此同时，他还找到索尔斯，重申氢弹的研制对于美国来说是个生死攸关的问题。①

三、美国政府决定研制氢弹

鉴于该问题的重要性和复杂性，1949 年 11 月 19 日，杜鲁门指示国务卿、国防部部长和原子能委员会主席在国家安全委员会内组成一个特别委员会，就氢弹研制问题提出政策建议，包括技术、军事和政治方面的因素，并就美国是否应着手进行氢弹的发展和生产，以何种方式进行提出意见。②

实际上，在美国政府内，越来越多的官员主张尽快研制氢弹。11 月 21 日，国会两院原子能联合委员会主席布赖恩·麦克马洪对顾问小组的建议提出强烈批评，认为既然这种武器具有极大的威力，那么它在军事上肯定是不可缺少的，这种武器在军事上显然可以用于超大规模轰炸。他认为，在一次大规模轰炸和许多次小规模轰炸之间并没有一条"道德"界限，真正能够灭绝种族的武器是现代战争，而不是超级炸弹。更为重要的是，美国必须设想苏联已经在向前推进，"如果我们听任他们率先得到氢弹，大灾难可就真要出现了"。他认为，如果美国试图以放弃核武器来感化苏联，那只能说明美国并未从最近两次世界大战的惨痛经验中吸取教训，不仅国会不会接受这一选择，

---

① McGeorge Bundy, *Danger and Survival: Choices about the Bomb in the First Fifty Years*, New York: Random House, 1988, p.204.

② U.S. Department of State, *Foreign Relations of the United States, 1949*, Vol.1, Washington, D.C.: United States Government Printing Office, 1976, p.583.

而且美国民众也对此难以理解。①毫无疑问，国会的态度对于杜鲁门政府的影响是举足轻重的。如果政府决定研制氢弹，则需要国会在财政预算审核时给予支持；如果放弃研制这一武器，则很可能会招致那些对苏强硬派议员的强烈不满，从而为政府的其他活动制造障碍。更为重要的是，鉴于国民党在中国大陆的失败，此时的杜鲁门、艾奇逊正经受着来自国会和舆论的指责，在政治上处于守势，他们需要国会的合作和支持。

美国军方的态度非常明确。10 月 10 日，参谋长联席会议上书国防部部长约翰逊，强调"在苏联获得原子武器的情况下，如果要求我们的核武器继续起到对战争的威慑作用，那就必须保持我们在核储备以及生产速度上的压倒性优势"。②23 日，参谋长联席会议主席奥马尔·布拉德利在给约翰逊的备忘录中详陈了氢弹对于美国遏制苏联的军事价值，认为在和平时期氢弹可以作为一种重要的威慑力量，使得苏联不敢轻举妄动；而一旦发生战争，又可作为战略进攻武器，这使"任何基于社会、政治、道德原因而反对研制氢弹的理由显得是那么地不足为道"。他强调，"如果我们听任他们率先拥有氢弹而美国没有，这是不能容忍的"，美国决定不研制氢弹根本不会阻止其他国家的研制，敦促国防部部长要求杜鲁门尽快做出研制氢弹的决定。③

在科学界，也有一些人极力主张尽快着手氢弹的研制工作，其代表人物是芝加哥大学的物理学家爱德华·特勒。他曾在洛斯阿拉莫斯实验室率先开展有关氢弹的研究工作，并且在战后初期一直呼吁政府加强这一方面的研究。特勒在推动美国政府做出研制氢弹的决策方面具有举足轻重的作用，而在氢弹的研制过程中更是起了决定性的作用，被誉为美国的"氢弹之父"。

就在美国政府内部就氢弹的研制展开激烈争论的关键时刻，军方再次上书，向最高决策者施加影响。1950 年 1 月 13 日，布拉德利提出一份长篇报告，全面阐述了拥有氢弹的军事意义、政治价值和心理价值，建议采取下列措施：（1）决定热核武器技术上的可行性作为最优先采取的行动；（2）发射热核武器所必需的军械和运载工具应同时开始研制，没有必要等到和热核武

---

① U.S. Department of State, *Foreign Relations of the United States, 1949*, Vol.1, Washington, D.C.: United States Government Printing Office, 1976, pp.588-595.

② U.S. Department of State, *Foreign Relations of the United States, 1949*, Vol.1, Washington, D.C.: United States Government Printing Office, 1976, p.562.

③ U.S. Department of State, *Foreign Relations of the United States, 1949*, Vol.1, Washington, D.C.: United States Government Printing Office, 1976, p.595.

器的试验一起进行。这份报告使杜鲁门对于氢弹的研制有了进一步的认识。[1]
19 日，索尔斯向艾奇逊汇报说，杜鲁门认为这份报告有重大意义，并把该报告转发给艾奇逊和利连撒尔，征询国务院和原子能委员会的意见。知悉杜鲁门赞成研制氢弹，艾奇逊的态度也发生了变化。

根据杜鲁门的指示，美国国家安全委员会设立了一个特别小组委员会就研制氢弹问题提出政策建议，1 月 31 日该委员会提出报告，建议：（1）杜鲁门应指示原子能委员会立即着手确定制造热核武器的技术可行性，研制工作的规模和速度由原子能委员会和国防部共同决定，发射热核武器所必需的军械和运载工具也应同时开始研制；（2）应指示国务卿和国防部部长，考虑到苏联研制热核武器能力的可能性，重新审查美国的国家安全战略。报告特别强调，"苏联对这种武器的独占，不仅会给我们的军事态势，而且给我们的对外政策地位造成严重损害"。杜鲁门认为，既然苏联会研制这种武器，他别无选择，只得采取行动，仅用了 7 分钟会见的时间就批准了这份报告。他随后发表声明说，为了确保对付任何可能的"侵略者"，已指示原子能委员会继续研制包括氢弹在内的一切种类的核武器。[2]尽管科学界有些人反对，原子能委员会顾问小组的几名成员甚至决定辞职，但杜鲁门的这一决定还是赢得了国会和公众的普遍支持。[3]几天后杜鲁门告诉他的助手，就氢弹而言实际上没有决定可做，尽管没有人想使用这类武器，但美国必须拥有它，即使只是为了同苏联人讨价还价。[4]

3 月 9 日，美国国家安全委员会的特别小组委员会在致杜鲁门的报告中表示，美国可以在 1951 年内进行氢弹装置的初步试验，如果初步试验成功，整个装置可能在 1952 年底准备好进行试验。翌日，杜鲁门签署命令，宣布氢弹的研制是最紧急的任务，要求加强在这个领域的研究，同时指示原子能委员会立即做出大量生产的计划。《纽约时报》评论说，在杜鲁门入主白宫以来发布的历次声明中，没有一次像这个声明这样立即赢得国会中各党派议员的普遍支持。[5]

[1] David Alan Rosenberg, "American Atomic Strategy and the Hydrogen Bomb Decision", *Journal of American History*, Vol.66, No.1, June 1979, p.83.

[2] Gordon Arneson, "The H-Bomb Decision", *Foreign Service Journal*, May 1969, p.27.

[3] Barton J. Bernstein, "Truman and H-bomb", *Bulletin of the Atomic Scientists*, Vol.40, No.3, March 1984, p.16.

[4] John Lewis Gaddis, *Strategies of Containment: A Critical Appraisal of Postwar American National Security Policy*, New York: Oxford University Press, 1982, p.82.

[5] John Newhouse, *War and Peace in the Nuclear Age*, New York: Alfred A. Knopf, 1988, p.79.

在做出这一重大决策的同时，美国政府也开始对国家安全政策进行重新审查，其结果是国家安全委员会第 68 号文件的出台。文件认为，苏联的军事实力已经对"自由世界"构成严重"威胁"，美国必须大力扩充军备，才能掌握冷战的主动权，遏制住苏联的"扩张"。文件要求在迅速扩充常规军备的同时，"要进一步提高核武器的数量和质量"；"如果苏联抢在美国之前发展了热核武器，那么整个'自由世界'面临的苏联压力将极大地增强，美国遭受攻击的危险也随之而增加；如果美国先于苏联发展热核武器，那么美国暂时有能力向苏联施加更多压力"。可见，在美国决策者看来，氢弹的研制成功与否，直接关系着美国的国家安全，率先研制氢弹成为压倒一切的首要任务。

四、结语

美国研制氢弹的决定，是冷战升级的一个重要环节，给整个冷战时代带来深远影响，进一步加剧了美苏之间的核军备竞赛。杜鲁门决定研制氢弹以后，又曾 3 次批准扩大核生产。1952 年 11 月 1 日，美国在马绍尔群岛的一个小岛上进行了第一次大规模的氢弹试验，它的当量是 1040 万吨梯恩梯，比在广岛投掷的原子弹的当量大 1000 倍。然而，就在美国试验氢弹仅仅 9 个月后，1953 年 8 月 8 日，苏联领导人马林科夫宣布"美国再也垄断不了氢弹了"。4 天后，苏联进行了第一次氢弹爆炸试验。1954 年 3 月 1 日，美国又进行了氢弹试验，其中一枚的当量达到了 1500 万吨梯恩梯，且可以投掷，成为真正意义上的核武器。美苏核军备竞赛愈演愈烈，一发而不可收拾，核武器的数量和性能都有了大幅度提高，最终达成了所谓的"恐怖平衡"。与此同时，鉴于核武器的巨大破坏力，两国领导人都清醒地认识到，在一场核战争中不可能有胜利者，只能是两败俱伤，甚至是毁灭。因而，双方在使用核武器这一问题上变得越来越谨慎，氢弹只不过是双方相互威慑的工具，其作用更多的是政治上和心理上的，并没有实际的军事意义。

更为重要的是，美国国家安全委员会第 68 号文件的出台则为美国的冷战政策奠定了理论基础。在对苏政策上，美国政府的态度愈发强硬。与此相应，美国的国家安全政策也从有限遏制转向全面遏制。

（原刊于《历史教学》2010 年第 5 期）

制约美国在朝鲜战争中使用核武器的若干因素

朝鲜战争期间，美国政府自始至终一直试图谋求在军事上、外交上和心理上用核武器作为实现自己目标的工具，早在 1950 年 7 月中旬，美国国务院政策规划室的一份研究报告就提出，如果中国或苏联军队在朝鲜参战，美国应该使用原子弹，并认为这可以取得"决定性的军事胜利"。在随后的三年中，不论是杜鲁门政府还是艾森豪威尔政府，相关部门一直都在积极制订应急计划，并进行了模拟试验，准备在朝鲜战场使用核武器。但是，美国终究未敢轻举妄动。[①] 时任美国战略空军司令柯蒂斯·莱梅曾经哀叹，"在历史上第一次对核武器的恐惧主导了我们的政策，妨碍我们赢得一场完全能够取胜的战争"。[②] 实际上，制约美国使用核武器的因素非常复杂。

一、美国的全球战略考虑

美国的全球战略重点是在欧洲。早在 1947 年，美国军方就认为，朝鲜半岛对美国来说并没有重大战略价值，建议尽早撤军。1950 年 1 月，美国国务卿迪安·艾奇逊提出所谓西太平洋地区战略防御圈，明确地把朝鲜半岛排除在外。美国出兵干涉在很大程度上是为了显示反对共产主义的"决心"和"力量"，向盟国表明美国的承诺在关键时刻是经得起考验的，这并不意味着美国

① 有关美国的核威胁可参见 Roger Anders, "The Atomic Bomb and the Korean War: Gordon Dean and the Issue of Civilian Control", *Military Affairs*, Vol.52, No.1, 1988, pp.1-6; Roger Dingman, "Atomic Diplomacy during the Korean War", *International Security*, Vol.13, No.3, Winter 1988/1989, pp.50-91; Conrad Crane, "To Avert Impending Disaster: American Military Plans to Use Atomic Weapons during the Korean War", *Journal of Strategic Studies*, Vol.23, No.2, 2000, pp.72-88.

② Bret Cillessen, "Embracing the Bomb: Ethics, Morality, and Nuclear Deterrence in the US Air Force, 1945-1955", *Journal of Strategic Studies*, Vol.21, No.1, 1998, p.118.

战略重心的转移，西欧仍然是美苏对抗的主战场。出任杜鲁门政府国防部副部长的罗伯特·洛维特对此说得很明白，朝鲜半岛并不是十分重要的地区，失去朝鲜也许会危及日本的安全，甚至最终也会失去日本，但美国主要关心的是欧洲，"我们宁可看到那种局面的发生也不能失去西欧"。[1]参谋长联席会议认为，从军事角度来看，美国在朝鲜投入的兵力越多，部署在其他更重要地区的兵力就会相应地减少，并大大削弱美国进行全面战争的能力。在军方看来，朝鲜半岛并非与苏联进行大规模较量的恰当场所。[2]

美国领导人特别担心，如果在亚洲陷入对中国的全面战争，同中国的人力资源打消耗战，势必会严重削弱美国驻西欧的军事力量，"不仅将把欧洲大陆暴露在苏联军队面前，还可能在欧洲大陆美国兵力最薄弱的时候引来一场攻击"。[3]这显然是美国决策者不能容忍的。艾奇逊强调，美国的政策就是要设法"结束这场被卷入的战争"，以便在朝鲜以外"迅速建立我们自己的以及我们盟国的军事力量"。实际上，在朝鲜战争期间，美国丝毫没有放松北约军事力量的发展，向欧洲派遣了4个师和7个空军中队的兵力，并不断追加军事拨款，使北约的防务开始初具规模。事实上，正是在朝鲜战争时期，美国才使得北约组织由一个政治磋商机构转变为一个具有一定力量的军事实体。[4]

从当时美国的核储备和总体力量来看，美国没有足够的力量既在欧洲威慑苏联，又在远东对付朝鲜和中国。要确保西欧，就必须在亚洲实现战略收缩，防止朝鲜战争的升级和扩大。这就决定了美国只能在远东打一场"有限战争"。朝鲜战争爆发前夕，美国政府就认为苏联有能力占领西欧，渗透中东，并对美国发动有限的核进攻。在杜鲁门、艾奇逊等看来，美国的军事力量并不处于与共产主义可以"摊牌"的地位，美国需要利用自己所拥有的时间在美国和盟国建立一支有效的潜在威慑力量，这是美国外交政策的基本出发点。[5]1951年1月，美国国务院和参谋长联席会议在一份分析报告中认为：从军事角度来看，时间对美国有利，今后2—3年将是非常关键的时期；如果在

① John Lewis Gaddis, *The Long Peace: Inquiries into the History of the Cold War*, New York: Oxford University Press, 1987, p.119.

② Marc Trachtenberg, *History and Strategy*, Princeton: Princeton University Press, 1991, p.121.

③ John Spanier, *The Truman-MacArthur Controversy and the Korean War*, New York: W. W. Norton, 1965, p.261.

④ Robert Jervis, "The Impact of the Korean War on the Cold War", *Journal of Conflict Resolution*, Vol.24, No.4, 1980, pp.580-581.

⑤ Ernest May, John Steinbruner and Thomas Wolfe, *History of the Strategic Arms Competition, 1945-1972*, Washington, D.C.: Office of the Secretary of Defense, 1981, pp.108-116.

这一时期发生美苏全面战争，虽然美国可能不会输掉，但是要赢也有很多困难。陆军参谋长劳顿·科林斯表示，既然美国准备应对全面战争，并且要到1952年7月才能准备就绪，故"我们应当采取一切体面的措施，避免任何可能导致与苏联发生公开冲突的行动"。1950年12月，杜鲁门宣布全国进入"紧急状态"，并将应付全面战争的准备时间从1954年提前到1952年。

二、美国的军事考虑

美国的主要对手是苏联而不是中国，原子弹主要是用来与苏联抗衡的。自1949年苏联原子弹爆炸成功后，为了继续保持核优势，美国开始加大原子弹的研制和发展工作，并着手研制氢弹，进一步加强自己的核储备。[1]根据美国制订的作战计划，在发生全面战争的情况时，使用原子弹攻击苏联主要的军事和工业基地，但在局部冲突中是否使用，应视当时情形而定。为防止苏联利用朝鲜局势向西方发动突然袭击，参谋长联席会议于1950年8月修正了原来的核战计划，将摧毁苏联的核能力列为最优先的作战目标，为此需要用292颗原子弹来打击苏联的目标，这几乎是1950年美国核储备的全部。[2]

杜鲁门多次强调，朝鲜战争是"苏联人的策略，是克里姆林宫破坏自由世界团结的计划的一部分"，在整个朝鲜战争中，他"从来没有使自己忘记，美国的主要敌人正端坐在克里姆林宫里"，坚持认为"只要这一敌人没有卷入战争而在幕后拉线，我们就绝不能将再度动员起来的力量浪费掉"。国务卿艾奇逊也反复告诫道，在朝鲜"我们正在同错误的对手交战，打的是第二梯队，而真正的敌人是苏联"，与中国进行全面战争只会符合苏联的利益，削弱美国的实力。美国领导人尤其担心，尽管目前美国仍享有核优势，但苏联有可能通过先发制人的打击，对中东、欧洲甚至美国发动"有限核战争"，并且它也有能力这样做。

同样重要的是，朝鲜战争初期，由于缺乏足够的海外前沿基地，美国投掷原子弹的能力也是有限的，只有250架可以携带核弹头的战略轰炸机。美

---

① David Alan Rosenberg, "The Origins of Overkill: Nuclear Weapons and American Strategy", *International Security*, Vol.7, No.4, Spring 1983, pp.21-26.

② David Alan Rosenberg, "U.S. Nuclear Stockpile, 1945-1950", *The Bulletin of Atomic Scientists,* Vol.38, No.5, May 1982, p.26.

国参谋长联席会议清醒地认识到，由于美军对应对世界大战的准备不足，缺乏足够的能力防御西欧，"所以我们压倒一切的考虑就是要避免与苏联人进行全面战争"。美国空军参谋长霍伊特·范登堡不无夸张地抱怨说，美国的防务如此脆弱，以至不管多少苏联轰炸机都可以在未遭到任何攻击的情况下飞越美国国境，并抵达美国境内的大部分目标。[①]

1950年底至1951年初，受到来自各方面的压力，美国使用原子弹的可能性非常大，但美国领导人还是决意避免与苏联迎头相撞。在1950年12月1日的会议上，布拉德利、柯林斯不赞成对中国实施常规或者核轰炸，即使中国空军大规模地参加战斗，认为对中国的报复行动将招致苏联空军和潜水艇的干预，到那时留下的唯一办法只能是威胁使用原子弹，因而"我们不能轰炸中国，即使这意味着我们的地面部队遭受来自空中的攻击"。根据美国中央情报局的分析，如果中美在朝鲜的冲突演变成为两国之间的一场大战，苏联可以从中得到如下好处：在朝鲜消耗和牵制美国及其盟国的大量有生力量；利用亚洲问题在美国和其盟国之间制造分歧；破坏联合国在朝鲜战争开始时所取得的"团结一致"；阻挠西欧的防务计划；使共产党在朝鲜和东南亚的力量得到迅速发展。[②]

美国政府也对把战争扩大到中国所造成的严重后果表示担心。美国决策者认为，中国之所以出兵参战，并不是基于其本身利益的考虑，而是迫于苏联的压力，苏联才是真正的幕后"操纵者"。如果美国进攻中国，苏联势必会援引《中苏友好同盟互助条约》而出面干预，对美国采取报复性行动，第三次世界大战在所难免。[③]参谋长联席会议在提出"以扩大战争来结束战争"的行动方案时，就已经充分认识到这将是一场与中国进行的"规模更大、时间更长、代价更高"的战争，也可能导致同苏联在亚洲打一场战争，甚至触发第三次世界大战。

正如美国国务院政策规划室的一份研究报告所言，"尽管我们把原子弹看作只是我们武器库中的一种，但它的心理影响是如此之大，以至于如果使用

---

① Harry Borowski, *A Hollow Threat: Strategic Air Power and Containment before Korea*, Westport: Greenwood Press, 1982, p.191.

② U.S. Department of State, *Foreign Relations of the United States, 1950*, Vol.7, Washington, D.C.: United States Government Printing Office, 1976, pp.1278-1279.

③ CIA National Intelligence Estimats 2/1, "Chinese Communist Intervention in Korea", November 24, 1950; National Intelligence Estimate 2/2, "Soviet Participation in the Air Defense of Manchuria", November 27, 1950, RG 263, National Archives, College Park, Maryland.

它，毫无疑问地会触发一场全面战争"，而此时发生全面战争对美国和西方来说将是"灾难性的"。[①] 仅就核力量而言，早在 1950 年 8 月，美国联合情报委员会就做出分析，"苏联随时都有可能拥有给美国军事力量以致命打击的能力"，估计"今后两年内随时可能会出现危急情况"。国务院政策规划室认为，如果苏联对美国发动突然袭击，它有能力向美国的人口中心和工业基地投掷 12—14 枚原子弹，并造成超过 400 万人的伤亡。[②] 到 1953 年，尽管美国的核力量有了大幅度增加，拥有大约 1000 多枚原子弹和 1000 架战略轰炸机，但苏联的核储备和进攻能力也有了较大增长。美国情报部门估计，1950 年底苏联只有 25 枚原子弹，到 1953 年中期已经拥有了 200 多枚原子弹和大约 1200 架中程轰炸机，160 多架中远程轰炸机，不仅对西欧构成严重威胁，而且"足以对美国发动一场毁灭性的核袭击"。美国国家安全委员会在 1953 年 1 月提出的一份报告坦率地承认，目前美国对付苏联核打击的能力还"相当有限"，苏联 65%—85% 的原子弹可以击中美国的目标。[③] 由于美国的民防设施还很不完善，如果苏联对美国发动核攻击，将给美国造成 900 万平民的伤亡，1/3 的工业基地被摧毁，并造成美国战略空军 24% 的轰炸机陷于瘫痪，使美国空军的战斗能力下降 50%。若苏联对美军在朝鲜和日本的目标采取报复性打击，其结果显而易见。美国的有关决策部门不再谈论如何进攻苏联，而是开始更多地关注如何避免遭受苏联的核打击。[④]

美国参谋长联席会议和国务院一再强调，应采取一切措施避免与苏联人进行全面战争，美国不可能对朝鲜或中国动用原子弹，除非是出于重大安全利益需要，美国不得不与苏联直接"摊牌"。美国海军作战部长弗朗西斯·马修斯、空军学院院长奥维尔·安德森等曾在 1950 年八九月间公开鼓吹应对苏

　　① U.S. Department of State, *Foreign Relations of the United States, 1951*, Vol.1, Washington, D.C.: United States Government Printing Office, 1976, pp.815-816; Marc Trachtenberg, "A Wasting Asset: American Strategy and the Shifting Nuclear Balance, 1949-1954", *International Security*, Vol.13, No.3, Winter 1988/1989, pp.21-22.

　　② Vojtech Mastny, *The Cold War and Soviet Insecurity: The Stalin Years*, New York: Oxford University Press, 1996, p.109; Christopher Gacek, *The Logic of Force: The Dilemma of Limited War in American Foreign Policy*, New York: Columbia University Press, 1994, p.83.

　　③ National Security Council (以下简称为 NSC) 141, "Reexamination of United States Programs for National Security", January 19,1953, RG 273; Special Estimate 36, "Soviet Capabilities for Attack on the US through Mid-1955", March 3, 1953, RG 263, National Archives, College Park, Maryland.

　　④ Melvyn P. Leffler, *A Preponderance of Power: National Security, the Truman Administration, and the Cold War*, Stanford: Stanford University Press, 1992, p.440; NSC 140/1, "Evaluation of the Net Capability of the USSR to Inflict Damage on the United States Up to July 1, 1955", May 18, 1953, RG 273, National Archives, College Park, Maryland.

联发动"预防性"核打击，其结果只能是自断前程。艾奇逊说得非常明白，"我们政策的全部努力在于防止战争，而不是制造战争"。[①]因而，在整个朝鲜战争期间，不论杜鲁门政府还是艾森豪威尔政府，对苏联的态度一直比较克制，甚至在与苏联空军交手后，也是秘而不宣，以避免事态的失控。[②]

根据1953年4月美国国务院政策规划室的估计，如果苏联了解到美国对中国的行动是"有限的"，那它的反应就可能比较克制，否则，它的反应就会激烈得多。苏联虽然不会故意挑起一场全面战争，但很可能会直接参与海空行动。国务院政策规划室还提出，苏联的反应将不会仅限于远东，它或许会利用西方国家间的紧张关系以增加对西德的压力。中苏同盟的存在，美苏全面战争的可怕后果，使美国决策者在考虑扩大战争时不能不有所顾忌。对于美国来说，苏联因素仍然是一个重要的威慑力量。美国的核储备还没有强大到既能够对中国进行有效的攻击，同时在苏联介入的情况下又可以充分地应付苏联。[③]

美国领导人还考虑到，即使苏联不公开参战，使用原子弹或把战争扩大到中国也会产生许多难以解决的问题，其结果也是得不偿失。第一，与中国进行战争将大大影响美国在一场全球性战争中战胜苏联的能力。艾奇逊一直认为，把美军牵制在一个次要战场上只会符合苏联的利益，使它可以趁机在欧洲发动进攻。他在国家安全委员会会议上强调，与中国的战争将是一个"无底洞"，那会"榨干我们的血"。布拉德利在1951年5月15日的远东军事形势听证会上明确指出："克里姆林宫感到高兴的莫过于我们扩大朝鲜战争，把红色中国也包括进去，这就需要增援部队，特别是我们的海军和空军，而苏联在这场冲突中却不必投入一兵一卒。与中国打一场有限战争，将会使我们投入过多的力量，增加我们的风险。"国防部部长乔治·马歇尔甚至认为，美国如果扩大战争，那就掉进了苏联人故意设置的陷阱。[④]第二，即使使用原子弹，把战争扩大到中国，也并不能确保朝鲜战争的结束，使中国屈服，相反，倒有可能重蹈日本侵华的覆辙。负责远东事务的助理国务卿迪安·腊斯克对

① John Lewis Gaddis, *Strategies of Containment: A Critical Appraisal of Postwar American National Security Policy*, New York: Oxford University Press, 1982, p.119.

② Michael McCarthy, "Uncertain Enemies: Soviet Pilots in the Korean War", *Air Power History*, No.1, 1997, pp.34-44.

③ Christopher Gacek, *The Logic of Force: The Dilemma of Limited War in American Foreign Policy*, New York: Columbia University Press, 1994, p.80.

④ Allen Guttmann ed., *Korea and the Theory of the Limited War*, Boston: Heath, 1967, p.38.

此说得很明确："在中国打仗是无法想象的。虽然美国及其盟国可以动用几十万军队，但至多占领一些沿海城市，却不能把我们的意志强加给那个人口众多的国家。"[①]第三，中国土地广袤，城市分散，工业不集中，缺乏核打击的合适目标。美国原子弹数量有限，主要准备用来对付苏联，对中国使用原子弹不仅不能削弱中国继续战斗的意志和能力，只会使美国陷入与中国全面战争的泥潭之中。杜鲁门自己清醒地认识到，与中国的全面战争是一个"巨大的陷阱"，美国将犯"悲剧性的错误"。第四，对中国这样一个弱国使用核武器与对苏联实施核打击造成的政治影响是大不相同的，可能会给美国造成难以挽回的负面影响，并将遭到世界舆论的普遍谴责。在很多亚洲国家看来，原子弹是美国专门用来对付亚洲人的，这将给亚洲民众造成严重的心理影响，美国会因此而失去很多亚洲国家的支持。[②]因此，美国决策者认为，采取把战争扩大到中国这样一种政策，既不能确保朝鲜战争的胜利，也不符合美国的全球利益，相反，"将会使我们在错误的地点、错误的时间、与错误的敌人打一场错误的战争"。换言之，"正确的战争"乃是针对苏联，并且是在美国准备就绪之后。[③]

如果把战争限制在朝鲜境内，就只能用原子弹打击一些战术目标，特别是对方军队和物资的集结地，但这样的目标在朝鲜并不明显。中朝军队很少暴露在适合原子弹袭击的开阔地带，而是广泛地疏散和隐蔽在山林中，进行流动作战；即使是在露天集结，美国也很难发现其具体的集结地点。朝鲜地形复杂，多为崇山峻岭，而且双方军队距离较近，这都大大限制了原子弹的威力，也不利于使用原子弹。美国陆军参谋长柯林斯在 1953 年 3 月底的一次会议上强调，在朝鲜使用核武器效果可能不大，因为中朝军队正在深挖防空洞，而且越来越深；美国最近在内华达州核基地的试验表明，"如果人们挖得很深，达到了足够深度，就可以非常接近爆炸地点而不受什么伤害"。中朝军队已经在 150 英里长的前沿战线深挖防空洞，这显然并不是使用战术核武器的良好目标。相反，他提醒说，美军不应集中在釜山、仁川以及任何可能实

①　Thomas Schoenbaum, *Waging Peace and War,* New York: Simon and Schuster, 1988, pp.219-220.

②　Matthew Jones, *After Hiroshima: The United States, Race and Nuclear Weapons, 1945-1965*, New York: Cambridge University Press, 2010, p.70.

③　Omar Bradley, *A General's Life*, New York: Simon and Schuster, 1983, p.640；Marc Trachtenberg, "A Wasting Asset: American Strategy and the Shifting Nuclear Balance, 1949-1954", Vol.13, No.3, Winter 1988/1989, p.27.

施两栖登陆的地点，因为这些恰恰都是苏联原子弹报复的极好对象。[1]美国决策者特别担心，倘若使用原子弹效果并不理想，仍不能取得决定性的胜利，势必会严重降低核武器的威慑价值，并有损美国的声誉和地位，特别是对那些期望获得美国核保护的西欧国家，其影响甚至是灾难性的。[2]

此外，中国在朝鲜战争中的行动是有理、有节的，使得美国决策者没有理由扩大战争的规模，更没有必要动用原子弹。尽管在出兵初期中国的作战目标曾有过摇摆，但经过几次大的较量，中国领导人适时地对作战目标进行了调整，使之符合朝鲜战争的现实。中国希望通过自己的行动使美国能"知难而退"，用政治手段解决问题，并且当停战谈判陷入僵局甚至近于破裂时，又不失时机地做出必要的妥协，以推动和谈取得进展。在一定程度上，正是因为中国奉行了较为灵活的谈判立场，才使得美国决策者走出了死胡同，摆脱了打、谈两难的窘境。

三、西欧国家反对美国扩大战争

美国的盟友一致反对扩大朝鲜战争，在很大程度上制约了美国的行动，防止其铤而走险。艾奇逊很清楚，原子弹只是一种"政治责任"，它的威慑作用只能"把我们的盟友吓得半死"，对苏联却不起什么作用。[3]朝鲜战争爆发后，迫于美国的压力，西欧各国均派兵加入了"联合国军"，但这些国家在对华、对朝政策上从一开始就与美国存在着严重分歧和矛盾，强烈反对美国扩大战争的企图，主张通过谈判解决朝鲜问题，担心如果美国把战火烧到中国，势必会使美国更深地陷入亚洲而无力他顾，使欧洲没有像样的防御力量，甚至会出现所谓的"军事真空地带"，同时还有可能招致苏联的报复。

作为美国的重要盟友和朝鲜战争的主要参战国，英国对战争的扩大尤为担心。英国领导人考虑到，朝鲜战争一旦扩大，不仅中国香港、印度支那、

---

[1] "JCS Discussion of the Use of Atomic Weapons in Korea", March 28, 1953, Records of the Policy Planning Staff, Box 19, RG 59, National Archives, College Park, Maryland.

[2] Daniel Calingaert, "Nuclear Weapons and the Korean War", *Journal of Strategic Studies*, Vol.11, No.2, 1988, p.190; John Lewis Gaddis, *We Now Know: Rethinking Cold War History*, New York: Oxford University Press, 1997, p.104.

[3] U.S. Department of State, *Foreign Relations of the United States, 1950*, Vol.7, Washington, D.C.: United States Government Printing Office, 1976, pp.1278-1279.

马来亚等会卷入其中，从而严重削弱英国在这一地区的地位和影响，而且苏联也可能因此在欧洲采取行动。有些英国政府官员甚至认为，朝鲜战争只是苏联的佯攻，其目的在于把西方的注意力引向东方，然后趁西方防备空虚之机，直接进攻西欧乃至英伦三岛。英国军方特别强调，倘若美苏发生全面战争，英国会首当其冲，在英国的美军轰炸机基地不可避免地会成为苏联攻击的主要目标。英国领导人清醒地认识到，一旦朝鲜战争演变成美苏全面冲突，由于地理上的因素，并且目标相对集中，英国和西欧面临苏联核打击的可能性要比距离遥远、目标较为分散的美国大得多。[1]而在不少英国人看来，苏联根本无须对英国动用原子弹，因为整个英国南部和西南部地区包括伦敦在内都一直处于苏联远程导弹的射程之内，这就足以对英国的生存构成"致命的威胁"。[2]

因而，战争伊始，英国外交部就明确表示，"我国政策主要的、基本的目标在于设法控制住朝鲜的局势，以避免发生全球性战争"。英国保守党领袖丘吉尔也强调："我的眼睛并不紧盯着朝鲜，虽然远东对我们的牵制很大，但毕竟只是个牵制而已。我们应稳定那里的局势，越快越好，因为决定世界命运的地方是欧洲，最大的危险仍然在欧洲，我们必须弥补欧洲前线可怕的防御缺陷。"[3]应当说，这反映了英国人的普遍心理。

自从苏联拥有原子弹之后，英国就一直担心，驻有美国战略轰炸机部队的英国领土将成为日后苏联核攻击的目标。朝鲜战争爆发后，1950 年 7 月 27 日，英国皇家空军元帅约翰·斯莱瑟在参谋长委员会的一次会议上表示，"我们不能冒这样一种形势的风险：美国人决定使用原子弹，而我们则对于是否应该使用争论不休"。英国参谋长委员会认为，在远东使用原子弹打击中国目标"将导致苏联参战和第三次世界大战的爆发"。他们强调，一旦核战争的门槛被打破，就会降低原子弹阻止重大战争的威慑价值。[4]外交部副国务大臣狄

---

① Nicholas J. Wheeler, "British Nuclear Weapons and Anglo-American Relations, 1945-54", *International Affairs,* Vol.62, No.1, Winter 1985/1986, p.77.

② Nicholas J. Wheeler, "British Nuclear Weapons and Anglo-American Relations, 1945-54", *International Affairs,* Vol.62, No.1, Winter 1985/1986, p.77; Steven Lee, *Outposts of Empire: Korea, Vietnam, and the Origins of the Cold War in Asia*, Montreal: McGill-Queen's University Press, 1995, p.107.

③ FO 371/84080, June 27, 1950, PRO, London; Michael Dockrill, "The Foreign Office, Anglo-American Relations and the Korean War", *International Affairs*, Vol.62, No.3, Summer 1986, p.461.

④ Ian Clark and Nicholas Wheeler, *The British Origins of Nuclear Strategy, 1945-1955*，Oxford: Clarendon Press, 1989, p.138.

克森颇有预见性地指出，如果朝鲜战局出现了不利于美国的变化，美国有可能考虑在朝鲜使用核武器，因此，在适当的时候，英国应该让美国人保证，不经过美英两国的预先磋商，美国不得动用核武器。[①]

1950 年 11 月 30 日，杜鲁门在一次记者招待会上宣称美国一直在积极考虑对中朝军队使用原子弹，这使整个世界特别是美国的盟国惊恐不已，国际舆论一片哗然。沙特阿拉伯驻联合国代表明确警告美国人，亚洲国家普遍认为，原子弹似乎是专门用来对付有色人种的，如果美国果真使用的话，有可能触发第三次世界大战，并对未来几年美国与亚洲国家的关系造成"灾难性的影响"。印度驻联合国代表在发言中同样表示，亚洲国家普遍感觉，原子弹仅仅是用来打击亚洲人的一种武器。印度外交部强调，目前联合国在朝鲜的首要目标是避免冲突的扩大。尼赫鲁总理强烈谴责了任何有关使用核武器的建议，指出避免使用原子弹是"绝对必需的"，并建议召开有关大国会议，商讨远东问题。他特别提请美国注意亚洲国家对原子弹的敏感性。[②] 亚洲国家普遍反对使用核武器，这对美国决策者不能不产生深刻的影响。实际上，在讨论使用核武器的过程中，美国决策者所顾忌的重要问题之一就是这一行动将产生严重的负面政治影响，不仅会失去亚洲国家的支持，而且美国在这些国家的影响甚至有可能消失殆尽。[③]

作为美国的一个主要盟国和近邻，加拿大政府对杜鲁门的讲话深感震惊。加拿大外交部立即发表声明，反对美国在朝鲜使用原子弹，告诫美国不经过与有关主要国家协商，不能贸然对"这个有着巨大可怕后果的行动做出决定"。外长莱斯特·皮尔逊表示，加拿大要不惜一切代价防止冲突的扩大，认为使用核武器或者威胁使用核武器将产生严重的不利后果：削弱西方国家的内部团结，促使欧洲中立主义抬头；使亚洲国家与西方的关系愈发疏远，从而使西方在政治上处于更为不利的地位。他特别强调，在原子弹使用问题上，加拿大作为二战时期美英加三方联合研制这一武器的一个伙伴，应该具有一定

---

① FO 371/84091, July 1, 1950, PRO, London.

② U.S. Department of State, *Foreign Relations of the United States, 1950,* Vol.7, Washington, D.C.: United States Government Printing Office, 1976, pp.1300-1301, 1334-1335; William Stueck, *The Korean War: An International History,* Princeton: Princeton University Press, 1995, p.132; Nina Tannenwald, *The Nuclear Taboo: The United States and the Non-use of Nuclear Weapons since 1945,* New York: Cambridge University Press, 2007, pp.122-123.

③ U.S. Department of State, *Foreign Relations of the United States, 1950,* Vol.7, Washington, D.C.: United States Government Printing Office, 1976, p.1100.

的发言权。[①]

杜鲁门的声明引发了一场"战后以来欧洲最激烈的政治动荡"。荷兰驻联合国大使"含着眼泪"问美国代表，是否有办法避免战争。在伦敦，76 名工党议员联名致函艾德礼首相，谴责杜鲁门的讲话，同时声明：如果英国政府支持美国把战争扩大到中国的决定，他们将对政府投不信任票，并集体辞职。100 多名议员则要求，如果美国事先未经英国同意就擅自在朝鲜使用原子弹，英国应该从朝鲜撤军。英国下院还展开了 1945 年以来有关外交政策的"最严重、最焦急、最负责"的一次辩论。政界要员如丘吉尔、艾登等也对局势表示了忧虑，呼吁联合国采取一切实际可行的措施来避免与中国发生战争，敦促政府施加最大限度的影响，以阻止战火的蔓延。一些青年团体和妇女、宗教组织聚集在首相官邸门前举行示威，反对扩大朝鲜战争。英国驻联合国代表格拉德温·杰布向美国国务院官员强调，西欧其他国家与英国同样有"巨大的担心"，即美国正"在一个不可思议的时间里和可能出现的最困难的战略条件下"，使他们在亚洲投入战争。美国驻英使馆向华盛顿报告说，"英国上上下下的舆论都强烈反对任何导向与中国发生战争的行动"。[②]

英国参谋长委员会也致电侵朝美军总司令道格拉斯·麦克阿瑟，指出"在我们看来，如果在朝鲜使用原子弹，不仅不能有效地阻止中国军队的前进，而且将会使局势变得更加糟糕，苏联空军将不可避免地参加战斗。原子弹是我们最后的武器，我们必须把它作为一种威慑工具，或者在苏联发动第三次世界大战时使用"。军方认为，根据朝鲜战场的情况，无论是在军事上还是心理上，对朝鲜实施核打击都不会起决定性作用；若用来打击中国的目标，则"将导致苏联参战和第三次世界大战的爆发"，强调一旦核战争的门槛被打破，就会降低原子弹阻止重大战争的威慑价值。[③]

① U.S. Department of State, *Foreign Relations of the United States, 1951*, Vol.1, Washington, D.C.: United States Government Printing Office, 1976, p.814; Denis Stairs, *The Diplomacy of Constraint: Canada, the Korean War, and the United States*, Toronto: Univerity of Toronto Press, 1974, pp.148-149; Robert Prince, "The Limits of Constraint: Canadian-American Relations and the Korean War", *Journal of Canadian Studies*, Winter 1992/1993, pp.129-152.

② Rosemary Foot, "Anglo-American Relations in the Korean Crisis: The British Effort to Avert an Expanded War, December 1950-January 1951", *Diplomatic History*, Vol.10, No.1, Winter 1986, p.45; Sean Greenwood, "A War We Don't Want: Another Look at British Labour Government's Commitment in Korea", *Contemporary British History*, Vol.17, No.4, Winter 2003, p.12.

③ John Lewis Gaddis, *The Long Peace: Inquiries into the History of the Cold War*, New York: Oxford University Press, 1987, pp.118-119.

在此情形下，艾德礼首相不得不在内阁紧急会议上宣布，将亲赴华盛顿同杜鲁门总统举行会晤。实际上，早在 1950 年七八月间，英国政府就曾两次提议举行英美首脑会晤，商讨远东局势，但均被美方以军事上或政治上不合时宜为由加以拒绝。艾德礼此举不仅得到了英联邦国家的一致赞同，而且也受到西欧国家的广泛欢迎。临行前，他与来访的法国总理普利文交换了意见，双方一致同意，不应将原子弹与其他武器同等看待，使用原子弹将会使战争进入一个新阶段，没有人能预见其后果如何。而且，在朝鲜是否使用原子弹要由联合国来决定，美国无权单独决策，应当阻止美国把战争扩大到中国，敦促其敞开谈判解决问题的大门。荷兰政府也向英国表示，应当采取某些行动来约束一下美国人。因此，艾德礼赴美可以说是肩负着整个西欧的使命。[①]

12 月 4 日至 8 日，艾德礼与杜鲁门等美国领导人共举行了 6 次会谈，他要求美国同意接纳中国进入联合国，在联合国内通过协商解决朝鲜问题和台湾问题。艾德礼明确告诉杜鲁门，英国反对同中国打一场"有限战争"，不赞成对中国采取报复措施，反对美国对中国大陆的军事基地和工业城市采取军事行动，因为"西方还没有强大到能够发动这样的进攻"，而且这类行动也不会导致问题的最终解决，只会使冲突升级和扩大。他强调，同中国打"有限战争"的政策对于英国来说没有什么吸引力，不可能得到英国的支持，也很难在联合国获得通过，这样的行动将是美国单方面的行动，希望尽快通过谈判结束这场战争，以便集中力量加强欧洲的防务。在核武器问题上，艾德礼提议双方立即就原子弹的战略使用问题进行共同研究，并要求美国将使用这类武器的有关计划告知英方。最终，双方达成协议，如在朝鲜使用核武器或对中国大陆采取大规模行动，两国应进行协商。尽管此次英美首脑会晤没有取得实质性的成果，但英国反对扩大战争的态度势必对美国产生一定影响。[②]1951 年 1 月，法国总理普利文在与杜鲁门会谈时也同样表示希望在朝鲜尽快停战，敦促美国应为此做出努力。在英、法等国看来，倘若美国继续奉行那种僵硬的政策，只会进一步激化早已严重的、有可能爆炸的形势。

很显然，在盟国的坚决反对下，美国政府如果一意孤行，势必会导致与盟国关系的紧张。杜鲁门、艾奇逊非常重视同英国的关系，认为尽管经过第二次世界大战，英国的经济、军事力量大为削弱，但它目前仍是美国盟友中

① Alan Bullock, *Ernest Bevin: Foreign Secretary*, London: Norton, 1983, p.821.

② William Stueck, *The Korean War: An International History*, Princeton: Princeton University Press, 1995, pp.136-137; Roger Dingman, "Truman, Attlee, and the Korean Crisis", *International Studies*, No.1, 1982, p.32.

仅有的强国，是美国"唯一可以信赖的真正盟友"，没有英国的全力支持，北约就会成为一纸空文，美国的全球战略就难以实现，保持美、英的团结和合作对于美国的安全是至关重要的。美国国务院远东处在 1951 年 1 月 11 日提出一份研究报告指出：联合国不可能同意对中国大陆采取直接军事行动，这样的行动反倒会使美国在联合国内外的领导地位受到严重破坏，并有损西方国家间的团结，进而影响到西方未来的防御能力。就连杜鲁门也坦率地承认，"如果美国一旦把战争扩大，我们就可能不得不单独进行。我们的欧洲盟友离苏联较我们为近，他们处于远较我们为大的危险中。如果我们的行动不顾到他们所面临的危险，他们就可能不顾我们的危险而行动"。他特别担心第三次世界大战打起来时，美国却处于没有盟国的孤立无援的困境。而根据美国中央情报局的估计，苏联发动全球性战争的可能性较前已大大增加了。[①]

艾森豪威尔上台后，美国的盟国依然坚决反对扩大战争，希望立即看到朝鲜停战，并不断向美国施加种种压力。对于美国"放蒋出笼"、取消台湾海峡"中立化"的举措，欧洲国家深表不安，担心这很可能是美国扩大战争的第一步。英国外交大臣艾登明确地告诉美国人，英国对美国政府没有与盟国协商就单方面做出这一重大决定表示"遗憾"，并警告说这一步骤可能会造成"非常不幸的政治影响，而同时又没有任何军事上的好处可以作为补偿"，无助于朝鲜问题的解决。他强调，英国反对任何使朝鲜冲突进一步扩大的行动，要求美国在采取任何重大军事行动之前须与英国进行磋商。[②]法国、加拿大、印度等也对美国的草率行事表示强烈不满。

盟国的压力势必会对美国政府的决策起一定的牵制和约束作用。1953 年4 月出台的国家安全委员会第 147 号文件明确提出，美国的盟国不会赞成使用核武器，并怀疑这种做法能否取得相应效果，实现在朝鲜的停火；他们还会担心使用这类武器不仅不能结束战争，反而会使事态更加恶化，导致一场同中国甚至苏联的全面战争。文件警告说，使用核武器将会使美国对朝鲜战争的政策失去盟国的支持，并使美国与盟国的关系变得更为复杂化。这不能不使美国决策者有所顾忌。实际上，在讨论这一文件时，美国领导人颇感头疼的一个重要问题是，该文件所提议的把战争扩大到中国的做法不会得到盟国的同意，这样的行动将会使西方联盟"关系紧张"，甚至于破裂。国务院的

① Robert Ferrell ed., *Off the Record: The Private Papers of Harry S. Truman*, New York: Harper Row, 1980, p.304.
② Callum MacDonald, *Britain and the Korean War*, Oxford: Blackwell, 1990, p.86; Rosemary Foot, *The Wrong War: American Policy and the Dimensions of the Korean Conflict*, Ithaca: Cornell University Press, 1985, p.216.

官员特别担心，如果美国使用原子弹，北约可能就会"分崩离析"。这一政治代价显然是太高昂了。艾森豪威尔自己曾多次表示非常关注盟国的反应，认为"也许应该使用原子弹，但我们不能不看到这类行动对我们盟国的影响，这种影响将是非常严重的，因为我们的西欧盟国很可能会感到，在一场美苏核战争中，它们将成为战场"。他明确表示，"我们决不能被盟友遗弃"，必须加强西欧的防御力量。① 后来艾森豪威尔坦率地承认，在使用原子武器方面，美国的看法总是与盟国多少有些不同；如果当时美国做出使用这种武器的决定，"将会使我们和盟国之间造成强烈的分裂情绪"。② 盟国的反对使美国决策者深深地认识到，在谋求"体面的"停火方面，他们并不能为所欲为。

　　当然，除了上述几个主要方面之外，制约美国在朝鲜战争中使用核武器的因素或许还有一些。尽管美国政府曾考虑了各种使用核武器的计划和方案，并频频挥舞核大棒，但正是在这些因素的共同作用下，使得美国决策者终究不敢轻举妄动。不仅如此，鉴于核武器的特殊性，甚至谈论使用核武器都成为一种"禁忌"。艾森豪威尔、杜勒斯奉行"大规模报复战略"，多次表示要打破这种"禁忌"，宣称要把核武器同常规武器同等看待，如有必要，就可以使用，但也始终未敢越雷池一步。现有的研究已证明，朝鲜停战与美国的核威胁无关，美国的核部署和威胁对中国的决策并没有产生什么影响。朝鲜战争再次证明了美国核威慑的限度。

（原刊于《史学月刊》2011 年第 4 期）

---

① U.S. Department of State, *Foreign Relations of the United States, 1952-1954*, Vol.15, Washington, D.C.: United States Government Printing Office, 1984, pp.826-827.

② Dwight D. Eisenhower, *Mandate for Change*, Garden City: Double Day, 1963, p.180.

核武器、古巴导弹危机与美苏关系

古巴导弹危机是冷战时期美苏之间的一次直接的核对抗，对当时的国际关系产生了深刻影响。核武器在危机的发生、发展以及结束过程中都起了一定的作用。这场危机之所以发生，在很大程度上是美苏核军备竞赛的结果，是苏联为了谋求战略上与美国达成平衡。危机期间，美国军方试图利用美国的核优势，对苏联在古巴的导弹基地实行外科手术式的打击，以消除苏联导弹对美国的威胁，同时准备打一场美苏战争，并为此进行了相应的军事准备。一方面，制约美国用军事手段解决问题的因素也很多，最终使得美国决策者未敢轻举妄动，而是通过政治途径解决问题。这场危机对美苏关系产生的重要影响就是双方对核对抗的危险性有了更清醒的认识，从而开启了两国关系有限缓和的时代。另一方面，这场危机也对美苏关系产生了严重的负面影响，那就是危机之后苏联进一步加强核力量的建设，并在 20 世纪 60 年代末达成了与美国的战略平衡。

一、战后美苏核军备竞赛

核军备竞赛是美苏冷战的重要特征之一。战后初期，美国的核力量一直居于优势地位。赫鲁晓夫执政后，苏联大力扩充战略核力量，将核武器视为维护国家安全、对外进行威慑的重要工具。1957 年 8 月，苏联首先成功发射了洲际导弹和人造地球卫星。赫鲁晓夫决意借此取得"最大限度政治上的好处"，对美国施加压力。他声称苏联现在拥有所需的各类导弹，包括远程、中程和短程导弹，制造导弹就像制造香肠一样，不断从车间里成批生产出来；"世界的力量对比已开始发生根本的变化"，苏联已经把美国这个世界第一强国"甩到后面"，苏联的导弹可以打击美国和欧洲的任一城市。他宣称，"十分明显，苏联既然能把火箭送到几十万公里的宇宙空间，也就能把强大的火箭百发百中地发射到地球上的任何一点"。[①]

1960 年 1 月，赫鲁晓夫在最高苏维埃主席团会议上提出了"火箭核战略"，强调要用火箭核武器威慑美国，使其不敢发动战争。他表示，现在空军和海军已经失去了以往的意义，这类武器不是要被削减，而是要被代替；苏联军队已经在很大程度上转用火箭核武器，这种武器正在日益完善，而且将继续完善。"当前决定国防力量的不是我们有多少士兵肩荷枪支，有多少人身穿军大衣"，而是取决于火力如何，取决于掌握着什么样的发射工具。他强调，苏联已经拥有许多核武器以及向可能的侵略者的领土发射这种武器的相应的火箭，而且苏联的火箭优于美国；美国"用战争吓唬我们，我们也拿战争吓唬他们"。苏联可以"把进犯我们的一个或数个国家"从地球上消灭掉，虽然也会遭受很大的灾难，但可以忍受核打击；"我们将存在下去，我们的领土辽阔广大，人口比起其他许多国家来不太集中在大工业城市里。最遭殃的将是西方"。他断言，"如果侵略者发动新战争，那么这种战争不仅是他们最后一次战争，而且也是资本主义的末日"。同时他宣布，苏联将尽一切努力来发展火箭武器，并且要在这一方面居于领先地位。[②]

为此，苏联奉行了大力发展战略火箭部队的战略，使苏联的核弹头数量由 1956 年的 400 枚增至 1961 年的 2450 枚，并在 1961—1962 年间进行了112 次核试验，在核领域与美国展开了激烈的竞赛，战略核威慑成为苏联冷战政策的工具。在赫鲁晓夫看来，只有拥有强大的核武器才能对美国起到有效的威慑作用，阻止其发动战争，维护苏联的国家安全。他强调，"现在重要的是我们的核火箭库的质量和数量"，"保卫我国和制止帝国主义侵略的能力要靠我们的核武器和核火力"。他还称，"我们主要的、最强大、最危险的敌人离我们那么远，甚至我们的空军也到不了，只有建立一支核火箭部队，才能使敌人不至对我们发动战争"。苏联之所以虚张声势，不断宣扬苏联的战略力量，目的就是要让美国和整个世界都相信苏联已经取得了优势，希望以此来遏止西方国家的进攻企图。[③]

---

① John Newhouse, *War and Peace in the Nuclear Age*, New York: Alfred A. Knopf, 1988, p.122; 徐天新：《核武器与赫鲁晓夫的对美政策》，《北大史学》，第 11 期，北京：北京大学出版社，2005 年，第 128 页。

② 赫鲁晓夫：《裁军是巩固和平和保障各国人民友谊的途径》，《人民日报》，1960 年 1 月 16 日。

③ Michael Dobbs, *One Minute to Midnight: Kenney, Khrushchev, and Castro on the Brink of Nuclear War*, New York: Alfred A. Knopf, 2008, p.37.

　　美国对苏联核力量的发展深感震惊，并由此产生了所谓的"导弹差距"。当时的美国舆论普遍认为，苏联在远程导弹方面遥遥领先于美国，美国已经丧失了原来的战略优势，苏联的导弹直接威胁着美国的安全，使美国处在历史上最危险的时期。1957 年美国《国家情报分析报告》认为，苏联在 1960 年底之前，将部署 500 枚洲际导弹，到 1961 年中可达到 1000 枚。而美国 1960 年仅有 30 枚洲际导弹，到 1961 年为 70 枚。美国媒体也对此大肆渲染。知名政治评论员约瑟夫·阿尔索普根据有关情报判断，1959 年苏联计划部署洲际导弹 100 枚，1960 为 500 枚，1961 年增至 1000 枚，1962 年为 1500 枚，到 1963 年底将达到 2000 枚。而美国洲际导弹的数量是，1960 年为 30 枚，1961 年 70 枚，1962 年 130 枚。[①]他在专栏文章中写道，"在五角大楼，人们一谈起导弹差距就惊恐不已"。参议员斯图尔特·赛明顿在 1959 年更是宣称今后 3 年内苏联将拥有 3000 枚洲际导弹，美国情报机构低估了苏联所拥有导弹的数量。1959 年 1 月，美国国防部长尼尔·麦克尔罗伊首先提出了"导弹差距"论，认为到 60 年代初期，苏联洲际导弹的数量将是美国的 3 倍。"由于苏联吹嘘它的优势，以及美国承认暂时存在着导弹差距，舆论似乎得出这样的结论：美国不仅目前在军事上落后于苏联，而且在以后的 10 年或 20 年中也将继续落后"。[②]

　　尽管肯尼迪执政后很快就发现所谓的"导弹差距"不过是一个人为的"神话"，美国仍享有战略优势，但他仍继续大力扩充美国的核力量。之所以如此，一是肯尼迪在总统选举期间利用"导弹差距"大做文章，从而为自己赢得了不少选票；二是担心公开宣布苏联在核军备竞赛中处于劣势，毫无疑问会刺激苏联大大加快导弹的发展步伐；三是可以利用美国人对"导弹差距"的恐惧心理加紧发展战略核力量，维护并确保美国在核军备竞赛中的优势地位。肯尼迪认为，赫鲁晓夫有可能将美国拖入一场全面冲突，美国别无选择，只能继续扩大军备，甚至考虑把先发制人作为对付苏联的一种选择。[③]

　　因而，从 1961 年 3 月发表第一篇国防咨文开始，肯尼迪就明确表示要加

---

① Christopher Premble, "Who Ever Believed in the Missile Gap: John F. Kennedy and the Politics of National Security", *Presidential Studies Quarterly*, Vol.33, No.4, December 2003, p.805; Roy Licklider, "The Missile Gap Controversy", *Political Science Quarterly*, Vol.85, No.4, December 1970, p.605.

② John Newhouse, *War and Peace in the Nuclear Age*, New York: Alfred A. Knopf, 1988, p.122;（美）托马斯·沃尔夫：《苏联霸权与欧洲》，冷向洋译，上海：上海人民出版社，1976 年，第 116 页。

③ Robert Dallek, *An Unfinished Life: John F. Kennedy, 1917-1963*, New York: Little, Brown and Company, 2003, p.347.

速发展美国的战略核力量。根据计划，美国战略核导弹的数量要由 1100 枚增至 1900 枚，其中包括 1200 枚"民兵"导弹、600 多枚"北极星"潜艇导弹，能够打击苏联的中程和中远程轰炸机数量达到 1000 架。1961 年 4 月，美国武器库中拥有各类战略核武器 3012 件，到 1964 年 7 月，增至 5007 件，增加了 66%。[①]

1961 年 9 月 21 日，美国中央情报局根据 U-2 飞机 23 次的高空侦察记录以及卫星拍摄的资料，就苏联洲际导弹的力量和发展趋势进行分析，认为其洲际导弹的力量还非常薄弱，只有 10—25 枚可以打到美国；这些导弹虽然对美国的一些城市构成了严重威胁，但对美国战略核力量不会造成太大的影响。鉴于其第一代导弹过于笨重，目前正在研制小型的第二代 SS-7 洲际导弹，估计要到 1962 年下半年方可投入使用。因而，这一时期苏联的洲际导弹力量不会大幅度增加，到 1963 年中期大约有 75—125 枚导弹可以使用。与此同时，美国通过其他渠道也获得了大致相同的信息。[②]

10 月 21 日，美国国防部副部长罗斯韦尔·吉尔帕特里克在弗吉尼亚温泉城的一次会议上公开宣布根本不存在所谓的"导弹差距"，美国在核力量方面具有绝对优势，即使苏联率先对美国实施突然袭击，美国仍有至少同样强大的能力进行还击，将其消灭。因而，美国确信苏联不会挑起核冲突；倘若苏联胆敢发起攻击，"无异于自取灭亡"。为了确保引起莫斯科的关注，美国国防部官员在记者招待会上特别强调，吉尔帕特里克的这一讲话得到了"最高层"的同意。次日，国务卿腊斯克进一步说明，这是一份经过审慎考虑的官方声明，赫鲁晓夫一定知道"我们是强大的"，尽管他在公开场合试图否认这一事实。助理国防部部长保罗·尼采则明确警告苏联官员，在美国发动核打击之后，苏联将被夷为平地。[③]国防部部长麦克纳马拉也在几个场合表示，美国的核力量是苏联的数倍，在一场核冲突中，有能力摧毁苏联的所有目标。11 月 11 日，麦克纳马拉在一次讲话中明确指出，美国拥有近 1700 架洲际轰炸机，其中包括 630 架 B-52 轰炸机，55 架 B-58 轰炸机和 1000 架 B-47 轰

① Philip Nash, "Nuclear Weapons in Kennedy's Foreign Policy", *The Historian*, Vol.56, No.2, December 1994, p.286.

② Donald Steury, *Intentions and Capabilities: Estimates on Soviet Strategic Forces, 1950-1983*, Washington, D.C.: Center for the Study of Intelligence, Central Intelligence Agency, 1996, pp.122-123; Richard Ned Lebow and Janice Gross Stein, *We All Lost the Cold War*, Princeton: Princeton University Press, 1994, p.36.

③ Richard Ned Lebow and Janice Gross Stein, *We All Lost the Cold War*, Princeton: Princeton University Press, 1994, p.37.

炸机；另有 6 艘潜艇携带着 80 枚"北极星"导弹；15 艘航空母舰正游弋在世界各地，每艘装载着 50 架可携带核武器的攻击机；还有数十枚"大力神"洲际弹道导弹。《纽约时报》公开载文称，苏联只有至多 50 枚可以打到美国的洲际导弹，而美国部署的可以打到苏联的各种导弹则有 233 枚。[①]肯尼迪在 1962 年 3 月 31 日接受媒体采访时也表示，美国将放弃从不使用核武器进行打击的原则，强调在某些情况下，一旦美国的重大利益受到威胁，美国将不得不采取主动。[②]

同样，美国的军事战略也明显地具有挑衅性质。1962 年 6 月 16 日，麦克纳马拉在密歇根州安阿伯发表的一篇讲话中更是公开强调：一旦发生核战争时，美国的主要军事目的应当是摧毁敌人的军队和军事设施，而不是消灭其平民；要做到这一点，美国必须拥有一个超过苏联许多倍的全面核优势，以保证在遭受打击以后的还击力量至少和苏联先发制人的打击力量一样强大，"给予可能的敌人以可以想象的最强烈的刺激力量"，同时又要维护美国的社会结构，确保国家的生存，取得实力竞赛的胜利。[③]因而，自 1962 年 4 月底开始，美国在太平洋上进行了 36 次核试验。毫无疑问，这就使本已十分激烈的核军备竞赛进一步加剧。

二、苏联在古巴部署导弹的决策

在战后初期的美苏核军备竞赛中，苏联始终处于劣势。20 世纪 60 年代初期，苏联制造的导弹和轰炸机几乎全是中程或中远程的，打击的主要目标是美国在欧洲的核力量。苏联当时有两种远程轰炸机，即"野牛"式和"熊"式，由于缺乏空中加油技术，都不适用于完成洲际飞行任务。所制造的导弹射程有限，如果部署在苏联国内，虽然可以有效地打击美国在欧洲和亚洲的基地，但对美国本土却无能为力，不足以对其构成威胁。苏联第一代洲际导弹虽是一种很好的运载火箭，可以把人造卫星送入太空，但比较原始笨重，

① Desmond Ball, *Politics and Force Levels: The Strategic Missile Program of the Kennedy Administration*, Berkeley: University of California Press, 1981, pp.98-99; Michael Brower, "Nuclear Strategy of the Kennedy Administration", *Bulletin of the Atomic Scientists*, Vol.18, No.8, October 1962, p.34.

② Lawrence Freedman, *The Evolution of Nuclear Strategy*, New York: Palgrave Macmillan, 2003, p.229.

③ Lawrence Freedman, *The Evolution of Nuclear Strategy*, New York: Palgrave Macmillan, 2003, pp.222-223.

可靠性较差，且造价昂贵，不适用于军事和大批量生产。此外，苏联第一代洲际导弹还有一个严重缺陷，就是均使用液体燃料，每隔一段时间就必须更换，因而很难使其长久地保持战备状态。直至 1962—1963 年间，苏联才开始部署第二代洲际导弹，但鉴于其打击的准确性较差，且易遭受攻击，仍难以与美国的导弹相抗衡。[①]

令赫鲁晓夫感到颇为不安的是，美国政府和军方高层不仅公开宣传美国的核优势，甚至开始谈论起应该利用这种优势，对苏联发动先发制人的第一次核打击。据苏联军事情报局获得的情报，美国计划在 1961 年 9 月对苏联发动核攻击。只是由于苏联宣布将进行新一轮的核试验，才使得美国认识到苏联的核力量要比原来预想的大得多，因而改变了原来的冒险打击计划。苏联军事情报局和克格勃曾获得了数份美国以及北约有关率先对苏发动核打击的机密文件，其中包括"苏联境内核打击目标清单"等。[②]的确，这一时期美国军方曾拟定了针对"中苏阵营"的作战计划，要求使用 3423 枚原子弹对 1077 个军事和工业目标实施核打击。据此，54% 的苏联人口将被消灭。[③]

对于吉尔帕特里克、肯尼迪等人的讲话，赫鲁晓夫反应强烈。他对美国"战争贩子的歇斯底里"进行了强烈谴责，指出军备竞赛只能导致灾难性的后果。他宣称，如果美国试图用武力来威胁苏联，必将遭到更为有力的回击。国防部部长马利诺夫斯基警告说，苏联拥有各类核弹头，可以打到地球上的任一地点；一旦发生战争，西欧将被夷为平地。他表示，苏联已经成功解决了摧毁空中导弹的问题，美国的威胁吓不倒苏联。1962 年 1 月底，在接受《真理报》和《消息报》采访时，马利诺夫斯基重申，苏联有能力摧毁美国国内所有的工业中心和人口中心，同时消灭那些为美国提供军事基地的国家。[④]为了显示自己的实力，自 1961 年 9 月 1 日至 11 月 4 日，苏联先后进行了 30 多次核试验，其中 10 月 30 日进行的核试验达 5000 万吨级，是第二次世界大战时期各国投放的包括轰炸广岛和长崎两颗原子弹在内的所有炸弹爆炸力的数倍。爆炸所产生的巨大蘑菇云升起高达 64 千米，远在 1000 公里外都可以看

---

① Lawrence Freedman, *U.S. Intelligence and the Soviet Strategic Threat*, Boulder: Westview Press, 1977, p.99; David Holloway, *The Soviet Union and the Arms Race*, New Haven: Yale University Press, 1983, pp.66-67.

② Aleksandr Fursenko and Timothy Naftali, *One Hell of a Gamble: Khrushchev, Castro, and Kennedy, 1958-1964*, New York: Norton, 1997, p.155.

③ Fred Kaplan, "JFK's First-Strike Plan", *The Atlantic Monthly*, Vol.288, No.3, October 2001, p.83.

④ Dino Brugioni, *Eyeball to Eyeball: The Inside Story of the Cuban Missile Crisis*, New York: Random House, 1991, pp.76-77.

到闪光。苏联之所以进行这次核试验，主要是出于政治上和心理上的考虑。赫鲁晓夫说，要让这颗炸弹像达摩克利斯剑一样悬在美国人头上。[①]

1962 年 2 月，赫鲁晓夫主持召开国防委员会会议，讨论发展战略核武器问题。军方在会议上坦承，苏联现有的远程导弹还不足以与美国抗衡，存在着诸多缺陷，特别是点火准备时间需数小时，而美国的"民兵"导弹则可以在几分钟之内发射。同时，苏联导弹使用的仍然是液体燃料，一旦加注燃料，要么立即发射，要么必须在数天内抽空燃料，并送回工厂清理、调整弹体。而美国使用的则是固体燃料，可以无限期地保持战备状态。不仅如此，苏联在洲际导弹研制方面还遇到了一些技术上的难题，短期之内难以有重大突破。

促使赫鲁晓夫决定在古巴部署导弹的原因是多方面的，但扭转苏联的战略劣势无疑是其中至关重要的一个。在战后美苏核军备竞赛中，美国无疑具有明显的优势。1962 年美国拥有各类核武器 27387 件，而苏联只有 3322 件。[②]1962 年 10 月美国拥有洲际导弹 226 枚，潜艇发射的弹道导弹 144 枚，远程轰炸机 1350 架；而苏联则有洲际导弹 75 枚、远程轰炸机 190 架。美国拥有各种战略核弹头 5000 枚，而苏联只有 300 枚，美国享有 17:1 的绝对优势。在战略武器方面，美国大约领先苏联 10 年。此外，美国还拥有 2500 架战斗机、500 架运输机，并在大西洋、太平洋、地中海和加勒比海地区部署了近20 艘航空母舰。1962 年 5 月初，美国国防部官员宣称：至少到 1965 年，美国洲际导弹的数量将达到 1500 枚，从而使美国的战略打击力量比目前增加两倍，如此一来，无论苏联采取何种措施，美国在今后几年将继续保持着明显的战略优势。[③]

尽管赫鲁晓夫在核武器发展方面投入了大量人力、物力和财力，但进展缓慢，费用也远远超过了预期。同样重要的是，这一时期苏联的工业和农业生产都出现了亏损，苏联政府甚至考虑提高国内大宗消费品的价格。面对困境，苏联领导人想到了一条可以迅速改变双方力量对比的"捷径"。如果将中程和中远程导弹部署在古巴，就可以大大提高第一次打击的能力，摧毁美国

① Viktor Adamsky and Yuri Smirnov, "Moscow's Biggest Bomb: The 50-Megaton Test of October 1961", *Cold War International History Project Bulletin*, No.4, Fall 1994, pp.3, 20.

② "Nuclear Notebook: Global Nuclear Stockpiles, 1945-2006", *Bulletin of the Atomic Scientists*, Vol.62, No.4, July/August 2006, p.66.

③ Michael Brower, "Nuclear Strategy of the Kennedy Administration", *Bulletin of the Atomic Scientists*, Vol.18, No.8, October 1962, p.35.

80%—85% 的核武器。这些导弹的射程可以覆盖整个北美大陆，并且可以绕过美国的导弹警报系统，出其不意地发动进攻。因而，此举有助于扭转美苏两国导弹数量和攻击时间上的不平衡，在一定程度上抵消美国的战略优势。

赫鲁晓夫表示，美国企图获得核优势是"特别令人无法容忍的"，"现在正是斩断他们长臂的时候了"。他在回忆录中坦率地承认：美国人用轰炸机和导弹包围了苏联，苏联重要的政治和工业中心处于装载着核武器的美国飞机的直接威胁之下，苏联在古巴所做的不过是以其人之道还治其人之身。他的想法是，如果苏联秘密地将导弹部署在古巴，并且是在已经装好可供发射之后才为美国发现，美国人在试图用军事手段摧毁这些导弹前就须三思而行；"这些导弹可能被美国摧毁，但不是全部。如果有 1/4，甚至只有 1/10 的导弹能够留下来，即使只留下一两枚核导弹，我们仍旧能够击中纽约，而纽约势将所剩无几"。① 在他看来，一旦在古巴的部署行动取得成功，那么就可以使美国面临一个既成事实，不仅可以威慑美国对苏联发动先发制人打击，而且也有助于解决苏联所遇到的一系列政治、经济和军事问题，从而改变整个冷战环境。在 1962 年 5 月 18 日的国防部会议上，赫鲁晓夫明确强调，除了遏制美国入侵古巴外，在古巴部署导弹有助于恢复美苏之间的力量均衡，使苏联可以同美国平等地谈判。

在赫鲁晓夫看来，美国之前在苏联周边地区建立了军事基地，并部署了导弹，这就为苏联在古巴采取同样的行动提供了某种"合理"的依据和借口。20 世纪 50 年代中后期，艾森豪威尔政府决定在土耳其部署 15 枚"木星"导弹，作为对付苏联的一种威慑力量，以减轻北约盟国对美苏之间出现的所谓"导弹差距"的恐慌。1962 年 3 月初，整个导弹基地工程完工。导弹射程为 1800 英里（约 2900 千米），打击目标包括莫斯科在内的苏联主要城市。同时，美国还在意大利部署了 30 枚同类型的导弹。对此，赫鲁晓夫极为不满，多次公开批评美国在距离苏联如此之近的地方部署导弹是"危险的"，美国是企图发动先发制人的打击。1961 年 6 月初，在维也纳与肯尼迪总统举行会谈时，他曾 3 次指责美国在土耳其部署导弹基地对苏联构成了严重威胁，同时把苏联在古巴的利益与美国在土耳其的利益相提并论。尽管他并没有对土耳其的导弹基地直接采取行动，但美国此举或许是促使其决定在古巴部署导弹的一个重要因素。用他的话说就是也要让美国人知道遭受威胁是何种滋味。根据

---

① 赫鲁晓夫：《赫鲁晓夫回忆录》，张岱云等译，北京：东方出版社，1988 年，第 698 页。

他的判断，既然美国可以在苏联周边建立军事基地，苏联同样可以在靠近美国的地方如此行事，美国政府没有反对的理由，届时只得接受既成事实。[1]结果证明这一判断是完全错误的。

1962年5月中旬，苏联领导人正式决定在古巴部署5个中程和中远程导弹团，并对运送的导弹进行了研究，以便能给美国造成最大限度的破坏。7月，苏联开始了将导弹部件秘密运往古巴的"阿纳德尔"行动。古巴领导人曾提出与苏联签署共同防御条约，据此苏联就可以公开在古巴部署导弹，但遭到赫鲁晓夫的反对。他认为，"我们必须采取一切预防措施，悄悄地运送和部署导弹，以便给美国造成一个既成事实。如果我们不想让那里的局势恶化，那就必须保证在11月4日美国国会选举结束前不把消息透露给新闻界。一旦选举结束，选举的紧张空气缓和下来，美国人除了吞下这颗苦果之外将别无选择"。[2]古巴领导人认为，这是赫鲁晓夫犯下的一个"非常大的错误"。不少西方学者也认为，如果苏联公开在古巴部署导弹，情况就会大有不同，美国也将面临更为困难的选择。[3]

为了迷惑美国，为部署行动争取更多的时间，苏联方面采取了种种安抚手段。1962年9月初，在与肯尼迪的特别顾问特德·索伦森会晤时，苏联驻美大使多勃雷宁转交了赫鲁晓夫致肯尼迪的一封私人信件。赫鲁晓夫在信中表示，"在美国国会选举以前，我们将不采取任何可能使国际形势复杂化或加剧我们两国之间紧张关系的行动"。9月12日，苏联方面又发表声明，明确表示不会向古巴运送进攻性导弹。声明称，"苏联不需要把自己所拥有的用于打退侵略、为了进行报复性的打击而将自己的武器转移到任何其他国家，例如古巴。我们的核武器爆炸力如此强大，苏联又拥有如此强大的火箭来运载这些核弹头，因而没有必要在苏联领土之外寻找发射核武器的场所"。10月初，赫鲁晓夫通过驻华盛顿的军事情报局官员鲍尔沙科夫传话给美国，苏联运往古巴的纯属"防御性"武器，在任何情况下都不会在古巴部署射程可达到美国的导弹。甚至在美国已经发现了苏联在古巴部署的导弹后，苏联外长

---

① Aleksandr Fursenko and Timothy Naftali, *One Hell of a Gamble: Khrushchev, Castro, and Kennedy, 1958-1964*, New York: Norton, 1997, pp.196-197.

② Anatoly Dobrynin, *In Confidence: Moscow's Ambassador to America's Six Cold War Presidents*, New York: Times Books, 1993, p.73.

③ James Blight, Bruce Allyn and David Welch eds., *Cuba on the Brink: Castro, the Missile Crisis, and the Soviet Collapse*, New York: Pantheon Books, 1993, p.207; Ernest R. May and Philip D. Zelikow eds., *The Kennedy Tapes: Inside the White House during the Cuban Missile Crisis*, Cambridge: Harvard University Press, 1997, p.667.

葛罗米柯仍向肯尼迪表示，苏联向古巴提供的都是防御性武器。

到 10 月下旬美国宣布对古巴实施"隔离"行动时，苏联在古巴的军事力量主要包括：41902 名军人；42 枚中程导弹；42 架伊尔-28 轰炸机，其中有 7 架安装完毕；42 架米格-21 战斗机；构筑了 24 处地对空导弹基地，共有导弹 576 枚；80 枚巡航导弹；12 枚"月神"战术核导弹。在整个行动中，参加运送货物和人员的各类舰只 85 艘，这些船只从苏联到古巴共往返航行了 243 次。[①]这是苏联历史上进行的规模最大的跨洋军事调动。

多年来，人们对苏联是否将核弹头运到了古巴这一问题一直争论不休。尽管美国中央情报局发现了几处可疑的弹头储藏所，但并没有发现核弹头的存在。鉴于核弹头体积较小，容易隐藏，美国决策者和情报人员在分析、决策过程中只是假定它们的存在。[②]现在已经很清楚，1962 年在古巴的苏联部队不仅拥有中程导弹，还拥有中程导弹弹头和各种战术核弹头。根据苏联军事历史研究所所长沃尔科戈诺夫 1989 年 1 月在莫斯科召开的古巴导弹危机研讨会上的说法，危机开始时在古巴有 20 颗核弹头，另外 20 颗装在"波尔塔瓦号"运输船上，正在运送途中。尽管他称自己的这一看法是基于档案资料，但他并没有向与会者提出任何的文件证据。曾参与制订向古巴运送导弹计划的格里布科夫将军透露，在美国封锁前，苏联在古巴共有各种导弹核弹头 60 颗，其中 36 颗用于中程导弹，24 颗用于中远程导弹，另外还有 9 颗战术核弹头用于"月神"战术核导弹。还有人认为，苏联共向古巴运送了 102 颗战术核弹头，其中 12 颗用于"月神"战术核导弹，80 颗用于战术巡航导弹，4 颗核鱼雷，6 颗用于伊尔-28 轰炸机。[③]按照美国历史学家约翰·加迪斯的估计，在危机开始时，古巴至少有 158 枚战略和战术核武器，其中 42 枚导弹可以打到美国的一些地方。[④]根据一位俄罗斯学者的说法，肯尼迪向世界公

①　Alice L. George, *The Cuban Missile Crisis: The Threshold of Nuclear War*, New York: Taylor and Francis, 2013, p.38.

②　McGeorge Bundy, *Danger and Survival: Choices About the Bomb in the First Fifty Years*, New York: Random House, 1988, p.425; Roger Hilsman, *The Cuban Missile Crisis: The Struggle over Policy*, Westport: Praeger, 1999, p.116.

③　Raymond L. Garthoff, "Some Observations on Using the Soviet Archives", *Diplomatic History*, Vol.21, No.2, Spring 1997, p.251; James Blight, Bruce Allyn and David Welch Blight eds., *Cuba on the Brink: Castro, the Missile Crisis, and the Soviet Collapse*, New York: Pantheon Books, 1993, p.354.

④　Len Scott and Steve Smith, "Lessons of October: Historians, Political Scientists, Policy-Makers and the Cuban Missile Crisis", *International Affairs*, Vol.70, No.4, October 1994, p.674; John Lewis Gaddis, *We Now Know: Rethinking the Cold War*, New York: Oxford University Press, 1997, p.274.

开苏联在古巴部署导弹之前，苏联共运送导弹核弹头 60 枚，巡航导弹核弹头 80 枚，加上其他核弹头总共 164 枚。① 由于美国的封锁，装载中远程导弹的船只在苏联境内待命，但是已有 24 枚核弹头已先期运抵古巴。另据谢·赫鲁晓夫说，运到古巴的弹道导弹只有 60 枚中的 42 枚和全部的核弹头。其中用于弹道导弹的 100 万吨级核弹头有 100 枚左右，用于巡航导弹的 12 万吨级核弹头有 80 枚，12 万吨级的原子弹有 8 枚，2 万吨级的核弹头 12 枚。此外，还有人称在古巴应有 162 颗核弹头，包括 60 颗战略核弹头、92 颗战术核弹头、6 颗供伊尔-28 轰炸机投掷的原子弹、4 颗核水雷。② 尽管说法不一，但核弹头的存在是确定无疑的。一旦美国对古巴采取军事行动，其后果将不堪设想。

三、美苏军事对抗

1962 年 10 月 14 日美国发现苏联在古巴的导弹后，肯尼迪总统立即召集其主要顾问组成国家安全委员会执行委员会（简称执委会）商讨对策。对于苏联的这些导弹是否对美国构成了严重威胁，执委会内部有不同的看法。国防部部长麦克纳马拉认为，美国面对的不是一个"军事问题"，而主要是一个"国内政治问题"。他多次明确表示，美国军方认为这些导弹对战略均衡产生了重大影响，"我个人的观点是，一点都没有影响"。鉴于美国享有压倒性的战略优势，这使得苏联不可能真正使用在古巴的这些导弹。麦克纳马拉确信，由于美国在核弹头方面具有 17∶1 的绝对优势，在任何情况下，每一方都可以给对方造成难以承受的破坏，将几十枚导弹运进古巴并没有产生实际的军事影响。索伦森在 10 月 17 日提交给肯尼迪的备忘录中表示，大部分顾问认为，苏联在古巴的这些导弹并不能明显地改变美苏之间的军事力量对比。③

美国国防部助理部长尼采等人却不同意麦克纳马拉的看法，认为赫鲁晓

① 鲁·格·皮霍亚：《苏联政权史（1945—1991）》，徐锦栋等译，北京：东方出版社，2006 年，第 236 页。

② 谢·赫鲁晓夫：《导弹与危机》，郭家申、述弢译，北京：中央编译出版社，2000 年，第 588 页；Norman Polmar and John Gresham, *Defcon-2: Standing on the Brink of Nuclear War during the Cuban Missile Crisis*, Hoboken: John Wiley & Son, 2006, pp.61, 68.

③ Laurence Chang and Peter Kornbluh eds., *The Cuban Missile Crisis, 1962: A National Security Archive Documents Reader*, New York: The New Press, 1992, p.124.

夫此举是迈向战略平衡的重要步骤，美国东南部大部分战略轰炸机基地就会暴露在苏联导弹面前，预警时间也会从 15 分钟减少到 2—3 分钟，这将使美国处于十分困难的境地，这些导弹的存在即使不能立即改变战略平衡，实际上却加快了美国核优势的丧失，而且也将会影响盟国特别是拉丁美洲国家领导人对于战略平衡的看法。在财政部部长狄龙看来，虽然在古巴的导弹不可能改变整个战略均势，但可以从根本上改变苏联打到美国本土的弹头数量，从而大大增强苏联的进攻能力，对美国的战略威慑能力构成严重威胁。

美国军方的基本看法是，苏联的导弹部署"实质性地"改变了美苏之间的战略平衡，对美国的国家安全构成严重威胁。参谋长联席会议主席泰勒、陆军参谋长惠勒和空军参谋长莱梅都认为，苏联虽然拥有可以打到美国的洲际导弹，但数量十分有限，这些部署在古巴的中程和中远程导弹极大地提高了其打击美国的能力和准确度。在他们看来，苏联核力量打击北美目标的能力非常值得怀疑。苏联第一次打击至多能摧毁美国 400—500 件核武器，但把导弹部署在古巴，则可以摧毁美国 4/5 的核武器。尽管仍会有 500 件核武器完好无损，但力量对比会发生变化。[①] 在古巴部署 60 枚中程导弹和大约 50 枚中远程导弹，就可以在不到 17 分钟的时间内击毁 42 个战略空军司令部的基地，战略空军作为美国主要的威慑力量就有可能陷于几乎不起作用的境地。不仅如此，苏联在古巴的导弹还威胁着美国对北约的承诺。因而，美国国防部的一份报告清楚地指出，尽管加勒比海地区不在北约的防御范围之内，盟国的防御与西半球在地理上是分隔开的，但是苏联在西半球地区的行动不仅影响着美国本土，而且也牵涉到美国对欧洲核保护的信誉问题。[②]

美国国务院的苏联问题研究专家雷蒙德·加特霍夫也认为，鉴于苏联可使用的洲际导弹的数量有限，在古巴的导弹将苏联第一次打击的能力提高40% 以上。不仅如此，苏联的导弹也将威胁着美国的战略威慑力量。美国战略空军司令部 40% 的轰炸机处于苏联在古巴的中程导弹射程之内，几乎全部战略轰炸机基地处于中远程导弹的打击范围。苏联的突然袭击就能摧毁美国

① John Newhouse, *War and Peace in the Nuclear Age*, New York: Alfred A. Knopf, 1988, pp.169-170.

② Michael C. Desch, "That Deep Mud in Cuba: The Strategic Threat and U.S. Planning for a Conventional Response during the Missile Crisis", *Security Studies*, Vol.1, No.2, Winter 1991, pp.327-328.

相当一部分的战略力量，使美国可用来进行报复的武器数量减少大约 30%。[①]

肯尼迪更为关注这些导弹所产生的广泛的政治影响。这不仅会影响美国在世界公众面前的威信和声望，而且威胁着他的政党对国会的控制以及他本人在政府成员中的信誉，进而威胁到他的总统职位。[②]苏联导弹在古巴的存在似乎表明苏联与美国已"平起平坐"，这种心理影响将严重威胁到美国与欧洲盟国和拉美国家的关系。他认为，苏联这步棋走得如此迅捷，如此秘密，并使用了如此精心策划的欺骗手段，以致在微妙的现状中可能引起一种挑战性的变化，从而在政治上改变力量的对比。肯尼迪认为，苏联人"并不是想发射这些导弹，因为如果他们要进行一场核战争，他们在苏联有导弹。但是他们这样做就能在政治上改变力量均势，会给人以改变均势的印象，而人们的印象却是有真实价值的"。[③]从国内政治角度看，古巴一直是肯尼迪政府外交政策的一根软肋，是国内反对派攻击的焦点。很显然，如果对苏联在古巴的导弹无动于衷，势必会在美国国内掀起轩然大波。

虽然美国政府高层对于这些导弹是否改变了美苏军事力量有不同的看法，但基于军事上或政治上的考虑，都认为苏联的这一做法是不可接受的，美国必须采取行动，促使苏联撤走导弹。但对于应该采取何种行动，执委会又展开了激烈的争论。美国总统国家安全事务助理麦乔治·邦迪、泰勒、狄龙、尼采、前国务卿艾奇逊等人强烈主张对导弹基地实施"外科手术式"的全面空中袭击。在泰勒等人看来，较之空中袭击，采取海上封锁似乎是更为激烈的做法，更易于使美国"不得不在出兵古巴和认输退让之间做出抉择"。参谋长联席会议建议对导弹基地、机场等军事目标进行全面袭击，一天出动700—1000 架次的飞机，连续轰炸 5 天，然后实施入侵。军方领导人强调，美国行动的目的不仅仅是消除苏联的导弹，而是要抓住时机，彻底解决古巴问题。在莱梅看来，采取任何其他行动无异于奉行"绥靖"政策。泰勒认为，

① Raymond L. Garthoff, *Reflections on the Cuban Missile Crisis*, Washington, D.C.: Brookings Institution, 1987, pp.202-203; Raymond L. Garthoff, "The Meaning of the Missiles", *The Washington Quarterly*, Vol.5, No.4, Autumn 1982, pp.78-79.

② Graham Allison and Philip Zelikow, *Essence of Decision: Explaining the Cuban Missile Crisis,* New York: Longman, 1999, pp.339-340.

③ Robert Divine ed., *The Cuban Missile Crisis*, New York: M. Wiener Publishers, 1988, p.109.

美国根本用不着担心苏联的报复，因为美国在战略上占据优势。^①实际上，在美国发现苏联的导弹之前，美国军方就一直积极策划入侵古巴。危机期间，军方领导人先后提交了 20 多份备忘录，要求采取军事行动，并拟就了详细的作战计划。

麦克纳马拉、副国务卿乔治·鲍尔、国务院顾问卢埃林·汤普森等人则主张实行海上封锁，反对采取"珍珠港式"的突然袭击，认为此举不符合美国的传统，有悖于美国的价值观念，并将严重损害美国的道义立场。同时他们还指出，空袭并不能解决问题，最终可能不得不实施入侵，使美国陷入一场前途未卜的战争之中。泰勒以及战术空军司令沃尔特·斯威尼都向肯尼迪表示，不可能对苏联在古巴的这些导弹基地进行彻底的"外科手术式"的空中打击，空袭之后必须实施入侵，以便摧毁剩余的导弹。^②尽管最初肯尼迪也倾向于采取空袭，但经过反复权衡利弊，最终决定对古巴实行海上"隔离"行动，然后再视情况采取其他措施，逐步向苏联施加压力。应当说，肯尼迪此举是非常明智的，不仅保持了今后行动的自由，更重要的是也给对手留下了一定的选择余地。

10 月 22 日晚，肯尼迪向全国发表电视讲话，公开披露了苏联正在古巴构筑进攻性导弹基地的消息。他指出，从这些基地发射的导弹可以打击西半球从秘鲁的利马到加拿大哈德逊湾的多数主要城市；设置这种基地的目的只能是提供对西半球进行核打击的能力，从而对整个美洲的和平与安全构成了明显威胁。他指责苏联"秘密、迅速和出人不意地设置导弹的做法是对现状故意挑衅性的、毫无理由的改变"，因而是美国完全不能接受的；美国不可动摇的目标是，使这些导弹不致被用来攻击美国或任何其他国家，并使这些导弹从西半球撤走或清除掉。为此，他提出对古巴实施下列"初步措施"：对一切正在驶往古巴的装有进攻性军事装备的船只实行海上"隔离"，严密封锁运往古巴的一切进攻性的军事装备；继续并进一步加强对古巴及其军事集结行动的密切监视；从古巴向西半球任何国家发射的任何核导弹将被认为是苏联对美国的攻击，需要对苏联做出全面的报复性还击等。他还呼吁赫鲁晓夫停

---

① Historical Division of Joint Chiefs of Staff (JCS), *Chronology of JCS Decisions Concerning the Cuban Crisis*, December 21, 1962, DNSA, pp.11-12; Anatoli Gribkov and William Smith, *Operation Anadyr: US and Soviet Generals Recount the Cuban Missile Crisis*, Chicago: Edition Q, 1994, pp.125-126.

② Ernest R. May and Philip D. Zelikow eds., *The Kennedy Tapes: Inside the White House during the Cuban Missile Crisis*, Cambridge: Harvard University Press, 1997, p.206.

止并消除这种对世界和平与美苏关系"秘密的、无情的、挑衅性的"威胁，共同做出历史性的努力，结束危险的军备竞赛，改变历史的进程。[①]

为了实施海上隔离，美国在加勒比海和南大西洋区域部署了 183 艘舰只，其中包括 8 艘航空母舰、2 艘巡洋舰、118 艘驱逐舰、13 艘潜艇，还动用了 68 个空军中队，组成了一个从佛罗里达到波多黎各的弧形封锁线，封锁了古巴海域。当肯尼迪发表电视讲话时，全球美军立即进入三级战备状态。[②]

作为美国的重要威慑力量，战略空军做好了进行战争的各项准备。在肯尼迪发表讲话前，美国战略空军司令部已指示核轰炸机进入戒备状态，确保 1/8 的 B-52 在空中随时待命。携带核弹头的 183 架 B-47 战略轰炸机被疏散到国内 33 个民用和军事机场，66 架携带核弹头的 B-52 战略轰炸机升空待命。10 月 22 日晚上，战略空军司令部将地面警戒的轰炸机数量增加了 50%，即由 652 架增加到 912 架。90 枚"宇宙神"、46 枚"大力神"和 12 枚"民兵"洲际导弹都在发射台准备就绪，随时可以发射。[③] 与此同时，北约部队也提高了警戒级别，37 架轰炸机进入 15 分钟预警状态，准备对苏联和东欧国家的目标采取行动。10 月 24 日美国开始实施"隔离"行动后，战略空军司令部指令所属部队进入二级戒备状态，1436 架轰炸机和 916 架加油机随时准备起飞。与此同时，美军在东南沿海地区集结了近百万部队，随时准备对古巴采取行动。

美国战略空军司令部的部署行动主要是为了威慑苏联。在 10 月 16 日的第一次执委会上，麦克纳马拉就曾指出，不论美国采取封锁、空中打击或入侵等直接军事行动，都肯定会招致苏联在世界某个地方做出某种军事反应。美国或许可以通过提高战略空军的戒备级别来威慑苏联，阻止其行动。[④] 战略空军司令托马斯·鲍威尔说也表示：美国主要的战争威慑力量采取这一行动，就赋予肯尼迪总统的讲话以更多的含义，那就是美国将对苏联本身采取全面报复行动，以此作为对从古巴发射的任何核导弹的反应。他在国会作证时进一步指出：战略空军司令部已经开发出一套空中预警系统，"我们可以让装载

① Office of the Federal Register, National Archives and Record Service, *Public Papers of the United States Presidents: John F. Kennedy, 1962*, Washington, D.C.: United States Government Printing Office, 1963, pp.808-809.

② Richard Betts, *Nuclear Blackmail and Nuclear Balance*, Washington, D.C.: Brookings Institution, 1978, p.118; Scott Sagan, "Nuclear Alerts and Crisis Management", *International Security*, Vol.9, No.4, Spring 1985, p.108.

③ Scott Sagan, "Nuclear Alerts and Crisis Management", *International Security*, Vol.9, No.4, Spring 1985, p.109.

④ Ernest R. May and Philip D. Zelikow eds., *The Kennedy Tapes: Inside the White House during the Cuban Missile Crisis*, Cambridge: Harvard University Press, 1997, p.87.

炸弹的飞机一天 24 小时待在空中指定位置,随时向目标发起进攻","我们必须使赫鲁晓夫明白我们准备好了,他不可能攻击我们而自身不受伤害"。[1]

战略空军如此大规模的战备行动是否对苏联产生了威慑作用,因为缺乏危机期间苏联决策的档案资料,目前对此尚不完全清楚。毫无疑问,苏联领导人意识到美国战略空军的戒备行动。赫鲁晓夫在 1962 年 12 月的一次讲话中就提出,危机期间,美国战略空军司令部 20% 的飞机携带着原子弹和氢弹在空中不停地飞来飞去。[2]

苏联方面对肯尼迪的讲话反应强烈。赫鲁晓夫致信肯尼迪,谴责其所提出的各项措施意味着对世界和平与安全的严重威胁,"美国已经公开而粗暴地践踏了联合国宪章以及关于公海自由航行的国际准则,并对古巴和苏联采取了一种挑衅性的行为";美国政府的行为只能被认为是对古巴、苏联和其他国家内部事务的一种赤裸裸的干涉。他希望美国政府表现出谨慎和理智,放弃肯尼迪所提出的可能使整个世界和平遭受灾难性后果的措施。[3]苏联政府发表声明称,美国"准备把世界推向战争灾难的深渊",指出美国对古巴实行海上封锁是"史无前例的侵略行为",美国这种冒险行动是向发动世界热核战争迈出的一步,警告美国政府"如果实行肯尼迪总统宣布的措施,它就要对世界的命运承担严重的责任,它就是轻率地玩火"。[4]

赫鲁晓夫认为肯尼迪的讲话旨在"威胁我们","我们必须表明以武力应对武力的决心",警告美国"我们拥有的核打击力量并不比美国少"。[5]苏联政府命令战略导弹部队、防空部队和潜艇部队一律暂停老兵复员工作;全军停止一切个人休假;全军进入一级战备状态;战略轰炸机开始向前沿基地转移;陆军部队的仓库已经打开,部分部队已经分发了弹药;核潜艇分散到世界各地;洲际弹道导弹处于戒备状态,将目标锁定在纽约、华盛顿、芝加哥等大

---

① Scott Sagan, *The Limits of Safety*, Princeton: Princeton University Press, 1993, p.66; Norman Polmar and John Gresham, *Defcon-2: Standing on the Brink of Nuclear War during the Cuban Missile Crisis*, Hoboken: John Wiley & Son, 2006, p.238.

② Ronald Pope ed., *Soviet Views on the Cuban Missile Crisis*, Washington, D.C.: University Press of America, 1982, p.86.

③ U.S. Department of State, *Foreign Relations of the United States, 1961-1963*, Vol.11, Washington, D.C.: United States Government Printing Office, 1996, pp.170-171.

④《苏联政府声明》,《人民日报》, 1962 年 10 月 24 日。

⑤ Norman Polmar and John Gresham, *Defcon-2: Standing on the Brink of Nuclear War during the Cuban Missile Crisis*, Hoboken: John Wiley & Son, 2006, p.182.

城市，中程和中远程导弹则瞄准了西欧。[1]华沙条约组织也为"提高联合武装力量部队的战斗准备采取一系列措施"，所属部队进入战备状态。在赫鲁晓夫看来，美国的行动只不过是试图吓唬一下苏联而已；虽然苏联还未来得及把全部物资运到古巴，但已经安装好的那些导弹就足以摧毁诸如纽约、芝加哥这样的大工业城市，更不用说华盛顿了，美国"从来没有像当时那样面临过如此现实的毁灭性威胁"。因此，他决定不为美国的恫吓所吓倒。用他的话来说就是"我们自己干自己的"，"只要美国限于采取威胁姿态而不真正碰我们，我们也就可以佯不理会"。[2]因而，装载着导弹装备的苏联船只继续向古巴行进，导弹基地依然在加紧施工。

　　随着美国隔离行动的实施，赫鲁晓夫开始对局势愈发担心。10月22日晚上，苏联国防部致电驻古苏军立即做好战斗准备，一旦美国发动进攻，协同古巴军队一起击退敌人，同时强调没有莫斯科的明确指示，不得使用核武器。[3]同时，为了降低与美军发生直接冲突的风险，赫鲁晓夫决定让那些尚未到达古巴水域的载有进攻性武器装备的苏联船只返航。在10月24日上午举行的中央主席团会议上，赫鲁晓夫表示希望解决导弹危机，认为继续与肯尼迪进行针锋相对不会有什么成效，提议运送导弹前往古巴的船只停止前进，或就地抛锚等待封锁结束，或掉头返航，并寻求新的途径保护古巴。在次日的会议上，赫鲁晓夫认为，最新的情报表明，肯尼迪不会退缩，如果苏联坚持在古巴部署导弹，其结果只能是一场战争，甚至就在今天发生，现在是采取灵活性的时候了；苏联应采取主动，防止事态的失控。他建议直接进行交易，如果肯尼迪保证不入侵古巴，他将下令拆除导弹。他表示，从古巴撤走导弹不会危害苏联的安全，"我们仍然能够从苏联本土击败美国"，"主动权现在我们手中，用不着害怕"。赫鲁晓夫的建议获得大多数与会者的同意。为了降低战争风险，会议决定携带"特殊物资"的船只返回苏联港口。26日，苏联全部船只掉头返回苏联。当天《真理报》的大字标题是《尽一切努力避免战争》，并发表了一篇题为《理智必胜》的评论文章，敦促美国保持谨慎和克

①　Steven Zaloga, *The Kremlin's Nuclear Sword*, Washington, D.C.: Smithsonian Institution Press, 2002, p.87; Norman Polmar and John Gresham, *Defcon-2: Standing on the Brink of Nuclear War during the Cuban Missile Crisis*, Hoboken: John Wiley & Son, 2006, p.183.

②　赫鲁晓夫：《赫鲁晓夫回忆录》，张岱云等译，北京：东方出版社，1988年，第701-702页。

③　Alice L. George, *The Cuban Missile Crisis: The Threshold of Nuclear War*, New York: Taylor and Francis, 2013, p.78.

制，要认识到当前的紧张局势已经到了极限，有可能将整个世界带入战争的深渊。[1]当日，赫鲁晓夫致信肯尼迪，提出苏联将从古巴撤走导弹和部队，作为交换，美国则保证不入侵古巴，并表示美苏关系应当正常化。

1962 年 10 月 27 日被称为"黑色星期六"，美苏之间的对抗达到了高潮。美国政府尚未回复赫鲁晓夫的来信，苏联方面则通过莫斯科电台公开提出了新的交易条件，要求美国以撤除在土耳其的导弹来换取苏联撤除在古巴的导弹。同日，美国两架低空侦察机遭到古巴地面炮火的袭击，其中一架被一枚苏联地对空导弹击落，飞行员当即身亡。美国战略空军司令部的一架 U-2 侦察机从阿拉斯加的基地起飞前往北极地区，执行一次所谓"例行的空气取样任务"，以判断近来苏联是否在该地区进行过核试验。由于导航系统出现故障，飞机偏离航线飞进了苏联远东的楚科奇半岛上空。苏军雷达很快发现了该机，2 架"米格"歼击机迅速从西伯利亚基地起飞拦截。美军基地获得求救信号后立即派出两架携带空对空战术核导弹的 F-102 截击机前往救援，最终这架 U-2 飞机由截击机护航安全地回到基地。如果美军截击机与苏军"米格"战斗机相遇，在白令海峡上空发生一场冲突的可能性还是很大的，因为是否使用战术核武器完全由美军战斗机飞行员自行决定。[2]

更令美国领导人感到不安的是，苏联仍在加紧进行导弹基地的建设工作。根据中央情报局的最新情报，到 27 日已有 5 个导弹发射场完全可供作战使用，第 6 个也将在 28 日完工，这些导弹发射场可在发出指令后 6—8 小时内发射 24 枚地对地弹道导弹，美国的"海上隔离"行动显然并未奏效。执委会的不少成员都认为，空袭和入侵已成为解决问题的必由之路。莱梅甚至擅自下令对古巴采取报复行动，幸好在飞机启动前被白宫官员及时阻止，告诉他没有肯尼迪的直接授权，不得行动。莱梅对肯尼迪的"胆怯"非常不满。[3]

罗伯特·肯尼迪后来在回忆录中写道：在当天的执委会会议上，"大家都

① Aleksandor Fursenko and Timothy Naftali, *Khrushchev's Cold War: The Inside Story of an American Adversary*, New York: Norton, 2006, p.484; Dino Brugioni, *Eyeball to Eyeball: The Inside Story of the Cuban Missile Crisis*, New York: Random House, 1991, pp.432-433.

② Norman Polmar and John Gresham, *Defcon-2: Standing on the Brink of Nuclear War during the Cuban Missile Crisis*, Hoboken: John Wiley & Son, 2006, p.152; Scott Sagan, *Moving Targets: Nuclear Strategy and National Security*, Princeton: Princeton University Press, 1989, pp.147-148.

③ Dino Brugioni, *Eyeball to Eyeball: The Inside Story of the Cuban Missile Crisis*, New York: Random House, 1991, pp.463-464; Sheldon Stern, *The Week the World Stood Still: Inside the Secret Cuban Missile Crisis*, Stanford: Stanford University Press, 2005, p.188.

几乎一致同意我们第二天清早就出动轰炸机和战斗机进行空袭，摧毁地对空导弹发射场"；当时人们的感觉是，苏联和古巴正准备开战，"绞索正在我们所有的人、全人类的脖子上勒紧，可供逃生用的桥正在垮掉"。肯尼迪的特别顾问索伦森也写道："双方都做好了一切战斗准备。美国的常规部队和核部队已在世界各地处于戒备状态。空袭的飞机和第二次世界大战以来集中的最大的入侵力量都集结在佛罗里达州。我们这个小班子在那个星期六一直坐在内阁会议桌旁开会，大家全认为，在这一天，核战争的爆发比核时代的任何时候都更为接近。"[1]

当危机进入最为严峻的时刻，美国在加勒比海地区有 3 艘航空母舰、9 艘护卫舰、12 艘驱逐舰和巡洋舰。为了准备进攻古巴，海军、海军陆战队、战术空军司令部在佛罗里达集结了 850 架飞机，陆军在东南沿海部署了 4 个师的兵力。战略空军的 60 架 B-52 轰炸机在空中待命，其中 52 架携带着 196 枚核导弹，如果全面战争爆发，可以有效地对付苏联境内的目标。在地面，15 分钟预警的飞机包括 271 架 B-52 轰炸机和 340 架 B-47 轰炸机，携带着 1634 枚核武器。136 枚 "大力神"和 "宇宙神"洲际弹道导弹也做好了发射准备。到 27 日上午 10 时，战略空军司令指令 804 架飞机和 44 枚导弹处于待命状态。[2] 500 万张向古巴散发的传单印制完毕，并已装箱，随时准备投放。[3]战争似乎一触即发。

四、危机的和平解决

表面看来，美苏两国剑拔弩张，但双方领导人都在关键时刻采取了冷静的态度，在具体行动上表现出相当的克制和谨慎，尽力避免危机的升级和失控，并开始寻求摆脱危机的途径。邦迪写道："在星期六，我们感到局势已变得如此紧张，如此蕴含着不可预知的冲突，如此接近于失去控制，只有立即

---

① Theodore Sorensen, *Kennedy*, New York: Harper & Row, 1965, pp.713-714.

② Laurence Chang and Peter Kornbluh eds., *The Cuban Missile Crisis, 1962: A National Security Archive Documents Reader*, New York: The New Press, 1992, pp.201-202.

③ Laurence Chang and Peter Kornbluh eds., *The Cuban Missile Crisis, 1962: A National Security Archive Documents Reader*, New York: The New Press, 1992, p.391.

结束才能使我们免于冒无法接受的升级乃至核交锋的危险。"① 这句话实际上道出了美苏领导人共同面临的选择。

的确，赫鲁晓夫公开提出进行导弹交易使肯尼迪陷入一种进退维谷的境地。而且，美国政府内部大部分人坚持认为美国不能在苏联的威胁和讹诈面前低头。虽然部署在土耳其的导弹基地并没有多大的军事和战略价值，但是对土耳其却具有重要的象征意义，体现了盟国的团结一致和美国对盟友的责任。如果用土耳其的安全来换取美国的安全，那很可能意味着西方联盟将发生分化，将对美国在欧洲的地位造成严重影响。美国国务院起草了一份明确拒绝苏联建议的回信，强调任何交易都是"不可接受的"，美国不会从土耳其撤走导弹，并要求苏联首先必须立即停止导弹基地的建设工程，然后才能讨论其他问题。②

但在肯尼迪看来，导弹交易总比战争要好得多。他强调，如果要保留在土耳其的导弹，"我们就会不得不要么入侵古巴，要么对古巴实施大规模轰炸，这样就会丢掉柏林"，苏联也会对土耳其采取报复行动。这正是他所担心的事情。③他很清楚，即便能在一场核战争中摧毁苏联，但一枚或多枚苏联的导弹也会击中一个或多个美国城市。因而，压倒一切的是要想方设法避免战争的发生。肯尼迪不仅拒绝了军方提出的对苏联导弹基地进行报复的要求，而且通过各种途径谋求走出危机。鉴于导弹交易问题的敏感性，肯尼迪只得通过私下接触的途径与苏联方面进行磋商，由他的弟弟罗伯特·肯尼迪通过多勃雷宁向赫鲁晓夫传递有关信息。

事态的发展表明危机显然正走向失控，世界徘徊在核战边缘。邦迪称"实际上已经能够嗅到战争的气味了"。肯尼迪的顾问们都一致认为 10 月 27 日是一个最不寻常的日子。肯尼迪的政治顾问小阿瑟·施莱辛格回忆说，"星期六之夜几乎可以说是最为漆黑的一个夜晚"，除非几小时内赫鲁晓夫做出妥协，否则执委会星期天的会议"就很可能要面临最可怕的决定"。④麦克纳马

① McGeorge Bundy, *Danger and Survival: Choices About the Bomb in the First Fifty Years*, New York: Random House, 1988, p.426.

② George Ball, *The Past Has Another Pattern: Memoirs*, New York: Norton, 1982, pp.306-307.

③ Ernest R. May and Philip D. Zelikow eds., *The Kennedy Tapes: Inside the White House during the Cuban Missile Crisis*, Cambridge: Harvard University Press, 1997, p.546.

④ Robert Dallek, *An Unfinished Life: John F. Kennedy, 1917-1963*, New York: Little, Brown and Company, 2003, p.569; Arthur M. Schlesinger, Jr., *A Thousand Days: John F. Kennedy in the White House*, Boston: Houghton Mifflin Company, 2002, p.830.

拉后来也称：那天离开肯尼迪办公室时曾想到可能以后再也不会活着看到下一个星期六的夜晚了。白宫新闻秘书塞林格透露，当他 27 日晚上走出白宫准备回家时，有人递给他一个密封的信封，让他转交给他妻子，并告诉他一旦次日因战争爆发，白宫工作人员转移到安全场所，他妻子可以按照信封里的指示带着家人转移到安全的地方。事实上，所有高层官员的家属都收到了这样的便函。[①] 罗伯特·肯尼迪的话典型地说明了当时笼罩着执委会会议的悲观气氛："我们还没有放弃希望，但是，现在一切希望都取决于赫鲁晓夫在今后几个小时内改变其行动方针。这是一种希望，而不是一种期待。期待的是 10 月 29 日也可能是明天要出现的一场军事对抗。"[②]

　　赫鲁晓夫无疑同肯尼迪一样窥见了核灾难的深渊，意识到这场赌博已不能再继续下去了，不得不寻求妥协，因为任何其他途径都意味着"走穷兵黩武的道路"，"除了相互毁灭之外没有别的前途"。他称当时空气中"弥漫着烧焦的味道"。[③] 得知美国一架侦察机在古巴上空被击落，他深感震惊。当马利诺夫斯基解释说，因为来不及与莫斯科联系，驻古巴苏军司令官决定按照卡斯特罗的指示行事。赫鲁晓夫对此大发雷霆："我们的将军是在哪国部队服役？是苏联军队还是古巴军队？如果他是在苏联军队服役，为什么他要听从别人的命令？"赫鲁晓夫强调，没有莫斯科的批准，不得擅自向美国侦察机开火，不许任何人接近在古巴的导弹，在古巴的苏联军队要绝对服从莫斯科，不能自行其是。[④] 马利诺夫斯基一天之内数次电告驻古巴苏军司令普利耶夫：停止一切导弹基地工程；没有莫斯科的命令不得使用中程导弹、巡航导弹、"月神"导弹和飞机。他同时批评说："你们击落美国 U-2 侦察机的行动过于草率匆忙"，与美国政府的谈判正取得进展，有望通过和平途径阻止对古巴的

　　① James Blight and David Welch eds., *On the Brink: Americans and Soviets Reexamine the Missile Crisis*, New York: Hill and Wang, 1989, p.378; Alice George, *Awaiting Armageddon: How American Faced the Cuban Missile Crisis*, Chapel Hill: The University of North Carolina Press, 2003, pp.52-53.

　　② Robert F. Kennedy, *The Thirteen Days: A Memoir of the Cuban Missile Crisis*, New York: W.W. Norton, 1969, p.109.

　　③ D.C. 瓦特编著：《国际事务概览》（1962 年），上海市政协编译工作委员会译，上海：上海译文出版社，1983 年，第 88 页。

　　④ 亚·奥尔洛夫：《超级大国的秘密战》，朱志顺译，上海：上海译文出版社，2003 年，第 380 页；Anatoli Gribkov and William Smith, *Operation Anadyr: US and Soviet Generals Recount the Cuban Missile Crisis*, Chicago: Edition Q, 1994, p.67.

进攻，"我们已经决定拆除导弹基地。"[1]他还特别告诫说：须知击落美机这一事件发生于这样的时刻，此时苏联面临着一个极其尖锐的问题，即如何防止全球导弹核冲突，如何找到尽快解决危机的最有利的办法，命令防空部队不得再对 U-2 飞机进行攻击。要求驻古苏军未经莫斯科的授权不得动用战术核武器或飞机；任何人都不得接近导弹，任何人的发射命令也不得执行，核弹头在任何情况下都不能安装上。[2]虽然如此，一旦美国对古巴采取行动，在情况危急时刻驻古巴的苏军难保不会动用核武器。

美苏双方都对美国侦察机因迷航而误入苏联一事感到非常紧张。赫鲁晓夫指示马利诺夫斯基给全国防空部队下达命令，没有总司令部的特殊授权，不经过特批，不许擅自拦截来犯的侦察机。与此同时，他致信肯尼迪，"你们的飞机侵犯了我国领空，而此时我们和你们正处在这样一个不安的时刻：一切都处于战斗准备状态。要知道，我们完全可能把入侵的美国飞机当作是一架载有核弹头的轰炸机，这就很可能促使我们采取有严重后果的一步，何况美国政府和五角大楼早就声称你们的载有原子弹的轰炸机在不断地进行巡逻飞行"。[3]事实上，苏军参谋部的确认为这可能是美国发起核攻击之前进行最后的侦察活动，以准确地确定打击目标。赫鲁晓夫的外交顾问特罗扬诺夫斯基认为，对于苏联领导人而言，这是危机期间最为紧张的时刻。[4]

古巴领导人的信同样令赫鲁晓夫深感不安。10 月 26 日晚，卡斯特罗致函赫鲁晓夫，认为今后 24—72 小时内美军的入侵是不可避免的，建议赫鲁晓夫"在与美国进行谈判时，应使用核武器打击美国的威胁手段来击败美国对古巴的任何威胁"。[5]在赫鲁晓夫看来，卡斯特罗实际上是在敦促苏联"立即对美国发起核攻击"，这表明他"完全没有明白我们的意图"，苏联部署导弹

① Svetlana Savranskaya, "Tactical Nuclear Weapons in Cuba", *Cold War International History Project Bulletin*, No.14/15, Winter 2003/Spring 2004, pp.388-389; James Blight, Bruce Allyn and David Welch Blight eds., *Cuba on the Brink: Castro, the Missile Crisis, and the Soviet Collapse*, New York: Pantheon Books, 1993, p.114.

② 奥尔洛夫：《超级大国的秘密战》，朱志顺译，上海：上海译文出版社，2003 年，第 380 页；赫鲁晓夫：《导弹与危机》，郭家申、述弢译，北京：中央编译出版社，2000 年，第 651 页。

③ 赫鲁晓夫：《导弹与危机》，郭家申、述弢译，北京：中央编译出版社，2000 年，第 632 页；U.S. Department of State, *Foreign Relations of the United States, 1961-1963*, Vol.6, Washington, D.C.: United States Government Printing Office, 1996, p.186.

④ Richard Ned Lebow and Janice Gross Stein, *We All Lost the Cold War*, Princeton: Princeton University Press, 1994, pp.139-140; Len Scott, *The Cuban Missile Crisis and the Threat of Nuclear War*, London: Continuum, 2007, p.71.

⑤ Laurence Chang and Peter Kornbluh eds., *The Cuban Missile Crisis, 1962: A National Security Archive Documents Reader*, New York: The New Press, 1992, p.199.

并不是要攻击美国，而是要用古巴来钳制美国。[①]

所有这些使赫鲁晓夫认识到，已经到了迅速改变立场、采取决定性行动的关键时刻了，局势有可能随时会失控，应立即从古巴撤出导弹。10 月 28 日，赫鲁晓夫主持召开会议，商讨解决危机的办法。与会者对于苏联应采取何种政策存在着较大分歧，一派赞成尽快与美国达成和解，另外一些人则要求坚持强硬立场，主张如果美国进攻古巴，苏联就对柏林和设在土耳其的美国导弹基地采取报复行动。赫鲁晓夫表示，苏联必须找出一个摆脱这次冲突的体面办法，应从古巴撤出导弹，条件是美国政府要向苏联保证，美国军队或任何其他军队都不会入侵古巴。他强调，"我们正面临着战争和核灾难的危险，其结果可能毁灭整个人类，为了拯救世界，我们必须退却"。赫鲁晓夫对美国方面承诺撤走土耳其的导弹感到非常满意，并清醒地认识到，这是肯尼迪能够做出的"最后让步"，现在该是结束危机的时候了，除非苏联立即做出妥协，否则战争将不可避免。[②]经过秘密磋商，苏联同意从古巴撤走导弹，而美国则保证不进攻古巴，并承诺拆除部署在土耳其的导弹。1962 年 11 月初，苏联拆除了所有部署在古巴的导弹，并在公海上接受了美军的检查。1963 年 4 月，美国将部署在土耳其的导弹全部撤走。

核武器在古巴导弹危机的发生、发展和结束过程中都发挥了重要作用。这一危机的发生在很大程度上就是美苏核军备竞赛的结果。危机期间，美苏更是走到了核战争的边缘。更重要的是，基于对核冲突的恐惧，双方最后都不得不做出妥协让步，谋求和平解决危机。肯尼迪和赫鲁晓夫都清醒地认识到，核战争对双方来说都将是灾难性的。因而，尽管拥有明显的核优势，美国军方也曾多次要求通过军事手段摧毁苏联在古巴的导弹，但都被肯尼迪所拒绝。对于肯尼迪来说，美国战略空军的动员以及所采取的军事部署行动，旨在威慑苏联，防止其贸然行动，并以此作为与苏联进行讨价还价的重要筹码。

长期以来，不少西方学者以及尼采、泰勒等人都过分夸大了美国战略核力量对苏联的威慑作用，将危机的和平解决视为美国"强制性外交"的胜利，把赫鲁晓夫的妥协、退让归结为美国的核优势，称赫鲁晓夫完全明白他面对着美国的全部军事力量，包括核力量，而且他也非常清楚美国可能发动核攻

---

① William Taubman, *Khrushchev: The Man and His Era*, New York: Norton, 2003, p.573.

② Aleksandr Fursenko and Timothy Naftali, *One Hell of a Gamble: Khrushchev, Castro, and Kennedy, 1958-1964*, New York: Norton, 1997, p.284.

击，即便苏联率先向美国发动突然进攻，美国的报复也会给苏联造成难以预料的伤亡，并赢得这场战争，"这就是他为何撤走导弹的唯一原因"，否则，这场危机不可能这么快就结束。在他们看来，美国的核优势对于危机的解决"至关重要"。[1]他们还认为，肯尼迪及其顾问所犯的主要错误是对核战争危险的过分担心，因而对采取行动犹豫不决、瞻前顾后。泰勒等人多次表示，美国在加勒比海地区不仅享有"战术优势"，而且也具有全面的战略优势，如果美国采取军事行动，根本用不着担心苏联会进行报复，更不会触发一场核战争。[2]国内也有学者认为，苏联的核劣势是造成赫鲁晓夫最后失利的"根本原因之一"。[3]应当说这些看法有失偏颇。

美国的核优势在促使苏联谋求和平解决危机方面起了一定的作用，但绝非导致危机和平解决的唯一因素，更非决定性的因素。核战争对双方来说意味着两败俱伤，没有胜利者。危机期间，肯尼迪就对如何减少苏联的核打击给美国造成的伤亡感到束手无策，因为面对一场核战争，美国政府的保护措施几乎是无济于事。[4]1962 年 10 月初，美国政府应急计划办公室下属的国家资源评估中心利用计算机模拟系统，就苏联对美国发动大规模核打击的后果进行了分析，认为在 2 天之内，苏联可投掷 355 枚核武器，假定苏联的攻击仅仅限于军事目标而不是城市，即使如此也将会有 50 个城市的中心地带遭到轰炸的破坏；尽管 1.64 亿人可以幸存，但其中 3400 万人将严重缺水；美国的海空力量将因为人员和设施的损失而受到沉重打击；48% 的工厂设施将遭受严重破坏；整个通信系统将陷于瘫痪状态；由于核辐射和爆炸的影响，全国有 25 个州的州政府至少在 3 个月内不能正常运转。[5]当时美国已经完成的庇护所能容纳 6000 万人，不到美国总人口的 1/3，而且现有的庇护所尚未

① Marc Trachtenberg, *History and Strategy*, Princeton: Princeton University Press, 1991, pp.238-239; Norman Polmar and John Gresham, *Defcon-2: Standing on the Brink of Nuclear War during the Cuban Missile Crisis*, Hoboken: John Wiley & Son, 2006, pp.249, 279; Richard Ned Lebow and Janice Gross Stein, *We All Lost the Cold War*, Princeton: Princeton University Press, 1994, p.292.

② James Blight and David Welch eds., *On the Brink: Americans and Soviets Reexamine the Missile Crisis*, New York: Hill and Wang, 1989, pp.147, 148; Scott Sagan, *The Limits of Safety*, Princeton: Princeton University Press, 1993, pp.53-54.

③ 朱明权主编：《20 世纪 60 年代国际关系》，上海：上海人民出版社，2001 年，第 313 页。

④ Sheldon Stern, *The Week the World Stood Still: Inside the Secret Cuban Missile Crisis*, Stanford: Stanford University Press, 2005, p.105.

⑤ Alice George, *Awaiting Armageddon: How American Faced the Cuban Missile Crisis*, Chapel Hill: The University of North Carolina Press, 2003, p.41.

储存足够的食品、水和其他物资。负责民防事务的助理国防部部长向肯尼迪汇报说，9200 万美国人处于古巴导弹的射程之内，其中包括 58 个人口超过10 万人的城市。[①]

麦克纳马拉曾在国会听证会上明确强调，不论美国拥有多么庞大、多少种类的核武器，要想有效地摧毁苏联大部分的战略核力量而同时确保自身不受大的损害将是非常困难的。[②]他多次坦率地承认，尽管美国拥有 5000 颗核弹头，而苏联只有 300 颗，美国在数量上占据绝对优势，但他并不认为美国有能力对苏联发起先发制人的打击，而同时保证自身完好无损。根据他的估计，即使美国率先发动进攻，苏联原有 300 颗战略核弹头中或许会有 25% 保留下来，足以对美国和欧洲大陆造成灾难性的破坏，造成数百万美国民众的丧生。因而在他看来，1962 年发动一场核战争不仅会摧毁苏联，而且美国、欧洲都难以幸免。危机结束后，肯尼迪曾坦率地承认，仅是苏联在古巴的导弹就对其构成了重大威慑。[③]因而，他宁愿做出某些让步以求达成谈判解决，也不愿意用当时的压倒优势发动一场核战争。[④]1982 年 9 月，在古巴导弹危机发生 20 周年之际，腊斯克、麦克纳马拉等人联名在美国《时代》周刊上发表文章，明确表示在解决危机中起决定作用的军事因素是美国在这一地区具有明显的随时可投入战斗的常规力量的优势。他们强调，古巴导弹危机表明，面对着可能幸存下来并将实施报复性打击的热核力量，核优势并非至关重要，而是无关紧要，"美国的核优势并非决定性因素"。[⑤]邦迪也表示，"我们对任何核交锋都没有兴趣，而是要避免它，我们自己的战略力量具有绝对优势这一事实并不能使我们感到安逸"。[⑥]

很多人都对肯尼迪在这场危机的表现给予了高度赞誉，认为这不仅是肯尼迪在白宫"最辉煌的时刻"，同时也造就了一个"不朽的典范"，表明一个

① Ernest R. May and Philip D. Zelikow eds., *The Kennedy Tapes: Inside the White House during the Cuban Missile Crisis*, Cambridge: Harvard University Press, 1997, p.338.

② Paul Harper and Joann Krieg eds., *John F. Kennedy*, Westport: Greenwood Press, 1988, p.62.

③ Len Scott, *The Cuban Missile Crisis and the Threat of Nuclear War*, London: Continuum, 2007, p.81.

④ James Blight and David Welch eds., *On the Brink: Americans and Soviets Reexamine the Missile Crisis*, New York: Hill and Wang, 1989, pp.29-30, 90-91; Robert McNamara, *Blundering into Disaster: Surviving the First Century of the Nuclear Age*, New York: Pantheon Books, 1986, pp.8-9, 44-45.

⑤ Jeffrey Porro ed., *The Nuclear Age Reader*, New York: Alfred A. Knopf, 1989, pp.168-170.

⑥ McGeorge Bundy, *Danger and Survival: Choices About the Bomb in the First Fifty Years*, New York: Random House, 1988, p.448.

人如何能够防止灾难降临到这个世界。①新近解密的资料表明，不论是肯尼迪还是赫鲁晓夫，不仅对核武器而且对整个局势都没有绝对的控制，失误、偶发事件频频发生。在当时双方剑拔弩张的情况下，每一个错误的举动都有可能酿成一场冲突。美苏两国距离一场核冲突实在太近了。②有学者甚至认为，从严格的意义上讲，肯尼迪的危机决策乃是一个失败的案例。③在核时代，不可能对危机实施有效的"管理"，必须努力避免危机的发生。

五、古巴导弹危机的影响

古巴导弹危机对美苏关系的影响是深刻且多方面的，其中最为重要的或许就是使美苏两国领导人都认识到核战争是绝对要避免的。这场危机表明，"少量核武器就极具破坏力的事实所导致的恐惧心理，比起核武器的数量对比要重要得多"。④肯尼迪在危机过后说的这句话应该道出了两人当时的共同心理："从双方都拥有核能力，双方都想保护自己的社会这一意义上来说，我和赫鲁晓夫先生是处境相同的。"在他看来，一个各国彼此以核武器相威胁的世界不仅是"无理性的"，而且是"不能容忍和不可思议的"，整个人类在防止核战争方面有着共同的利益。⑤赫鲁晓夫对此也深有同感，认为他与肯尼迪在防止军事冲突的问题上，"找到了共同立场和共同的语言"。⑥

1963 年 6 月 10 日，肯尼迪在美利坚大学发表讲话，要求美国人重新审视他们的冷战观念，重新审视对苏联的态度，寻求改善双边关系。这篇讲话为美苏关系的未来发展确定了基调。他强调，在核时代爆发战争是不可想象的，在制止军备竞赛方面美苏有着共同的深切的利益；"如果我们现在不能结

① Arthur M. Schlesinger, Jr., *A Thousand Days: John F. Kennedy in the White House*, Boston: Houghton Mifflin Company, 2002, pp.840-841.

② Scott Sagan, *The Limits of Safety*, Princeton: Princeton University Press, 1993, pp.77-101; Len Scott and R. Gerald Hughes eds., *The Cuban Missile Crisis: A Critical Reappraisal*, London: Taylor and Francis, 2015, pp.102-104.

③ Richard Pious, "The Cuban Missile Crisis and the Limits of Crisis Management", *Political Science Quarterly*, Vol.116, No.1, Spring 2001, p.104.

④ Joseph S. Nye, *Understanding International Conflicts*, New York: Longman, 2005, p.143.

⑤ Theodore Sorensen, *Kennedy*, New York: Harper & Row, 1965, p.725; Arthur M. Schlesinger, Jr., *A Thousand Days: John F. Kennedy in the White House*, Boston: Houghton Mifflin Company, 2002, p.893.

⑥ 赫鲁晓夫：《最后的遗言：赫鲁晓夫回忆录续集》，上海国际问题研究所、上海市政协编译组译，北京：东方出版社，1988 年，第 765 页。

束我们所有的一切分歧，那么，我们至少能够协力使世界在分歧之中保持安全。因为，归根结蒂，我们最基本的共同纽带是，我们全都生活在这个小小的星球之上"。他宣布，美国将不再进行大气层核试验，并谋求缓和与苏联的关系。[①]

惊心动魄的危机同样使赫鲁晓夫清醒地认识到核对抗的危险。他在 1962 年 12 月向最高苏维埃会议所作的报告中指出：在核时代，必须显示出"更加清醒的头脑和消除国家间不和的各种障碍的更大愿望"，同时应该加强国际关系中理智的准则，呼吁有关大国排除就永久停止核试验达成协议的最后障碍。赫鲁晓夫还将肯尼迪在美利坚大学发表的讲话称为自富兰克林·罗斯福以来"美国总统所发表的最好的一篇演说"。[②]

古巴导弹危机使肯尼迪、赫鲁晓夫相互有了更进一步的认识和了解。肯尼迪在危机中的克制、谨慎给赫鲁晓夫留下了深刻的印象，并赢得了他的尊重。危机结束后，赫鲁晓夫对美苏关系发展的前景和肯尼迪的态度有了明显改变，希望以谈判取代对抗，并在制止核军备竞赛方面共同做出努力。1962 年 12 月初，赫鲁晓夫致信肯尼迪，希望他能够连任，这样他们就能为"和平共处"创造更好的条件。在肯尼迪看来，赫鲁晓夫是一位理智的、有思想的领导人，能够正确地认识本国的利益和全人类的利益。1963 年 6 月 20 日，美国和苏联达成谅解备忘录，决定在华盛顿和莫斯科之间建立"热线"，这样两国领导人在遇到紧急情况时可以进行直接磋商，防止因意外、误解、错误估计而导致一场核战争。经过激烈的讨价还价，1963 年 8 月初，双方终于签署了《部分禁止核试验条约》，禁止在大气层、外层空间和水下进行核试验。条约的目的是为"尽速达成一项在严格国际监督下的全面彻底裁军协议"，制止军备竞赛和消除刺激生产和试验包括核武器在内的各种武器的因素；"谋求永远不继续一切核武器试验爆炸"，并"希望使人类环境不再被放射性物质污染"。[③]

尽管部分核禁试条约并未禁止地下核试验，以便两国进一步发展核武器，

① Arthur M. Schlesinger, Jr., *A Thousand Days: John F. Kennedy in the White House*, Boston: Houghton Mifflin Company, 2002, pp.901-902.

② Dan Caldwell, *American-Soviet Relations: From 1947 to the Nixon-Kissinger Grand Design*, Westport: Greenwood Press, 1981, p.58; Robert Dallek, *An Unfinished Life: John F. Kennedy, 1917-1963*, New York: Little, Brown and Company, 2003, p.621.

③ 商务印书馆编：《国际条约集（1963—1965）》，北京：商务印书馆，1976 年，第 206-208 页。

但这是自 1945 年核武器出现以来，美苏在限制核军备竞赛方面迈出的具有实质性意义的重要一步，同时还为日后双方在该领域进一步谈判并达成协议奠定了基础，因而得到了国际社会的广泛支持和欢迎，认为条约的签署有利于缓和国际关系。肯尼迪曾表示希望访问莫斯科，并进一步扩大两国合作的领域，包括联合登月、加强贸易关系、共同削减军备等。在经历了激烈的对抗之后，肯尼迪、赫鲁晓夫的确为两国关系的缓和、开启双边关系发展的新阶段带来了希望。因而，不少学者将这一事件视为"冷战的转折点"。[①]

在另一方面，古巴导弹危机并未消除美苏之间的对抗和冷战。赫鲁晓夫在危机中的表现令苏联政府其他领导人颇为不满，这是导致他下台的重要原因之一。随后，苏联与美国展开了新一轮的军备竞赛，相继研制出第二代和第三代洲际导弹。在陆基导弹方面，1962 年美苏分别拥有 226 枚和 75 枚，到 1969 年双方各有 1054 枚和 1060 枚，1972 年苏联则达到了 1530 枚，而美国仍为 1054 枚。同样重要的是，苏联新部署的导弹属于第三代，不仅打击半径大，而且打击的精确度也较前有了较大提高。1963 年苏联拥有战略核弹头 400 枚，1969 年达到 1250 枚。尽管数量只是美国的 1/3，但其爆炸当量却超过了美国。到 1972 年，苏联潜射弹道导弹为 560 枚，为美国的 85%；远程轰炸机 140 架，为美国的 40%。苏联的战略核力量已经从原来的劣势转为与美国保持大体均势。[②]同时，苏联还大大加强了常规力量的建设，特别是海军的远洋作战能力有了明显提高。1962 年至 1972 年间，苏联共建造了 910 艘舰艇，包括大型航空母舰，并装备了性能先进的"逆火"式轰炸机。

虽然东西方对抗这一冷战基本格局并没有发生改变，但美苏两国都采取了一系列措施来管理相互之间的关系，防止类似的严重对抗再度重演，努力减少发生核冲突的可能性。双方的军备竞赛和对抗又持续了近 30 年，但两国都再也没有让局势危险到彼此有可能直接使用核武器或使用武力的地步，从而使美苏关系从激烈对抗转入一个相对缓和的时期。曾长期出任苏联驻美大使的阿纳托利·多勃雷宁认为，古巴导弹危机"是冷战中最富有戏剧性的事件"，"这场危机将两个大国最大限度地拖到核战争的边缘，因此它成为人们推断两个大国的对抗究竟能达到何种程度的界石，同时也告诉我们应该采取

---

① Melvyn P. Leffler and Odd Arne Westad eds., *The Cambridge History of the Cold War*, Vol.1, New York: Cambridge University Press, 2010, p.397.

② 张翔主编：《世界主要国家核导弹武器发展路线图》，北京：国防工业出版社，2013 年，第 130 页；王羊主编：《美苏军备竞赛与控制研究》，北京：军事科学出版社，1993 年，第 27-28 页。

什么样的行动来防止核战争。在此后的 30 年里，古巴危机期间的某些做法成为核游戏的规则和界限，同时也成为莫斯科与华盛顿之间重要的、反复无常的、危险的关系中的规则和界限"。[①] 尽管这一事件已经过去半个多世纪，国际环境也发生了巨大变化，但人们依然可以从中汲取一些有益的经验教训。

（原刊于梁茂信主编：《美国史研究的传承与创新——纪念历史学家丁则民诞辰百年论文集》，北京：中国社会科学出版社，2019 年）

---

① Anatoly Dobrynin, *In Confidence: Moscow's Ambassador to America's Six Cold War Presidents*, New York: Times Books, 1993, pp.71, 96; Raymond L. Garthoff, *A Journey Through the Cold War: A Memoir of Containment and Coexistence*, Washington, D.C.: Brookings Institution Press, 2001, p.187.

古巴导弹危机中的美苏秘密交易问题

　　古巴导弹危机是冷战史上美苏之间的直接对抗。长期以来，西方学界将美国对这一事件的应对视为危机管理的"典范"和美国"强制性外交的胜利"与"完美体现"，认为这次危机之所以和平解决，主要是肯尼迪政府采取了强硬立场，充分利用美国的"压倒性"战略优势和军事实力，迫使苏联领导人不得不退却，从古巴撤走导弹。[①]这种看法过分夸大了美国军事力量在危机处理中的作用。实际上，危机的和平解决是美苏领导人相互妥协的结果，其中一个重要方面就是双方就古巴、土耳其的导弹交易问题所达成的秘密协议。应当说，自20世纪70年代以来，国外已有一些学者对此进行了研究。[②]另一方面，学界对此问题有着较大分歧，不少论著对此讳莫如深或语焉不详，乃至完全否认秘密交易的存在，或是认为这一问题对危机的解决没有任何影响，无关紧要。[③]这些看法显然是值得商榷的。现根据近年来美国政府的相关解密档案资料和学界的研究成果，对该问题做一简要梳理，以期揭示在应对古巴导弹危机问题上美国政府决策的复杂性和矛盾性。

---

　　① McGeorge Bundy, "The Presidency and the Peace", *Foreign Affairs*, Vol.42, No.3, 1964, pp.359-360; Richard Smoke, *National Security and the Nuclear Dilemma*, New York: Random House, 1987, p.121; Stanley Spangler, *Force and Accommodation in World Politics*, Maxwell Air Force Base: Air University Press, 1991, p.252, 266; John Spanier and Steven Hook, *American Foreign Policy Since World War II*, Washington, D.C.: CQ Press, 1998, p.106; Graham Allison and Philip Zelikow, *Essence of Decision: Explaining the Cuban Missile Crisis*, New York: Longman, 1999, p.129.

　　② 相关研究参见 Donald L.Hafner, "Bureaucratic Politics and Those Frigging Missiles: JFK, Cuba and U.S. Missiles in Turkey", *Orbis*, Vol.21, Summer 1977, pp.307-333; Barton J. Bernstein, "The Cuban Missile Crisis: Trading the Jupiters in Turkey", *Political Science Quarterly*, Vol.95, No.1, 1980, pp.97-125; Philip Nash, "Nuisance of Decision: Jupiter Missiles and the Cuban Missile Crisis", *Journal of Strategic Studies*, Vol.14, No.1, 1991, pp.1-26; Nur B. Criss, "Strategic Nuclear Missiles in Turkey: The Jupiter Affair, 1959-1963", *Journal of Strategic Studies*, Vol.20, No.3, 1997, pp.97-122.

　　③ Len Scott and R. Gerald Hughes eds., *The Cuban Missile Crisis: A Critical Reappraisal*, London: Routledge, 2015, pp.151-152; Don Munton, "Hits and Myths: The Essence, the Puzzles and the Missile Crisis", *International Relations*, Vol.26, No.3, 2012, pp.314, 316.

一、导弹交易方案的提出

20 世纪 50 年代中后期，美国决定在土耳其部署 15 枚"木星"导弹，作为对付苏联的一种威慑力量，减轻北约盟国对美苏之间出现的所谓"导弹差距"的恐慌。按照双方的约定：这些导弹归土耳其所有，美国则掌管着核弹头；导弹基地由两国军队防守；如果要发射导弹，需经两国政府的共同批准。至 1962 年 3 月初，整个导弹基地工程完工。导弹射程为 1800 英里（约 2900 千米），打击目标包括莫斯科在内的苏联主要城市。与此同时，美国还在意大利部署了同类型的 30 枚导弹。

对于苏联来说，美国的导弹部署行动无疑是一种挑衅，对其国家安全构成了严重威胁。事实上，就连艾森豪威尔总统在做出部署决定时也非常担心苏联的反应。他在 1959 年 6 月 16 日的一次会议上表示，如果苏联的影响渗透进墨西哥或古巴，并且后者开始从共产党国家获得武器装备和导弹，对于美国来说，有必要采取进攻性的军事行动。①

苏联领导人赫鲁晓夫对美国的行为极为愤慨，确信这些导弹正对准他的别墅。1961 年夏季至 1962 年 10 月间，他多次公开谴责在距离苏联如此之近的地方部署导弹是"危险的"，美国企图发动先发制人的打击，并警告说，苏联拥有至少与美国同等的实力。1961 年 6 月初，在维也纳与肯尼迪总统举行会谈时，他曾 3 次提出美国在土耳其建设导弹基地的行为对苏联构成了严重威胁，同时把苏联在古巴的利益与美国在土耳其的利益相提并论。尽管他并没有对土耳其的导弹基地直接采取行动，但美国此举或许是促使其决定在古巴部署导弹的一个重要因素，这样不仅可以缩小美苏之间的战略差距，并对美国构成一定的威胁，同时也是对美国的一种报复。用他的话来说，就是要让美国人知道遭受威胁是何种滋味。不仅如此，美国在土耳其的导弹基地也为其在古巴部署导弹提供了某种"合理"的依据和借口。在他看来，既然美国可以在苏联周边建立不少军事基地，苏联同样可以在靠近美国的地方如此

---

① "Memorandum of Conference with the President", June 17, 1959, DNSA.

行事，美国政府没有反对的理由，届时只得接受既成事实。^①事实上，就连肯尼迪政府的不少高层官员也都确信，如果苏联公开在古巴部署导弹，美国将处于一种极为困难的境地。^②

1962 年 10 月中旬美国发现苏联在古巴部署的中程导弹后，是否以美国从土耳其撤走导弹来换取苏联拆除其在古巴的导弹便成为美国决策层争论的一个焦点，并将其作为解决危机的重要方案。美国决策者对土耳其的导弹采取了双轨政策：一方面公开表示这些导弹不能与苏联在古巴部署的导弹相提并论，两者之间没有可比性，前者是公开部署的，并且具有防御性质，美国的部署行动不能成为苏联将导弹运进古巴的理由；另一方面，私下里却承认两者之间的关联性，担心如果美国对古巴采取军事行动，苏联势必会对土耳其的导弹基地进行报复，认为双方进行导弹交易或许是不可避免的，这是解决危机的现实出路，只是出于政治上的原因不能公开说明这一点，否则盟国就将对美国的承诺的可靠性提出质疑，土耳其政府很可能也会因此而垮台。^③

现有资料表明，肯尼迪自始至终是导弹交易方案的一名主要支持者。在10 月中旬举行的国家安全委员会执行委员会（简称执委会）会议上，他多次提出了土耳其导弹问题，认为应该给赫鲁晓夫一个从古巴撤出导弹的机会，向其提出"你从古巴撤走导弹，我们将从土耳其撤出我们的导弹"，并强调这是美国唯一能够做出的让步。与此同时，他还指示有关部门就此问题进行研究，以便必要时实施这一方案。^④

导弹交易的想法得到了国防部部长麦克纳马拉、美国总统国家安全事务助理麦乔治·邦迪、白宫顾问特德·索伦森等人的赞成，并且成为随后几天执委会讨论的美国应采取的主要行动方针之一。邦迪建议致信赫鲁晓夫，提出双方采取对等的措施：苏联拆除在古巴的基地，美国则拆除在土耳其的基地。麦克纳马拉认为美国撤出部署在土耳其的导弹是不可避免的，这是美国

---

① Aleksandr Fursenko and Timothy Naftali, *One Hell of a Gamble: Khrushchev, Castro, and Kennedy, 1958-1964*, New York: Norton, 1997, pp.196-197; William Taubman, *Khrushchev: The Man and His Era*, New York: Norton, 2003, pp.536-537.

② Richard Ned Lebow and Janice Gross Stein, *We All Lost the Cold War*, Princeton: Princeton University Press, 1994, p.78.

③ Philip Nash, "Nuisance of Decision: Jupiter Missiles and the Cuban Missile Crisis", *Journal of Strategic Studies*, Vol.14, No.1, 1991, pp.6-10.

④ Sheldon M. Stern, *The Week the World Stood Still: Inside the Secret Cuban Missile Crisis*, Stanford: Stanford University Press, 2005, p.57.

为换取苏联从古巴撤走导弹不得不付出的代价，他还担心西方国家甚至可能失去柏林。[①]索伦森在起草的一封没有发出的肯尼迪致赫鲁晓夫的信中提议，如果在有效监督的情况下苏联拆除其在古巴的导弹基地，美国愿意与苏联举行最高级会谈，讨论包括北约在土耳其和意大利的军事基地在内的各种问题。美国苏联问题研究专家、负责远东事务的助理国务卿哈里曼在一份给肯尼迪的备忘录中也明确提出，导弹交易不仅可以帮助赫鲁晓夫挽回脸面，阻止其采取极端行动，而且在政治上也有助于他更好地对付强硬的苏联军方领导人。在他看来，是苏联军方中的强硬派迫使赫鲁晓夫做出了在古巴部署导弹的决定。[②]一些执委会成员甚至认为，赫鲁晓夫的意图可能就是要迫使美国从土耳其撤走"木星"导弹。[③]肯尼迪实际上担心的是，赫鲁晓夫可能不会接受这一交易计划，而是威胁美国，对古巴的进攻将招致在柏林的报复行动。如果届时苏联真的在柏林动手，那将对美欧关系产生严重影响。

进行导弹交易的建议也遭到了不少执委会成员以及军方领导人的强烈反对。中央情报局局长约翰·麦科恩、财政部部长道格拉斯·狄龙、参谋长联席会议主席马克斯韦尔·泰勒等人认为，现在进行谈判会被看成是心虚理亏的表现，等于承认美国军事态势上的软弱和有道义方面的弱点。在他们看来，虽然部署在土耳其的"木星"导弹已陈旧过时，没有太大的军事价值，但此时却具有重要的象征意义，用牺牲土耳其的利益来换取美国的安全，势必使西方联盟感到震惊，甚至会发生动摇。负责国际安全事务的助理国防部部长保罗·尼采提交了一份研究报告，认为从严格的军事观点来看，放弃土耳其的导弹基地对美国的国家安全并不会造成严重损害，但问题是导弹基地的存在具有一种象征意义，体现了美国对欧洲的核保护。倘若因为西半球的问题而把这些基地拆除，这将被人视为美国对欧洲安全关注正在不断减少的证据。[④]

鉴于美国政府内部存在着较强的反对意见，肯尼迪在10月21日的执委会会议上表示，美国最好是能够促使联合国提出一份决议，呼吁美苏分别从

---

① Ernest R. May and Philip D. Zelikow eds., *The Kennedy Tapes: Inside the White House during the Cuban Missile Crisis*, Cambridge: Harvard University Press, 1997, p.142; U.S. Department of State, *Foreign Relations of the United States, 1961-1963*, Vol.11, Washington, D.C.: United States Government Printing Office, 1996, p.121.

② Harriman, "Memorandum on Kremlin Reactions", October 22, 1962, DNSA.

③ Frank Sieverts, *The Cuban Crisis*, August 22, 1963, U.S. Declassified Documents Online, p.46.

④ Lawrence Freedman, *Kennedy's Wars: Berlin, Cuba, Laos and Vietnam*, New York: Oxford University Press, 2000, p.206; Frank Sieverts, *The Cuban Crisis*, August 22, 1963, U.S. Declassified Documents Online, p.69.

土耳其、意大利和古巴撤走自己的导弹，届时美国将考虑支持这一议案。另一方面，他也认为现在还不是进行"交易"的时候，除非苏联撤除在古巴的导弹基地，否则美国不会单方面做出让步。他同样担心，从土耳其撤走导弹可能会造成北约的瓦解。[①]肯尼迪同意，如果苏联提出这一问题，在适当的时间"我们应当将战略导弹从土耳其和意大利撤出"，但这只能是将来的事情。他的弟弟、司法部部长罗伯特·肯尼迪向白宫特别助理施莱辛格表示，"我们最终可能不得不做出妥协，但我们现在必须站稳立场"；让步应该是在谈判的最后，而不是在谈判的开始。[②]其实这也代表了不少执委会成员的意见。

二、公开还是私下交易

经过一个多星期秘密地紧张讨论，美国政府最终确定首先对古巴实施"海上隔离"政策，同时为可能的军事行动加紧准备。但是，导弹交易的想法仍一直萦绕在肯尼迪的脑海中，认为这一方案为危机的和平解决提供了一条可行出路，因为仅靠封锁恐怕难以奏效，不可能促使苏联从古巴撤走导弹。腊斯克领导的国务院则开始就如何进行导弹交易拟定具体方案。

负责欧洲事务的助理国务卿威廉·泰勒和负责近东和南亚事务的助理国务卿菲利普·塔尔伯特拟定了一个解决方案，其中包括：私下劝说土耳其人和意大利人同意从他们国家逐步撤走"木星"导弹；美国做出承诺保护他们的安全，短期用"北极星"潜艇导弹，长期通过多边海上基地力量，他们可以在所有权、控制方面积极地参与；美国谋求与苏联达成协议，宣布反对在加勒比海地区和中东地区部署中程导弹。方案认为，这一措施不仅可以帮助化解危机，而且也有助于实现美国在欧洲的目标。国务院政策规划室主任沃尔特·罗斯托提出了大体相同的意见，认为这样不仅可以化解危机，而且实际上还进一步加强了北约的力量。[③]

美国国务院于10月24日向驻土耳其大使雷蒙德·黑尔和北约大使托马斯·芬勒特发出电报，称美国政府将通过谈判解决危机，其中或许包含着用

---

① Sheldon M. Stern, *The Week the World Stood Still: Inside the Secret Cuban Missile Crisis*, Stanford: Stanford University Press, 2005, p.75; Mark J. White, *The Cuban Missile Crisis*, London: Macmillan Press, 1996, p.173.

② Arthur M. Schlesinger, Jr., *Robert Kennedy and His Times*, Boston: Houghton Mifflin, 1978, p.516.

③ Frank Sieverts, *The Cuban Crisis*, August 22, 1963, U.S. Declassified Documents Online, pp.126-127.

"木星"导弹与苏联进行交易，要求两位大使对这一行动可能带来的政治和军事问题以及欧洲盟国可能的反应进行评估，并应仔细制订一份应急方案，以免对美国与盟国的关系造成严重损害。腊斯克在电报中表示，美国拆除土耳其导弹基地的方式有两种：一是直接拆除；二是在撤出的同时在该地区部署"北极星"潜艇导弹或海上多边核力量。①芬勒特很快回信表示，土耳其驻北约代表强调，土耳其政府对这些导弹非常重视，将其视为盟国决心使用核武器以应对苏联对土耳其的任何常规或核打击的一个象征。芬勒特认为，任何协定如果不能用其他某种形式的核力量来代替这些导弹，都将为土耳其政府所拒绝，即使美国决定在地中海部署"北极星"潜艇导弹也不能令土耳其人感到满意，除非他们同样享有控制权。他告诫说，"在我看来，我们必须最为小心地处理这种交易行动"，此举将有损美国与盟国的关系，因为在这些国家看来，只要莫斯科挑起危机，华盛顿就可能会为了自身安全而出卖欧洲盟友的利益。他建议，美国应该以北约之外的其他基地与苏联进行交易，而且这种交易应严格限于美苏之间，不能涉及任何北约盟国。②黑尔也在回电中警告说，导弹交易不仅会给美土关系造成影响，而且也会给北约带来严重问题，土耳其人将对美国"绥靖"苏联而出卖土耳其的利益极为愤怒，美国将冒失去土耳其这一可靠盟友的危险。他建议，危机的解决最好不要涉及导弹交易，即使拆除土耳其的导弹，也应逐步且秘密地进行，否则将对美国的声誉和土耳其的士气造成破坏性的打击。③

美国国家安全委员会的一个特别小组也在考虑通过政治途径解决问题，建议美苏首脑举行最高级会晤，就柏林问题、土耳其导弹问题等进行磋商。该小组赞成导弹交易的方案，强调为了避免给北约带来麻烦，美国的提议在措辞上尽可能笼统，"比如可以说撤走部署在靠近其他大国领土上的导弹"。④

导弹交易同样成为各大媒体公开谈论的话题。美国知名政治评论家沃尔特·李普曼在《华盛顿邮报》发表的一篇文章中表示，不论是美国在土耳其

---

① U.S. Deaprtment of State, *Foreign Relations of the United States, 1961-1963*, Vol.11, Washington, D.C.: United States Government Printing Office, 1996, pp.180-181; George Ball, *The Past Has Another Pattern: Memoirs*, New York: Norton, 1982, p.295.

② U.S. Deaprtment of State, *Foreign Relations of the United States, 1961-1963*, Vol.11, Washington, D.C.: United States Government Printing Office, 1996, pp.213-215; Finletter to Rusk, October 25, 1962, DNSA.

③ Hare to Secretary of State, October 26, 1962, DNSA; Laurence Chang and Peter Kornbluh eds., *The Cuban Missile Crisis, 1962: A National Security Archive Documents Reader*, New York: The New Press, 1992, pp.231-232.

④ James Nathan ed., *The Cuban Missile Crisis Revisited*, New York: St. Martin's Press, 1992, p.76.

的导弹还是苏联在古巴的导弹都没有多少军事价值，拆除它们对美苏双方都是容易接受的，而且也不会改变世界力量的对比。李普曼在发表该文的前一天曾拜会副国务卿乔治•鲍尔，并就文章内容征询他的意见，鲍尔并未劝阻。美国的一些情报人员甚至怀疑是肯尼迪授意或鲍尔鼓励李普曼提出导弹交易的建议。同样值得注意的是，李普曼的文章发表后，不论是白宫还是国务院都采取了默认的态度，没有发表任何反对的声明。因而这在很多人看来，李普曼的建议很可能是美国政府放出的试探气球。[①]与此同时，美国《纽约时报》、英国《泰晤士报》等主要媒体提出了同样的解决办法。更为重要的是，比利时、意大利、丹麦、挪威、希腊等国的一些外交官私下都表示，导弹交易是一条切实可行的方案，美国对这一问题应该采取主动，相互妥协是走出危机的唯一办法。[②]

土耳其方面则对沸沸扬扬的有关导弹交易的传言颇为忧虑，多次向美方表示，土耳其政府和民众对任何将土耳其导弹与古巴导弹相提并论的做法都深恶痛绝。在土耳其政府看来，两者根本不能相提并论，不论是土耳其还是美国决不能考虑任何有关导弹交易的方案。土耳其外交部甚至考虑向世界各大媒体阐明两个基地之间的不同。土耳其领导人还强调，部署在土耳其的导弹基地并不完全属于美国，它所体现的是土耳其和美国共同履行对北约所承担的责任和义务。虽然如此，土耳其领导人仍对美国有可能背着土耳其与苏联进行私下交易惴惴不安。[③]

苏联方面也曾多次提到导弹交易的问题，并威胁说如果美国不尽早拆除在土耳其的导弹基地，苏联就将摧毁土耳其数个城市。国防部部长马利诺夫斯基在与西方国家外交官谈话时表示，既然"美国人在土耳其用匕首插在我们的胸口，我们为什么不能在古巴向美国人的胸口插一把匕首"；如果苏联可以忍受土耳其的导弹，那么美国同样就应接受古巴的导弹。军方的《红星报》明确建议，如果苏联从古巴撤走导弹，美国就应在土耳其采取同样的行动。苏联驻土耳其大使向土耳其外长厄尔金提出了同样的要求，警告说土耳其最

① Michael Beschloss, *The Crisis Years: Kennedy and Khrushchev*, New York: HarperCollins, 1991, pp.529-530.

② Barton J. Bernstein, "The Cuban Missile Crisis: Trading the Jupiters in Turkey", *Political Science Quarterly*, Vol.95, No.1, 1980, pp.115-116.

③ Nasuh Uslu, *The Turkish-American Relationship Between 1947 and 2003*, New York: Nova Science, 2003, pp.156-157.

好拆除这些导弹，否则一旦美苏发生战争，这些基地将首当其冲。[①]

本来，赫鲁晓夫在 10 月 26 日给肯尼迪的信中已经要求美国承诺不入侵古巴以换取苏联撤走导弹，并没有提出其他额外条件，这令美国方面颇感欣慰，但在次日他又提高了要价，即美国也必须同时拆除土耳其的导弹基地。之所以如此，主要是因为赫鲁晓夫此时对局势有了新的判断，确信美国不会入侵古巴，苏联应当坚持强硬政策，认为如果能消除美国在土耳其的基地，苏联就"取得了胜利"。在他看来，既然与美国政府中自由派人士关系密切的李普曼提出了导弹交易的建议，而且苏联情报部门也获悉美国方面愿意如此行事，肯尼迪显然会对苏联的要求做出积极的回应。[②]或许更为重要的是，恰在此时，苏联驻美大使多勃雷宁发回了他与罗伯特·肯尼迪有关土耳其导弹问题会谈的报告，美方表示愿意"积极"考虑这一问题，这无疑进一步增加了赫鲁晓夫的信心。[③]10 月 27 日，苏联通过莫斯科电台公开提出了这一要求。

尽管肯尼迪对苏联方面的这一要求早有心理准备，但赫鲁晓夫如此公开地要求进行导弹交易使其陷入一种进退维谷的境地：要么冒核战争的危险，履行对土耳其的承诺；要么接受赫鲁晓夫的要价，从而招致"出卖盟国"的指责以及这种指责在国会大选前夕可能引起的激烈的政治争论，甚至进而危及其政治前途。肯尼迪抱怨说，赫鲁晓夫此举引起了极度的紧张，致使他陷入了窘境，没有给他一个与土耳其人进行私下磋商的机会。美国政府内一些人甚至怀疑赫鲁晓夫是否已被军方的强硬派所操控。虽然如此，肯尼迪仍打算接受赫鲁晓夫的建议。他认为，如果拒绝，美国就会处于"一种无人支持的处境"，因为"对于联合国的任何一个人，对于任何一个理性的人来说，土耳其与古巴的交换将看起来是一笔非常公平的交易"。因而，"美国不得不面

---

① Philip Nash, *The Other Missiles of October: Eisenhower, Kennedy, and the Jupiters, 1957-1963*, Chapel Hill: The University of North Carolina Press, 1997, pp.133, 136-137; Henry Pachter, *Collision Course: The Cuban Missile Crisis and Coexistence*, London: Pall Mall Press, 1963, pp.51-52, 66.

② Aleksandr Fursenko and Timothy Naftali, *One Hell of a Gamble: Khrushchev, Castro, and Kennedy, 1958-1964*, New York: Norton, 1997, pp.274-275; Michael Dobbs, *One Minute to Midnight: Kennedy, Khrushchev, and Castro on the Brink of Nuclear War*, New York: Random House, 2008, pp.199-200.

③ Philip Nash, "Nuisance of Decision: Jupiter Missiles and the Cuban Missile Crisis", *Journal of Strategic Studies*, Vol.14, No.1, 1991, p.12; Raymond L. Garthoff, *Reflections on the Cuban Missile Crisis*, Washington, D.C.: The Brookings Institution, 1989, p.87.

对进行某种交易的可能性"。[1]肯尼迪本打算要求土耳其政府不要发表反驳赫鲁晓夫建议的声明,以便美国有机会通过外交途径解决问题,并希望土耳其能够理解美国面临的困境,但是没有奏效。土耳其政府公开发表声明,明确拒绝了赫鲁晓夫的要求,强调"这是根本不可能的",这使得肯尼迪的选择更为有限。在肯尼迪看来,赫鲁晓夫的确打出了一张好牌。

白宫驳回了赫鲁晓夫的要求,认为他的建议涉及西半球以外国家的安全问题,而苏联依然加紧建设在古巴的导弹基地,现在的首要任务就是对付眼前的这一威胁,只有在这一威胁消除后,美国才能考虑与其他地区国家安全相关的问题。实际上,这一声明也为日后双方的谈判埋下了伏笔。与此同时,在 10 月 27 日的国家安全委员会会议上,美国决策层花了数个小时的时间讨论赫鲁晓夫提出的导弹交易问题。

哈里曼主张接受赫鲁晓夫的"交易"条件,认为任何军事行动都包含着冲突升级的巨大危险,势必会造成大量人员伤亡。不仅如此,在他看来,此举不仅可以解决当前的危机,而且也是美苏在裁减军备方面迈出的重要的第一步,双方由此可以确定,不在任何非核国家部署核武器。但是几乎所有肯尼迪的顾问都认为,美国决不能在苏联的威胁和压力面前低头,强调"木星"导弹对土耳其来说具有重要的象征意义,体现了盟国的团结一致和美国对盟友的责任。如果牺牲土耳其的安全来换取美国的安全,很可能会导致西方联盟的破裂,代价显然太大了。同时,他们还认为,赫鲁晓夫并不想就解决危机进行认真的谈判,只是在为导弹基地的建设争取时间。国家安全委员会执委会中的一些人甚至怀疑,导弹交易的想法并非赫鲁晓夫的想法,苏联军方的强硬派很可能控制了局面。美国国务院起草了一份明确拒绝苏联建议的回信,强调任何交易都是"不可接受的",美国不会从土耳其撤走导弹,并要求苏联首先必须立即停止导弹基地的建设工程,然后才能讨论其他问题。[2]

罗伯特·肯尼迪、腊斯克坚持认为,应该把土耳其的导弹问题和苏联在古巴的导弹问题分隔开来,两者之间没有任何联系。邦迪指出,这样一种交易肯定会遭到欧洲盟国的反对,这些盟国会认为美国为了自己的利益而出卖盟国,因而美国决不可接受这一建议,以免影响美国与欧洲盟国的关系。国

---

[1] Arthur M. Schlesinger, Jr., *Robert Kennedy and His Times*, Boston: Houghton Mifflin, 1978, p.519; Ernest R. May and Philip D. Zelikow eds., *The Kennedy Tapes: Inside the White House during the Cuban Missile Crisis*, Cambridge: Harvard University Press, 1997, p.498.

[2] George Ball, *The Past Has Another Pattern: Memoirs*, New York: Norton, 1982, pp.306-307.

防部副部长吉尔帕特里克称，应该让苏联方面明白，除非他们停止古巴导弹基地的工程，并使导弹不能投入使用，否则美国将不会就导弹交易问题同苏联进行谈判。助理国防部部长尼采担心，导弹交易将会遭到土耳其的坚决抵制，而且，苏联或许会得寸进尺，继而要求整个北约地区非核化。他要求将注意力集中在古巴而不是美国在其他国家的基地。鲍尔建议，鉴于赫鲁晓夫已经将他的建议公之于众，要想让土耳其人同意撤出"木星"导弹显然是不可能的，目前美国所能做的就是向土耳其人说明，如果古巴危机继续恶化，他们自己将面临更大的风险。美军驻北约司令诺斯塔德以及他的继任者莱姆尼策也都警告说，接受苏联的提议将对美国在欧洲的地位造成严重影响。①

美国国务院的苏联问题研究专家汤普森力劝肯尼迪放弃导弹交易的想法，认为接受这一建议将被莫斯科视为是在"示弱"。他警告说，即使苏联撤出了导弹，但其飞机和技术人员等仍然留在古巴，这显然是不可接受的，美国届时将处于更为不利的境地。他建议美国应显示出强硬立场，拦截苏联船只或摧毁地对空导弹发射台，这也许会产生预期的效果，迫使赫鲁晓夫放弃过分的要求。他强调，是苏联人提高了要价，采取了新的行动，美国必须相应地采取措施才能迫使其改变想法，否则赫鲁晓夫就会步步紧逼。②

英国首相麦克米伦也非常担心，任何此类交易的后果将是"致命的"，严重损害北约，美国对欧洲安全承诺的所有信誉将荡然无存。为了安抚西欧盟国，肯尼迪向麦克米伦表示，美国政府不会与苏联进行影响到北约盟国安全的谈判，"在我看来，任何有关这类的倡议，应该由欧洲国家自己提出"；"目前我们的首要任务是必须确保导弹从古巴撤走"。③鉴于此事的敏感性，尼采领导的一个研究小组建议派出特使前往安卡拉，与土耳其政府进行协商，并通报古巴危机的进展情况。④

肯尼迪坚持己见，并且成为导弹交易这一方案的主要代言人。他强调，如果要保留在土耳其的导弹，"我们就会不得不要么入侵古巴，要么对古巴实

---

① U.S. Deaprtment of State, *Foreign Relations of the United States, 1961-1963*, Vol.11, Washington, D.C.: United States Government Printing Office, 1996, pp.252-254; Bromley Smith, "Summary Record of the Seventh Meeting of the Executive Committee of the National Security Council", October 27, 1962, U.S. Declassified Documents Online.

② Sheldon M. Stern, *The Cuban Missile Crisis in American Memory*, Stanford: Stanford University Press, 2012, pp.104-106.

③ L. V. Scott, *Macmillan, Kennedy and the Cuban Missile Crisis*, New York: St. Martin's Press, 1999, p.165.

④ U.S. Deaprtment of State, *Foreign Relations of the United States, 1961-1963*, Vol.11, Washington, D.C.: United States Government Printing Office, 1996, p.261.

施大规模轰炸"，苏联也将对土耳其和柏林采取报复行动，西方国家或许会因此失去柏林，这正是他特别担心的事情。[①]他表示，"我们不可能轻而易举地入侵古巴，这势必颇费时日，而在这时我们能够以土耳其的导弹来换取苏联撤出在古巴的导弹"，既然如此，"我看不出我们还有什么好的理由进行一场战争"。[②]他清楚地认识到，仅靠空袭、入侵等军事行动并不能奏效，对古巴的占领将严重消耗美国有限的资源，分散美国在亚洲和欧洲的力量。危机结束后，肯尼迪曾向麦克纳马拉表示：考虑到问题所涉及的范围、对手所拥有的装备，以及受到鼓励的民众的狂热，如果美国入侵古巴，势必会深陷泥潭。在他看来，如果古巴的导弹使苏联的核能力提高了 50%，那么用这些导弹来同土耳其的导弹交换在军事上就具有巨大的价值。既然美国不能提出从土耳其撤走导弹的要求，"但土耳其人可以提出"。他说，"必须告诉土耳其人，在今后一个星期内他们将处于巨大的危险之中。我们不得不面临某种导弹交易的可能性"。[③]肯尼迪甚至提出紧急召开北约国家会议，让欧洲盟国同样感受到所面临的危险。他要求立即将美国的想法告知土耳其方面，并向北约理事会阐明立场。同时，他也意识到，与土耳其的谈判将是非常困难的。肯尼迪指示黑尔与土耳其外长举行紧急磋商，通报美国对苏联提议的有关导弹交易的看法，要求黑尔重申美国对土耳其安全的承诺，强调美国在没有征得土耳其同意的情况下决不会与苏联达成任何交易，指出一旦美国对古巴采取军事行动，部署在土耳其的导弹基地势必会面临遭受苏联打击的危险，建议土耳其主动采取防范措施，以免遭不测。实际上，肯尼迪此举旨在敦促土耳其政府主动要求美国和北约撤走导弹。[④]

肯尼迪努力说服其顾问们同意进行导弹交易。邦迪以及参谋长联席会议主席泰勒等人担心如果为了西半球的问题而出卖土耳其，那很可能意味着西方联盟的终结。肯尼迪反驳道，如果美国拒绝了苏联的建议，并对古巴采取

①　Ernest R. May and Philip D. Zelikow eds., *The Kennedy Tapes: Inside the White House during the Cuban Missile Crisis*, Cambridge: Harvard University Press, 1997, p.546.

②　McGeorge Bundy, *Danger and Survival: Choices about the Bomb in the First Fifty Years*, New York: Random House, 1988, p.430.

③　U.S. Deaprtment of State, *Foreign Relations of the United States, 1961-1963*, Vol.11, Washington, D.C.: United States Government Printing Office, 1996, pp.255-256.

④　"Kennedy to Hare", October 27, 1962, U.S Declassified Documents Online, CK2349110285; Suleyman Seydi, "Turkish-American Relations and the Cuban Missile Crisis, 1957-63", *Middle East Studies*, Vol.46, No.3, 2010, p.444.

军事行动，美国将面临同样的困境。① 鲍尔强调，北约很可能会明确拒绝导弹交易，土耳其方面已经公开谴责了赫鲁晓夫的要求，"国务院认为在此时不宜向土耳其人提出这个问题，以免他们做出灾难性的反应"。肯尼迪表示，关键问题是必须向北约国家阐明利害，即如果不能达成妥协就有可能造成可怕的后果。他说，北约国家现在可能会拒绝进行交易，但是在2—3天后，一旦美国对古巴采取军事行动，苏联很可能会占领柏林或对土耳其发动攻击来进行报复，到那时，北约国家或许就说，美国早该撤走土耳其的导弹。他指出，"我们都知道一旦开始流血，人的勇气是多么快地消退，特别是如果苏联夺取了柏林。现在拒绝交易听起来是多么伟大，但在我们采取行动之后就不会是这样了"，届时可能每个人都会说，进行交易是一个相当好的选择。②

　　肯尼迪向其顾问们强调，土耳其势必会反对导弹交易的做法，但美国必须为了自身利益行事。同时，他建议应鼓励土耳其和其他北约国家公开提出导弹交易，然后美国接受这一方案。他提出应警告北约盟国，美国进攻古巴可能导致苏联对柏林和土耳其采取报复行动，并承诺将在地中海部署"北极星"潜艇导弹以取代"木星"导弹，保护土耳其和北约国家的安全。在他看来，如果由北约国家率先提出导弹交易的计划，这对美国声誉的损害要小得多。与此同时，国务院的有关官员起草了一份文件，以备28日的北约理事会讨论，旨在说明如果北约其他成员愿意的话，美国准备把在土耳其的核弹头撤走，从而使得"木星"导弹不能使用，并在美军对古巴的导弹基地采取行动之前将此通知苏联政府。③

三、导弹交易与危机的解决

　　肯尼迪最终说服了其主要顾问同意与苏联达成秘密交易，决定由他弟弟罗伯特·肯尼迪向苏联驻美大使多勃雷宁传递进行秘密导弹交易的口信。邦

---

　　① Ernest R. May and Philip D. Zelikow eds., *The Kennedy Tapes: Inside the White House during the Cuban Missile Crisis*, Cambridge: Harvard University Press, 1997, pp.529-530.

　　② Ernest R. May and Philip D. Zelikow eds., *The Kennedy Tapes: Inside the White House during the Cuban Missile Crisis*, Cambridge: Harvard University Press, 1997, pp.545, 548; Sheldon Stern, *Averting the Final Failure: John F. Kennedy and the Secret Cuban Missile Crisis Meetings*, Stanford: Stanford University Press, 2003, p.329.

　　③ James Nathan ed., *The Cuban Missile Crisis Revisited*, New York: St. Martin's Press, 1992, p.91.

迪写道：口信的部分内容措辞直言不讳，明确提出苏联从古巴撤出导弹，美国不入侵古巴。腊斯克提出了口信的另一部分内容，即"我们应该告诉赫鲁晓夫，尽管在土耳其导弹问题上不能达成公开或明确的协议，但总统决心把这些导弹撤出土耳其，而且是在危机一旦结束就这样做"。罗伯特·肯尼迪还得到指示，要使多勃雷宁明白，这一秘密对方也必须保守，"苏联如果公开提及我们这一许诺，它就不再具有任何约束力"。①鉴于此事如此敏感，腊斯克在返回办公室后打电话特别告诫罗伯特·肯尼迪，应向多勃雷宁强调，他传递的只是一则信息，"而非公开的保证"，美国不想就此问题达成协议。②

10月27日晚，罗伯特·肯尼迪受命在司法部办公室与多勃雷宁举行密谈。他表示，如果美国在土耳其的导弹基地问题是双方达成协议的唯一障碍，肯尼迪总统认为解决这个问题并没有不可克服的困难。对美国来说，最大的困难在于公开讨论土耳其问题。因为这些导弹的部署是由北约理事会正式决定的，现在由美国总统单方面宣布从土耳其撤出导弹，将会破坏整个北约结构，并危及美国对北约的领导地位。总之，如果现在宣布这样的决定，北约就会发生严重分裂。尽管如此，肯尼迪准备就此与赫鲁晓夫达成协议。如果苏联同意按照前述条件解决危机，美国可以在4—5个月之后从土耳其撤走导弹，这是最低限度的时间，因为美国政府必须在北约框架内完成一些程序。虽然双方在土耳其导弹问题上不能达成协议，但美国方面决心撤出这些导弹，而且是危机一经解决就付诸行动，美国不可能在任何威胁或压力下撤走这些导弹。他特别强调，上述问题获得解决的首要前提就是，苏联必须立即拆除在古巴的导弹基地，结束这场危机，否则美国将不得不采取军事行动。③

一旦私下的交易不能奏效，肯尼迪、腊斯克拟订了另外一个秘密的应急计划，即腊斯克通过联合国前副秘书长安德鲁·科迪埃向联合国秘书长吴丹提出建议，请求吴丹以联合国的名义公开要求美国和苏联分别从土耳其、古巴撤出各自的导弹。腊斯克说："只有在接到我们进一步的通知之后，科迪埃

① McGeorge Bundy, *Danger and Survival: Choices about the Bomb in the First Fifty Years*, New York: Random House, 1988, pp.432-433.

② Dean Rusk, *As I Saw It*, New York: Norton, 1990, p.240; James Blight and David Welch eds., *On the Brink: Americans and Soviets Reexamine the Cuban Missile Crisis*, New York: Hill and Wang, 1989, p.174.

③ Robert Kennedy, *Thirteen Days: A Memoir of the Cuban Missile Crisis*, New York: Norton, 1969, pp.108-109; Anatoly Dobrynin, *In Confidence: Moscow's Ambassador to America's Six Cold War Presidents*, New York: Random House, 1995, pp.87-88; "Dobrynin's Cable to the Soviet Foreign Ministry", October 27, 1962, *Cold War International History Project Bulletin*, Spring 1995, pp.79-80.

才能把声明转交给吴丹。"对于肯尼迪来说，接受联合国秘书长同时向苏美双方提出的要求，要比公开接受赫鲁晓夫单方面提出的交换条件容易得多。肯尼迪、腊斯克也考虑到，导弹交易不可避免地会导致美国与北约盟国特别是与土耳其关系的紧张，美土关系甚至因此而暂时破裂，但这总比一场战争更为可取。[①]

虽然该计划从来没有启动，也有学者甚至怀疑这一计划是否真的存在，但显而易见的是，为了结束危机，防止对抗的升级，肯尼迪很有可能会公开放弃在土耳其基地的导弹，而不是诉诸军事行动。如果赫鲁晓夫不接受美国私下提出的交易条件，腊斯克的方案或许将构成在联合国的领导下解决问题的基础。根据英国外交部的一份档案记载，10月25日科迪埃就曾与美国政府的一位高层官员进行了接触，并认为联合国应建立一个委员会来监督苏联、美国各自在古巴和土耳其的导弹，以此阻止美国对古巴的入侵和苏联进攻土耳其。[②]时隔多年之后，狄龙、麦乔治·邦迪等人获悉这一计划后都"深感震惊"和"沮丧"，认为如果当时肯尼迪采取了这一方案，公开地与赫鲁晓夫进行导弹交易，"那将是一个糟糕的和完全没有必要的错误"。[③]

与此同时，美国继续向北约盟国施加压力，敦促其主动提出导弹交易的方案。美国政府一方面重申不希望古巴危机牵涉到北约问题，谋求在西半球范围内解决问题，如有必要将采取一切军事手段摧毁苏联在古巴的导弹基地，但同时表示美国的军事行动有可能导致苏联对北约采取报复措施，北约与美国一样都面临着苏联的巨大威胁。[④]在与麦克米伦的私人秘书磋商时，邦迪希望英国在北约理事会会议上能够积极行动，率先倡议美苏进行导弹交易。[⑤]

应当说，美国的"胡萝卜加大棒"政策取得了成功。罗伯特·肯尼迪与多勃雷宁的会晤以及双方所达成的"君子协定"为古巴导弹危机的和平解决奠定了基础。赫鲁晓夫对美国方面承诺撤走土耳其的导弹感到非常满意，并

---

① Raymond L. Garthoff, *Reflections on the Cuban Missile Crisis*, Washington, D.C.: The Brookings Institution, 1989, pp.95-96; Dean Rusk, *As I Saw It*, New York: Norton, 1990, p.241.

② L. V. Scott, *Macmillan, Kennedy and the Cuban Missile Crisis*, New York: St. Martin's Press, 1999, pp.173-174.

③ James Blight and David Welch eds., *On the Brink: Americans and Soviets Reexamine the Cuban Missile Crisis*, New York: Hill and Wang, 1989, pp.162, 171.

④ U.S. Deaprtment of State, *Foreign Relations of the United States, 1961-1963*, Vol.11, Washington, D.C.: United States Government Printing Office, 1996, pp.276-277.

⑤ David Gioe, Len Scott and Christopher Andrew eds., *An International History of the Cuban Missile Crisis*, London: Routledge, 2014, p.211; Nigel Ashton, *Kennedy, Macmillan and the Cold War*, London: Palgrave, 2002, p.83.

清醒地认识到，这也是肯尼迪能够做出的"最后让步"，现在该是结束危机的时候了，除非苏联立即做出妥协，否则战争将不可避免。①

四、肯尼迪政府兑现诺言

　　肯尼迪及其顾问深知，一旦有关美苏导弹交易的消息泄露，将会对美国及其盟友的安全造成"具有爆炸性破坏的影响"，同时还将引发国会内共和党人、军方强硬派分子以及保守的媒体对美国政府的强烈批评。②因而，美国政府对此采取了极为严格的保密措施。10 月 28 日，罗伯特·肯尼迪在与多勃雷宁会谈时重申苏联必须严守秘密，一切重要问题均由两人直接联系，不再通过任何中间环节。多勃雷宁根据两人 27 日晚上的谈话写了一份关于导弹交易问题的备忘录，这意味着双方达成了正式协议。但是，该备忘录以"不合时宜"为由被罗伯特·肯尼迪退回。③赫鲁晓夫则希望美方尽快撤走其在土耳其的导弹。10 月 29 日，多勃雷宁将赫鲁晓夫给肯尼迪的一封密信转交给罗伯特·肯尼迪。赫鲁晓夫表示，他理解公开讨论拆除美国在土耳其的导弹基地对肯尼迪来说将是一个相当敏感和复杂的问题，同意不进行公开讨论，而是通过罗伯特·肯尼迪和苏联驻美大使继续就此进行秘密讨论。他强调，苏联领导层是在肯尼迪同意解决美国在土耳其的导弹基地问题之后才接受解决古巴问题的有关条件的，表示希望就该问题达成的协议将成为进一步缓和国际紧张局势的一个重要步骤。④赫鲁晓夫严守自己的承诺，甚至也没有将有关情况告知古巴领导人卡斯特罗。直至 20 世纪 70 年代，他才在回忆录中对此事做了轻描淡写。⑤

　　但是美国不愿就此做出任何书面承诺。10 月 30 日，罗伯特·肯尼迪在

---

　　① Oleg Troyanovsky, "The Caribbean Crisis", *International Affairs*, April/May 1992, p.154.

　　② Leslie H. Gelb, "Opening Gambit: The Lie That Screwed up 50 Years of U.S. Foreign Policy", *Foreign Policy*, November 2012, p.25; Richard Ned Lebow and Janice Gross Stein, *We All Lost the Cold War*, Princeton: Princeton University Press, 1994, p.129.

　　③ Dean Rusk, *As I Saw It*, New York: Norton, 1990, p.240.

　　④ U.S. Deaprtment of State, *Foreign Relations of the United States, 1961-1963*, Vol.6, Washington, D.C.: Uiinted States Government Printing Office, 1996, pp.189-190.

　　⑤ 尼基塔·赫鲁晓夫：《赫鲁晓夫回忆录》（全译本），述弢等译，北京：社会科学文献出版社，2006 年，第 2183 页。

征得他哥哥同意后告诉多勃雷宁：肯尼迪总统肯定了关闭美国在土耳其的导弹基地的协议，确定会就此问题采取适当的措施，以秘密的方式在北约范围内履行这一协议，使这一问题显得与古巴问题无关。他同时表示，白宫不准备以书信的方式对这种协议履行某种手续。罗伯特·肯尼迪强调，将来有朝一日他可能会竞选总统，如果有关土耳其导弹的秘密交易被泄露出去，将会对他的政治前途造成"无法挽回的伤害"。他重申，美国将在今后四五个月内拆除在土耳其的导弹，但不能做出任何书面的保证；如果苏联方面公开发表任何涉及此问题的文件，不仅整个交易宣告结束，而且也将影响两国关系的未来发展。因而，美国不能保存任何有关这一交易的书面文件，只能通过私下的、口头的方式商讨这一问题。他将赫鲁晓夫的密信退还给多勃雷宁。[①]与此同时，葛罗米柯也向美国驻苏大使表示，希望尽快在赫鲁晓夫与肯尼迪信件交流的基础上达成某种正式的协议，以便对双方都有约束力。

很显然，美苏之间最后达成的导弹交易方式与赫鲁晓夫想要的还是有一些差异。第一，交易是秘密的、私下达成的，而非赫鲁晓夫所要求的那种公开交易。应当说，在这一点是赫鲁晓夫做出了让步，同时这也给他造成了不少困难，使其在国内外处于不利的地位。第二，美国拆除土耳其的导弹与苏联从古巴撤走导弹有一段"体面的时间差"，并不是同步进行，这样就可以避免给人以美国与苏联进行交易的印象。尽管如此，按照苏联方面的理解，导弹交易仍然是整个协议的一个组成部分。11月1日，多勃雷宁告诉罗伯特·肯尼迪，赫鲁晓夫同意在导弹交易问题上不谋求达成正式的协议，并确信肯尼迪会履行自己的诺言。

为了维护北约联盟和美国的信誉，并使肯尼迪免遭国内和盟国舆论的攻击，美国政府只得使用一切手段来误导美国公众和世人，对导弹交易问题采取了极为严格的保密措施。除了肯尼迪兄弟、麦克纳马拉、腊斯克、邦迪等9位参加秘密会议的高层官员外，其他人对此毫不知情。邦迪回忆说，"据我所知，参加秘密会议的9个人没有告诉过任何人发生了什么。在每一个场合我们都否认交易的存在"。[②]官方的立场依然是，美国没有与苏联达成任何涉

---

① Anatoly Dobrynin, *In Confidence: Moscow's Ambassador to America's Six Cold War Presidents*, New York: Random House, 1995, pp.90-91; Arthur M. Schlesinger, Jr., *Robert Kennedy and His Times*, Boston: Houghton Mifflin, 1978, p.523.

② McGeorge Bundy, *Danger and Survival: Choices about the Bomb in the First Fifty Years*, New York: Random House, 1988, p.434.

及土耳其导弹的交易。在随后很长的一段时间里，美国方面还采取了种种掩盖措施。肯尼迪在危机结束后分别打电话给前总统胡佛、杜鲁门和艾森豪威尔，称尽管苏联要求美国从土耳其撤走导弹，但被他拒绝了，美国不可能接受这样的交易。[①] 1963 年 1—2 月间，麦克纳马拉、腊斯克在回答国会议员有关这一问题的质询时都信誓旦旦地表示，美苏关于古巴的协议绝对不包括撤出在土耳其或意大利的导弹，苏联方面确实曾提出过这一要求，肯尼迪不仅拒绝讨论这一问题，甚至根本对此不予回答，危机的解决与任何形式的导弹交易都没有直接或间接的联系。麦克纳马拉甚至宣称，促使赫鲁晓夫从古巴撤走导弹的"唯一原因"就是他很清楚面临着遭受美国核打击的可能性。[②] 腊斯克、麦克纳马拉等人一直坚持认为，美国并没有与苏联达成任何有关导弹交易的协议，只是把美国政府一直酝酿并决定拆除"木星"导弹基地的这一重要信息告诉了苏联方面。鉴于事关重大，肯尼迪决不会冒险与苏联进行任何所谓的交易。[③]

美国政府的掩盖不仅欺骗了美国公众和国会议员，同时也蒙蔽了盟国。1962 年 10 月 28 日，腊斯克在与英国驻美大使戴维·奥姆斯比-戈尔会晤时首先表示，美苏之间不存在任何所谓的交易，双方达成的协议是，经过适当的核查和确认，只要苏联从古巴撤走进攻性武器，美国就不会对古巴采取军事行动。英国首相麦克米伦对肯尼迪在土耳其导弹问题上的"坚定立场"极为赞赏。腊斯克还电告美国驻土耳其大使黑尔和北约代表芬勒特，重申美国与苏联之间在土耳其导弹问题上没有任何交易。土耳其政府对危机的和平解决非常满意，认为土耳其与美国的关系经受住了考验，土耳其的对美外交取得了胜利，这是对土耳其依赖美国政策的回报，并对美国政府拒绝同苏联就土耳其导弹进行任何交易向肯尼迪表示感谢。土耳其外长厄尔金在议会发表讲话时强调，苏联曾试图与美国达成导弹交易，但被后者明确地驳回。危机结束后，美国负责欧洲事务的助理国务卿泰勒在与土耳其驻美大使会谈时重

① Philip Nash, *The Other Missiles of October: Eisenhower, Kennedy, and the Jupiters, 1957-1963*, Chapel Hill: The University of North Carolina Press, 1997, pp.157-160; Sheldon Stern, *Averting the Final Failure: John F. Kennedy and the Secret Cuban Missile Crisis Meetings*, Stanford: Stanford University Press, 2003, p.388.

② United States Congress, Senate, Committee on Foreign Relations, Executive Sessions of the Senate Foreign Relations Committee, Vol.15, Washington, D. C.: United States Government Printing Office, 1987, pp.105-106, 111; James Nathan ed., *The Cuban Missile Crisis Revisited*, New York: St. Martin's Press, 1992, p.23.

③ James Blight and David Welch eds., *On the Brink: Americans and Soviets Reexamine the Cuban Missile Crisis*, New York: Hill and Wang, 1989, pp.173-174, 190-191.

申，部署在土耳其的导弹是北约防御体系不可分割的一部分，美苏之间在这一问题上不存在任何交易，希望土耳其方面不要在意美国媒体所发表的一些缺乏事实根据的言论。①肯尼迪还授权黑尔代表他向土耳其政府阐明，美国拆除"木星"导弹问题绝非美国与苏联交易的一部分，更不是与苏联人进行任何交易的结果，美国的这一行动与古巴导弹危机的解决没有关系。②

另一方面，肯尼迪也准备履行自己的诺言，撤走在土耳其的"木星"导弹，并于 1962 年 10 月 29 日指示麦克马纳马拉组织人员着手研究这一问题。麦克纳马拉随即组建了一个部际特别小组，具体负责处理这一问题。麦克纳马拉对该小组强调，不要提出任何问题，也不要对任何人解释为什么这么做，只管着手去做，并限定在 1963 年 4 月 1 日将导弹撤离完毕。③国务院欧洲事务处对此提出反对意见，认为出于政治和心理上的考虑，在最近的将来任何拆除土耳其和意大利"木星"导弹的行动都会有损美国的声誉，不符合美国的利益。尽管最终美国或许这样做，但要等到美国在该地区部署了土耳其和意大利都可参与管理的核力量之后，决不能仓促行事，否则很难不让人怀疑美苏就导弹交易问题达成了秘密协议。美国国家安全委员会的罗伯特·科默认为，任何过早从土耳其撤走导弹的行为都只能给美国带来太多的麻烦，损害美国与北约国家及其他盟国的关系，促使赫鲁晓夫采取进一步的行动，从而削弱美国在古巴问题上的胜利。直到 1963 年 1 月初，他仍向肯尼迪建议不要撤走部署在土耳其的导弹。④诺斯塔德致函参谋长联席会议主席泰勒，强调在欧洲对美国的政策有所怀疑之时，如果在近期内拆除部署在土耳其的导弹，将对北约造成严重的负面影响，甚至会造成联盟的分崩离析。⑤就连一直支持进行导弹交易的腊斯克也改变了立场，向肯尼迪递交了一份 7 页的备忘录，认为这些导弹不仅在军事上对苏联构成了一定的牵制，而且出于政治和心理

① U.S. Deaprtment of State, *Foreign Relations of the United States, 1961-1963*, Vol.11, Washington, D.C.: United States Government Printing Office, 1996, pp.296-297.

② Douglas Brinkley and Richard Griffiths eds., *John F. Kennedy and Europe*, Baton Rouge: Louisiana State University, 1999, p.123; Raymond Hare Oral History Interview, September 19, 1969, DNSA.

③ James Nathan ed., *The Cuban Missile Crisis Revisited*, New York: St. Martin's Press, 1992, p.98.

④ Komer to Bundy, November 12, 1962, U.S. Declassified Documents Online, CK2349306323.

⑤ Norstad to JCS, December 28, 1962, U.S. Declassified Documents Online, CK2349094415.

上的考虑，在最近一段时间内将其撤走是不符合美国利益的。[1]

所有这些反对意见并没有影响肯尼迪的决定。1962 年 12 月中旬，麦克纳马拉向土耳其方面解释说，美国政府虽然坚决拒绝与苏联讨论任何所谓的导弹交易，但非常担心一旦对古巴的导弹基地发动攻击，苏联几乎可以肯定会对土耳其的导弹基地采取报复行动。因而，出于对土耳其安全的考虑，这些基地应尽快予以拆除，这显然也符合土耳其的利益。[2]同时，美国政府向北约盟友承诺，将在地中海地区部署"北极星"潜艇导弹，以保卫该地区的安全。1963 年 1 月中旬，美国政府正式宣布将分阶段撤出部署在土耳其和意大利的"木星"远程导弹。至 4 月 25 日，美国将部署在土耳其的"木星"导弹全部撤离完毕。

五、结语

以往，不少学者都认为，肯尼迪政府将导弹交易视为是"不可想象的"，从一开始就拒绝考虑这一主张。[3]英国首相麦克米伦也曾称，在导弹交易问题上肯尼迪"是从不动摇的"。[4]而实际情况要复杂得多。

通过以上的初步考察可以看出，在美国应对古巴导弹危机的决策过程中，导弹交易始终是美国领导人讨论的一个现实方案；美苏领导人的确就导弹交易问题达成了秘密协议，而且这一协议构成了美苏解决危机的一个重要组成部分。由此可见，肯尼迪并没有听从那些"鹰派"顾问的意见，一味地凭借美国的军事和战略优势向对手施加压力，促其让步。以往有关他宁愿冒一场核战争的危险也不愿意在土耳其导弹问题上做出妥协的说法无疑是错误的，那种认为"是肯尼迪利用了美国的压倒性优势来迫使赫鲁晓夫在古巴导弹危机中退却"的观点显然是站不住脚的。事实恰恰相反。为了避免核战争的爆发，肯尼迪一直考虑在土耳其导弹问题上做出让步，不论是通过公开还是私

① Rusk, "Memorandum for Kennedy", November 9, 1962, U.S. Declassified Documents Online, CK2349315987; Philip Nash, *The Other Missiles of October: Eisenhower, Kennedy, and the Jupiters, 1957-1963*, Chapel Hill: The University of North Carolina Press, 1997, pp.154-155.

② Memorandum of Conversation, December 14, 1962, DNSA.

③ Richard Neustadt and Ernest May, *Thinking in Time*, New York: Free Press, 1986, p.14.

④ 麦克米伦：《麦克米伦回忆录》（六），陈体芳译，北京：商务印书馆，1980 年，第 204 页。

下的渠道，并准备承担因导弹交易而带来的严重政治风险。①这也充分展示了肯尼迪在外交决策过程中灵活和理性的一面。美苏之间的秘密交易对美国与土耳其之间的关系造成了一定程度的负面影响。危机期间，土耳其政府一直坚定地站在美国一边，对美苏之间所达成的交易一无所知，并且确信美国不会违背自己的承诺，擅自做出让步，从而危及北约联盟的团结。美国撤出"木星"导弹的行动无疑令土耳其领导人和民众深感不安，认为土耳其不过是大国政治博弈的一枚棋子，北约的所谓"集体安全"是靠不住的。随后，土耳其对美国和北约的政策做出了一定的调整。鉴于对苏联构成威胁的"木星"导弹已被拆除，苏联和土耳其的关系则开始出现了缓和的迹象。

（原刊于《历史教学》2017 年第 8 期）

① Stephen E. Ambrose, "The Presidency and Foreign Policy", *Foreign Affairs*, Vol.70, No.5, Winter 1991/1992, p.129; David Gioe, Len Scott and Christopher Andrew eds., *An International History of the Cuban Missile Crisis*, London: Routledge, 2014, p.268.

美国对古巴的政策

美国艾森豪威尔政府对古巴的隐蔽行动计划

1959 年古巴革命胜利后，古巴政府在政治、经济和社会等各个领域进行了一系列改革，触动了美国在古巴的利益，并且对其在拉美地区的霸权地位也产生了严重影响。美国政府对古巴革命采取了极为敌视的态度，不仅在外交上进行孤立、经济上进行封锁，而且还试图以武力推翻新生的革命政权，为此美国政府制订了一整套的隐蔽行动方案。

一、美国政府对古巴革命的反应

1952 年初，在美国的支持下，巴蒂斯塔依靠军队的支持，推翻了古巴的民选政府，建立了独裁政权。该政权对内推行了一系列高压措施，对外则完全听命于美国政府，唯美国马首是瞻，遭到了古巴民众的强烈反对。1953 年7 月 26 日，青年律师菲德尔·卡斯特罗领导 100 多名爱国青年对军事要塞蒙卡达兵营发动突袭，由于寡不敌众，遭到失败，卡斯特罗被囚禁，而后流亡墨西哥并在那里建立起革命组织"7·26 运动"。1956 年 12 月初，卡斯特罗率领 80 多名追随者在古巴海岸登陆，受挫后转入马埃斯特腊山区，展开了反对巴蒂斯塔政权的游击战争。经过两年的艰苦斗争，卡斯特罗终于赢得了胜利，推翻了巴蒂斯塔的腐朽统治，建立了革命政权。

起初，美国政府对古巴革命并不在意，认为局势仍在"可控制之下"。在1957—1958 年间，美国国家安全委员会极少商议古巴问题。负责拉美事务的助理国务卿罗伊·鲁伯特姆在参议院外交委员会作证时称："很难相信卡斯特罗及他领导的运动能够夺取政权，因为他们在古巴还没有得到广泛的支持。"① 但是到了 1958 年底，古巴的革命形势发展到了一个"关键时刻"，美国支持的巴蒂斯塔政权显然已不可能控制住局面。此时，美国政府最关心的问题是如何"阻止卡斯特罗上台"，因为卡斯特罗上台"肯定不符合美国的利益"，美国必须寻求除了直接干预以外的其他任何措施，以谋求通过政治途径解决古巴问题。

1958 年 12 月 23 日，美国中央情报局局长艾伦·杜勒斯向国家安全委员会汇报说：古巴的局势正日益恶化，一些极端激进分子看来已经渗透进卡斯特罗领导的运动；如果卡斯特罗接管政权，他们大概将进入政府部门就职。中央情报局确信，卡斯特罗的胜利不可能符合美国的最大利益，"我们应该阻止卡斯特罗取得胜利"。② 艾森豪威尔在回忆录中说，这是第一次听到共产党有可能进入卡斯特罗政府。尽管美国民众普遍欢迎卡斯特罗的胜利，认为他将给古巴带来"民主"和"社会正义"，甚至连前国务卿迪安·艾奇逊这样的"冷战斗士"也确信卡斯特罗是一个民主主义者和社会改革者，但是决策者依然对他顾虑重重。与此同时，美国政府也认识到，此时对古巴局势进行干涉将适得其反，会对整个西半球造成"灾难性的影响"。③

出于维护美国在古巴利益的现实考虑，1959 年 1 月初美国承认了古巴革命政府，但决策层对古巴的敌意却逐渐加深，对古巴革命的看法开始发生重大变化。4 月中旬，美国副总统尼克松在与卡斯特罗举行了 3 个多小时的会谈后表示，卡斯特罗要么是对共产主义抱有不可思议的天真，要么就是受到了共产主义思想的熏陶，美国应该设法引导他走向"正确的方向"。④ 国防部部长尼尔·麦克尔罗伊向艾森豪威尔表示，"如果卡斯特罗政府明显地转向了共产主义，我们应该采取一切必要的行动，使卡斯特罗及其同伙失去对政

---

① Thomas G. Paterson, *Contesting Castro: The United States and the Triumph of the Cuban Revolution*, New York: Oxford University Press, 1994, p.252.

② U.S. Department of State, *Foreign Relations of the United States, 1958-1960*, Vol.6, Washington, D.C.: United States Government Printing Office, 1991, p.302.

③ Stephen Rabe, *Eisenhower and Latin America*, Chapel Hill: The University of North Carolina Press, 1988, p.123; Trumbull Higgins, *The Perfect Failure: Kennedy, Eisenhower, and the CIA at the Bay of Pigs*, New York: Norton, 1987, p.42.

④ U.S. Department of State, *Foreign Relations of the United States, 1958-1960*, Vol.6, Washington, D.C.: United States Government Printing Office, 1991, p.476; Jeffrey J. Safford, "The Nixon-Castro Meeting of 19 April 1959", *Diplomatic History*, Vol.4, No.4, Fall 1980, pp.425-431.

府的控制"。艾森豪威尔对此表示赞成。①

　　但是，古巴领导人并没有按照美国的意愿，朝着美国决策者所希望的那种"正确的方向"迈进。新政府建立后，明确表示将执行反对帝国主义干涉、维护国家主权的政策，并在政治、经济、社会等方面进行了一系列深得民意的改革措施，包括废除大庄园制、将银行和重要的工业部门收归国有等，直接触动了美国垄断资本在古巴的利益，动摇了美国在拉美的霸主地位，从而引起了美国的不满和仇视。美国政府开始考虑实施一系列的孤立和破坏行动，旨在最终推翻卡斯特罗政府。

　　1959 年 5 月，古巴政府颁布了《土地改革法》，征收美国人拥有的大种植园的土地，把土地分给农民和没有土地的农场工人。美国投资者对此提出抗议，认为古巴政府的做法违反了国际法，威胁要关闭在古巴的企业。美国政府对此做出强烈反应，威胁说如果美国地产所有者不能根据国际法得到"尽快的、适当的和有效的赔偿"，美国将进行报复，包括削减从古巴购糖的定额，禁止美国人对古巴的私人投资，停止对古巴的经济援助等。有的古巴学者将 1959 年的《土地改革法》视为"美国与古巴关系结束的开始"。②

　　不仅如此，1959 年底至 1960 年初，艾森豪威尔政府还非常担心古巴已从美国的仆从国转变为激烈反美的国家，从而对美国在拉美地区的领导地位构成严重威胁。中央情报局的估计是，卡斯特罗已经抛弃了古巴原来奉行的亲西方、反共的政策，随着共产党对古巴政府影响的不断加强，尽管他多次声称采取的是中立政策，但实际上古巴已走向强烈反对美国的道路，它与共产党国家的关系变得逐步密切，因而美古关系前景"暗淡"。③不少美国政府官员认为，卡斯特罗会允许苏联利用古巴作为共产主义在西半球扩大影响的一个桥头堡，古巴不会与美国保持友好关系，美国必须采取有力措施，最终推翻卡斯特罗政府，遏止古巴"激进主义"在拉美地区的蔓延，维护美国在该地区的政治和经济利益。艾森豪威尔称，如果美国不能有效地对付古巴，"我们将失去整个南美"。在他看来，虽然卡斯特罗可能不是共产党，却听从

---

① Morris Morley, *Imperial State and Revolution: The United States and Cuba, 1952-1986*, New York: Cambridge University Press, 1987, p.74.

② Donna Rich Kaplowitz, *Anatomy of a Failed Embargo: U.S. Sanctions Against Cuba*, Boulder: Lynne Rienner Publishers, 1998, p.36.

③ CIA Special National Intelligence Estimate Number 80/1-59, "The Situation in the Caribbean Through 1960", December 29, 1959; CIA Special National Intelligence Estimate Number 85-60, "Communist Influence in Cuba", March 22, 1960, DNSA.

克里姆林宫的指挥。

早在 1956 年 9 月，美国国家安全委员会 5613/1 号文件就确定："如果一个拉丁美洲国家同苏联集团建立起紧密联系，且具有了一种对我们的重大利益抱有严重偏见的性质，我们就要准备减少与这一国家的经济与金融合作，并采取任何其他适当的政治、经济或军事行动。"在美国决策者看来，古巴现在已成为这样的国家。随着美国与古巴关系的不断恶化，艾森豪威尔政府双管齐下，一方面对古巴实施封锁禁运、外交孤立，不断为古巴政府制造麻烦和困难，同时开始招募古巴的流亡分子，在中情局的直接领导下，试图通过隐蔽的准军事行动推翻古巴政府。艾伦·杜勒斯说得很明白，美国对古巴的确有一个政策，那就是以这样或那样的方式推翻卡斯特罗政府。[①]

在美国方面看来，古巴经济的几乎所有方面都严重依赖美国，其出口的 60%、进口的 80% 都依靠美国市场，因而"经济战"成为美国对古巴政策的一个重要组成部分。美国试图通过经济封锁、贸易禁运等手段，防止古巴革命的蔓延，消除革命对拉美其他国家的影响，并最终促使卡斯特罗政府垮台。美国决策者确信，面对美国的封锁，古巴将损失惨重，从而使得古巴政府受到"致命的削弱"。[②]

美国是古巴糖的主要销售市场，而食糖则是古巴重要的经济支柱。1959 年，古巴食糖出现大量剩余，价格急剧下跌，美国决定削减从古巴进口食糖，这无疑是给脆弱的古巴经济以沉重一击。1960 年 5 月底，美国宣布停止一切对古巴的经济援助，并指示其控制下的石油公司停止对古巴的石油供应。6 月，美国国务院要求对古巴采取如下制裁措施：冻结古巴在美国的一切资产，禁止与古巴的一切贸易往来，要求美国私人公司对古巴实施自愿禁运行动等。7 月初，美国对古巴开始实施经济制裁，并大幅减少对古巴蔗糖的购买。10 月下旬，美国全面禁止对古巴出口技术资料和商品（食品、药品和必需的医疗器械除外），并禁止把美国人拥有的船只出售、转让或出租给古巴的企业。

为了使美国的禁运更为有效，在不断强化自身政策的同时，美国还要求其欧洲盟国、加拿大和拉美国家一道采取行动，力图使美国单方面的禁运政策变成地区甚至是全球性的封锁行动，从而扼杀古巴的经济。1959 年底，美

---

① Stephen Rabe, *Eisenhower and Latin America*, Chapel Hill: The University of North Carolina Press, 1988, pp.91, 164; Trumbull Higgins, *The Perfect Failure: Kennedy, Eisenhower, and the CIA at the Bay of Pigs*, New York: W. W. Norton, 1987, p.38.

② 王伟：《美国对古巴遏制政策的起源》，东北师范大学博士学位论文，2004 年，第 42 页。

国政府多次向英国、比利时、意大利等国施加压力，以阻止这些国家向古巴出售武器。1960 年 7 月初，美国财政部长罗伯特·安德森向艾森豪威尔建议，美国的禁运不管多么有效，如果没有加拿大、英国、法国、荷兰及其他西方盟国的合作，不可能达到美国的预期目标。财政部建议各盟国共同采取的措施包括：拒绝或减少对古巴的出口；冻结古巴资产；对古巴实行石油禁运；禁止出口古巴的工业、运输和通信设备所需要的重要零部件。国务卿克里斯琴·赫脱指示美国驻北约大使积极展开活动，向各盟国强调古巴、苏联在西半球的活动对"自由世界的安全和团结"构成了严重的威胁，希望这些国家能支持美国对古巴的禁运战略，并要求其私人油船的船主停止将苏联的原油运往古巴。1960 年，美国以停止援助为要挟，阻止英国、荷兰、法国等西欧国家的银行向古巴政府提供贷款和购买古巴食糖，而且还敦促其盟国对美国的古巴政策提供"政治上、经济上和道义上的支持"。

美国反对古巴革命的另一个公开措施就是对其外交孤立。艾森豪威尔特别担心古巴革命会影响拉丁美洲各国，动摇美国在这一地区的霸权地位。因而，试图通过美洲国家组织对古巴加以限制和孤立。1959 年 7 月初，艾森豪威尔就公开指责古巴革命引起了加勒比海地区局势的紧张，要求美洲国家组织采取措施进行干预。8 月，在智利圣地亚哥举行的美洲国家组织外长协商会议上，美国以多米尼加、尼加拉瓜和巴拿马遭受所谓来自古巴的武装入侵为由，要求美洲国家组织成员国加强合作来解决加勒比海地区的紧张局势。

1960 年 1 月 26 日，艾森豪威尔在与其顾问谈话时表示，在西半球遏制卡斯特罗的最佳办法是通过美洲国家组织，如果得不到这一组织的支持，美国将单独采取行动。他指示国务院要尽一切努力来让拉美国家认识到古巴对西半球的危险性，并争取这些国家对美国反卡斯特罗行动的支持。6 月底，美国向美洲国家组织的美洲国际和平委员会发出备忘录，提请注意"古巴政府对美国的挑衅行动"，并称"这些行动足以增加加勒比海地区的紧张局势"。[①]7 月中旬，在美国的提议下，美洲国家组织在华盛顿举行理事会，决定在哥斯达黎加首都圣何塞召开成员国外长会议，商讨解决古巴问题的对策。会议召开前夕，美国为达成自己的意图积极展开外交活动。艾森豪威尔宣布向拉美国家提供 6 亿美元的援助，并强调美国的援助将只提供给那些愿意同美国合作、以实现美国在西半球政策目标的政府。赫脱致电美国驻拉丁美洲各国

---

① 巴勒克拉夫：《国际事务概览》（1959—1960），曾稣黎译，上海：上海译文出版社，1986 年，第 631 页。

使馆，指示他们应强调古巴问题的多边性，并劝阻拉美国家提出调解美古分歧的任何建议。8 月初，美国国务院向美洲国家组织提交了一份长达 78 页的备忘录，指责古巴公开地与苏联等社会主义国家站在一起，已经成为共产主义在加勒比海地区进行宣传的基地。

8 月 16 日，美洲国家组织外长会议在圣何塞举行。会议期间，美国指责古巴正计划向拉丁美洲其他国家输出革命，声称美洲国家体系面临共产主义的"紧急挑战"，呼吁美洲国家组织成员国进行合作，对所谓"来自美洲大陆以外的干涉"进行有效的抵制。在美国的大力推动下，会议通过了《圣何塞宣言》，强烈谴责美洲大陆外强国"对美洲共和国事务的干涉或干涉威胁"，任何美洲国家接受此种干涉"都将危害美洲的团结与安全"，美洲国家组织将义不容辞地表示反对，要求美洲国家组织所有成员国都必须重申对泛美体系的信任和遵循美洲国家组织宪章条款的义务。赫脱称，这一宣言是对古巴政府的"明确控告"。在艾森豪威尔看来，会议虽然没有关于集体行动的正式规定，但并不禁止任何政府"在不得已的时候"采取"单方面的行动"。一些美国政府官员认为，美洲国家组织并非处理古巴问题的有效场所，美国必须更多地考虑在该组织之外开展工作。[①] 1961 年 1 月初，美国断绝了与古巴的外交关系，同时颁布法令，禁止美国公民到古巴的一切旅行活动。

二、美国策划对古巴实施准军事行动

美国决策者认为，对古巴仅靠外交孤立、经济封锁等政策恐怕难以奏效，因而也加紧策划实施准军事行动，试图以武力推翻古巴革命政府。1959 年夏季，美国中央情报局开始策划要除掉卡斯特罗。七八月间，美国国务院拟定了一项计划，并获美国政府高层的同意。根据这一计划，国务院、中央情报局应在古巴问题上密切合作，加强对古巴国内反对派的支持，最终促使卡斯特罗政府倒台，在古巴建立一个符合美国利益的新政权。[②]

---

① 巴勒克拉夫：《国际事务概览》（1959—1960），曾稣黎译，上海：上海译文出版社，1986 年，第 640-642 页；Morris Morley, *Imperial State and Revolution: The United States and Cuba, 1952-1986*, New York: Cambridge University Press, p.118.

② Piero Gleijeses, "Ships in the Night: The CIA, the White House and the Bay of Pigs", *Journal of Latin American Studies*, Vol.27, No.1, 1995, p.3.

　　包括副总统理查德·尼克松、国防部部长托马斯·盖茨等在内的一些美国政府高层官员力主由美国直接出兵干涉，推翻古巴政府，艾森豪威尔却非常担心此举在政治上给美国造成极为不利的影响。他表示，"如果我们准备以武力实现我们的目标，我们会看到所有拉美国家就要倒向另一边，远离我们而去，而有些国家在两年内将成为共产党国家。如果美国不能以正确的方法处理古巴问题，我们将失去整个拉丁美洲"。[1]艾森豪威尔是要通过采取隐蔽行动实现其意图。

　　1959年11月5日，赫脱在给艾森豪威尔的一份备忘录建议，应对古巴采取进一步的强硬措施。美国的目标很明确，推翻卡斯特罗，力争到1960年底有一个符合美国利益的古巴。主要理由是：卡斯特罗将不会自动采取与华盛顿最低安全需求相符的政策；卡斯特罗政府以现有形式存在，将对美国在拉丁美洲的地位产生严重影响，而只对国际共产主义有利。备忘录认为卡斯特罗的经济国有化改革措施严重损害了美国在古巴的商业利益，违背了美国在拉美地区一直推动的自由贸易和自由投资政策。赫脱建议，美国应鼓励在古巴内部逐步形成一个具有凝聚力的反对派，以此来遏制或取代卡斯特罗政府。他强调，鉴于拉丁美洲对美国的干涉特别敏感，"建议目前这个政策的主旨和实质要控制得非常严格"，只有"需要知道"的人才让他知道。鉴于事关重大，在白宫只有艾森豪威尔的助理安德鲁·古德帕斯特和一个机要秘书知悉此事。[2]

　　自1959年以来，美国中央情报局一直对古巴采取了暗中骚扰和破坏行动。在中情局看来，古巴正准备向拉美其他国家"输出革命"，美国决不能允许这一"极左的"政权继续存在下去。中情局西半球事务处负责人约瑟夫·金主张美国的目标应是在一年之内想方设法除掉菲德尔·卡斯特罗，因为没有其他的古巴领导人像他那样对民众具有如此的号召力和吸引力，此举将大大加快古巴现政府的垮台。他提出了一套包括暗杀和准军事行动在内的全面计划。在他看来，只有"暴力行动"才是推翻卡斯特罗的唯一手段。[3]

　　[1] Stephen Ambrose, *Eisenhower: The President*, New York: Simon and Schuster, 1984, p.583.

　　[2] U.S. Department of State, *Foreign Relations of the United States, 1958-1960*, Vol.6, Washington, D.C.: United States Government Printing Office, 1991, pp.656-658.

　　[3] Fabian Escalante, *Cuba Project: CIA Covert Operations, 1959-1962*，New York: Ocean Press, 2004, p.43; Peter Kornbluh ed., *Bay of Pigs Declassified: The Secret CIA Report on the Invasion of Cuba*, New York: New Press, 1998, p.268.

以武力推翻卡斯特罗政府很快就成为美国政府内部的共识。1959 年 12 月 10 日，国防部建议国务院负责制订计划的助理国务卿杰拉德·史密斯，基于需要动用美国军事力量的考虑来准备一份政策文件。29 日，负责政治事务的副国务卿利文斯顿·麦钱特向参谋长联席会议主席内森·特文宁建议，两个部门的代表应每周定期磋商，讨论古巴和加勒比海地区的局势问题。[1] 1960 年 1 月中旬，美国政府设立了一个古巴特别小组，由尼克松负责，成员包括负责政治事务的助理国务卿、国防部副部长、中央情报局局长、总统国家安全事务特别助理等，每周定期召开会议，商讨制订推翻卡斯特罗的秘密应急计划。艾伦·杜勒斯表示，"从长远来看，美国将不能容忍古巴卡斯特罗政府的存在，因而制订一项旨在推翻卡斯特罗政府的隐蔽应急计划可能是必要的"。中央情报局西半球事务处特别成立了"古巴行动小组"，具体策划对古巴的各种行动，包括暗杀卡斯特罗。该小组最初只有 40 人，到 1961 年 4 月 16 日猪湾入侵行动开始前扩展到 588 人，成为中央情报局内最大的秘密行动部门。1959 年底至 1960 年初，由中情局指导、古巴流亡分子具体实施的炸弹和燃烧弹袭击事件以及各种破坏活动的数量大幅上升。艾森豪威尔称，古巴局势正变得越来越"难以忍受"。他表示，如果美洲国家组织不愿帮助搞掉卡斯特罗，则美国应当单独干，要求中央情报局寻找解决卡斯特罗问题的办法。当艾伦·杜勒斯要求他授权对古巴的糖厂实施破坏行动时，艾森豪威尔表示，美国不能仅仅对那里的炼糖厂耿耿于怀，而是要拿出一套实际方案来对付卡斯特罗，"以改变古巴政府"。[2]

美国政府所依赖的是一批反对古巴革命的流亡分子。古巴革命胜利后，反对卡斯特罗政府的各色人物纷纷逃离古巴，美国佛罗里达的迈阿密成为其主要的集中地。曾担任肯尼迪顾问的历史学家小阿瑟·施莱辛格这样描述这些人：他们想要恢复他们在巴蒂斯塔上台以前所熟悉的那种政治"民主"，但又不认为有进行重大社会改革的必要；他们的目标既符合北美投资者的利益，又适应艾森豪威尔政府的偏见，如果不是这样的话，他们也乐于修改他们的

---

[1] U.S. Department of State, *Foreign Relations of the United States, 1958-1960,* Vol.6, Washington, D.C.: United States Government Printing Office, 1991, pp.697-698; Samuel Farber, *The Origins of the Cuban Revolution Reconsidered,* Chapel Hill: The University of North Carolina Press, 2006, p.84.

[2] Stephen E. Ambrose, *Ike's Spies: Eisenhower and the Espionage Establishment，* New York: Double Day, 1981, p.308; John Prados, *Presidents' Secret Wars: CIA and Pentagon Covert Operations since World War II,* New York: Morrow, 1986, p.176.

目标，因为他们是长期以来就习惯于机械地仰承美国鼻息的那种人。他们所拥护的是一个已经成为历史陈迹的古巴。①美国政府不断地搜罗这批人，并加紧进行军事训练，准备入侵古巴。

1960年3月中旬，美国决策者多次召开会议，商讨如何尽快有效地"让另一个政府在古巴执政"的问题。海军作战部长伯克强调，当务之急是找到一位古巴领导人，能够将所有反对卡斯特罗的派别联合起来。他表示，如果隐蔽行动不能及时奏效，美国应该准备采取军事行动。艾森豪威尔建议尽快找到一个可以替代卡斯特罗的人选，在此之前他不会下令推翻目前的古巴政府。国务院不愿贸然采取行动。美国驻古巴大使邦萨尔表示，他个人并不认为古巴受共产党领导，卡斯特罗得到了古巴民众的大力支持，美国应该慢慢对付他。赫脱也指出，在佛罗里达的古巴流亡分子很难团结起来，没有人愿意合作建立一个流亡政府。包括艾森豪威尔的国家安全顾问格雷在内的一个白宫顾问小组同样赞成采取外交和经济的措施来对付古巴，认为尽管美国不能与古巴政府相处，但是入侵的方案并不可取，因为现在古巴还缺乏一个可以替代卡斯特罗的领导人，入侵可能会进一步加强古巴政府，而且会遭到世界舆论的谴责。但是在美国政府内，占主导地位的仍然是强硬派。中央情报局计划招募并训练在佛罗里达的古巴流亡分子，由其潜入古巴，对糖厂和其他经济目标实施破坏行动。艾森豪威尔对此表示，他并不反对这样的行动，而且确实认为此类行动是适时的，但是他觉得任何计划都应该有更高的目标，要求艾伦·杜勒斯拟订一份更全面的行动计划。②

很快，美国中央情报局就提交了一份推翻古巴政府的秘密行动计划，主要包括以下内容：（1）在古巴境外建立一个"负责的、有吸引力的、团结的古巴反对派组织"，将古巴境外的180多个反对卡斯特罗的政治派别统一起来，成立"民主革命阵线"，以便统一开展反对古巴政府的行动，并吸引更多的人参加进来；（2）利用长波和短波电台以及报纸、杂志和传单等媒体工具对古巴展开强大的宣传攻势，诋毁古巴领导人，煽动民众对古巴政府的不满，削弱古巴政府的统治基础；（3）建立一个针对古巴的情报和反情报系统，以响应流亡政府的行动；（4）由中央情报局负责，在古巴境外秘密训练部分古

---

① Arthur Schlesinger, *A Thousand Days: John F. Kennedy in the White House,* Boston: Houghton Mifflin, 2002, p.227.

② U.S. Department of State, *Foreign Relations of the United States, 1958-1960,* Vol.6, Washington, D.C.: United States Government Printing Office, 1991, pp.826-827.

巴流亡分子，建立一支准军事部队，为将来在古巴的游击活动做准备，并争取在 1961 年 3 月 1 日之前完成对古巴的登陆行动，最终达到推翻卡斯特罗政府的目的。该计划的代号为"冥王星行动"，其主要目标是要"以一个符合古巴人民的真正利益并能够为美国所接受的政权取代卡斯特罗政权，同时又要避免给人以美国正在干预的印象"。① 显而易见，美国的考虑是，由古巴流亡分子实施行动，即使行动失败，对美国来说也不至于造成灾难性的影响。

3 月 17 日，艾森豪威尔主持召开国家安全委员会会议，商讨对古巴的行动计划。尽管赫脱提出异议，认为缺乏确凿的有关古巴威胁美国国家安全的证据用来说服持怀疑态度的拉美各国政府以及民众，也没有证据表明古巴政府完全听命于苏联，但在艾森豪威尔等人看来，只要该政府继续存在下去，势必会危及美国在整个拉美地区的利益；古巴革命已经对美洲国家的左翼力量起了鼓舞作用，如果古巴没收了美国的资产而不被惩罚，那么其他拉美国家就会起而效仿，从而迫使美国投资者从拉美地区撤走他们的资本。美国对古巴采取行动，不仅对美国有利，而且对整个拉美国家都有好处。艾森豪威尔对中央情报局的工作非常满意，当即批准了"冥王星行动"计划，认为"没有比该计划更好的选择来应对古巴的局势"，并特别强调要在古巴流亡分子中物色到一位领导人来组织流亡政权，负责领导反卡斯特罗政权的秘密与游击行动。他还指示，五角大楼与中央情报局合作训练古巴流亡分子，但是反对任何美国军事人员直接投入战斗。鉴于问题的敏感性，会议要求与会者要严守秘密。自此，"冥王星行动"开始正式实施，由艾伦·杜勒斯任总指挥，中央情报局副局长理查德·比塞尔具体负责。美国政府为此拨款 440 万美元，其中 95 万美元用于政治行动，170 万美元用于宣传，150 万美元用于准军事行动，25 万美元用来进行收集情报。②

艾森豪威尔在其回忆录中清楚地写道："1960 年 3 月 17 日，我对中央情报局下令，要他们主要在危地马拉训练古巴流亡分子，以便为他们可能有朝一日返回古巴做好准备。"尼克松后来也回忆说，"1960 年初，我 9 个月以来一直倡导的主张最终占了上风，中央情报局受命为从卡斯特罗政权逃离出来

---

① U.S. Department of State, *Foreign Relations of the United States, 1958-1960*, Vol.6, Washington, D.C.: United States Government Printing Office, 1991, pp.850-851; James Callanan, *Covert Action in the Cold War*, London: Tauris, 2010, p.158.

② Peter Kornbluh ed., *Bay of Pigs Declassified: The Secret CIA Report on the Invasion of Cuba*, New York: New Press, 1998, p.24.

的古巴人提供武器装备，并训练他们"，最终目的是把古巴"从共产党手里解放出来"。[1]

得到艾森豪威尔的首肯后，中央情报局立即展开行动，最初在美国的佛罗里达州迈阿密建立了训练基地，后移至巴拿马运河区，1960 年 8 月又迁到危地马拉。最初的计划是招募 300 人左右的古巴流亡分子骨干，经过 6—8 个月的训练，将其派往古巴，组织和领导当地的反政府力量，在古巴国内建立一个或多个活跃的行动中心，给养、弹药全由美国空运进去，然后像卡斯特罗当初那样，不断扩大活动范围，争取古巴民众的支持，直到有足够的力量推翻卡斯特罗政府。[2]

美国中央情报局"冥王星行动"的政治活动的部分负责人是霍华德·亨特和盖里·德洛尔。亨特此前在危地马拉从事过几年的新闻工作，是个极端保守派人物。德洛尔则是一个欧洲裔的情报局官员，既不会西班牙语，也没有在拉丁美洲地区工作的经历。宣传攻势由退伍军人戴维·菲利普斯负责，他的主要任务是必须在采取准军事行动之前，对古巴国内展开反对卡斯特罗的宣传攻势。3 月，比塞尔要求他在 2 个月内就把电台建立起来。此时，恰好在联邦德国有一台美军多余的功率为 50 千瓦的电台发射器，中央情报局设法取得，将其运到洪都拉斯附近的天鹅岛，并开始全天 24 小时不间断广播。电台发射器的功率非常大，在夜间足以覆盖整个加勒比海地区，在迈阿密地区也可以收听到；在白天，附近地区都可以听到。5 月 17 日，该电台正式开始了反对古巴政府的宣传活动。与此同时，美国还计划创办报纸和杂志进行反卡斯特罗宣传活动。

6 月间，美国中央情报局纠合古巴流亡分子各派头目，成立了所谓"民主革命阵线"，并将招募到的流亡分子送往危地马拉的特拉克斯营地进行游击战训练。"民主革命阵线"成立后做出的第一个决定就是"卡斯特罗下台后的政府将把卡斯特罗政权所没收的财产归还给它们的美国和古巴原主"。这样，到1960 年 6 月，美国全面展开实施旨在推翻古巴政府的隐蔽行动。

---

[1] 德怀特·艾森豪威尔：《缔造和平》，静海译，北京：三联书店，1974，第 603 页；理查德·尼克松：《尼克松回忆录》，伍任译，北京：世界知识出版社，2000 年，第 245 页。

[2] John Prados, *Presidents' Secret Wars: CIA and Pentagon Covert Operations since World War II*, New York: Morrow, 1986, p.179.

三、美国隐蔽行动计划的调整

　　1960 年秋季，中央情报局改变了原定计划，认为依靠游击战来取得胜利困难太大。原本想依靠古巴国内的反卡斯特罗力量，但中情局很快就清楚地认识到，这类计划不可能实现，因为"根本没有可以指望的抵抗力量"。中央情报局曾向古巴派遣了一些展开破坏活动的小股人员，并空投了一些物资，结果发现在古巴境内"没有指挥和控制网，没有地下力量，没有组织，没有隐蔽点以避开告密者，简直不可能在这个岛上建立起抵抗运动的基地"，这些流亡分子要想在古巴登陆、组织和进行准军事行动几乎是不可能的。比塞尔认为，如果没有最低限度的民众基础，对古巴的渗透行动不可能取得成功，也就不可能对古巴人造成强烈的心理影响，引发全面"起义"或大规模骚乱。[①]

　　美国中央情报局决定由原来的小组渗透和游击战转变为两栖登陆的大规模作战，训练正规作战部队准备发动突然袭击，并由美国提供第二次世界大战遗留下来的 B-26 飞机作掩护。飞机由古巴人驾驶，在古巴实施秘密两栖登陆。这批由古巴流亡分子组成的部队被称为"古巴旅"，下辖 4 个步兵营、1 个摩托化营、1 个空降营和 1 个重武器营。此外，该旅还有 1 个坦克连、1 个装甲支队和若干辅助分队。为了训练古巴飞行员和技师，美国向训练基地提供了 15 架 B-26 轰炸机和 12 架运输机。[②] 中央情报局的计划是，首先由 600—650 名装备精良、全副武装的流亡分子在古巴东南部的特立尼达附近登陆，占领并守住滩头阵地，吸引更多的反卡斯特罗分子参加，最终希望能引发一场全面骚乱。中央情报局之所以选中特立尼达作为入侵点，是因为此地有一个海港和一个可以防御的滩头堡，距离古巴政府军较远，并且易于潜入附近的山区。行动的计划者们乐观地相信，一旦登陆部队在海滩上站稳脚跟，就会得到古巴民众的支持。该计划就是日后猪湾入侵的雏形。

　　8 月中旬，艾森豪威尔召集盖茨、参谋长联席会议主席莱曼·莱姆尼策、

---

　　① Stephen E. Ambrose, *Ike's Spies: Eisenhower and the Espionage Establishment*，New York: Double Day, 1981, pp.311-312; Piero Gleijeses, "Ships in the Night: The CIA, the White House and the Bay of Pigs", *Journal of Latin American Studies*, Vol.27, No.1, 1995, pp.10-11.

　　② 朱明权主编：《20 世纪 60 年代国际关系》，上海：上海人民出版社，2001 年，第 239 页；白建才：《"第三种选择"：冷战期间美国对外隐蔽行动战略研究》，北京：人民出版社，2012 年，第 252 页。

艾伦·杜勒斯和比塞尔等人讨论"冥王星行动"的进展情况。比塞尔报告说：对古巴的强大宣传攻势已在进行；建立一支古巴流亡人员的准军事力量已取得进展；训练营地已从迈阿密迁往巴拿马运河区，现在又迁往危地马拉；但古巴流亡政府至今尚未组成，也未能在古巴建立抵抗组织。正是在此次会议上，艾森豪威尔批准给予1300万美元用于该行动，并授权可以使用国防部的人员和装备，要求五角大楼与中央情报局通力合作训练古巴流亡分子。艾森豪威尔再次明确指出，计划中的所有作战行动都要通过古巴人而不是美国人来实行，必须尽快建立一个受欢迎的、真正反对卡斯特罗的古巴流亡政府。随着1960年总统大选日期的临近，艾森豪威尔特别希望在选举日之前就推翻卡斯特罗，认为这对共和党来说是"重要的得分，一张真正的王牌"，指示中央情报局要加快行动步伐。[①] 随后，一批美国军官前往危地马拉，对古巴流亡分子进行两栖入侵作战训练。

10月31日，中央情报局官员通知在危地马拉训练流亡分子的官员，美国政府即将展开对古巴的行动，要求做好充分准备。具体行动包括：计划派遣不超过60人的渗透小组；攻击力量由一个或几个步兵营组成，每营大约有600人；通过空投和海上运送进攻部队，其使命是获得并守卫目标区域内的一块立足点，为日后进一步行动建立基地；攻击部队需要接受常规军事训练；要求美国政府动用美国陆军特种部队军官来训练攻击部队的指挥官；攻击部队不会少于1500人。11月初，比塞尔、艾伦·杜勒斯批准了这一新计划。中央情报局要求将进行游击战训练的人数减少至60人，其他将转而进行两栖登陆和空投训练。根据中情局古巴行动负责人霍金斯的说法，自11月4日开始招募、组织、装备和训练一支具有较大规模的地面部队，计划达到1500人的规模。[②] 中央情报局试图先由流亡分子在古巴建立一个桥头堡，接着将"民主革命阵线"执行委员会空运至古巴，宣布成立临时政府，然后请求美国政府给予援助。

11月29日，艾森豪威尔就"冥王星行动"的进展情况再次召开会议，要求中央情报局"抓住更多的机会，采取更为积极的行动"，同时尽量避免美国

---

① U.S. Department of State, *Foreign Relations of the United States, 1958-1960,* Vol.6, Washington, D.C.: United States Government Printing Office, 1991, pp.1057-1060; Stephen E. Ambrose, *Ike's Spies: Eisenhower and the Espionage Establishment,* New York: Double Day, 1981, p.312.

② Don Bohning, *The Castro Obsession: U.S. Covert Operations Against Cuba, 1959-1965,* Washington, D.C.: Potomac Books, 2005, pp.22-23.

的公开卷入。大部分与会人员认为有必要将古巴流亡分子武装由当时的 500
多人扩大到 2000—3000 人的规模，并赞成将原来的行动方式由游击战转变
为入侵。据此，中情局拟订了新的计划，并确定了在古巴登陆的具体方案。①
12 月初，中情局将入侵计划提交给负责特别行动的一个部际秘密委员会，主
要内容包括：在实施两栖登陆前向古巴派遣 60—80 人的小分队；从尼加拉瓜
起飞的战斗机对古巴的军事目标发动空袭，以摧毁古巴的空军；由 600—750
名装备精良并能独立作战的突击队员在古巴海岸实施两栖登陆。行动的目标
是要在古巴沿海地区占领并扼守一块滩头阵地，以此吸引并鼓励古巴的反政
府力量，在哈瓦那引发暴动，制造混乱，美国则承认由流亡分子建立的临时
政府，并派遣维和部队。②

　　虽然美国国防部和参谋长联席会议对此计划并不热心，对该计划根本未
加认真审议，但这一计划却得到了最高决策者的赞同。艾森豪威尔表示，现
在时机可能已经成熟，可以在古巴流亡分子中间组织一个反卡斯特罗的阵
线，并从中选出一个可以接受的政府首脑，美国愿意迅速予以承认，"如果可
能的话，最好在 1 月 20 日以前"。他一再强调，"我们应该尽快采取行动"。
但他同时也表示，在有了一个能获得古巴流亡分子广泛支持的流亡政府之
前，他不会批准使用准军事部队的计划，希望在离任之前能承认一个流亡政
府。艾森豪威尔要求有关部门不断对行动计划进行评估，并鼓励中央情报局
采取更为大胆的行动。③

　　建立流亡政府的设想在艾森豪威尔任内没有成功。比塞尔后来在接受采
访时承认，与古巴流亡分子的合作是件很困难的事情，"我们实际上不得不在
古巴人之中强行促成某种联盟，他们在政治上从未取得充分的一致，不可能
组成一个紧密团结的、有效的、并由古巴人指挥的组织，更不必说由这一组
织来进行训练、制订行动计划、担负后勤补给、搜集机密情报或者其他诸如
此类的事情。由于不可能建立起这样一个古巴人的组织，如果要使这项行动
继续下去，美国没有别的选择，只好让一个美国的组织（即中央情报局）来

　　① U.S. Department of State, *Foreign Relations of the United States, 1958-1960*, Vol.6, Washington, D.C.: United
States Government Printing Office, 1991, pp.1126-1131.

　　② U.S. Department of State, *Foreign Relations of the United States, 1958-1960*, Vol.6, Washington, D.C.: United
States Government Printing Office, 1991, p.1175.

　　③ U.S. Department of State, *Foreign Relations of the United States, 1958-1960*, Vol.6, Washington, D.C.: United
States Government Printing Office, 1991, pp.1188-1189.

实际上做出所有的决定"。①

1961 年 1 月初，艾森豪威尔与其顾问就古巴问题进行商议。安德森再次提议对古巴直接采取军事行动。但在最高决策者看来，要使美国民众支持政府的这一行动，除非古巴向美国提出了明确而又严重的挑衅。赫脱建议，美军可以对关塔那摩海军基地发动"攻击"，然后嫁祸于古巴人，这样美国就有了采取行动的理由。比塞尔警告说，不管做出什么决定，必须尽快实施，如果在 3 月初仍不采取行动，那些正在受训的古巴流亡分子的士气将大受影响。艾森豪威尔指出，美国现在只有两个合理的选择：支持古巴人在 3 月份开始采取行动；放弃行动。他非常赞成第一个选择，表示"当我们在 20 日移交工作时，我们的继任者应继续改进和加强训练，一旦这些古巴人被很好地组织起来，就开始按计划采取行动"。他要求比塞尔尽量扩大古巴旅的规模，并向其提供更多的武器。他同时表示，一旦物色到一位合适的领导人，他准备立即予以承认。古德帕斯特警告说，中央情报局正在建立起一支相当庞大的军队，它既不对任何政府负责，也不与任何政府发生联系，而且这个行动正在形成一股它自身的、将难以制止的势头。艾森豪威尔安抚说，中央情报局只是在积聚一些资本，不是要使美国陷入入侵古巴或这类事情中去；利用这些流亡分子与否，完全决定于政治形势的发展，不用去担心。会议决定，美国继续加强对古巴流亡分子的训练，同时扩大受训人数，并采取一切手段向古巴境内的反政府力量提供物资支持。②

1960 年 11 月，共有 475 名古巴流亡分子接受中情局的训练，到艾森豪威尔卸任前，这一数字升至 644 名。按照中央情报局的设想：训练人数达到 750 人左右，然后在古巴海岸实施两栖登陆，占领一小块区域作为立足点；美国将为入侵部队提供空中支持；入侵部队的主要任务是想法存在下去，并保持完整性，而不是进一步发动进攻，除非古巴境内爆发大规模的反政府起义或美国军队进行公开的干预；期望入侵行动能在古巴引发一场全面暴动，并在古巴军队和民兵中造成广泛的骚乱；入侵部队必须牢牢控制住一块立足点，既可作为数千名反叛者的集结地，同时也是临时政府的驻地，美国将承

---

① Stephen E. Ambrose, *Ike's Spies: Eisenhower and the Espionage Establishment,* New York: Double Day, 1981, pp.312-313.

② U.S. Department of State, *Foreign Relations of the United States, 1961-1962*, Vol.10, Washington, D.C.: United States Government Printing Office, 1998, pp.4-5.

认这一新政权，并给予公开的军事援助，同时也期望其他美洲国家能承认这一政权，这就为美国的干预铺平了道路，其结果是迅速推翻卡斯特罗政府。中央情报局确信，倘若美国的行动能成功地在古巴触发一场全面骚乱，"这将有助于在数周之内推翻卡斯特罗政权"。①

四、制约美国采取行动的主要原因

艾森豪威尔在其任内没有实施对古巴的入侵行动。究其原因，主要包括以下方面：其一，美国决策者对行动后果难以把握，担心在政治上给美国造成严重的负面影响。其二，在美国的古巴流亡分子都是一群乌合之众，并且内部矛盾重重，缺乏领导古巴的能力，对古巴民众毫无影响力和吸引力。其三，艾森豪威尔任期届满，准备时间较短，而且在大选中共和党败北，不敢贸然行事。虽然如此，美国中央情报局和国防部的相关部门并没有因此而停止策划对古巴的隐蔽行动，仍然在不断评估针对古巴的各种应急计划，包括在必要时动用美国军队推翻古巴政府。

1960 年 11 月 28 日，中情局向当选总统肯尼迪汇报了有关美国对古巴实施隐蔽行动的方案。12 月初，艾森豪威尔将一份题为"古巴与拉丁美洲"的备忘录交给肯尼迪，强调古巴是美国实现拉丁美洲政策目标的"最大的危险"。1961 年 1 月中旬，由美国国务院、国防部、中央情报局和参谋长联席会议的代表组成了一个委员会，负责对美国的入侵行动进行评估、协调。16日，艾森豪威尔卸任前数日，美国国防部提出报告，认为美国有三种选择：第一，由美国陆军、海军和空军对古巴采取单方面的行动；第二，由美国训练、支持的古巴人和拉美其他国家反卡斯特罗分子组成的"志愿部队"对古巴实施入侵；第三，美军与拉美各国反卡斯特罗分子的"志愿部队"协同行动。报告认为，除非得到拉美国家舆论的大力支持，或者是一些拉美国家象征性地参与行动，否则，美国单方面对古巴使用武力将会对美国在加勒比海和拉美地区的声誉产生严重影响。因而，在采取这一方案前，应通过美洲国

① Piero Gleijeses, "Ships in the Night: The CIA, the White House and the Bay of Pigs", *Journal of Latin American Studies*, Vol.27, No.1, 1995, p.17; Peter Kornbluh ed., *Bay of Pigs Declassified: The Secret CIA Report on the Invasion of Cuba*, New York: New Press, 1998, pp.281-282.

家组织或经过选择的拉美国家，设法谋求对古巴政府的谴责，并使美国的行动得到拉美国家公开的支持。当然，如果古巴对关塔那摩发动攻击，或者是准备发起攻击，这将为美国的行动提供了理由，并减少因此而给美国在"自由世界"声誉所造成的负面影响。至于第二种选择，报告认为，这将产生很多问题，包括后勤支援、训练经费等等。入侵部队能否在古巴立足，还取决于古巴国内反对卡斯特罗力量的强弱、临时政府和"志愿部队"领导人受民众欢迎的程度。在国防部看来，只有动用美军才能确保行动的成功，第二种方案并不可取，单靠美国的后勤支持并不能完成推翻古巴政府的任务。第三种选择为最佳方案，既能实现推翻卡斯特罗政府的意图，又能更好地获得古巴民众的支持。很显然，在美国军方看来，中央情报局的隐蔽行动计划根本无法动摇古巴政府，完成这一任务只能动用美国军队。19日，艾森豪威尔将美国正加紧训练古巴流亡分子一事告诉了肯尼迪，并表示美国应尽最大限度地帮助古巴的反政府力量，建议新政府继续物色领导这支力量的人员和制订入侵古巴的具体方案。他强调，从长远来看，美国决不能容忍卡斯特罗政府在古巴的存在。[①]

艾森豪威尔在其回忆录中坚持说，他从未批准过一个具体的入侵计划，因为流亡者从未有过一个统一的政治领导。按照他的说法，美国政府曾经有一个方案而非计划。他拒绝为肯尼迪发动的猪湾入侵行动承担任何责任，坚持在其任内"甚至没有讨论过战术或行动计划"，没有一个明确的何时、何地、如何使用准军事部队的计划。[②]这显然并不符合历史的事实。

艾森豪威尔政府的古巴政策给其继任者留下了一笔非常复杂的遗产。肯尼迪执政后，如何处理中情局训练的那批古巴流亡分子成为他面临的一个颇为棘手的难题。在肯尼迪的不少顾问看来，如果拒不批准入侵行动，那么他看上去就像是个"卡斯特罗的绥靖者"和"胆小鬼"，这将对美国国内政治产生严重影响，肯尼迪就会面临"一场政治大爆炸"，共和党人将借此大肆抨击政府，指责他对古巴心慈手软，不敢采取断然行动，破坏了原来共和党的计划，坐失一次推翻古巴政府的机会。具体负责对古巴实施隐蔽行动的比塞尔

① U.S. Department of State, *Foreign Relations of the United States, 1961-1963*, Vol.10, Washington, D.C.: United States Government Printing Office, 1997, pp.36-40, 44; Peter Kornbluh ed., *Bay of Pigs Declassified: The Secret CIA Report on the Invasion of Cuba*, New York: New Press, 1998, pp.283-284.

② John Prados, *Presidents' Secret Wars: CIA and Pentagon Covert Operations since World War II,* New York: Morrow, 1986, p.193; Stephen Ambrose, *Eisenhower: The President*, New York: Simon and Schuster, 1984, p.640.

认为，"唯一公平的说法是，肯尼迪政府的确继承了这样一个军事组织，除了允许其采取行动外，很难有其他的处理方式"。①因而，尽管对入侵古巴的前景忧心忡忡，肯尼迪政府依然批准了中央情报局的行动计划，确定在猪湾登陆，结果以惨败而告终，并为此付出了高昂的政治代价。

（原刊于《世界近现代史研究》第十四辑，北京：社会科学文献出版社，2017 年）

---

① Stephen E. Ambrose, *Ike's Spies: Eisenhower and the Espionage Establishment,* New York: Double Day, 1981, p.315.

美国肯尼迪政府对古巴的应急作战计划

　　古巴革命胜利以来，美国政府一直对其奉行政治上敌视、外交上孤立、经济上封锁的政策，致使两国关系长期处于紧张的对峙状态。不仅如此，肯尼迪执政后，美国政府还曾秘密制订了一整套应急作战计划，试图通过空袭、入侵等方式推翻卡斯特罗领导的古巴政府，建立一个亲美政权。

　　长期以来，围绕这一问题，人们各执一词。曾担任肯尼迪政府国防部长的罗伯特·麦克纳马拉、国家安全事务助理麦乔治·邦迪、肯尼迪的特别助理小阿瑟·施莱辛格、负责拉美事务的助理国务卿埃德温·马丁等人和一些美国学者对此坚决予以否认。麦克纳马拉和邦迪都声称，美国"绝对没有入侵古巴的计划"，高层决策者中没有人认真考虑过对古巴采取军事行动，不论是白宫还是五角大楼都没有以武力推翻古巴政府的企图，更没有讨论过采取这类行动。他们强调"入侵行动与美国的历史格格不入，是完全不能接受的"，即使肯尼迪的顾问建议这么做，他也不会同意，"肯尼迪总统从来没有谈起过我们应在某些特定情况下入侵古巴"。施莱辛格进一步表示，美国从未制订过入侵古巴的秘密计划，如果肯尼迪试图入侵古巴，那么核武器在古巴的发现无疑为实施这一行动提供了一个天赐良机，但他却拒绝行动。马丁认为，美国对古巴的行动基本上是经济的，而非军事的，旨在通过禁运、采取破坏手段来为古巴经济制造困难，提高苏联援助古巴的代价，并采取外交手段减少古巴和苏联在拉美地区的影响。①

　　一些美国学者持大致相同的观点，不承认肯尼迪政府有任何针对古巴的

---

　　① James G. Blight, Bruce J. Allyn and David A. Welch eds., *Cuba on the Brink: Castro, the Missile Crisis, and the Soviet Collapse*, New York: Pantheon Books, 1993, pp.141, 160-161, 289-290; Bruce J. Allyn, James G. Blight and David A Welch eds., *Back to the Brink: Proceedings of the Moscow Conference on the Cuban Missile Crisis*, Lanham: University Press of America, 1992, p.9; James G. Blight and David A. Welch eds., *On the Brink: Americans and Soviets Reexamine the Cuban Missile Crisis*, New York: Hill & Wang, 1989, pp.249-250.

应急作战计划。即使在相关的档案资料公开之后，还有一些学者称，这些应急计划不过是美国对苏联向古巴提供军事援助所做出的"预防性反应"而已。[①]20 世纪 90 年代以来，美国学者开始对古巴导弹危机前美国的应急作战计划进行了初步研究，揭示了美国对古巴所采取的种种隐蔽破坏行动，但大部分论著对此问题仍讳莫如深，鲜有提及。[②]古巴和苏联（俄罗斯）的学者则坚持认为，1962 年初美国准备实施进攻古巴的计划，目的就是要"彻底消灭古巴"，正是因为苏联向古巴提供了包括导弹在内的军事援助才阻止了美国的入侵。[③]现依据近年来解密的美国档案文献，特别是有关军方的资料，对肯尼迪政府的应急作战计划的制订、发展变化、未能实施的原因以及它所产生的影响进行全面、系统地考察，旨在从一个独特视角阐释 20 世纪 60 年代初期美国对古巴的政策。

一、"猫鼬行动"与军事干预双管齐下

1959 年古巴革命胜利后，由于美国政府对菲德尔·卡斯特罗领导的革命政权采取了一系列敌视政策，致使两国关系急剧恶化。肯尼迪执政后，尽管古巴方面曾通过各种途径表示"准备重新开始"，愿意与美国进行谈判以改善双边关系，但美国决策者对此置若罔闻，无意与哈瓦那和解。肯尼迪认为，古巴已成为"最大危险的来源"，"威胁着整个西半球的安全"，是共产党国家在美洲"进行渗透、颠覆活动的基地"，严重危及美国在该地区的霸权地位。古巴问题已经不单是古巴与美国关系的问题，而是美苏冷战的一个重点。他特别担心，卡斯特罗政权的存在会在拉美地区引起"多米诺骨牌"效应，出

---

① Raymond F. Garthoff, *Reflections on the Cuban Missile Crisis*, Washington, D.C.: Brookings Institution, 1989, pp.6-7, 9, 50; Bruce J. Allyn, James G. Blight and David A. Welch, "Essence of Revision: Moscow, Havana and the Cuban Missile Crisis", *International Security*, Vol.14, No.3, Winter 1989/1990, pp.146-147.

② James G. Hershberg, "Before the Missiles of October: Did Kennedy Plan a Military Strike against Cuba?", *Diplomatic History*, Vol.14, No.2, Spring 1990; Michael C. Desch, "That Deep Mud in Cuba: The Strategic Threat and U.S. Planning for a Conventional Response during the Missile Crisis", *Security Studies*, Vol.1, No.2, 1991.

③ Wayne S. Smith, *The Russian Aren't Coming: New Soviet Policy in Latin America*, Boulder: Lynne Rienner Publishers, 1992, p.163; James G. Blight, Bruce J. Allyn and David A. Welch eds., *Cuba on the Brink: Castro, the Missile Crisis, and the Soviet Collapse*, New York: Pantheon Books, 1993, p.151.

现"另一个古巴",因而决意推翻古巴政府。[1]在肯尼迪执政的最初几个月里,入侵古巴成为美国决策者讨论的一个主要问题。1961年4月17日,由美国一手组织、训练和装备的古巴流亡分子1400多人在古巴南部的猪湾登陆,结果以惨败而告终。但这并没有使美国决策者改变对古巴政策的目标,所改变的只是手段和方法。

肯尼迪的一些自由派顾问多次奉劝他谨慎行事,强调应对古巴"威胁"的主要手段是加快推行"争取进步联盟"计划,因为经济与社会的发展是"确保共产主义影响不会扩展到整个拉丁美洲的最好办法";建议通过美洲国家组织集体的努力来促使古巴发生变革,明确表示不赞成对古巴采取直接行动。助理国务卿鲍尔斯提醒肯尼迪,"卡斯特罗固然对美国来说是个灾难,但是更大的灾难是忽视造就他并使其能够存在下去的各种力量"。[2]但在决策者看来,这些建议太软弱了。司法部部长罗伯特·肯尼迪强调,"我们实在不能认输",必须采取某种强有力的和决定性的行动,否则莫斯科就会认为美国人是"纸老虎"。他认为"摊牌"的时间已经到了,因为再过一两年局势将变得更为恶化。[3]在猪湾事件发生后的最初几天里,美国决策者讨论了各种措施来对付古巴,以雪入侵失败之耻,他们"感情冲动,几近野蛮"。麦克纳马拉等人后来都承认,入侵行动失败后,美国对古巴的政策"简直就是歇斯底里"。[4]正是在这种情绪和心态的支配下,美国对古巴的"猫鼬行动"计划和应急作战计划应运而生。

美国国务院政策规划室主任沃尔特·罗斯托认为,卡斯特罗领导的古巴对美国构成了五大威胁:有可能成为苏联部署进攻性空中力量和导弹的基地;可能会加强自身常规军事力量建设,这不仅导致西半球的军备竞赛,同时还威胁到其他拉美国家的独立;可能会构筑秘密的颠覆行动网络,以此从内部

---

① Herbert Parmet, *JFK: The Presidency of John F. Kennedy*, New York: Penguin Books, 1986, pp.46-47; Trumbull Higgins, *The Perfect Failure: Kennedy, Eisenhower, and the CIA at the Bay of Pigs*, New York: Norton, 1987, pp.58-59.

② Mike Mansfield, "The Cuban Aftermath", May 1, 1961, DNSA/Cuba; Arthur S. Schlesinger, *Robert Kennedy and His Times*, Boston: Houghton Mifflin, 1978, p.473.

③ U.S. Department of State, *Foreign Relations of the United States, 1961-1963*, Vol.10, Washington, D.C.: United States Government Printing Office, 1997, pp.302-304.

④ Chester Bowles, *Promises to Keep: My Years in Public Life, 1941-1969*, New York: Harper & Row, 1971, pp.330-331; Thomas G. Paterson ed., *Kennedy's Quest for Victory: American Foreign Policy, 1961-1963*, New York: Oxford University Press, 1989, p.123; Don Bohning, *The Castro Obsession: U.S. Covert Operations against Cuba, 1959-1965*, Washington, D.C.: Potomac Books, 2005, p.92.

对其他拉美国家造成威胁；古巴的意识形态对美国构成一种道义和政治上的攻击；古巴作为一种成功的革命模式对一些拉美国家具有一定吸引力。因而，美国应制订一份全面的应急计划，一旦国家利益需要时即动用美军推翻古巴政府。[①]一个由助理国防部部长保罗·尼采领导的特别研究小组得出了与此相似的结论。中央情报局和国务院情报研究处的联合工作小组则进一步指出，卡斯特罗政权的继续存在将从根本上改变拉美国家与美国的关系，美国的克制将被拉美各国视为软弱的证据。[②]由肯尼迪的军事顾问马克斯韦尔·泰勒领导的一个研究小组也上书肯尼迪，强调卡斯特罗"构成了真正的威胁，有能力最终推翻任何一个或多个拉美共和国中选举产生的政府"，美国不可能与古巴现政权作为邻居长期共存下去，必须立即采取积极措施，拟定新的政治、军事、经济和心理等各种行动计划。报告指出美国对古巴的政策面临两种选择：一是被动地"等待古巴内部的不和最终导致卡斯特罗政权的垮台"；二是采取积极措施，促使该政权尽早倒台。[③]

美国决策者在5月5日的国家安全委员会会议上确定，对古巴的政策应当是"旨在让卡斯特罗倒台"；虽然目前美国不宜对古巴实施军事干预，但决不应排除将来军事干预的可能性，"我们或许迟早要以武力干预古巴事务"。肯尼迪指示中央情报局密切关注苏联对古巴的军事援助情况，以便确定日后美国军事干预古巴的程度，同时要与政府其他部门一道研究古巴的"脆弱性"。[④]

经过一段时间的反复谋划，11月30日，肯尼迪正式批准了一项代号为"猫鼬行动"的秘密行动计划，旨在使用一切可资利用的资源，通过古巴流亡分子的准军事行动，采取破坏、挑起骚乱乃至暗杀等手段，削弱并最终推翻卡斯特罗领导的革命政权。[⑤]为了协调行动，并加强对行动的监控，避免猪湾

---

① Rostow, "Notes on Cuba Policy", April 24, 1961, DNSA/Cuba, No.53.

② U.S. Department of State, *Foreign Relations of the United States, 1961-1963*, Vol.10, Washington, D.C.: United States Government Printing Office, 1997, pp.422, 459-460; Laurence Chang and Peter Kornbluh eds., *The Cuban Missile Crisis, 1962: A National Security Archive Documents Reader*, New York: The New Press, 1992, p.4.

③ U.S. Department of State, *Foreign Relations of the United States, 1961-1963*, Vol.10, Washington, D.C.: United States Government Printing Office, 1997, pp.605-606.

④ U.S. Department of State, *Foreign Relations of the United States, 1961-1963*, Vol.10, Washington, D.C.: United States Government Printing Office, 1997, pp.476-479, 481-483.

⑤ U.S. Department of State, *Foreign Relations of the United States, 1961-1963*, Vol.10, Washington, D.C.: United States Government Printing Office, 1997, p.688.

事件的重演，肯尼迪指示建立了一个高级部际特别扩大小组，任命泰勒为该小组负责人，成员包括罗伯特·肯尼迪、麦乔治·邦迪、中央情报局局长约翰·麦科恩等，国务卿迪安·腊斯克、国防部部长罗伯特·麦克纳马拉等在必要时也参与讨论。"猫鼬行动"的计划制订、实施则由曾在菲律宾和越南指挥过反叛乱行动的国防部官员爱德华·兰斯代尔具体负责。

同猪湾入侵计划不同的是，根据"猫鼬行动"计划，要想根本解决古巴问题，需要美国进行公开的军事干预。"猫鼬行动"只不过是为美军的干预进行前期准备，创造必要的先决条件。美国决策者试图通过"猫鼬行动"和应急作战计划双管齐下，里应外合，一举达到推翻古巴政府的意图。一位负责行动实施的中情局官员称，"猫鼬行动"应该"最大限度地使用中情局和军方的资源"来挑起古巴内部的骚乱，或诱使古巴对美国人的生命财产进行挑衅，从而为美国的全面军事干预提供"正当理由"，否则，"猫鼬行动"就没有什么意义。时任海军作战部长的乔治·安德森后来也承认，"猫鼬行动"与应急作战计划是相辅相成、互为呼应的。① 实际上，在"猫鼬行动"计划正式出笼之前，美国决策者就已指示军方制订针对古巴的作战方案，准备进行直接军事干涉，推翻卡斯特罗政府。据此，麦克纳马拉要求参谋长联席会议（以下简称"参谋长联席会议"）尽快提交报告，主要内容应包括：对古巴的军事实力进行评估；分析实现推翻古巴政府这一目标的各项计划，如全面海空封锁或军事入侵等；美国所需动用的军队以及完成任务所需要的时间；美军行动的时间表和具体行动的说明；估计美军和古巴军队的伤亡情况；行动过程中各种应急情况的预案；对古巴采取行动期间美军在世界其他地区的兵力部署情况，特别是应对潜在的老挝、越南和柏林军事冲突的能力。②

美国参谋长联席会议认为，除非美国立即采取强有力的行动，否则古巴将变成共产主义阵营的一员，"其后果对于西半球的安全来说是灾难性的"，"古巴将成为共产党国家向业已不稳定的、潜伏着危险的拉美国家输出革命的一个基地"；美国对古巴政策的主要目标在于"尽快推翻卡斯特罗政权，建立

---

① Lawrence Freedman, *Kennedy's Wars: Berlin, Cuba, Laos and Vietnam,* New York: Oxford University Press, 2000, p.157; James G. Hershberg, "Before the Missiles of October: Did Kennedy Plan a Military Strike against Cuba?", *Diplomatic History*, Vol.14, No.2, Spring 1990, pp.195-196.

② U.S. Department of State, *Foreign Relations of the United States, 1961-1963*, Vol.10, Washington, D.C.: United States Government Printing Office, 1997, pp.306-307.

一个亲美的政府"。① 参谋长联席会议表示，美国对古巴的任何军事行动都会遭到世界舆论的强烈反对，苏联会进一步加强古巴的防御力量，共产党国家会因此展开强大的反美宣传攻势，包括在联合国谴责美国。因而，任何军事行动都必须做到迅速、干净、势不可挡，给世人造成既成事实。参谋长联席会议提出了五种行动方案：海空封锁，阻止共产党国家的武器装备和人员进入古巴；公开支持古巴的反政府力量；美洲国家组织对古巴进行军事干预；由来自拉美各国的"志愿者"加入美国对古巴的公开行动；美国单方面采取军事行动。参谋长联席会议认为只有最后一项方案才能在最短的时间内实现美国确定的目标，并能产生最大程度的冲击效果，负面影响是会招致不少国家的强烈批评，拉美国家会因此而对美国愈发不信任。不过军方确信，如果能迅速采取决定性的行动推翻卡斯特罗政府，届时包括对美国持批评态度的所有国家都会接受既成事实。不仅如此，美国也会因对共产党国家采取果断行动而重新赢得"自由世界"的信任。参谋长联席会议强调，如果美国采取公开行动，就必须确保成功，并要做到速战速决，建议精心策划一场事端，这样美军就可以"师出有名"，减少国际社会的负面反应。参谋长联席会议表示，美军需要 18 天的准备时间，进攻开始后 6—8 天可以控制哈瓦那，完全占领古巴则需要 1 个月左右的时间，最佳攻击时间应不晚于 7 月，并估计地面部队的各种伤亡率为 16%。②

肯尼迪、麦克纳马拉等人审议了军方的这一报告，指示应最大限度地减少美军和古巴人的伤亡，并确保行动取得成功，要求将准备时间缩短至 5—7 天，用 6 万兵力在 8 天之内完全控制古巴。麦克纳马拉与参谋长联席会议商议后决定，在美军大陆司令部、战术空军司令部和海军陆战队司令部的协助下，由美军大西洋司令部的一个特别小组承担拟订快速空袭或入侵古巴的应急作战计划，目标是在最短的时间内"推翻卡斯特罗政府，迅速控制古巴，恢复并保持那里的法律与秩序，帮助建立一个对美国友好、支持美国政府的政权"。③

---

① U.S. Department of State, *Foreign Relations of the United States, 1961-1963*, Vol.10, Washington, D.C.: United States Government Printing Office, 1997, pp.57-58.

② U.S. Department of State, *Foreign Relations of the United States, 1961-1963*, Vol.10, Washington, D.C.: United States Government Printing Office, 1997, pp.371-383.

③ U.S. Department of State, *Foreign Relations of the United States, 1961-1963*, Vol.10, Washington, D.C.: United States Government Printing Office, 1997, pp.405-406; US Army, "U.S. Army in the Cuban Crisis", January 1963, DNSA/Cuba, No.2819, p.1.

　　据此，美国军方各部门开始加紧准备。1961 年 5 月初，参谋长联席会议正式指示大西洋司令部司令罗伯特·丹尼森尽快拟定对古巴的行动计划，确定并着手部署所需各类部队及装备，要求在接到指令 5 日内即可发起突然攻击，确保在尽可能短的时间内推翻古巴政府，并对古巴局势和关塔那摩海军基地进行有效的控制。[①] 8 月初，参谋长联席会议提出了日后应急作战计划的雏形：经过 18 天的准备，在航空母舰、战斗机的支援下，出动 5.3 万人的陆军和 2 个空降师（2.3 万人），10 日之内完全控制古巴。[②] 肯尼迪在国家安全委员会会议上强调，尽管用武力解决古巴问题的时间还不成熟，但美国必须为此而做好各项准备，机会一旦出现，即可采取行动。[③]

　　根据美国最高决策者的要求，1962 年 1 月兰斯代尔拟订了对古巴的行动计划，旨在"帮助古巴人从内部推翻共产党政权，建立一个美国可以与之和平相处的新政权"，要求国防部准备一份应急作战方案，以便必要时对古巴直接采取军事行动，支持古巴的反政府力量；中央情报局提出实施破坏行动的具体方案，并进一步收集相关情报，对古巴的政治、经济和军事情况做出最新的评估；国务院拟订对古巴施加更大经济压力的各项措施。[④] 2 月下旬，兰斯代尔敦促美国政府必须尽快采取行动，并为此制订了一份行动时间表：1962 年 3 月开始启动计划，8—9 月进入游击战阶段，10 月在古巴挑起公开的骚乱，并最终推翻共产党政权，建立一个新的古巴政府。在他看来，最重要的是，一旦在古巴出现公开骚乱，美国政府必须立即做出反应，公开动用军事力量来"支持古巴人推翻卡斯特罗"。他特别强调，美国独立革命之所以能够取得成功，在很大程度上是因为获得了国外及时的，强有力的政治、经济和军事援助；对古巴行动的最终成功需要美国的军事干预。[⑤]

---

① U.S. Department of State, *Foreign Relations of the United States, 1961-1963*, Vol.10, Washington, D.C.: United States Government Printing Office, 1997, p.423, 516-517.

② U.S. Department of State, *Foreign Relations of the United States, 1961-1963*, Vol.10, Washington, D.C.: United States Government Printing Office, 1997, pp.638-639.

③ U.S. Department of State, *Foreign Relations of the United States, 1961-1963*, Vol.10, Washington, D.C.: United States Government Printing Office, 1997, p.710.

④ U.S. Department of State, *Foreign Relations of the United States, 1961-1963*, Vol.10, Washington, D.C.: United States Government Printing Office, 1997, pp.710-718; Fabian Escalante, *The Cuba Project: CIA Covert Operations, 1959-62*, New York: Ocean Press, 2004, pp.99-100.

⑤ Laurence Chang and Peter Kornbluh eds., *The Cuban Missile Crisis, 1962: A National Security Archive Documents Reader*, New York: The New Press, 1992, pp.23-37; U.S. Department of State, *Foreign Relations of the United States, 1961-1963*, Vol.10, Washington, D.C.: United States Government Printing Office, 1997, pp.745-747.

这一计划得到了美国高层的首肯。罗伯特·肯尼迪表示，只要能推翻卡斯特罗，可以采取任何措施；肯尼迪总统对除掉卡斯特罗十分感兴趣，这是解决古巴问题的可能途径，也是美国政府最优先的行动，其他都是第二位的；无论花费多少时间、金钱、精力或人力，都在所不惜。[①]"猫鼬行动"计划确定可以基于以下两点来实施：第一，美国将最大限度地利用古巴人来推翻卡斯特罗政权，同时也认识到行动的最终成功需要美国"决定性地"介入；第二，鼓励古巴人采取行动，这不仅是为美国的军事干预进行必要的准备，而且也是提供理由，并有助于干预行动取得成功。[②]

"猫鼬行动"同猪湾入侵计划一样有一个致命的错误，即过高估计了古巴国内的反政府力量，认为只要挑起骚乱，就会形成群起响应的局面。这当然是策划者的一厢情愿，他们没有认识到或者是不愿承认古巴政府得到了中下层民众的广泛支持这一基本事实。根据中情局的报告，"卡斯特罗政权有充分的民众支持，在可预见的未来有能力对付任何可能的内部威胁的发展"；虽然古巴面临着严重的经济困难，但这些困难并不是不可克服的。在中情局看来，不论是在古巴国内还是在流亡分子中间，缺乏一个富有生命力的领导层，而且也不会很快就建立起来。[③]

美国情报委员会的评估报告同样认为，在古巴部分地区存在着"抵抗活动"，但这种活动很有限，并缺乏相互协调，古巴政府有能力对其进行控制。随着古巴从苏联及东欧国家不断获得武器装备，其平息叛乱或击退入侵的能力已大为增强。[④]国务院情报研究处处长罗杰·希尔斯曼也明确表示，兰斯代尔的行动计划在很大程度上依赖于古巴国内存在一个政治行动组织，并获得了大多数古巴民众的支持，但是"我还没有看到有关这一组织存在的任何确凿情报"，甚至看不到在短期内这一组织建立起来的前景；除非美国直接出兵

---

① U.S. Department of State, *Foreign Relations of the United States, 1961-1963*, Vol.10, Washington, D.C.: United States Government Printing Office, 1997, p.720; James G. Hershberg, "Before the Missiles of October: Did Kennedy Plan a Military Strike against Cuba?", *Diplomatic History*, Vol.14, No.2, Spring 1990, p.175.

② U.S. Department of State, *Foreign Relations of the United States, 1961-1963*, Vol.10, Washington, D.C.: United States Government Printing Office, 1997, pp.771-772; Laurence Chang and Peter Kornbluh eds., *The Cuban Missile Crisis, 1962: A National Security Archive Documents Reader*, New York: The New Press, 1992, p.38.

③ CIA Special National Intelligence Estimate 85-61, "The Situation and Prospects in Cuba", November 28, 1961, DNSA/Cuba, No.118.

④ U.S. Department of State, *Foreign Relations of the United States, 1961-1963*, Vol.10, Washington, D.C.: United States Government Printing Office, 1997, p.771; CIA National Intelligence Estimate 85-62, "The Situation and Prospects in Cuba", March 21, 1962, DNSA/Cuba, No.188.

干预，否则不可能推翻卡斯特罗政府。[①]

为实施"猫鼬行动"，美国政府可谓是煞费苦心。国防部、参谋长联席会议提出的行动计划主要包括：破坏军事和商用通信线路和设施，目标是电话和电报公司、电视台和广播电台；进行反卡斯特罗宣传，利用设在佛罗里达、牙买加或美国军舰上的电台和电视台以及投放传单等方式广泛散布谣言，诋毁古巴政府和领导人，降低卡斯特罗在民众心目中的地位，并在古巴民众中间制造混乱；通过通信干扰破坏或降低古巴空军的全天候拦截能力；通过秘密使用腐蚀性材料来引发古巴飞机、汽车或船只事故，以此来降低古巴民众对这些设施的信任，并为古巴造成公共设施的供给和维护等方面的问题，同时还可以严重影响古巴的作战能力；佯装进攻关塔那摩海军基地，并称系古巴军队所为，然后入侵古巴，"如果实施顺利的话，不出几个小时就可以推翻卡斯特罗"；在古巴制造一些爆炸事件，最大限度地干扰古巴政府，并造成混乱；在华盛顿和迈阿密地区故意制造一些恐怖事件，然后指控古巴对此负责，并以此对古巴采取行动。[②]

与"猫鼬行动"相呼应，1961 年底至 1962 年初，美国军方初步拟就了对古巴的应急作战计划。鉴于决策者希望缩短实施行动的准备时间，参谋长联席会议和大西洋司令部分别拟定了"314 行动计划"和"316 行动计划"，两者都是大规模入侵古巴的方案，只是前者需要准备行动的时间较长，在收到指令 18 日后同时实施空袭和两栖登陆，而后者则要求快速行动，下达命令 5 日后实施空袭，3 日之后再进行两栖登陆。两者所需部队相同，包括 2 个空降师、1 个装甲师、1 个陆军师及其他支援部队。[③]国防部将完成对古巴的各项应急作战计划列为首要任务，要求确保美国决定性的军事干涉能力，缩减反应时间，将"314 行动计划"所需反应时间从 18 天压缩至 4 天，"316 行动计划"的反应时间由 5 天缩至 2 天，这样一旦古巴出现了合适机会，即可迅速采取行动。在大西洋司令部看来，随着古巴军事力量的不断增强，而美国投入的兵力有限，准备实施"316 行动计划"的时间不宜再压缩，建议基于

---

① U.S. Department of State, *Foreign Relations of the United States, 1961-1963*, Vol.10, Washington, D.C.: United States Government Printing Office, 1997, pp.747-748.

② Laurence Chang and Peter Kornbluh eds., *The Cuban Missile Crisis, 1962: A National Security Archive Documents Reader*, New York: The New Press, 1992, pp.54-61.

③ CINCLANT Historical Account of Cuban Crisis, DNSA/Cuba, No.3087, pp.17, 20-21; Jean Moenk, USCONARC Participation in the Cuban Crisis 1962, October 1963, DNSA/Cuba, No.3164, pp.4-5, 16.

"314 行动计划"行事，美国国防部却倾向于速战速决。[1]

在此情形下，美国参谋长联席会议和大西洋司令部又拟定了"312 行动计划"，作为实施上述两项应急计划的开始，要求首先对古巴的目标实施快速、突然的空中打击，从对某一特定目标到对有选择的多个目标的大规模打击，乃至对古巴的全面空袭。计划规定，在攻击命令发出之后的 24—72 小时内，应随时可以发动进攻。空袭力量包括 1 艘航空母舰、1 个歼击机中队、2 个海军陆战队飞行大队和 17 个空军战斗机中队。[2]国防部建立了一个特别小组，由国防部、参谋长联席会议和军事情报局等部门的代表组成，旨在协调各部门的行动，并指定专人负责与"猫鼬行动"特别扩大小组之间的联系。肯尼迪向古巴流亡分子的一位领导人表示，美国准备用武力解决古巴问题，这需要动用 6 个师的兵力。[3]

美国军方对尽早实施应急作战计划有些迫不及待，认为在今后 9—10 个月内古巴爆发内乱的可能性不大，美国不能坐等机会的到来，有必要制造事端，为美国的军事干预寻找正当的理由。为此，参谋长联席会议提出了一系列可以采取的挑衅举措，其中包括举行大规模军事演习，通过骚扰和欺骗手段使古巴方面确信入侵迫在眉睫，从而促其做出某种反应，一旦出现机会，美军即可由演习转变为实际的干预；在关塔那摩精心策划一系列事端，并给人以古巴所为的感觉，借机采取行动；袭击古巴邻国和美国的运输船只，干扰美国民航，并在公海攻击民航客机，然后嫁祸于古巴，等等。参谋长联席会议认为，时间对古巴有利，古巴问题必须在短期内尽快得到解决，军事干预是唯一的解决办法，无论是内部骚乱还是外部的政治、经济或心理压力都不足以使古巴政府倒台，而且美军的干预可以做到速战速决，不会触发一场大战，确保在苏联做出反应之前有效地控制住古巴局势。参谋长联席会议再次重申，美国不能容忍古巴共产党政权在西半球长期存在下去，否则拉美国家就会纷纷落入苏联阵营，苏联也可能会在古巴建立军事基地。军方领导人还向肯尼迪表示，入侵之后，只需要一个约 1.5 万人的步兵师就足以控制整

---

① U.S. Department of State, *Foreign Relations of the United States, 1961-1963*, Vol.10, Washington, D.C.: United States Government Printing Office, 1997, pp.749-756; Jean Moenk, USCONARC Participation in the Cuban Crisis 1962, DNSA/Cuba, No.3164, p.17.

② Lawrence Kaplan et al., *History of the Office of the Secretary of Defense*, Vol.5, Washington, D.C.: Historical Office of the Secretary of Defense, 2006, p.200.

③ Tomas Diez Acosta, *October 1962: The Missile Crisis as Seen from Cuba*, New York: Pathfinder, 2002, p.87.

个古巴。[1]

毫无疑问，情报部门对苏联行为的判断进一步鼓舞了军方。根据中情局的报告，如果美国进攻古巴，苏联将不会向古巴提供有效的援助，"几乎可以确定，苏联不会为了挽救卡斯特罗政权而诉诸全面战争"，很可能是采取各种手段向美国施加政治和心理压力，并谋求在联合国通过谴责美国侵略古巴的决议。[2]

二、美国应急作战计划的拟定

1962年秋季，随着美国国会中期选举的临近和越来越多的苏联船只驶往古巴，古巴再度成为美国国内政治斗争的焦点。共和党利用有关苏联在古巴建设导弹基地的传言，指责政府对苏联在古巴咄咄逼人的攻势采取了消极的无所作为政策，把古巴问题说成是"政府优柔寡断的可悲象征"。参议员肯尼思·基廷频频发表有关古巴的讲话，声称有"可靠的证据"表明苏联在古巴有火箭、雷达、坦克、两栖登陆艇等装备，并正在建设中程导弹基地，数千名苏联士兵已经部署到岛上，要求肯尼迪立即采取有力措施以捍卫正在遭受苏联破坏的"门罗主义"。他警告说，美国正处在历史的十字路口，"如果我们不在古巴采取决定性的行动，我们将在柏林和世界其他地区面临更多而不是更少的麻烦"；从长远来说，无所作为和接受古巴的现状将导致自"失去中国"以来整个美国外交政策最大的失败。参议员霍默·凯普哈特、斯特罗姆·瑟蒙德等要求政府立即入侵古巴，推翻卡斯特罗政府，以"保卫美国的利益"。[3]共和党议员皮尔逊称，美国在多米尼加、越南、老挝、泰国采取干涉政策，而让苏联控制了古巴，这就使得古巴成为西半球的柏林墙，"一道耻辱之墙，一个犹豫不决、无所作为的象征"。9月初，美国国会还通过了两名

---

[1] Walter S. Poole, *The Joint Chiefs of Staff and National Policy, 1961-1964*, Vol.8, Washington, D.C.: Office of Joint History/Office of the Chairman of the Joint Chiefs of Staff, 2011, pp.160-161; Mark J. White ed., *The Kennedys and Cuba: The Declassified Documentary History*, Chicago: Ivan R. Dee, 1999, pp.110-115, 118-119.

[2] U.S. Department of State, *Foreign Relations of the United States, 1961-1963*, Vol.10, Washington, D.C.: United States Government Printing Office, 1997, p.785.

[3] Robert Weisbrot, *Maximum Danger: Kennedy, the Missiles, and the Crisis of American Confidence*, Chicago: Ivan R. Dee, 2001, p.83; Dino Brugioni, *Eyeball to Eyeball: The Inside Story of the Cuban Missile Crisis*, New York: Random House, 1991, pp.112-114.

议员起草的一份议案，授权肯尼迪必要时可动用军事力量解决古巴问题，以此向世人表明美国的决心和意志。这两名议员称，从美国的重要利益和国家安全的角度来看，"古巴的局势不仅非常严峻，而且正变得越来越糟"，美国领导人必须尽快采取有效的、决定性的行动。根据一位美国新闻记者的说法，在当时的华盛顿，主战派如同 1898 年鼓动发起美西战争的"鹰派"分子一样活跃。①

共和党之所以抓住古巴问题大做文章，很大程度上旨在赢得 11 月的国会中期选举。正如肯尼迪的一名顾问所言，自从猪湾惨败之后，古巴一直是肯尼迪政府一个最沉重的政治负担，是政治上"唯一致命的弱点"。共和党参、众两院竞选委员会宣称，古巴问题"将成为 1962 年竞选运动的主要问题"，"是共和党一笔最大的资产"。②而对于肯尼迪来说，确保一个民主党控制的国会是非常重要的。资深参议员富布赖特评论说：如果肯尼迪不能控制国会，并得到国会的合作，"那么他这一届政府将是一个失败"。不仅如此，民主党议员也要求肯尼迪对古巴采取强硬态度，至少在军事上"有所表示"，否则他们将不得不"在古巴问题上抛弃他"。③

古巴问题也成为美国公众和媒体谈论的焦点。1962 年 9 月的盖洛普民意测验表明，24% 的受访民众将古巴列为美国面临的最主要问题，71% 的人要求对古巴采取强硬行动。④《时代》周刊主张援引"门罗主义"，以"外科手术般的速度和效率"对古巴实施大规模军事入侵。《生活》周刊载文称，"对古巴进行干涉或者不进行干涉的决定，现在所牵涉的不仅是美国的威望而且是美国继续生存的问题"。《国会季刊》的调查显示，1962 年 9 月底至 10 月初，报纸编辑和国会议员谈论最多的问题就是古巴问题，而将老年人的医疗保健问题列为第二大问题。英国《经济学家》评论说，此时整个美国国内对"古

---

① Jeremy Pressman, "September Statements, October Missiles, November Elections", *Security Studies*, Vol.10, No.3, Spring 2001, p.88; Arthur M. Schlesinger, *Robert Kennedy and His Times*, Boston: Houghton Mifflin, 1978, p.506; David Larson ed., *The Cuban Crisis of 1962*, Boston: Houghton Mifflin, 1963, pp.5-6.

② Theodore Sorensen, *Kennedy*, New York: Harper & Row, 1965, pp.669-670; Arthur M. Schlesinger, *Robert Kennedy and His Times*, Boston: Houghton Mifflin, 1978, p.506.

③ Thomas G. Paterson and William J. Brophy, "October Missiles and November Elections: The Cuban Missile Crisis and American Politics", *Journal of American History*, Vol.73, No.1, June 1986, p.88; Robert Dallek, *An Unfinished Life: John F. Kennedy, 1917-1963*, Boston: Little, Brown and Company, 2003, p.540.

④ Tom Smith, "The Cuban Missile Crisis and U.S Public Opinion", *Public Opinion Quarterly*, Vol.67, No.2, Summer 2003, pp.266-267.

巴问题"简直是"走火入魔"。[1]

随着苏联在古巴活动的日益频繁，再加上来自国会和舆论的压力，美国政府决定加快实施"猫鼬行动"和应急作战计划。政治上，通过广播、传单等手段进一步诋毁古巴政府；鼓励、支持拉美国家的反古行动；拟定古巴政府倒台后新政府的组成计划。

经济上，强化对古巴的禁运；对古巴的主要工厂和公共设施，特别是通信、交通和发电站等进行大规模的破坏活动；利用各种手段减少古巴农产品的出口，摧毁其经济命脉。情报方面，广泛招募和培训有关情报人员，最大限度地扩大情报来源。

军事上，继续不断完善对古巴的应急作战计划，确保最大限度地做好军事干预准备，以压倒性优势消灭古巴军队；在古巴主要城市和其他选择的地区招募、训练小规模的反政府力量，并向其提供武器、弹药和其他装备。兰斯代尔敦促政府应明确承诺，必要时将使用武力帮助古巴反政府分子推翻现政权；或者使用挑衅手段，借机直接出兵古巴。[2]他特别要求国防部、参谋长联席会议准备一份报告，分析美国对古巴军事干预的后果和可能造成的影响；人员和物资的消耗；持续占领的可能性；国家动员的程度；古巴民众的反抗等。军方向"猫鼬行动"特别扩大小组通报说，已经做好一切行动准备，接到指令18天后即可展开空投和两栖登陆，10日之内控制古巴主要的军事设施和城市；6—12小时之内即可对所选择的目标进行空袭；24小时之内对古巴进行有效的海空封锁，全面封锁约需48小时。8月初，参谋长联席会议和国防部完成了评估报告，认为古巴对美军入侵的军事反应主要是由古巴军队抵抗的意愿、他们所获得的武器以及使用这种武器的能力所决定的，古巴军队可能会进行激烈的反抗，继而力图守住某些关键地点，也可能最后开展持久的游击战。报告警告说，随着苏联向古巴提供越来越多的现代化武器，并帮助训练其军队，使其作战能力大大增强，推翻古巴政府的任务因而变得更为紧迫。报告的倾向性很明显，行动越早，成功的可能性也就越大。[3]

---

[1] Robert Weisbrot, *Maximum Danger: Kennedy, the Missiles, and the Crisis of American Confidence*, Chicago: Ivan R. Dee, 2001, p.86; James Nathan, *Anatomy of the Cuban Missile Crisis*, Westport: Greenwood Press, 2001, p.84.

[2] U.S. Department of State, *Foreign Relations of the United States, 1961-1963*, Vol.10, Washington, D.C.: United States Government Printing Office, 1997, pp.976-999.

[3] U.S. Department of State, *Foreign Relations of the United States, 1961-1963*, Vol.10, Washington, D.C.: United States Government Printing Office, 1997, pp.868-869, 917-920.

　　"猫鼬行动"几乎从开始就遭到中情局局长约翰·麦科恩等人的反对，他们非常怀疑能够在古巴成功地发动一场"起义"，认为除非美国公开进行军事干预，否则对古巴施加的外交、政治和经济压力就不会取得既定目标；随着时间的推移，苏联的大量援助会使古巴政府变得更为强大，并完全倒向莫斯科一边，要求美国政府"使用军队摧毁古巴政权，占领、解放古巴"。[①] 8月初，美国中央情报局完成了分析报告，结论是卡斯特罗牢牢控制着古巴，古巴军队几乎可以肯定会支持和捍卫现政府，在目前形势下完全有能力平息任何反叛行动。[②] 泰勒也坦承，如果没有美军的直接介入，看不到卡斯特罗政权被推翻的可能性。[③] 8月23日，肯尼迪同意尽一切努力加快实施"猫鼬行动"，以挑起反对古巴政府的大规模骚乱，必要时美国将进行军事干预，并要求国防部制订计划，准备摧毁古巴对美国可能实施核打击的任何设施。[④]

　　由于古巴政府采取了严密的防范措施，美国策划的各种破坏活动进展迟缓，这令美国领导人大为光火，要求采取"新的、更为有力的"大规模行动，向古巴派遣更多的破坏小组，以削弱卡斯特罗政府，为美军的直接干预创造有利机会。美国发现苏联在古巴的导弹基地后，"猫鼬行动"暂时停止。据古巴方面统计，自1962年1月至8月，古巴流亡分子共在716处实施了5780次破坏行动和恐怖袭击，其中不少是针对重要的工业和公共设施。[⑤] 美国没有达到挑起内乱、推翻古巴政府的目的，但给古巴经济和社会造成了一定的危害，并在很大程度上促使古巴领导人向苏联寻求支持和帮助，以对抗美国可能的直接入侵，确保国家的安全。在古巴和苏联领导人看来，这些破坏活动只不过是美国大规模军事干预的前奏。

　　尽管在实施"猫鼬行动"方面成效不大，美国对古巴的应急作战计划却得到大幅完善，从西海岸向加勒比海地区调集了大量军队、轰炸机和舰艇等，

---

　　① U.S. Department of State, *Foreign Relations of the United States, 1961-1963*, Vol.10, Washington, D.C.: United States Government Printing Office, 1997, pp. 790-792, 800-801, 955-956.

　　② CIA Naiontal Intelligence Estimate 85-2-62, "The Situation and Prospects in Cuba", August 1, 1962, DNSA/Cuba, No.256.

　　③ U.S. Department of State, *Foreign Relations of the United States, 1961-1963*, Vol.10, Washington, D.C.: United States Government Printing Office, 1997, pp.947-949; Mary McAuliffe ed., *CIA Documents on the Cuban Missile Crisis*, Washington, D.C.: CIA History Staff, 1992, p.23.

　　④ U.S. Department of State, *Foreign Relations of the United States, 1961-1963*, Vol.10, Washington, D.C.: United States Government Printing Office, 1997, pp.957-958.

　　⑤ Clara Nieto, *Masters of War: Latin American and U.S. Aggression from the Cuban Revolution through the Clinton Years*, New York: Seven Stories Press, 2003, p.79; Tomas Diez Acosta, *October 1962*, p.85.

在东南沿海各基地储备了充足的燃油、弹药和各种作战物资，并加强了该地区的防空能力。英国政府同意美国在巴哈马群岛的一个小岛上预先存放作战物资和装备，条件是这只是一个"君子协议"，不签署正式文件，并要求美国在使用这些物资、装备时应事先取得英国同意。① 一位参与制订应急作战计划的海军官员回忆：当时政府正从各地调集军队和飞机，"实际上我们所做的一切都是为了准备入侵古巴"。另外一位在两栖登陆部队中负责情报工作的官员也承认，"我们一直都在训练并准备发动大规模的两栖进攻"，并"仔细研究了各种地图和可能的登陆滩头"。② 同时，为了摧毁古巴经济，美国军方也在加紧准备对古巴实施海空封锁，认为这一措施可以在相对短的时间内使古巴经济陷于停滞，特别是石油禁运，对古巴经济的影响将是灾难性的，古巴经济会因此陷于崩溃。③

根据 8 月初美国国防部、参谋长联席会议拟定的计划，首先实施海空封锁，继而集中力量进行空袭，在海军配合下摧毁古巴空军，并尽可能地破坏其大炮、坦克和防空能力；对古巴发动进攻的部队主要包括 2 个空降师，1 个步兵旅，1 支装甲部队，1 个海军陆战队师，由海军组成的 1 支攻击和掩护部队及两栖登陆部队，17 个战斗机中队和 53 个运输机中队。鉴于美国决策者一直要求减少反应时间，计划确定实施空袭需要 8 小时的准备时间，5 日之内可进行空降，3 日之后再实施两栖登陆。④

随着古巴防御系统的不断加强，特别是在发现了地对空导弹之后，美国军方对应急作战计划做了较大幅度的修改。战术空军司令沃尔特·斯威尼建立了一个工作小组，负责拟订计划，以便在空降部队和两栖登陆行动之前，能够更好地对古巴进行战术空中打击，彻底摧毁古巴空军的指挥系统。肯尼迪、麦克纳马拉与参谋长联席会议讨论了对苏联在古巴的地对空导弹基地发动空中打击的可行性，以及美国可能遭受的伤亡，指示空军和海军飞行员进行模拟攻击训练，强调要确保对应急作战计划不断进行完善，必须考虑到苏

① US Marine Corps Emergency Action Center, "Summary of Items of Significant Interest", DNSA/Cuba, No.571.

② Norman Polmar and John Gresham, *Defcon-2: Standing on the Brink of Nuclear War during the Cuban Missile Crisis*, Hoboken: John Wiley & Sons, 2006, p.133. Mark J. White, *Missiles in Cuba*, Chicago: Ivan R. Dee, 1998, p.76.

③ U.S. Department of State, *Foreign Relations of the United States, 1961-1963*, Vol.10, Washington, D.C.: United States Government Printing Office, 1997, pp.1082-1083.

④ U.S. Department of State, *Foreign Relations of the United States, 1961-1963*, Vol.10, Washington, D.C.: United States Government Printing Office, 1997, pp.916-917, 918; Laurence Chang and Peter Kornbluh eds., *The Cuban Missile Crisis, 1962: A National Security Archive Documents Reader*, New York: The New Press, 1992, p.48.

联的装备和技术人员源源不断地涌入古巴这一因素。肯尼迪还要求军方考虑重建一支古巴人的武装力量，以便参与实施应急作战计划。[1]9月初，国防部副部长罗斯韦尔·吉尔帕特里克向肯尼迪表示，尽管古巴的进攻与防御能力都较前有了很大提高，参谋长联席会议认为按照目前的应急作战计划，美军可以应对任何新的威胁。14日，海军作战部敦促参谋长联席会议尽早采取行动，推翻古巴政府，担心古巴的防御体系一旦完成，苏联就会在古巴建立进攻性基地，并部署核武器，届时如果美国再发动进攻则会付出更高昂的代价，甚至有可能引发一场大战。[2]18日，空军开始进行模拟轰炸飞行训练，以便实施"312行动计划"，各项要求都与实战要求大体相当。27日，斯威尼将作战计划提交给空军参谋长柯蒂斯·莱梅和大西洋司令部，并获批准。[3]

按照"312行动计划"，美军将在6小时内投入152架飞机，12小时内增至384架飞机，24小时内出动470架飞机对古巴实施空袭，以摧毁古巴的空军和导弹设施，削弱其进行战争的能力。打击目标首先是机场、导弹基地、雷达及其他防空设施；其次是有选择性地摧毁其交通和通信设施；再次是部队和炮火的集结地及海军舰艇等。入侵计划确定在古巴东、西部发起进攻，进入古巴境内的部队应在目标区域内迅速集结，切实保护区域内的机场和港口，同时要有能力对哈瓦那地区实施占领。西部地区是主战场，进攻之日由美军第82和第101空降师将空降部队送往指定的6个区域，占领哈瓦那附近的4个主要机场以及马里埃尔港口。在此区域作战的部队包括第1和第2步兵师、第1装甲师和海军陆战队第5特遣旅等，另有第4、第5步兵师和第2装甲师为机动预备队。在东部，主要是加强关塔那摩海军基地的力量。计划投入的作战兵力为146700人和300多辆坦克，整个入侵行动至少需要660架运输机和130多艘舰艇，这将是第二次世界大战结束以来美国进行的

① U.S. Department of State, *Foreign Relations of the United States, 1961-1963*, Vol.10, Washington, D.C.: United States Government Printing Office, 1997, p.1081; Lawrence Kaplan et al., *History of the Office of the Secretary of Defense*, Vol.5, Washington, D.C.: Historical Office of the Secretary of Defense, 2006, p.203.

② Walter S. Poole, *The Joint Chiefs of Staff and National Policy, 1961-1964*, Vol.8, Washington, D.C.: Office of Joint History/Office of the Chairman of the Joint Chiefs of Staff, 2011, p.162.

③ U.S. Air Force Historical Division Liaison Office, The Air Force Response to the Cuban Crisis, DNSA/Cuba, No.1361, p.21; U.S. Atlantic Command, CINCLANT Historical Account of Cuban Crisis, pp.19, 162.

规模最大的入侵行动。[1]

10月1日，麦克纳马拉、参谋长联席会议新任主席泰勒审议了对古巴的应急作战计划，商讨了在何种情况下对古巴采取军事行动以及采取何种行动等问题，并确定到10月20日最大限度地完成空袭和入侵行动的一切准备。[2]麦克纳马拉要求五角大楼就行动准备、所需动用的军事力量以及行动后果等进行研究，提出具体的行动方案，同时强调应急作战计划的政治目标是消除苏联进攻性武器对美国的安全威胁，同时推翻卡斯特罗政府。他表示，实现第二个目标更为困难，一旦实现第一个目标，应集中力量确保完成第二项目标。[3]

据此，丹尼森下令所属各部采取一切可能的措施，力争到10月20日最大限度地完成实施各项作战计划的准备工作，包括在佛罗里达各基地储备大量的燃油和弹药；进一步加强东南沿海地区的防空能力和关塔那摩海军基地的防卫；将海军陆战队第5特遣旅从西海岸调至加勒比海地区等。军方对攻击目标清单不断地进行修正，将在马里埃尔港的苏联导弹巡逻艇也列入空袭的首要目标之中。[4]肯尼迪要求空军部门模拟建造苏联地对空导弹发射台，以便进行轰炸演练。但在五角大楼看来，古巴飞机的混凝土掩体要比地对空导弹发射台更难于摧毁。因而，战术空军司令部在内华达一空军基地建造了古巴机场使用的混凝土防弹掩体模型，用来进行投弹演练和分析轰炸效果。麦克纳马拉向肯尼迪表示，"已经采取措施以确保我们对古巴的应急作战计划随时更新"，打击目标清单已经分发给飞行员；一旦确定了新的导弹发射台，在

---

① Walter S. Poole, *The Joint Chiefs of Staff and National Policy, 1961-1964*, Vol.8, Washington, D.C.: Office of Joint History/Office of the Chairman of the Joint Chiefs of Staff, 2011, p.164; Michael C. Desch, "That Deep Mud in Cuba: The Strategic Threat and U.S. Planning for a Conventional Response during the Missile Crisis", *Security Studies*, Vol.1, No.2, 1991, p.336.

② Adam Yarmolinsky, "Department of Defense Operations During the Cuban Crisis", February 12, 1963, DNSA/Cuba, No.2925, p.1; U.S. Atlantic Command, CINCLANT Historical Account of Cuban Crisis, p.39.

③ U.S. Atlantic Command, CINCLANT Historical Account of Cuban Crisis, pp.41-42; U.S. Department of State, *Foreign Relations of the United States, 1961-1963*, Vol.11, Washington, D.C.: United States Government Printing Office, 1996, pp.6-7.

④ "Personal History or Diary of Vice Admiral Alfred G. Ward", DNSA/Cuba, No.2616; Adam Yarmolinsky, "Department of Defense Operations During the Cuban Crisis", February 12, 1963, DNSA/Cuba, No.2925, p.8.

收到相关资料的数小时之内即可将其列入攻击目标清单。[①]

10 月 6 日,丹尼森再次要求有关各部做好实施应急作战计划的准备,指示参与作战行动的航空母舰及海军陆战队应尽可能驻守在有利位置,以便减少开始行动的反应时间。大西洋司令部还为空袭部队准备了有关打击目标、路径和防空情况的详细资料,并开始准备对古巴实施海上封锁。[②]12 日,参谋长联席会议就空袭和入侵行动的各项准备和减少反应时间进行了研究,要求参战部队充分估计可能遇到的各种突发事件及应对措施,并对实施行动计划的准备事宜做出了具体安排。15 日,麦克纳马拉与参谋长联席会议一起再次审议了应急作战计划,并决定做出如下调整:缩减反应时间;为地面作战部队增派 1 个装甲师;部署 1 个步兵师作为后备力量;计划出动 24—36 艘驱逐舰和 1 艘航空母舰执行封锁任务;部署 450—500 架飞机实施空袭计划;"314 行动计划"需要首先出动 3.2 万人的空降和两栖登陆部队,在随后的 18 日之内将作战部队增至 8 万人;"316 行动计划"要求在进攻之日出动 4.9 万人的部队同时实施空降和两栖登陆,5 日后使作战部队增至 6 万人,16 天内达到 8 万人。参谋长联席会议提出,由拉美国家出动象征性的部队参加行动,并与美洲国家组织和联合国进行协商,以减少美军对古巴军事行动所造成的负面影响。作为应急作战计划的辅助方案,大西洋司令部还开始准备实施心理战行动。[③]

为进一步完善对古巴的应急作战计划,提高部队的两栖和协调作战能力,并借机进行军事部署,1962 年 4—5 和 8—10 月间,美国在加勒比海和西大西洋地区接连举行大规模军事演习。在为期两周的代号为"快速打击II"的军事演习中有 4 个陆军师、8 个战斗机中队、2 个战术侦察机中队参加,总人数达 7 万人,五角大楼称之为"美国军事史上和平时期进行的规模最大的军

---

① U.S. Department of State, *Foreign Relations of the United States, 1961-1963*, Vol.11, Washington, D.C.: United States Government Printing Office, 1996, pp.10-11; Robert McNamara, "Presidential Interest in SA-2 Missiles System and Contingency Planning for Cuba", October 4, 1962, DNSA/Cuba, No.515.

② U.S. Atlantic Command, CINCLANT Historical Account of Cuban Crisis, pp.39-40; John M. Young, *When the Russians Blinked: The U.S. Maritime Response to the Cuban Missile Crisis*, Washington, D.C.: US Marine Corps, 1990, pp.66-67.

③ US Army, "US Army in the Cuban Crisis", p.2; U.S. Atlantic Command, CINCLANT Historical Account of Cuban Crisis, p.46; Mark J. White ed., *The Kennedys and Cuba: The Declassified Documentary History*, Chicago: Ivan R. Dee, 1999, pp.167-168.

事演习"。①根据丹尼森的建议，国防部决定于 10 月 15 日在波多黎各附近的一个小岛进行为期三周的演习，参加演习的有 2 万名海军和 4000 名海军陆战队士兵，以及 4 艘航空母舰、20 艘驱逐舰和 15 艘运输舰，演习内容主要是在一个假想的敌对国家实施两栖登陆，推翻 Ortsac（卡斯特罗名字的倒写）的统治。②

古巴导弹危机期间，麦克纳马拉曾向国会议员坦承，"肯尼迪总统和我们曾五次商讨过这一计划"，军方"已做好一切行动准备"；入侵古巴需要动用 25 万人的兵力，其中 9 万为陆军；为确保成功，并尽可能减少美军伤亡，入侵前首先出动 2000 架次飞机进行持续数天的轰炸。美国一系列大规模军事演习引起了古巴和苏联领导人的高度关注，确信美国正准备对古巴采取军事行动，古巴面临着前所未有的危险局面。卡斯特罗宣布全国进入紧急状态，命令所有部队做好战斗准备。③

三、军方力主空袭和入侵

1962 年 10 月 16 日美国发现苏联在古巴的导弹基地后，肯尼迪立即召集其主要顾问组成国家安全委员会执行委员会商讨对策，并逐渐形成了空袭和封锁两大派意见。邦迪、麦科恩、尼采、前国务卿迪安·艾奇逊等为代表的所谓"鹰派"都强烈主张对导弹基地尽早实施"外科手术式"的突然空袭，认为这样可以干净利落地解决苏联的导弹，给世人造成既成事实，并借以显示美国保护其重要利益的决心。起初，肯尼迪兄弟也对这一方案表示赞成。麦克纳马拉、副国务卿乔治·鲍尔、国务院顾问卢埃林·汤普森等少数人则主张实行海上封锁，反对采取"珍珠港式"的突袭，强调这不符合美国的传统，有悖于美国的价值观念，并将严重损害美国的道义立场。

美国军方力主通过军事手段解决问题。16 日，参谋长联席会议对美国应

---

① Richard Ned Lebow and Janice Gross Stein, *We All Lost the Cold War*, Princeton: Princeton University Press, 1994, p.26.

② U.S. Atlantic Command, CINCLANT Historical Account of Cuban Crisis, pp.2-3.

③ U.S. Department of State, *Foreign Relations of the United States*, *1961-1963*, Vol.11, Washington, D.C.: United States Government Printing Office, 1996, p.159; Philip Brenner, "Cuba and the Missile Crisis", *Journal of Latin American Studies*, Vol.22, No.1, 1990, pp.121-122.

做出何种反应进行了讨论，强烈反对只对导弹基地进行有限的空袭，认为这样会失去打击的突然性，招致苏联和古巴对美国以及关塔那摩海军基地的报复性攻击。在军方领导人看来，与其进行有限的空袭还不如不采取军事行动，因为那将产生难以接受的危险，并使美国遭受不必要的伤亡，要求对凡是影响到美国及其军队的所有重大军事目标进行强有力的大规模空中打击，一天出动700—1000架次的飞机，连续轰炸5天，打击目标包括所有的导弹基地、飞机、防空系统、可疑的核武器储藏地、坦克、登陆艇等，同时全面封锁古巴，加强关塔那摩海军基地的力量，并准备实施入侵。在他们看来，实现古巴政权更迭的时间和机会已经到来，军事行动的目标"应是消除对美国的威胁，同时解放古巴"。[①]泰勒强调，苏联在古巴的导弹基地极大地改变了美苏之间的战略平衡，提高了苏联打击美国本土的能力，必须消除这些基地，只有采取突然袭击的办法才能做到这一点；为了阻止苏联将更多的导弹运入古巴，空袭的同时还必须对古巴实施海上封锁。他向肯尼迪表示，空袭并不能保证摧毁所有的导弹基地，第一次打击至多能摧毁90%，对随后发现的目标应立即进行持续性空袭。[②]

自始至终，美国军方领导人的立场一直非常明确：动用压倒性的军事力量击败在古巴的苏联军队和古巴军队，推翻卡斯特罗政府，这是一劳永逸解决古巴问题的唯一办法。海军作战部长乔治·安德森日后表示：参谋长联席会议认为，导弹的存在为美国入侵古巴、推翻卡斯特罗政权提供了很好的借口，美国政府应该立即采取直接的行动，彻底消除距离美国只有90英里（约145千米）的"威胁"，这的确是一个理想的机会；几个月以来，"我们的研究小组一直在考虑各种使美国干预古巴正当化的可能手段，甚至考虑挑起古巴对美国率先采取某种行动，这样美国就可以入侵古巴，导弹危机正是我们一直所期望的事件"，"毕竟，我们一直在寻找这样的机会"。[③]参谋长联席会议建议，应首先对导弹基地、机场、鱼雷艇等所有重要的军事目标进行大规模的突然空袭，然后全面封锁古巴并实施入侵。军方领导人认为，苏联不会因

---

① "Notes Taken from Transcripts of Meetings of the Joint Chiefs of Staff", November 15, 1962, DNSA/Cuba, No.1183, pp.3-4; Anatoli Gribkov and William Smith, *Operation Anadyr: U.S. and Soviet Generals Recount the Cuban Missile Crisis*, Chicago: Edition q, 1994, pp.125-126.

② Ernest R. May and Philip D. Zelikow eds., *The Kennedy Tapes: Inside the White House during the Cuban Missile Crisis*, Cambridge: Harvard University Press, 1997, pp.58-59, 63.

③ Anderson Oral History, April 25, 1967, pp.4-5, John F. Kennedy Library; George Anderson, "The Cuban Blockade: An Admiral's Memoir", *The Washington Quarterly*, Vol.5, No.4, Autumn 1982, p.84.

为古巴而发动全面战争，可能会对柏林、中国沿海岛屿，或者伊朗、土耳其、韩国等施加新的压力。根据联合战略考察委员会的报告，如果美国进攻古巴，苏联很可能在柏林采取报复行动，但不会出兵占领。为了预防全面战争的爆发，军方领导人建议将携带核武器的轰炸机进行疏散，全球美军做好战斗准备，发动大规模空袭的时间最早应在 21 日，但他们倾向于 23 日进行；最早可能的入侵日期是 28 日，但 30 日最佳。①

10 月 19 日，肯尼迪就美国所应采取的行动与参谋长联席会议进行商议。他表示非常担心如果进攻古巴，苏联很可能会夺取柏林，届时美国的行动将失去盟国的支持，因为英国、法国更为关注欧洲的局势。泰勒和空军参谋长柯蒂斯·莱梅明确表示不同意这一观点，称如果美国对苏联在古巴的所作所为保持克制，将对美国与盟国的关系造成严重影响，柏林局势会进一步恶化，苏联将感到美国"软弱可欺"而"猛击柏林"。相反地，如果对古巴采取强有力的措施，就会威慑苏联不敢在欧洲轻举妄动。莱梅坚持认为，直接进行军事打击是解决问题的唯一办法，封锁以及政治谈判将被视为一种相当软弱的反应，不仅使苏联人有时间将导弹藏匿在树林或掩体中，而且只能导致战争，"采取这种办法几乎如同慕尼黑绥靖政策一样糟糕"。他宣称，"除了现在就进行直接军事干预外，我看不出还有什么别的解决办法"。②

其他几位军方领导人都对此表示赞成。安德森认为，从军事上说，对古巴实施封锁会导致与苏联在海上立即发生对抗，而且对于已在古巴的那些导弹不起任何作用，反而给苏联和古巴更多的时间装配导弹和"伊尔"轰炸机，并使其做好战斗准备；倘若美国随后再采取军事行动，在军事上将处于非常不利的地位，遭受更大的伤亡。如果美国发动入侵，"毫无疑问我们会取得成功"，美军的伤亡程度相对说来会比较低，而且只要发起进攻，就会立即得到古巴民众的支持，美国就可以在古巴建立一个对美友好的政府。他确信，如通过适当途径向苏联发出警告，美军就不会在古巴与苏军发生直接的军事对抗，"因为他们人数相对较少"。陆军参谋长厄尔·惠勒表示，苏联能打击美国目标的洲际导弹数量非常有限，在古巴的导弹部署使其打击美国的能力"跳

---

① Historical Division of Joint Chiefs of Staff, Chronology of JCS Decisions Concerning the Cuban Crisis, pp.14, 17-18; Walter S. Poole, *The Joint Chiefs of Staff and National Policy, 1961-1964*, Vol.8, Washington, D.C.: Office of Joint History/Office of the Chairman of the Joint Chiefs of Staff, 2011, p.169.

② Ernest R. May and Philip D. Zelikow eds., *The Kennedy Tapes: Inside the White House during the Cuban Missile Crisis*, Cambridge: Harvard University Press, 1997, pp.177-178, 182, 185-186.

跃式增长"。他强调，"从军事上来讲，保护美国人民免受可能攻击的风险最低的办法就是采取突然空袭、封锁和入侵行动"。他认为苏联并没有宣布古巴是华约组织的成员国，也没有承认在古巴建立了基地，这是美国采取行动的最好时机。海军陆战队司令戴维·舒普赞成直接派兵入侵，夺取古巴，这样不仅可以消除对美国的威胁，还可以在古巴建立一个新的、非共产党的政权。他确信，如果肯尼迪做出了决定，美国将很快就取得决定性的胜利，否则，美国甚至会比柏林、越南和韩国还容易遭受苏联的打击。[1]为了保持行动的突然性，同时又能获得盟国的支持，参谋长联席会议建议在发动任何军事行动之前 2 小时左右告知西欧各盟国领导人。

肯尼迪对军方领导人的建议表示怀疑，指出苏联不会对美国的行动无动于衷，尽管其洲际导弹的性能并不完全可靠，但仍然可以瞄准美国的城市，并给美国造成难以预料的伤亡。封锁的好处就是可以避免冲突升级为核战争，"使我们能够控制住局面"。[2]参谋长们没有说服肯尼迪，但他们并不气馁，20 日再次向泰勒提出，要求在 23 日发起全面空袭。[3]莱梅、惠勒等军方领导人一直对肯尼迪在古巴导弹危机中的"胆怯"表现耿耿于怀，指责他未能抓住这一难得机会，彻底消除古巴对美国所构成的"威胁"。[4]

随着讨论的逐步深入，不论是有限空袭还是全面空袭都不再是一种诱人的方案，其弊端越来越明显，而封锁方案逐渐赢得了大多数人的支持。其一，空袭并不能保证所有导弹都被摧毁，也不能保证剩余的核弹头不会打向美国。泰勒和战术空军司令斯威尼都表示，即使在最好的情况下，空袭也只能摧毁已发现导弹的 90%。[5]麦克纳马拉也多次强调，所谓"外科手术式"的空中袭击在军事上是不现实的。其二，空袭无法解决预先警告的问题。不发出警告，

① Ernest R. May and Philip D. Zelikow eds., *The Kennedy Tapes: Inside the White House during the Cuban Missile Crisis*, Cambridge: Harvard University Press, 1997, pp.178-179, 181-182; Norman Polmar and John Gresham, *Defcon-2: Standing on the Brink of Nuclear War during the Cuban Missile Crisis*, Hoboken: John Wiley & Sons, 2006, p.279.

② "Notes Taken from Transcripts of Meetings of the Joint Chiefs of Staff", pp.9-10; Ernest R. May and Philip D. Zelikow eds., *The Kennedy Tapes: Inside the White House during the Cuban Missile Crisis*, Cambridge: Harvard University Press, 1997, p.184.

③ Historical Division of Joint Chiefs of Staff, Chronology of JCS Decisions Concerning the Cuban Crisis, pp.23-24.

④ Steven Rearden, *Council of War: A History of the Joint Chiefs of Staff*, Washington, D.C.: NDU Press, 2012, p.232; Richard Kohn and Joseph Harahan, *Strategic Air Warfare*, Washington, D.C.: Office of Air Force History, 1988, pp.114-115, 119.

⑤ Ernest R. May and Philip D. Zelikow eds., *The Kennedy Tapes: Inside the White House during the Cuban Missile Crisis*, Cambridge: Harvard University Press, 1997, pp.205-206.

就违反了一种道义原则，用罗伯特·肯尼迪的话来说，就成了"珍珠港事件"的重演；而事先发出警告，又会使美国失去主动权。[1]其三，空袭并不能保证只杀死古巴人而不伤害到苏联人，更有可能激起苏联做出强烈反应，对柏林、土耳其甚至直接对美国采取报复行动，其结果将是美苏之间的直接军事对抗，乃至一场全面战争。[2]封锁方案虽然不能立即消除苏联在古巴的导弹基地，但这是一条介乎无所作为和战争之间的中间道路，是比空袭更为有限、更为低调的军事行动，是"最不可能触发一场全面战争的措施"。[3]而且，封锁的灵活性较大，使美国可以有效地控制事态的发展，保持日后行动的自由，处于既可战又可和的有利地位，同时也使双方都有时间考虑一下各自的利害关系，找出一条不动用武力解决危机的办法。如果封锁难以奏效，必要时美国仍有选择空袭或入侵等军事行动的自由，而且那时将不会再有"珍珠港事件"重演之嫌。同时，这一方案还可以减少美国与盟友之间的紧张关系，最大限度地获得盟国和世界舆论的支持，避免因突然袭击而引起的震惊。

四、古巴导弹危机期间美国的大规模军事部署

尽管肯尼迪最终决定对古巴实施海上封锁，但他并不能确定此举是否奏效，迫使苏联从古巴撤走导弹。因而，进攻古巴的各项准备工作仍在加紧进行，在东南沿海集结了"二战以来规模最大的入侵部队"。美国国防部、参谋长联席会议以及包括战略空军在内的所有美国军事力量都进入了二级战备状态，国务院则为在入侵和占领古巴后建立一个临时政府并救济古巴难民加紧筹划。为实施应急作战计划，五角大楼建立了由丹尼森、战术空军司令部司令沃尔特·斯威尼等共同领导的联合特遣部队指挥部，同时还组建了由100多名军官组成的作战参谋部，计划首批登陆1.7万名美军，出动750架作战飞机和140艘各类舰艇。参与登陆作战的主要有第82、101空降师，第1、2步兵师，第1装甲师和海军陆战队第2师，第4、5步兵师和第2装甲师作为预备队，打击目标清单和数千份古巴道路图已分发完毕。陆军还计划在古巴

① Robert F. Kennedy, *Thirteen Days: A Memoir of the Cuban Missile Crisis*, New York: W.W. Norton, 1969, p.38.

② Fred Kaplan, *The Wizards of Armageddon*, Stanford: Stanford University Press, 1991, p.305; Theodore Sorensen, *Kennedy*, New York: Harper & Row, 1965, p.685.

③ Theodore Sorensen, *Counselor: A Life at the Edge of History*, New York: HarperCollins, 2008, p.295.

投入特种部队，为此建立了一支非常规联合作战部队和两个行动基地。10 月
17 日，参谋长联席会议将"316 行动计划"的反应时间从 5 天增至 7 天，以
便使更多的军队能够参与作战，降低行动失败的风险；计划首先出动 500 架
次的飞机摧毁古巴绝大部分飞机和已发现的导弹基地，然后派遣 2.5 万人的
海军陆战队和陆军实施入侵，两周之内使登陆部队增至 9 万人，并为此准备
了 15 天的后勤补给。① 随着大量人员、飞机和各类作战物资涌入佛罗里达，
美军在该地建立了一个后勤司令部，拥有各类人员 1 万人，负责通信、运输、
药品供给、技术保障、器械维护等。

　　根据空袭计划，攻击导弹基地和核武器的藏匿地需出动 52 架次飞机；如
再加上打击米格-21 战斗机和伊尔-28 轰炸机，需出动 104 架次；若要再摧毁
地对空导弹、巡航导弹和其他飞机，需要 194 架次；打击除了坦克之外的所
有军事目标，要出动 474 架次；作为入侵的前奏，摧毁已发现的所有军事目
标共计 1397 个，则要进行 2002 架次的轰炸。② 为此，美军大西洋司令部准备
了 579 架轰炸机、49 架护航战斗机、64 架侦察机和 40 架加油机，此外还有
相当数量防空司令部的载有空对空导弹的截击机。在佛罗里达驻有 1.5 万名
空军官兵，同样准备了 15 天的后勤供给。10 月 20 日，大西洋司令部根据作
战任务又将"312 行动计划"分为三个行动阶段：第一阶段是有选择地摧毁
地对空导弹发射台；第二阶段是对机场、地对空导弹发射基地等一个或多个
目标进行有限打击；第三阶段是对古巴发动全面空袭。计划规定，为了协助
入侵部队，第一天将对古巴发起三轮轰炸，第一轮出动 576 架次，第二、三
轮分别出动 307 架次，总共是 1190 架次的攻击行动，连续轰炸一周。轰炸目
标首先是地对地导弹基地、主要机场和防空部队，其次是备用机场、分散的
炮兵、油库、弹药库、军队指挥部和交通枢纽。③

　　美国军方对作战计划不断地进行更新、完善。10 月 25 日美国发现在古

---

① Adam Yarmolinsky, "Department of Defense Operations During the Cuban Crisis", February 12, 1963,
DNSA/Cuba, No.2925, pp.9, 12; US Army, "US Army in the Cuban Crisis", pp.3, 6; John M. Young, *When the Russians
Blinked: The U.S. Maritime Response to the Cuban Missile Crisis*, Washington, D.C.: US Marine Corps, 1990, pp.71-73.

② Graham Allison and Philip Zelikow, *Essence of Decision: Explaining the Cuban Missile Crisis*, New York:
Longman, 1999, p.227; U.S. Atlantic Command, CINCLANT Historical Account of Cuban Crisis, p.21; Ernest R. May
and Philip D. Zelikow eds., *The Kennedy Tapes: Inside the White House during the Cuban Missile Crisis*, Cambridge:
Harvard University Press, 1997, p.119.

③ U.S. Atlantic Command, CINCLANT Historical Account of Cuban Crisis, pp.18-19, 55-56; US Army, "US Army
in the Cuban Crisis", p.8.

巴有战术核导弹后，参谋长联席会议决定为进攻部队配备可以发射短程核弹头的武器系统，但同时规定没有华盛顿的明确指示不得使用核弹头。^①由于担心军队大规模的长时间集结，很容易成为苏联先发制人核打击的目标，参谋长联席会议决定放弃"314行动计划"，以便集中力量实施"316行动计划"，并为美军大西洋司令部增派兵力。泰勒向麦克纳马拉表示，2小时之内即可对古巴的地对空导弹基地发起空袭，对所有军事目标实施全面轰炸需12小时的准备时间，实施入侵则需要7天的准备时间，以便最大限度地摧毁古巴的空军和地面力量，减少美军伤亡。^②为了应对古巴和苏军可能的报复行动，美国国防部制订了紧急民防计划，包括有选择地疏散东南沿海地区的居民；建立应急供水系统、简易医院和药店等；储备压缩食品等。同时还决定进行广泛的宣传动员，对佛罗里达等地的1.4万名建筑工程师和建筑承包商进行快速培训，以建造更多的防护所，并在公共防护所内为每人储存3天的食物。^③

美国军方领导人一直认为封锁方案过于软弱，不足以迫使苏联撤走导弹，只有军事行动才是解决问题的唯一出路，继续敦促肯尼迪尽早实施应急作战计划，29日开始进行全面空袭，一周后实施入侵，并强调这是消除威胁的最后机会，而且从长远来说也是"最好的选择"。他们强调，美国不仅在战略上而且在战术上都享有优势，并控制着局势的发展。美国情报部门估计，如果空袭导弹基地和机场，苏联领导人除了通过在联合国谴责美国的行动，并向苏联周边地区的美军基地施加政治压力外，不会采取军事行动。^④

10月27日，美国U-2侦察机在古巴上空被导弹击落后，莱梅甚至擅自下令对古巴进行大规模空袭，幸好飞机在起飞前被白宫及时制止，一场冲突

① Historical Division of Joint Chiefs of Staff, Chronology of JCS Decisions Concerning the Cuban Crisis, p.52.

② Taylor, "Timing Factors", October 25, 1962, DNSA/Cuba, No.1326; Walter S. Poole, *The Joint Chiefs of Staff and National Policy, 1961-1964*, Vol.8, Washington, D.C.: Office of Joint History/Office of the Chairman of the Joint Chiefs of Staff, 2011, p.178.

③ Adam Yarmolinsky, "Department of Defense Operations During the Cuban Crisis", February 12, 1963, DNSA/Cuba, No.2925, p.18; Alice George, *Awaiting Armageddon: How Americans Faced the Cuban Missile Crisis*, Chapel Hill: The University of North Carolina Press, 2003, pp.65-66.

④ Walter S. Poole, *The Joint Chiefs of Staff and National Policy, 1961-1964*, Vol.8, Washington, D.C.: Office of Joint History/Office of the Chairman of the Joint Chiefs of Staff, 2011, p.179; U.S. Department of State, *Foreign Relations of the United States, 1961-1963*, Vol.11, Washington, D.C.: United States Government Printing Office, 1996, p.267.

得以避免。①此时，美国在古巴附近海域部署了 2 艘航空母舰、9 艘护卫舰、12 艘驱逐舰和巡洋舰。3 个海军陆战队营进驻关塔那摩海军基地，使驻守美军由 8000 人增至 1.6 万人，家属和非战斗人员也已从该基地分批撤出。美军联合防空司令部在东南沿海地区部署了携带空对空导弹的 183 架截击机，其中 22 架预警时间为 5 分钟，72 架为 15 分钟，5 架飞机则一直在佛罗里达上空巡视。战术空军司令部在佛罗里达的 5 个基地部署了 850 架轰炸机。陆军、海军和海军陆战队部署了近 9 个师的兵力，一支由步兵、装甲兵和炮兵组成的特种作战部队也从美国西海岸赶赴佛罗里达。24 个空军预备役运输中队立即转入现役，负责空投物资和部队。为了威慑苏联，美国战略空军所属的 1436 架轰炸机和 916 架加油机都已做好战斗准备，60 架 B-52 轰炸机一直在空中待命，其中 52 架携带了 196 枚核导弹。在地面，271 架 B-52 轰炸机和 340 架 B-47 轰炸机处于 15 分钟预警状态，并载有 1634 枚核武器；136 枚"大力神"和"宇宙神"以及 9 枚"民兵"洲际弹道导弹待命发射。至 28 日，战略空军司令部的 1576 架轰炸机和 382 枚导弹全部处于待命状态。在海上，7 艘可发射"北极星"导弹的潜艇处于 15 分钟戒备状态。500 万张用西班牙语印制的传单已装箱，准备空投至古巴，直至 11 月 7 日这些传单才被销毁。②

美国军方的意见得到了麦科恩、邦迪等人的支持，他们同样认为军事手段不仅可以消除苏联导弹的威胁，而且还可以借此推翻古巴政府。在他们看来，即使苏联撤走了导弹，如果卡斯特罗依然掌握着政权，拉美局势仍令人担忧。麦科恩称，中情局经过对空袭效果的重新评估，确信可以摧毁全部导弹的概率非常高。虽然如此，肯尼迪还是努力通过谈判来摆脱危机，把军事行动作为向苏联和古巴施加压力、促其妥协的重要手段。经过反复交涉，美苏双方于 10 月 28 日达成协议，苏联同意拆除在古巴的导弹基地，而肯尼迪则保证不入侵古巴，并秘密承诺一旦危机结束，还将从土耳其撤走对准苏联目标的中程导弹。在军方看来，赫鲁晓夫的让步是其玩弄的一个把戏，不过是缓兵之计，旨在为导弹基地的建设赢得更多的时间，以便进行"外交讹诈"，

---

① Sheldon M. Stern, *The Week the World Stood Still: Inside the Secret Cuban Missile Crisis*, Stanford: Stanford University Press, 2005, p.188; Dino Brugioni, *Eyeball to Eyeball: The Inside Story of the Cuban Missile Crisis*, New York: Random House, 1991, pp.463-464.

② "Cuba Fact Sheet", October 27, 1962, DNSA/Cuba, No.1477; Lawrence Kaplan et al., *History of the Office of the Secretary of Defense*, Vol.5, Washington, D.C.: Historical Office of the Secretary of Defense, 2006, p.213; U.S. Air Force Historical Division Liaison Office, *The Air Force Response to the Cuban Crisis*, p.8.

继续要求肯尼迪采取空袭行动，彻底摧毁一切进攻性武器，继而入侵古巴。他们警告说，推迟采取军事行动只会有利于苏联，使得占领古巴变得更为困难，美军也将付出更为高昂的代价，并极大地增加美国本土遭受直接攻击的危险。莱梅甚至称，危机的解决是"我们历史上最大的一次失败"。[①]

11 月初，美国军方又借苏联留在古巴的"伊尔"轰炸机问题继续敦促肯尼迪对古巴采取军事行动。参谋长联席会议认为，这种轰炸机有能力从古巴飞到美国，应被列入进攻性武器范畴，仍然为美国公开使用军事手段彻底解决古巴问题提供了一个机会。在莱梅看来，一旦空军完成对古巴的全面空袭，入侵将是一件轻而易举的事情，等于是"走进古巴"。陆军参谋长惠勒还视察了预定发起第一次进攻的部队，认为在其 30 年的服役期间，"我们从来没有准备得如此充分"。[②]

美国军方强调，只有在适当的时机实施对古巴的应急作战计划，古巴问题才能得到彻底解决。尽管"伊尔"轰炸机在军事上远不如已经撤出的中程、中远程导弹那样重要，但是如果仍然留在古巴，将对美国东南部的安全构成长期的威胁，这一地区的防空力量就需要保持在较高水平，并引起拉美许多国家的深切关注。军方领导人希望能一劳永逸地解决问题，将苏联的力量和影响从西半球彻底赶出去。16 日，参谋长联席会议向肯尼迪报告说，美军不仅已经做好了空袭和入侵古巴的一切准备，而且还可以在全球范围内有效地遏制苏联的军事反应，现在是实施应急作战计划的最佳时机，空军可以根据所需力量在 2—12 小时内实施有选择的攻击行动，两栖登陆部队可在空袭 7 天之后采取行动；由"企业号"和"独立号"两艘航空母舰率领的特遣部队正在古巴南部海域游弋，随时可发起攻击，每艘航母还备有大约 40 枚核弹。当时美军在东南沿海地区集结了 8.5 万名海军和海军陆战队士兵，近 10 万人的陆军，其中包括 1.45 万名伞兵。不仅如此，美国战略空军司令部的 1479 架轰炸机装载着 2962 件核武器、182 枚洲际导弹、144 枚"北极星"潜艇导弹

① Walter S. Poole, *The Joint Chiefs of Staff and National Policy, 1961-1964*, Vol.8, Washington, D.C.: Office of Joint History/Office of the Chairman of the Joint Chiefs of Staff, 2011, p.180; Ernest R. May and Philip D. Zelikow eds., *The Kennedy Tapes: Inside the White House during the Cuban Missile Crisis*, Cambridge: Harvard University Press, 1997, p.635.

② Historical Division of Joint Chiefs of Staff, Chronology of JCS Decisions Concerning the Cuban Crisis, pp.81-83; Aleksandr Fursenko and Timothy Naftali, *One Hell of a Gamble: Khrushchev, Castro, and Kennedy, 1958-1964*, New York: Norton, 1997, p.299.

和 1003 架加油机都处于待命状态，随时准备打击预定目标。^①直至 11 月下旬，计划参加对古巴作战的部队才开始陆续返回原驻地。

虽然美国政府做出了不入侵古巴的承诺，但并未因此而放弃这些作战计划。肯尼迪认为，原定计划的成功在很大程度上有赖于两个空降师进入并控制住古巴两个机场，所需兵力不足。麦克纳马拉于 1963 年 5 月向肯尼迪表示：参谋长联席会议已经修订了入侵计划，确保行动初期将大量部队和装备运抵目标区域，这将大大增加行动的力度和成功的概率；从决定攻击到发动全面空袭只需 3 天的准备时间；所有主要作战部队登陆还需 9 日，整个行动从开始到结束共计 27 日。此后，虽然美国政府仍不断更新、完善对古巴的作战计划，并伺机而动。^②

五、结语

尽管肯尼迪政府制订了旨在推翻古巴政府的作战计划，但由于受到诸多复杂因素的制约，使其未能付诸实施。其一，通过支持反对派来实现一个国家的政权更迭是美国的惯用手法，但不论是在古巴国内还是国外，都缺乏一个强有力的反对派，美国的情报部门也多次指出古巴政府赢得了大多数古巴民众的支持，国内政局稳定，美国策划的骚乱或反叛行动不可能取得成功，这就使美国失去了军事干涉的基本前提。

其二，无论是空袭还是入侵古巴这样一个小国都会在全世界特别是拉美地区引发一场反美浪潮，在政治上给美国造成严重的负面影响，并使美国与盟国的关系复杂化。正因为如此，美国国务院一直对采取军事手段解决古巴问题持反对态度。即使在美国国内，绝大部分民众也不赞成采取大规模空袭

---

① Historical Division of Joint Chiefs of Staff, Chronology of JCS Decisions Concerning the Cuban Crisis, pp.97-98; "Notes Taken from Transcripts of Meetings of the Joint Chiefs of Staff", p.27; Michael Dobbs, *One Minute to Midnight: Kennedy, Khrushchev, and Castro on the Brink of Nuclear War*, New York: Alfred A. Knopf, 2008, pp.95-96, 249.

② Lawrence Kaplan et al., *History of the Office of the Secretary of Defense*, Vol.5, Washington, D.C.: Historical Office of the Secretary of Defense, 2006, p.225; Walter S. Poole, *The Joint Chiefs of Staff and National Policy, 1961-1964*, Vol.8, Washington, D.C.: Office of Joint History/Office of the Chairman of the Joint Chiefs of Staff, 2011, pp.233-234.

或入侵这样的战争行动，担心这将引发一场更大的战争。①

其三，美国要为军事干涉付出高昂的代价，且行动后果难以预料。军方估计，在行动的第一天美军就将伤亡 4462 人，10 天之内伤亡人数为 1.85 万人。②当时美国情报部门推测在古巴的苏军只有 8000 人，至多 1 万人，更不清楚苏军配备有大量战术核武器。很显然，其对伤亡数字的估计是非常不准确的。事实上，古巴导弹危机发生时，苏联在古巴驻军 41902 人，拥有 42 枚中程和中远程导弹、576 枚地对空导弹、80 枚巡航导弹、12 枚战术导弹和 158 颗核弹头。如前所述，美国军方并不能确保大规模空袭就能彻底摧毁苏联在古巴的导弹，也不能保证美国免遭报复。倘若美军实施对古巴的应急作战计划，其结果只能是一场灾难。当时，美国已经完成的庇护所能容纳 6000 万人，不到美国总人口的 1/3。负责民防事务的助理国防部部长曾向肯尼迪汇报说，9200 万美国人和 58 个人口超过 10 万人的城市处于古巴导弹的射程之内。因而，民防成为肯尼迪面临的一大难题。他特别担心，如果美国对古巴发动进攻，会有数枚导弹击中美国。他曾考虑对东南沿海若干大城市的居民进行疏散，但鉴于此举势必会造成全国范围的恐慌而作罢。③入侵带来的问题也很多，古巴 27 万人的部队和数量庞大的民兵组织以及广大民众将对美军实施游击战，4 万苏军也将与古巴军民一道抗击入侵者，从而使得大量美军旷日持久地陷入古巴战争的泥潭。肯尼迪明确地告诫下属："我认为我们应该牢记英国人在布尔战争、苏联人在苏芬战争以及朝鲜战争的教训。"④更为重要的是，美国决策者非常担心空袭或入侵古巴会导致同苏联的战争，这很可能是两国之间的一场核较量。美国国家资源评估中心曾用计算机模拟系统就苏联对美国发动大规模核打击的可能后果进行了分析，称在 2 天之内，苏联可向美国投掷 355 件核武器，即便其攻击的目标限于军事基地而不是城市，仍会有 50 个城市的中心地区遭受严重破坏，3400 多万人将严重缺水，48% 的工

---

① Marcus Pohlmann, "Constraining Presidents at the Brink: The Cuban Missile Crisis", *Presidential Studies Quarterly*, Vol.19, No.2, Spring 1989, pp.340-341.

② U.S. Atlantic Command, CINCLANT Historical Account of Cuban Crisis, pp.55-56; US Army, "US Army in the Cuban Crisis", p.8

③ U.S. Department of State, *Foreign Relations of the United States*, *1961-1963*, Vol.11, Washington, D.C.: United States Government Printing Office, 1996, pp.173-174; Ernest R. May and Philip D. Zelikow eds., *The Kennedy Tapes: Inside the White House during the Cuban Missile Crisis*, Cambridge: Harvard University Press, 1997, p.338.

④ U.S. Department of State, *Foreign Relations of the United States*, *1961-1963*, Vol.11, Washington, D.C.: United States Government Printing Office, 1996, p.381.

厂设施不能使用，有 25 个州的州政府因受到辐射和爆炸冲击波的影响至少在 3 个月内不能正常运转。[①]

此外，美国领导人也高度关注当时另一个热点地区，那就是柏林。肯尼迪及其主要顾问大都认为，柏林局势与古巴紧密相连，如果美国对古巴采取行动，苏联势必会在柏林做出反应，夺取整个柏林。

美国军方和政府中的一些"鹰派"分子一味地要求使用武力解决问题，确信导弹危机为美国推翻古巴政府提供了难得的机会。军方领导人先后提交了 24 份报告要求采取军事行动，认为不论是在战略力量还是常规力量方面美国都具有明显的优势，这意味着如果美国对古巴采取行动不会有"真正的战争危险"，苏联进行报复或做出军事反应的可能性很小，甚至完全没有，除了退却之外别无选择；美国面临的最大危险是无所作为，而不是空袭、入侵古巴这类具有决定性意义的行动。[②] 这显然是大大低估了当时的战争风险。肯尼迪坚持军事行动必须同外交谈判协调起来，并服从于政治的需要，通过妥协的方式谋求危机的解决。对他而言，军事部署乃是向苏联和古巴施加压力、促其妥协的重要手段，是实现其政治目标的工具。肯尼迪政府对古巴的应急作战计划清晰地折射出美国对古巴政策的复杂性以及冷战的一些基本特征，也揭示出美国霸权的限度。

（原刊于《历史研究》2013 年第 2 期）

---

①　Alice George, *Awaiting Armageddon: How Americans Faced the Cuban Missile Crisis*, Chapel Hill: The University of North Carolina Press, 2003, p.41.

②　Anatoli Gribkov and William Smith, *Operation Anadyr: U.S. and Soviet Generals Recount the Cuban Missile Crisis*, Chicago: Edition q, 1994, p.151; Gregg Herken, *Counsels of War*, New York: Alfred A. Knopf, 1985, p.168; Richard Kohn and Joseph Harahan, "U.S. Strategic Air Power", *International Security*, Vol.12, No.4, 1988, pp.93-94.

美国对东亚的政策

冷战时期美国东亚政策的演变

冷战时期，美国对东亚地区的政策曾几次做出调整。20 世纪五六十年代，美国东亚政策的主要特征是干涉，将中国视为主要对手，最终陷入越南战争的泥潭。20 世纪 60 年代末至 70 年代末，为美国东亚政策的调整时期，主要特征是实行战略收缩。到了 20 世纪 80 年代，随着东亚地区的崛起和美苏冷战的再度加剧，美国的东亚政策从收缩转向全面介入，力图确保并不断扩大在该地区的地位和影响。

一、美国对东亚的干涉

战后初期，随着美苏冷战的愈演愈烈，一向为美国政府视为"边缘地区"的东亚也逐渐被纳入了冷战体制，成为美苏较量的重要战场。美国总统杜鲁门宣称，"我们必须完全控制日本和太平洋；必须复兴中国，在那里建立一个强有力的中央政府；在朝鲜我们也应当这样做"。[①]这实际上确立了战后初期美国东亚政策的基调。

第二次世界大战中，特别是在太平洋战争爆发后，中国的战略地位开始逐渐受到美国决策者的重视，认为中国可以成为抵御来自太平洋彼岸威胁的第一道防线，是维护美国国家安全的一个重要环节，也是未来美国在亚洲大陆一个不可或缺的基地。罗斯福总统在其战后世界秩序蓝图中，力图把中国塑造成一个"强大、亲美、统一"的国家，使之能够在新的世界体系中充当亚洲和平保护者的角色。在美国政府看来，这样一个国家对美国来说是很有

---

① Akira Iriye and Warren Cohen eds., *American, Chinese, and Japanese Perspectives on Wartime Asia, 1931-1949*, Wilmington: SR Books, 1990, p.263.

用处的，它不仅可以成为维护美国在亚洲及西太平洋利益的中坚，成为一个可靠的盟友，而且在未来的美苏竞争中，中国无疑会站在美国一边，"充当阻止苏联在东北亚可能的扩张的缓冲地带"，使美国能够集中力量于欧洲，并改善美国在全球范围内与苏联对抗的态势。此外，美国决策者还考虑到，"假手于蒋介石，美国不仅能够开辟巨大的中国市场，还可以开辟亚洲其他国家的市场，一个多世纪以来美国商人梦寐以求的市场终于实现了。10 亿亚洲主顾会大有助于避免另一次经济危机"。[①] 因而，在战后初期的几年里，中国成为美国亚洲政策的中心，在美国的全球战略考虑中具有重要地位。

　　第二次世界大战结束后，中国内战又重新爆发。与前一阶段的内战所不同的是，此时这场内战已被纳入了美苏冷战体制，成为美苏全球对抗的一个重要组成部分，国民党和共产党的斗争也就反映了美苏两大阵营之间的斗争，美国政府的基本对华政策就是支持国民党"统一中国"。1946 年 6 月底，蒋介石下令国民党军队大举进攻解放区，发动了全面内战。美国领导人视中国共产党为苏联的"工具"，把中国革命看作"苏联共产主义扩张"的重要组成部分。曾奉命来华调处国共矛盾的杜鲁门总统的特使乔治•马歇尔在调处彻底失败后认为："要在中国共产党的行为所表现的纯中国特点和世界各地共产党共同采取的手段之间画一条清晰的界线是困难的。"[②] 在美国决策者看来，为了"不使中国落入斯大林的手心"，除了加紧援助国民党外别无其他选择。

　　但是，事与愿违，美国的援助非但没有能阻止中国共产党的前进，挽救国民党在大陆覆灭的命运，反而使美国的对华政策陷入难以自拔的困境。马歇尔为重新考虑美国的对华政策"伤透了脑筋"，杜鲁门本人也对国民党的腐败无能"感到烦恼"。1947 年底，战场上的种种现实表明国民党终将垮台，中国共产党将赢得最后的胜利。美国决策者也清楚地认识到，美国任何数量的军事或经济援助，都未必能够使国民党政权有能力重新建立，并进而保持对整个中国的控制。但杜鲁门、马歇尔仍旧不愿向美国人民说明这一真相。马歇尔告诉杜鲁门说，向公众宣布这一形势无异于"使国民党政府遭到当头一棒"。杜鲁门最后只好决定在"美国不得直接地牵入中国内战"，"也不得在军事上和经济上为中国政府负起担保的责任"的前提下，继续向国民党提供有

---

① Walter LaFeber, *America, Russia, and the Cold War, 1945-1980*, New York: McGraw-Hill, 1993, p.30.
②《马歇尔使华》，中国社会科学院近代史研究所翻译室译，北京：中华书局，1981 年，第 480 页。

限的援助，其目的在于给其以喘息的时间，以便采取自助的措施。[①]

　　为了尽量延缓这一腐败政权消亡的速度，在一定程度上也是为了日后好推脱责任，美国仍源源不断地向国民党提供各种物资。但美苏对抗的主战场是在欧洲，美国的全球战略中心亦在欧洲，这就使得美国的对华政策不能不有一定的限度，中国的战略地位还没有重要到有必要采取可能危及美国在其他地区更重要利益的行动，这一战略上的逻辑导致了用战略防御圈的方法来守住在亚洲的防线，以确保美国在亚太地区的战略优势。

　　在美国政府内部，最早较为完整地提出太平洋岛屿防御圈设想的是苏联问题研究专家、国务院政策规划室主任乔治·凯南。他认为，亚洲大陆对美国的安全来说并非十分重要，美国应尽快从中国脱身；即使国民党垮台，这虽然有些"可悲"，但绝不会是"灾难性的"，因为中国在今后一个很长时期内仍然缺乏成为一个强大国家的物质力量，在中国浪费钱财将削弱美国复兴欧洲和日本的力量，如果欧洲和日本落入苏联之手，则会大大影响战略力量的平衡。凯南提出，中国的"丢失"对美国的安全无关紧要；相反地，倘若中共接管了中国大部，那么他们对莫斯科的依赖就会少得多；美国在太平洋的安全可以由建立太平洋岛屿防御圈来得到保障，这一防御圈由冲绳岛、阿留申群岛、中途岛、日本和菲律宾等组成，日本和菲律宾构成了这一防御圈的基础。他强调，只要美国能有效地控制了这些地区，"就不会有来自东方的对我们安全的严重威胁"。[②]

　　战略防御圈的设想得到了美国决策者的重视，并于 1949 年底正式被纳入国家安全委员会第 48/2 号文件。该文件指出，美国在亚洲的基本安全目标是，逐步减少并最终消除苏联在亚洲的力量和影响，使苏联不可能从该地区威胁美国及其盟友的安全；如果苏联试图威胁亚洲国家的和平、民族独立和国家繁荣，它将遇到严重的障碍。因而，美国必须改善在日本、冲绳和菲律宾的地位。文件认为，从军事观点看，美国的主要战略利益和战略目标显然不在亚洲，目前美国基本的战略概念应该是在"西方"进行战略进攻，而在"东方"采取战略防御，确定美国在亚洲的最低限度的阵地是由美国目前在亚

　　① 世界知识出版社编：《中美关系资料汇编》第一辑，北京：世界知识出版社，1960 年，第 323 页。

　　② U.S. Department of State, *Foreign Relations of the United States, 1948*, Vol.1, Part 2, Wasington, D.C.: United States Government Printing Office, 1976, pp.523-526; John Lewis Gaddis, *Strategies of Containment: A Critical Appraisal of American National Security Policy during the Cold War*, New York: Oxford University Press, 1982, pp.85-86.

洲近海岛屿链上的军事阵地所组成，主要包括日本、冲绳和菲律宾，"这是我们的第一道防线，并且也是我们进攻的第一线"。[①]

当美国人面对着国民党政权在中国大陆的统治即将崩溃之时，开始将注意力从中国转向了昔日的对手，日本成为美国东亚政策的核心，并逐步替代了中国在其全球战略中的地位。美国国家安全委员会第 48/2 文件提出，美国对日政策的主要目标是：政治上，防止日本倒向苏联一边，维持对美友好关系；经济上，使日本能够自立和尽快复兴；军事上，使日本成为美国远东战略防线上重要的一环。1950 年 1 月初，艾奇逊国务卿发表讲话，首次公开提出美国在东亚太平洋地区的战略防御线是从阿留申群岛，经日本到菲律宾，明确将日本纳入了美国在东亚的战略安全体系。

尽管美国决策者特别是艾奇逊等人打算从中国内战中脱身，奉行较为灵活的对华政策，想方设法阻止中国和苏联的结盟，但是，综观 1949 年至 1950 年初这一时期美国对华政策的实践，占主导地位的仍是硬的一手，即继续敌视中国革命，坚持援助国民党，阻挠中国革命的胜利，拒不承认新中国的合法地位，并尽可能地为新中国制造麻烦。

1950 年 6 月朝鲜战争的爆发使美国的东亚政策进一步强化，并把矛头对准了中国。美国领导人确信，中国是比苏联更具冒险性的敌人，对美国安全最直接的威胁是在亚洲而不是欧洲。这场战争对中美关系的影响是极为深远的，它使双方相互疏远，更加敌视，直接导致了两国长达 20 年的对立与隔阂。美国著名中国问题研究专家鲍大可曾对此评论说："朝鲜战争产生了互相疑惧，这种疑惧在 50 年代和 60 年代的大部分时间毒化了中美关系，开始了长达 20 年的公开敌对。从某种意义上说，这两个国家在这 20 年中没有任何关系。不存在正式的外交关系，没有贸易关系，没有合法的人员往来。实际上两国普通国民之间没有相互接触（有一些例外，但非常少）。或许现时代从未有两个大国在和平时期如此长时间地相互隔绝——如果冷战可以被看作是和平的话。"在此 20 年间，"中国与美国互相对峙，保持疏远，成为死敌"。[②] 从这一意义上讲，朝鲜战争可以说是中美关系的一个重大转折点和分水岭。

朝鲜战争爆发后美国东亚政策进一步强化的另一表现出是更深地卷入印度支那事务。早在 1944 年秋，美国国务院的官员就指出，印度支那和东南亚

---

① U.S. Department of State, *Foreign Relations of the United States, 1949*, Vol.7, Washington, D.C.: United States Government Printing Office, 1976, pp.1218-1219.

② Doak Barnett, *China and the Great Powers in East Asia*, Washington, D.C.: Brookings Institution, 1977, p. 178.

"是美国出口货物潜在的重要市场。它们横亘在通往太平洋的西南通道上，对我们的安全和菲律宾的安全关系重大"，并希望出现一个"有秩序的、非革命的、向西方利益开放的东南亚"。[1]美国在从亚洲大陆撤军、实行战略收缩的同时，在东南亚却呈逐步卷入的态势，杜鲁门政府越来越倾向于把该地区看作又一个冷战战场。随着美苏冷战的不断加剧和中国革命的胜利发展，对美国来说，印度支那具有了新的意义：它不仅是遏制苏联扩张的一个前哨阵地，而且还可构成反华包围圈的重要一环。

随着国民党在中国大陆统治的垮台，美国决策者对印度支那形势的发展感到尤为担心。国家安全委员会第48/2号文件明确提出，美国在亚洲的目标是防止共产主义在这一地区的进一步"扩张"，而法属印度支那应受特别注意。在美国决策者看来，印度支那是防守东南亚的关键，如果"失去"印度支那，则整个东南亚就很难保住，这将会产生重大的世界影响。在政治上，这将是继"失去中国"之后，西方国家在亚洲大陆遭受的又一失败，世界力量均势将会朝着不利于美国的方向进一步发展。在经济上，东南亚地区人口众多，蕴藏着丰富的自然资源，特别是天然橡胶、石油、锡等战略资源，并盛产稻米。"失去"这一地区，美国及其欧洲盟国将失去一个重要的市场和战略资源的供应地。在战略上，东南亚是美国在西太平洋战略防御链中极为重要的一环，"失去"东南亚将严重破坏美国在远东的地位和影响，美国在东亚的战略防线和海空通道也将被拦腰切断。[2]参谋长联席会议甚至强调，从长远来说，苏联控制了印度支那，"将成为影响美苏力量均势的一个决定性因素"。[3]同时，美国决策者还特别担心，东南亚的"丢失"将对日本产生灾难性的影响，因为日本经济的复兴在很大程度上依赖东南亚地区广阔的市场和重要资源。[4]

美国国家安全委员会于1950年2月27日制订了第64号文件，明确提出"印度支那是一个关键地区，正处于迫在眉睫的威胁之中"，倘若"失去"印支，则"泰国、缅甸等邻国也将落入共产党的控制之下，东南亚的力量均

① Christopher Thorne, "Indochina and Anglo-American Relations, 1942-1945", *Pacific Historical Review*, Vol.45, No.1, February 1976, p.93; Walter LaFeber, "Roosevelt, Churchill and Indochina, 1942-45", *American Historical Review*, Vol.80, No.5, December 1975, p.1295.

② National Security Council (NSC) 48/2, The Position of the U. S. with Respect to Asia, December 30, 1949.

③ U.S. Department of State, *Foreign Relations of the United States, 1950*, Vol.6, Washington, D.C: United States Government Printing Office, 1976, p.781.

④ Michael Schaller, "Securing the Great Crescent: Occupied Japan and the Origins of Containment in Southeast Asia", *Journal of American History*, Vol.69, No.2, September 1982, pp.398-399.

势就会被打破"。这一判断实际上是日后艾森豪威尔政府"多米诺骨牌理论"的先声。文件表示，美国应采取一切实际可行的措施来"阻止共产主义在东南亚的进一步扩张"，保护美国在这一地区的重要利益。[①]朝鲜战争的爆发为美国进一步干涉印支事务提供了机会。6 月 27 日，杜鲁门下令增加对法国以及法国扶植的越南保大傀儡政权的军事援助。7 月，美国军事援助考察团赴印度支那进行视察。在朝鲜战争的背景下，印度支那冲突被美国决策者赋予了新的意义。美国决策者开始担心苏联很可能会"利用"中国这一"矛头"刺向印度支那，并认为共产主义"进攻"的下一个目标将是印支。美国政府毫不犹豫地扩大了对法国的军事援助，各种物资和装备源源不断地运往印度支那。到 1950 年底，美国的援助为 1.5 亿美元，1951 年增至 5 亿多美元。

1952 年 6 月，美国国家安全委员会又出台了"美国在东南亚的目标和行动方针"的报告，明确规定：共产党不论以何种手段控制整个东南亚，都将严重危及美国的安全利益；"失去"东南亚的任何一个国家将导致共产主义在整个东南亚，进而在印度、中东的"蔓延"，最终"危及欧洲的稳定和安全"。报告建议，在中国没有大规模卷入的情况下，美国应当增加对法国的经济和军事援助；倘若中国直接卷入，美国将不得不派出海空部队保卫印度支那，并考虑对中国本身采取海空行动的可能性。[②]到杜鲁门离任前夕，美国已承担了法国在印支作战费用的 1/3。除了没有直接派兵参战外，美国向法国提供了包括飞机、坦克、大炮以及各种轻重武器、弹药等在内的价值 7.75 亿美元的援助，迈出了卷入越战泥潭悲剧性的一步。甚至在向艾森豪威尔移交权力时，杜鲁门还特别提醒新政府做好准备和采取行动，解决印度支那问题。[③]

1953 年 1 月艾森豪威尔执政后，紧步其前任的后尘，继续奉行支持法国进行印支战争的政策，并不断扩大对法国的各项援助。艾森豪威尔于 1954 年 4 月 7 日在记者招待会上抛出了危害深远的所谓"多米诺骨牌理论"，宣称"失去"印度支那对"自由世界"会造成连锁反应，其后果是难以估量的。美国决策者多次明确表示，"失去"印度支那对于美国将是"最可怕的重大事

① U.S. Department of State, *Foreign Relations of the United States, 1950*, Vol.6, Washington, D.C: United States Government Printing Office, 1976, p.747; NSC 64, RG 273, National Archives, College Park, Maryland.

② NSC 124/2, RG 273, National Archives, College Park, Maryland.

③ U.S. Department of State, *Foreign Relations of the United States, 1952-1954*, Vol.13, Washington, D.C.: United States Government Printing Office, 1982, p.298; Robert D. Schulsinger, *A Time for War: The United States and Vietnam*, New York: Oxford University Press, 1997, p.56.

件"，东南亚对美国的安全具有"超乎寻常的重要性"。[①]

在第一次印度支那战争期间，美国政府虽然没有直接出兵介入，但其政策却在不断发生变化，从最初的所谓"中立"逐渐转向积极支持法国。1950年6月到1954年6月，美国为法国进行殖民战争总共提供了1880辆坦克，394架各类飞机，438艘各类舰艇，30887辆摩托车和各种运输车辆，5045门大炮，价值27亿多美元。[②]

随着法国从这一地区的逐步撤出和越南革命形势的发展，美国步步走向直接干涉印支事务，印度支那战争也从"法国的战争"转变为"美国的战争"，大规模的军事卷入只是时间早晚的问题。从这一意义上说，肯尼迪、约翰逊两届政府深陷越战泥潭不过是第一次印度支那战争时期美国所奉行政策的合乎逻辑的延伸和必然的发展结果。1961年肯尼迪上台时，美国在越南驻有军事顾问900人，以后逐年增加。1962年12月达到1.1万人，1963年底增至1.6万人。在经历了几年所谓的"特种战争"以及狂轰滥炸阶段之后，约翰逊政府终于迈出了大规模卷入战争的关键一步，于1965年3月向越南派出第一批3500人的地面部队。随后，大批美军源源不断地开进越南，承担起主要的作战任务，最终使越南战争"美国化"。到1968年底，侵越美军已达54万人，每周阵亡人数为278人。

二、美国东亚政策的调整

侵越战争表明美国的全球干涉政策走到了极点，也使美国陷入了内外交困的境地，给美国的政治、经济、军事以及国际地位造成了极为严重的影响。在国内，通货膨胀加剧，反战运动不断高涨，社会矛盾日趋尖锐，整个国家处于分裂的边缘。在越南，虽有装备精良的50多万美军，但仍取胜无望。由于深陷越战泥潭，美国与苏联和盟国的力量对比正在发生不利于美国的变化。特别是苏联，不仅在常规力量方面享有优势，而且其洲际导弹和战略轰炸力量在1968年已赶上了美国，并在发展和部署反弹道导弹系统方面走到

---

① 约翰·斯帕尼尔：《第二次世界大战后美国的外交政策》，段若石译，北京：商务印书馆，1992年，第100页。

② Historical Division of the Joint Secretariat, *The Joint Chiefs Staff and the War in Vietnam, 1940-1954*, Wilmington: Michael Glazier Inc., 1982, pp.488-489.

了美国前面。不仅如此，苏联还大大缩小了其海军力量与美国的差距，建成了一支能对美国造成威胁的庞大的远洋海军。在与盟国关系方面，美国也遇到了前所未有的挑战。西欧和日本在美国深陷越南之际，在经济领域与美国展开了激烈的竞争，美国逐渐丧失了其在资本主义世界中经济霸权的地位。在外交方面，美国的盟国也不再唯美国马首是瞻，表现出了强烈的独立倾向，开始奉行独立的对外政策。所有这些都要求尼克松政府做出巨大努力，及时调整政策，以维护和确保美国的全球利益，恢复美国的实力和信心。

早在 1967 年 10 月，尼克松就在颇有影响的《外交》杂志上发表了《越南之后的亚洲》一文，对美国的东亚政策提出了自己的一些主张和看法。在总统竞选期间，他又多次就东亚政策进一步阐述了自己的观点。入主白宫后，他陆续把自己长时间思考的东亚政策构想公之于众，形成了较为完整的体系，并授意冠名为"尼克松主义"。1969 年 7 月 25 日，尼克松出访亚洲途中，在太平洋的关岛同随行的记者就美国的亚洲政策进行了一次非正式的谈话，一方面表明美国的力量是有限的，除非存在某个核大国的威胁，亚洲国家自身要承担起防务责任，不能过分依赖美国，另一方面强调这种收缩是有限的，美国将继续在东亚地区承担已有的条约义务，并发挥重大作用。他强调，这首先是由地理因素决定，"不管我们喜欢与否，地理因素使我们成为一个太平洋国家"；其次，"历史因素"也决定了这一点，因为第二次世界大战对美国而言是在太平洋打起来的，朝鲜战争和越南战争也发生在亚洲，"美国如此频繁地卷入战争，这是和我们的太平洋政策或缺乏一项太平洋政策相关联的"；再次，对世界和平潜在的最大威胁是在东亚太平洋地区。他确信，"打算撤出恰恰会导致我们有可能再次被卷入"，"避免卷入亚洲另一场战争的办法是美国继续发挥重要的作用"。[①]这次讲话是尼克松执政后首次将其基本外交政策构想公之于世，确立了未来几年美国东亚政策调整的基调。

1969 年 11 月 3 日，尼克松在向全国发表的广播讲话中更明确地把"尼克松主义"概括为以下三条基本原则："美国将信守它的一切条约义务"；"如果一个核大国威胁一个同我们结盟的国家的自由，或者威胁一个我们认为它的生存对我们的安全以及整个地区的安全至关重要的国家的安全，我们将提供援助"；"如果发生其他类型的侵略，我们将在接到请求时，提供适当的军

---

① Office of the Federal Register, National Archives and Record Service, *Public Papers of the Presidents of the United States, Richard Nixon, 1969*, Washington, D.C.: United States Government Printing Office, 1970, pp.544-548.

事和经济援助，但我们希望直接受到威胁的国家承担主要责任来提供其防务所需要的人力"。为了进一步阐明"尼克松主义"的含义，1970 年 2 月 18 日，尼克松向国会提交了关于 20 世纪 70 年代美国外交政策的长篇报告，强调"尼克松主义"的中心主题是，"美国将参加各盟国和朋友的防务和发展活动，但是美国不能而且也不会制订全部方案，拟定全部计划，执行全部决定，负起保卫世界自由国家的全部责任"；"只有在我们的帮助真正起作用，而且被认为是符合我们的利益的时候，我们才会给予帮助"。该报告被认为是"美国对外政策的一个分水岭"。在 1971 年的外交报告中，尼克松又进一步指出，"尼克松主义是为了反映如下现实：美国的重大作用仍然是必不可少的；其他国家能够而且应当为自己，同时也是为了我们承担更多的责任"。①

"尼克松主义"是战后美国根据自身力量的变化对外交政策进行的一次重大调整，它不仅确立了尼克松政府对外关系的基调，而且对以后的几届政府也都产生了深刻的影响。尼克松主义并不是要求美国退回到孤立主义的年代，放弃战后美国外交政策的基本目标以及美国在亚洲和世界各地的军事存在，它所阐述的实质上是"美国领导的新定义"，其主要目的是要美国的外交政策适应这个发生了巨大变化的新时代，设法使美国从承担全球义务的高水平上退下来，力求让盟友承担更大的责任，最终使美国的战略收缩不仅不会损害美国的利益，反而进一步增强美国的实力。结束越南战争、打开对华关系大门是尼克松主义在东亚的具体运用。

长期以来，尼克松一直以其强硬的反共立场而著称。作为一个"多米诺骨牌理论"的坚定信徒，他积极支持历届美国政府对越南的干涉政策。但作为一个现实主义的政治家，在 20 世纪 60 年代后期，他逐步改变了自己原来的看法，清醒地认识到，越南战争是个无底洞，耗尽了美国的人力物力，是"卡住国家喉咙的一块骨头"，它"导致了我们国家分裂和妨碍了任何对国内政策问题做出建设性的处理"。②在竞选期间，他就曾对其顾问们说，"我已经得出这样的结论，这场战争是没法打赢的"。他多次表示"要结束这场战争，而且要快"。③他曾含糊地表述了关于结束越南战争的基本思路，即设法与北

---

① 时殷弘：《尼克松主义》，武汉：武汉大学出版社，1984 年，第 32-33 页；夏亚峰：《尼克松主义及美国对外政策的调整》，《中共党史研究》，2009 年第 4 期，第 46-56 页。

② George Herring, *America's Longest War: The United States and Vietnam, 1950-1975*, New York: Alfred A. Knopf, 1986, p.222.

③ H.R. Haldeman, *The Ends of Power*, New York: Times Books, 1978, p.81.

越和中国接触，通过谈判谋求"体面的"和平。

尼克松上台伊始，立即授权总统国家安全助理基辛格组织人员草拟解决越南问题的行动方案。根据尼克松的助理霍尔德曼的说法，"尼克松不仅打算结束战争，他还绝对确信他必将在上台后的一年内结束战争"。与此同时，尼克松很快就认识到，美国要从越南脱身并非易事。尼克松和基辛格都认为，越南是对美国"意志"和"信誉"的严重考验，如果美国只是简单地从越南"一走了之"，那将会对美国在世界上的声望和利益产生严重影响。同前几届总统一样，尼克松也不希望做一个"输掉战争"的总统。他所谋求的是所谓"体面的"和平，争取实现"光荣停战"。为此，尼克松政府采取了双管齐下的两手政策：一方面，通过"越南化"计划建立一支能够逐渐替代美军作战的南越部队，以便使美军尽早逐步撤离越南；另一方面，从 1969 年 1 月 25 日起，美国同南越阮文绍政权与北越和南越民族解放阵线在巴黎举行四方会谈，寻求谈判解决问题的途径。美国的谈判的最主要目标是保住南越政权。[①] 与此同时，美国还制订了所谓"绥靖战略"，试图通过地方政治改革来赢得农民的支持，重建地方政治机构，孤立南越革命力量。

尼克松越南政策的核心是所谓"越南化"。据他本人的说法，这一计划"旨在巩固南越的武装部队和人民，以便他们能够自卫。随着他们的部队在人数、装备、作战技巧和领导等方面的增强，他们逐步承担了自卫的责任。这个过程还包括通过绥靖计划把政府权力扩大到乡村，增长经济力量，发展政治制度等一切使南越能够自立的要素"。[②] 尼克松把"越南化"计划视为尼克松主义"最重要而且是最明显的运用"，认为"我们的整个战略都取决于这项计划能否成功"，他要求国家安全委员会尽快拟订一个详细的"越南化"时间表。[③]

1969 年 6 月 8 日，尼克松与南越领导人阮文绍在太平洋上的中途岛举行会谈。会谈结束后，尼克松不顾阮文绍的反对，宣布到 8 月底以前从南越撤走 2.5 万名美军，并表示今后几个月内将考虑进一步撤军。这是尼克松执政后宣布的第一个撤军计划。1970 年 4 月 20 日，尼克松宣布 1971 年春季以前再从南越撤军 15 万人。此后，美国政府不断地小规模撤军。到 1972 年 5 月，

---

　① NSSM 21, Vietnam, January 25, 1969, Office of International Security Policy and Planning, Subject Files, 1969-1971, Box 2, Record Group 59, National Archives, College Park, Maryland.

　②《尼克松 1973 年对外政策报告》，上海：上海人民出版社，1973 年，第 74 页。

　③ NSSM 36, Vietnamizing the War, April 10, 1969, NSC Files, Box 365, Nixon Project, National Archives, College Park, Maryland.

驻越美军已经减少到 6.9 万人。在逐步撤军的同时，尼克松政府又以空前的规模向南越政权提供各类援助，加速南越军队的现代化，以弥补因美军撤出而造成的力量削弱。1969 年美国向南越提供了价值 10 亿美元的武器和物资。南越当局则在美国的大力援助下，实行全国总动员，加紧扩充军队，规定从 18 岁到 38 岁的男子必须服役，结果使南越政府军由 1968 年的 74 万人猛增到 1970 年的 110 万人。

应当说，"越南化"计划是美国被迫采取的逐步撤退的步骤，但是，尼克松则宣称"我们撤军是因为我们有力量，而不是因为我们软弱"。为确保"越南化"计划的成功，防止北越利用美国实行这一计划之机一举摧毁南越政权，尼克松政府又不断对北越施加种种压力，并采取了一些连约翰逊政府都未敢实施的重大军事升级行动，试图以军事威胁迫使对方在谈判桌上做出让步。尼克松自己不无得意地把这套做法称之为"狂人理论"，确信要赢得这场战争，就必须"冒战争升级的风险"，以前所未有的激烈程度轰炸整个印度支那。因此，在逐步撤出地面作战部队的同时，美国政府凭借其占绝对优势的空中力量对北越进行狂轰滥炸，并将战火蔓延到柬埔寨和老挝，甚至多次考虑在越南使用战术核武器。尼克松曾宣称，这是一场"为了和平的战争"，战争的目的是赢得和平。

由于在撤退和维护面子之间始终犹豫不决，尼克松政府又将这场战争毫无意义地拖延了 4 年之久。这不仅给印度支那人民的生命财产造成了灾难性的破坏，而且美国也为此付出了高昂的代价。在这 4 年所谓"为了和平的战争"中，美军死亡 2 万多人。尼克松政府的越南政策再一次证明：只有谈判才是解决冲突和争端的唯一有效途径，依赖武力或武力威胁，其结果只能是适得其反。1973 年 1 月 27 日，尼克松政府只得与北越在巴黎签订了《关于在越南结束战争、恢复和平的协定》，从而结束了长达十几年的侵越战争。到 3 月 19 日，美军全部撤出越南。美国为侵越战争付出了高昂的代价，出动 50 多万军队，耗费军费 3000 多亿美元，伤亡 36 万人，使用了除原子弹以外的一切武器，包括化学武器，投下了近 800 万吨炸弹，超过了它在第二次世界大战期间在各个战场的投弹总和，结果仍以失败而告终。越南战争早已成为历史，但其影响和后果人们至今仍能深深地感受到。无论如何，越南战争的惨痛教训永远值得美国决策者引以为戒。

在尼克松的对外政策调整中，最为引人注目、影响最为深远的应当是改变了 20 多年来美国政府对中国遏制、孤立和敌视的政策，打开了对华关系的大门。①尼克松政府之所以如此，主要是由以下因素决定的：第一，经过长时期的对抗和较量，美国政府僵硬的对华政策已经走到了尽头，中国不仅没有被削弱，而是变得更为强大，在国际上的地位和影响与日俱增，逐步成为一支在国际舞台上具有举足轻重的重要力量。尼克松认识到，美国对亚洲的任何一项政策都要面对中国的现实，如果没有中国这个当时拥有7亿多人口的国家参与，要建立稳定和持久的国际秩序是不可设想的。第二，美国需要借助中国的力量同苏联相抗衡。随着美苏力量对比的变化，美国政府开始改变视中国为"最大威胁"的观念，确定苏联仍然是主要竞争对手，是更具侵略性的国家，其咄咄逼人的攻势在全球范围内对美国的利益构成了严重威胁，并将中国看作是解决这一问题的关键。尼克松和基辛格都认识到，通过改善与中国的关系，可以大大增加美国对付苏联的资本，遏制住苏联扩张的势头，保持美国的主动，最大限度地维护美国的全球利益。第三，试图希望利用中国的影响推动越南问题的和平解决，尽快从越南脱身，改善战略态势，以集中力量对付苏联的挑战。②

　　1969年2月1日，尼克松上台伊始，就指示其国家安全事务助理基辛格探索同中国进行接触和改善关系的可能性。据此，基辛格等开始加紧为制定新的对华政策进行各项准备。7月，一个由国务院和国家安全委员会高级官员组成的研究小组完成了第14号国家安全研究备忘录，建议应对中国采取更为积极的态度，谋求改善对华关系，并提出了一系列具体的措施。不仅如此，美国政府还通过法国、巴基斯坦和罗马尼亚等渠道向中国传递和解的信息。中国领导人对美方的政策变化予以密切关注，并做出积极回应。经过一段时间的相互试探和密切接触，两国关系终于有了突破性进展。1972年2月21日，尼克松抵达北京，这是第一位在任美国总统来华访问。28日，中美在上海发表了著名的《中美联合公报》（即《上海公报》）。尼克松访华和《中美联合公报》的发表是中美关系史上新的里程碑，标志着两国关系正常化进程的开始，为日后两国关系的进一步改善和发展奠定了基础。

---

　　① 关于尼克松对华政策的研究可参看张曙光：《接触外交：尼克松政府与解冻中美关系》，北京：世界知识出版社，2009年。

　　② 关于尼克松改善对华关系的深层背景分析可参看牛军：《中国、印度支那战争与尼克松政府的东亚政策》，《冷战国际史研究》，第5期，北京：世界知识出版社，2008年，第1-20页；陈兼：《对冷战在战略层面的再界定：1960年代末、1970年代初美国对华及东亚政策的转变及其涵义》，《国际政治研究》，2008年第3期，第76-95页。

　　尽管在打开对华关系大门方面，尼克松政府并没有同日本磋商，从而给日本政坛带来了很大冲击，但尼克松对美日同盟关系是非常重视的，将其视为美国亚洲政策的中心，称日本是美国"最高价值的伙伴"，"是美国在亚洲最重要的同盟国"。基辛格也多次表示，日本是美国东亚政策的基石，加强美日关系是美国对外政策的基本目标。在整个 20 世纪 70 年代，美国对日本的基本政策是，进一步加强双边同盟关系，缓和在防务和经贸问题上的矛盾与分歧，借助日本来牵制苏联在东亚太平洋地区的扩张。美国在从东亚实施战略收缩的同时，更加倚重日本，希望日本能发挥更大的作用，为美国分担更多的责任。

　　冲绳归还问题是战后美日关系发展的一个症结。作为琉球群岛的一部分，冲绳岛位于日本九州南端的鹿儿岛与中国台湾之间，地理位置重要，具有很高的战略价值和军事意义。太平洋战争结束前夕，美国参谋长联席会议决定将其从对日本的占领区划出，置于美军的直接控制之下。美军在冲绳建有多处基地，是从阿留申群岛至菲律宾战略防线的重要一环。自 20 世纪 50 年代中期以来，冲绳归还问题便成为影响美日关系发展的一个重要因素，也是双方领导人历次谈判的焦点。尼克松从改善和加强美日同盟关系的大局出发，对这一问题采取了现实主义的态度。在其就职次日，即指示基辛格开始着手研究对日政策，并将归还冲绳问题列为最优先考虑的问题之一。经过多次磋商，1971 年 6 月，美日就此达成协议，扫除了两国关系进一步发展的一大障碍。冲绳问题的解决是尼克松"作为总统做出的最重要的决定之一"。应当说，尼克松政府对日政策的调整，适应了当时东亚形势和美日相对力量的变化。自此，美日两国关系由战后的从属与支配、依附与被依附的关系，向平等伙伴、相互依赖的关系过渡，且在双边关系中，日本的自主性明显加强，这是 20 世纪 70 年代中后期以来美日关系变化的一个重要特点。

三、美国谋求加强在东亚的地位

　　20 世纪六七十年代美国在东亚地区的战略收缩，并不意味着美国要从该地区完全脱身。对美国来说，暂时的收缩不过是为了恢复自身的实力，以便日后重返东亚，并发挥更大的主导作用。美国决策者越来越深深地认识到，作为一个太平洋国家，美国的发展同东亚地区是息息相关的。自 20 世纪 80

年代以来，随着东亚经济的不断崛起和亚太国际关系的变化，美国对东亚政策进入了一个新的调整阶段。

1981 年初，以重振美国国威为己任的里根入主白宫。里根本人及其高级顾问都特别强调东亚地区对美国的重要性。1981 年 3 月，美国国务卿乔治·舒尔茨在旧金山发表了题为"太平洋的潮水日益高涨"的讲话，称东亚太平洋地区对美国来说，今天重要，明天更重要，强调美国仍然是一个太平洋强国，要在这一地区发挥更大的作用。副国务卿劳伦斯·伊格尔伯格甚至认为，美国对外政策的重心正在从欧洲转向东亚太平洋地区。

里根政府如此强调东亚地区的重要性绝非偶然，而是有着复杂的原因。首先，从 20 世纪 70 年代以来，东亚地区经济发展迅速，势头良好。1979 年资本主义世界陷入经济危机，西方发达国家国民生产总值增长率一般不到 2.5%，而东亚地区一般为 4%—5.5%，个别国家和地区达到 6%—8%。美国经济自 20 世纪 70 年代后期持续陷于滞胀，1980 年的通货膨胀率高达 13.5%。在此情形下，美国与欧洲的贸易额开始明显下降，而与东亚地区的经济联系却越来越紧密。1980 年美国与东亚太平洋地区的贸易总额第一次超过了它同欧洲国家的贸易总额，达 1140 亿美元。1983 年，美国对东亚地区的出口占美国总出口量的 34.8%，而对欧洲的出口只占 25.7%。东亚太平洋地区成为美国重要的贸易伙伴。与此同时，美国的公司、企业也看好东亚地区，纷纷在此投资设厂。其次，从东亚地区的国际政治来看，20 世纪 70 年代，苏联利用美国在东亚实行战略收缩之机，极力扩大在该地区的影响，采取了咄咄逼人的态势。该地区大多数国家希望美国能遏制住苏联势力在东亚的扩张，对里根政府奉行的强硬对苏政策表示赞成，欢迎美国加强在这一地区的军事存在。东亚国家的积极态度使得美国调整东亚政策成为可能。

在军事上，东亚地区美苏军事力量对比发生了重大变化，苏联向美国提出了强有力的挑战。20 世纪 80 年代初，苏联将其海陆空武装力量的大约 1/3 集结在远东地区。60 年代中期，苏联驻远东地区的地面部队有 20 个师，到 80 年代中期增加到 53 个师。更令美国深感不安的是，苏联在日本北方四岛部署了 1.4 万人的守备部队，直接威胁着日本和北太平洋地区的安全。苏联太平洋舰队的实力过去一直落后于美国的第七舰队，但到了 20 世纪 80 年代初，它已成为拥有 820 艘各类舰只、总吨位达 162 万吨的庞大舰队，其实力为苏联四大舰队之首。该舰队的活动范围从北太平洋、日本海到西太平洋和马六甲海峡，同苏联在印度洋的海空力量连接起来，对东亚太平洋地区形成了包围态势。同时，苏联还在该地区建立了庞大的军事基地，使其进攻能力大为加强。苏联在越南金兰湾的海空基地与美国在菲律宾的基地遥遥相对，苏联不仅在该基地常驻一支海军特遣分队以及一些远程侦察机和巡逻机，而且进驻了性能良好的中程轰炸机，这对于改善苏联在西太平洋的海上态势以及加强其对马六甲海峡、巴士海峡等重要海上通道的控制能力具有重要意义。苏联在远东地区大力加强军事力量，目的在于确保其东出太平洋和南下印度洋的海上通道，以改善其全球战略地位，增强与美国相抗衡的能力。苏联在太平洋地区的军事力量"第一次对美国的部队和设施构成直接威胁"。

面对苏联在东亚太平洋地区军事力量的不断增长，里根政府决心改变过去那种被动应付的局面，大力加强美国在这一地区的军事存在，遏制住苏联势力的扩张，以维护美国在该地区的重要利益。美国领导人多次强调，东亚太平洋地区在美国优先考虑的地区中占有很重要的地位，"同美国有着重要的经济和安全关系"；苏联是对整个世界，特别是对亚洲最大的威胁，美国在东亚太平洋地区的基本目标是对付苏联的侵略行动所提出的战略挑战。为此，美国将保持并进一步加强在东亚的军事存在，密切与盟国和具有共同利益的非盟国的关系，协调行动，在西太平洋地区形成反苏的广泛联合。①为了重新取得在东亚的战略优势，最大限度地确保美国在该地区的利益免受苏联的威胁，里根政府在经济、外交和军事方面采取了一系列强有力的措施。

美国决策者认为，东亚经济能否平稳地向前发展，是该地区安全与稳定的关键和基础，也直接关系到美国自身的利益和未来。因而，美国决心进一步密切同东亚地区的经济关系，加强同日本、韩国和东盟国家在经济问题上的磋商与协调，并使之制度化和经常化。通过协商，美国决定放宽贸易条件，减少贸易摩擦，以扩大双边经贸往来；在确保美国安全利益的前提下，加快技术转让的步伐；加强金融合作，为双方进行贸易和投资提供便利；增加对发展中国家的经济援助，鼓励私人资本直接投资。里根政府还积极推动建立"太平洋经济共同体"，并将其列为外交方面"刻不容缓的任务"。美国决策者确信，实现太平洋经济一体化"符合美国在亚洲的政治、军事利益"，它能把美日关系、美国与发展中国家的关系，以及美国在东亚太平洋地区的战略利益有机地结合起来，同时进一步推进美国在该地区的经济利益。

在外交方面，美国政府采取了全面转向太平洋地区的方针，同东亚国家

---

① 张德真：《黑格的亚太地区之行》，《人民日报》，1981 年 6 月 23 日第 7 版。

的外交来往日益频繁。里根执政初期，由于在售台武器问题上态度强硬，致使中美关系一度面临严峻考验，甚至有可能倒退。经过双方的共同努力，1982 年 8 月中旬就此达成协议，并发表了《中美联合公报》（即《八一七公报》），为消除两国关系发展中的障碍迈出了重要一步。与此同时，中美两国都进行了政策调整。中国更加强调独立自主的和平外交政策，美国则开始推行"新现实主义"的对华政策。在政治、经济、科技、教育、文化等领域，两国关系取得了重大进展。里根在向国会提交的《国家安全报告》中明确提出，美国主要的国家安全目标之一就是加强与中国的关系，强调"一个强大、安全和现代化的中国符合美国的利益"。[①]

　　日本在里根政府的东亚战略中具有举足轻重的地位和作用。面对苏联在东亚太平洋地区咄咄逼人的扩张攻势，美国政府以日本为重点加强了在东亚的"联盟战略"，进一步把日本纳入美国在东亚的战略轨道，利用日本处于阻止苏联舰艇南下的有利位置，以及日本迅速发展的经济、科技实力以及军事潜力，使日本成为美国抗衡苏联的战略前哨，维护美国在东亚太平洋地区的利益。1982 年 3 月 1 日，负责远东事务的助理国务卿约翰·霍尔德里奇在国会亚太小组委员会发言时明确指出，美日关系对亚洲具有"无可比拟的"重要意义，"我们同日本的关系是我们对亚洲政策的基石，进而也是我们全球外交的必不可少的因素"。1983 年 11 月里根访问日本时，更是称日本是美国在太平洋的"伟大伙伴"，强调"对世界和平与繁荣来说，没有比美日关系更重要的双边关系了"。不断强化美日同盟关系一直是里根政府东亚政策的一项核心内容。里根与日本领导人每年或在西方七国首脑会议期间举行单独会谈，或进行首脑互访。在一系列重大国际问题和地区问题上，美日双方立场的一致程度甚至超过美国与西欧盟国之间的一致。

　　在军事方面，里根政府采取了积极主动的做法，力图重返东亚，大力加强在这一地区的军事存在，扭转不利于美国的战略态势，恢复美国在该地区的战略地位和影响。20 世纪 80 年代中期，美国在东亚太平洋地区的驻军已增加到 15 万人，并大大提高了第七舰队的作战能力，配备了先进的巡航导弹和舰载雷达系统。

　　不仅如此，美国通过双边或多边安全合作，大力加强与东亚国家的防务关系。1984 年 12 月，美日正式签署了《日美共同作战计划》。据此，两国联

---

① 梅孜编译：《美国国家安全战略报告汇编》，北京：时事出版社，1996 年，第 123 页。

合军事演习的次数开始逐年增多，演习的内容也越来越广泛，美国甚至派出核动力航母参加演习。韩国是美国东北亚战略中"不可缺少的一环"，美韩军事关系也有明显改善。1983 年 11 月，里根访问韩国，重申美国将恪守共同防御条约，不再从韩国撤军。随后，美国大幅度提高了对韩国的军事援助，并加紧进行军事基地的建设工作。到 80 年代中期，美国驻韩兵力超过 4 万人。为了进一步增强在东北亚的军事部署，1987 年 5 月，美国"太平洋陆军司令部"正式成立，统一指挥驻日本、韩国和菲律宾的陆军。里根政府改变了过去美国对东盟的冷漠态度，加强了双方的军事合作，并不断扩大对东盟国家的军事援助，以增强其自身防御能力。1978 年，美国给予东盟国家的军援为1.63 亿美元，1984 年增至 3.26 亿美元。美国向泰国提供了性能先进的战斗机、坦克以及防空设备，并就在泰国建立军火库问题达成协议，从而大大增强了美国在该地区的后勤紧急供应和快速反应能力；美国与菲律宾就延长军事基地租借期问题达成一致；同新加坡定期举行联合军事演习，并在新加坡建立了监听站；同印尼达成了美国飞机进出印度洋时可飞越印尼领空和在印尼中途停留的协议，并向印尼提供了飞机、舰艇和其他军事装备。美国与东盟合作的目的就是要"遏制苏联在该地区日益增长的军事存在及影响"。

纵观冷战时期美国东亚政策的演变，可以发现具有明显的阶段性。20 世纪五六十年代的主要特征是一步步更深地卷入东亚事务，最终深陷越南战争的泥潭而难以自拔；自 20 世纪 60 年代末至 70 年代末则不得不在东亚地区实施战略收缩，从旷日持久的越战中脱身，缓和与中国的关系，并最终实现两国关系的正常化；到了 80 年代，美国在政治、经济、安全、军事等各个方面又开始积极介入东亚，力图维护并扩大美国在该地区的利益和影响。影响冷战时期美国政策变化的因素很多，大致说来可归纳为三个方面：美国自身因素；冷战环境；东亚国家因素。外交是一国内政的延续。美国东亚政策的制定和实施首先是出于美国政治、经济、安全等利益的需要，这是美国东亚政策的基本出发点。但同时，美国决策者在制定东亚政策时，也必须考虑到国际环境的变化和东亚地区的现实，并与之相适应。历史已经清楚地表明，如果美国无视或不顾国际环境的变化和东亚现实，而一味按照自己的意愿行事，终将难逃失败的命运。

（原刊于《南开学报》2010 年第 6 期）

美国与第一次印度支那战争

1945 年 8 月日本宣布无条件投降后,以胡志明为首的越南共产党领导越南人民取得了八月革命的胜利,于 9 月 2 日建立了越南民主共和国。1946 年 2 月,法国军队接替中国国民党军队进驻越南北方,企图恢复在这一地区传统的殖民统治,遭到印支人民的强烈反对和坚决抵制。同年 12 月,法军进攻河内等城市,越南人民展开了大规模的抗法斗争,第一次印度支那战争由此开始。[①]

一、美国对印度支那干涉的肇始

战后,美国政府十分重视印度支那地区。早在 1944 年秋,美国国务院的官员就指出,印度支那和东南亚“是美国出口货物潜在的重要市场。它们横亘在通往太平洋的西南通道上,对我们的安全和菲律宾的安全关系重大”,并希望出现一个“有秩序的、非革命的、向西方利益开放的东南亚”。[②] 1945 年 4 月杜鲁门上台不久,国务院欧洲事务处和远东处就分别提出备忘录,建议美国政府不要反对将印度支那归还法国,也不应对法国的海外殖民地采取任何行动,并且美国应制定帮助法国重新强大的政策,以便法国能更好地分担维持欧洲和平和世界和平的责任。1945 年 10 月 5 日,美国对越南民主共和

---

① 国内学者对于肯尼迪、约翰逊两届政府的越南政策研究较多,而对第一次印度支那战争时期美国作用的总体探讨比较少,主要有朱明权、颜声毅:《试论战后初期美国的印支政策》,《复旦学报》,1989 年第 6 期;潘一宁:《美国对第一次印度支那战争的反应》,《中山大学学报》,1999 年第 4 期。时殷弘教授的《美国在越南的干涉与战争》(北京:世界知识出版社,1993 年)论述的是日内瓦会议之后至约翰逊政府时期的美国对越政策。

② Christopher Thorne, "Indochina and Anglo-American Relations, 1942-1945", *Pacific Historical Review*, Vol.45, No.1, February 1976, p.93; Walter LaFeber, "Roosevelt, Churchill and Indochina: 1942-1945", *American Historical Review*, Vol.80, No.5, December 1975, p.1295.

国的建立做出反应，称美国没有对法国在印度支那的统治表示怀疑，"美国无意反对法国重新控制印度支那，美国政府没有怀疑或否定法国对印度支那统治的正当性"。[①]因此，杜鲁门政府逐步放弃了罗斯福总统关于印支非殖民化的设想，决定支持法国的殖民行动，以阻止共产主义在这一地区的"蔓延"。杜鲁门认为，美国与苏联争夺的焦点在欧洲，美国必须加强同欧洲盟友的合作，尽快实现欧洲的复兴，使之能成为遏制苏联的坚实堡垒，而托管印度支那的设想只能使美国与法国的关系更加疏远。[②]

与美国决策者的僵硬态度相反，1945 年 9 月至 1946 年 9 月，胡志明曾多次呼吁美国援助越南，并支持其独立，同时向美国表示了友好之意，认为印度支那将成为美国一个重要的投资场所和市场，甚至提出了美国在越南建立海军基地的可能性问题。[③]虽然美国国务院内不少东亚问题研究专家坚持认为胡志明是一个坚定的民族主义者，与苏联没有明显的联系，国务卿乔治·马歇尔则明确表示，尽管他对法国的印度支那政策抱有怀疑态度，但他认为法国的殖民主义仍然好于越南的共产主义革命。他强调，"我们不要忽视胡志明与共产党有直接联系的事实，很显然，我们无意看到殖民帝国当局被受克里姆林宫指挥和控制的观念和政治组织取代"。1949 年 5 月，接替马歇尔任国务卿的迪安·艾奇逊称，"所有在殖民地的斯大林主义分子都是民族主义者"，断定苏联正以河内为中心来指挥东南亚的共产主义运动，胡志明已经成为苏联的"代理人"。美国在从亚洲大陆撤军、实行战略收缩的同时，在东南亚却呈逐步卷入的态势，杜鲁门政府越来越倾向于把该地区看作又一个冷战战场。随着美苏冷战的不断加剧和中国革命的胜利发展，对美国来说，印度支那具有了新的意义：它不仅是遏制苏联扩张的一个前哨阵地，而且还可构成反华包围圈的重要一环。

1949 年 3 月 29 日，由乔治·凯南领导的美国国务院政策规划室提出了该委员会第 51 号文件，对美国的印度支那政策进行了全面阐释。文件认为，东南亚作为包括橡胶、锡和石油在内的原料产地和沟通东西、南北半球交通的十字路口，对"自由世界"来说是至关重要的。文件强调，对美国来说，

①　Gareth Porter ed., *Vietnam: A History in Documents*, New York: New American Library, 1981, p.38.

②　George C. Herring, "The Truman Administration and the Restoration of French Sovereignty in Indochina", *Diplomatic History*, Vol.1, No.2, Spring 1977, pp.98-99.

③　U.S. Senate Committee on Foreign Relations, *The United States and Vietnam, 1944-1947*, Washington, D.C.: United States Government Printing Office, 1972, p.13.

一个为苏联所控制的东南亚将对其在整个亚洲和中东地区的安全利益构成威胁，"克里姆林宫将获得的最大利益是政治性质的，共产党在中国的胜利是对我们的惨重打击，如果东南亚也为共产主义所席卷，那么我们将承受一场政治上的大溃败，其影响势必会波及世界其他地区，尤其是中东和完全暴露的澳大利亚"。①这一文件确定了日后几年美国对印度支那政策的基调。

随着国民党在中国大陆统治的垮台，美国决策者对印度支那局势愈发担忧。1949 年 12 月通过的国家安全委员会第 48/2 号文件明确提出，美国在亚洲的目标是防止共产主义在这一地区的进一步"扩张"，而法属印度支那应受特别注意。1950 年 1 月，中国和苏联相继承认了越南民主共和国。这在美国领导人看来，无疑更证明了胡志明的"本来面目"，同时也表明，"克里姆林宫准备在印度支那施加更大的压力，以实现其建立一个共产党政权的目标"。②2 月初，尽管不少官员对由法国一手扶植的保大政权能否控制住局势持明显的怀疑态度，认为如果支持它，美国的政策将会走入一条死胡同，把有限的资源投入一场毫无希望的战争中，但决策者并不为所动。艾奇逊认为，接受保大是为了避免让共产党取得印度支那的"唯一选择"，美国的支持并不能保证这一政权的成功，但如果美国不支持，则它注定会归于失败。③与此同时，美国国务院提出一份关于向印度支那提供军事援助的报告，认为美国目前面临的形势是"要么支持在印度支那的法国人"，以阻止这一地区"落入共产党之手"；"要么面对共产主义扩展到东南亚的其他地区，并可能继续向西扩展"，美国则退守太平洋防线。④

经过广泛征询意见，美国国家安全委员会于 2 月 27 日制定了第 64 号文件，明确提出"印度支那是一个关键地区，正处于迫在眉睫的威胁之中"，倘若"失去"，则"泰国、缅甸等邻国也将落入共产党的统治之下，东南亚的力量均势就会被打破"。文件表示，美国应采取一切实际可行的措施来"阻止共

---

① Policy Planning Staff 51, Record Group (RG) 59, National Archives, College Park, Maryland.

② CIA ORE 92-49, "The Crisis in Indochina", February 10, 1950, Estimates of the Office of Research Evaluation, Box 4, RG 263, National Archives, College Park, Maryland.

③ U.S. Department of State, *Foreign Relations of the United States, 1950*, Vol.6, Washington, D.C: United States Government Printing Office, 1976, p.716; Gary R. Hess, "The First American Commitment in Indochina: The Acceptance of the Bao Dai Solution, 1950", *Diplomatic History*, Vol.2, No.4, Fall 1978, pp.338-339.

④ U.S. Department of State, *Foreign Relations of the United States, 1950*, Vol.6, Washington, D.C: United States Government Printing Office, 1976, p.714.

产主义在东南亚的进一步扩张"，保护美国在这一地区的重要利益。[①] 5 月 1
日，杜鲁门批准向印度支那地区提供 1000 万美元的紧急援助。

在印支政策上，美国军方基本上与国务院没有什么分歧，同样认为印支
地区对美国具有重要的战略价值，保持美国在印支的地位极为关键，如果该
地区"落入"共产主义之手，那么整个东南亚都会难逃此运，美国和日本在
东南亚的原料供应线将被切断，这种结果对美国来说是难以接受的。1950 年
4 月，美国参谋长联席会议拟定了一份备忘录，强调印度支那是"自日本南
下至印度大陆遏制共产主义的防线上绝对不可缺少的一部分"，对于保持美国
东亚沿海岛屿防御圈的完整性具有特殊意义；如果"失去"印度支那，不仅
会随之"失去"东南亚地区，而且"印度尼西亚和菲律宾也可能最终落入共
产党手中"，美国实际上也就失去了对"太平洋通道"的控制，日本、印度和
澳大利亚这三个"非共产主义基地"势必会陷于彼此孤立的境地。[②] 5 月 8 日，
艾奇逊在巴黎宣布美国将向法国提供经济和军事援助，以支持其在印度支那
的战争。美国提出的援助条件包括：（1）法国必须完全承担起印度支那战争
的责任，尤其是承担战争的伤亡；（2）接受美国的指导和建议；（3）战争结
束后，法国放弃对印度支那的殖民统治。用国务院远东司的话来说，美国要
"以一切可行和适当的政治、经济、军事措施，把共产主义阻截在中国南部边
境"。[③]

1950 年 6 月朝鲜战争爆发后，美国更进一步卷入印支事务。6 月 27 日，
杜鲁门下令增加对法国和越南保大傀儡政权的军事援助。7 月，美国军事援
助考察团赴印度支那进行视察。在朝鲜战争的背景下，印度支那冲突被美国
决策者赋予了新的意义。美国决策者开始担心苏联很可能会"利用"中国这
一"矛头"刺向印度支那，并认为共产主义"进攻"的下一个目标将是印支。
据美国情报部门估计，中国大约 10 万军队正集结在南部边境地区，一旦发生
战争，15 万人的后备部队可以在 10 天之内到达边界地带，中国完全有能力

① U.S. Department of State, *Foreign Relations of the United States, 1950,* Vol.6, Washington, D.C: United States Government Printing Office, 1976, p.747; NSC 64, RG 273, National Archives, College Park, Maryland.

② U.S. Department of State, *Foreign Relations of the United States, 1950*, Vol.6, Washington, D.C: United States Government Printing Office, 1976, p.781.

③ U.S. Department of State, *Foreign Relations of the United States, 1950*, Vol.6, Washington, D.C: United States Government Printing Office, 1976, p.750.

在印度支那采取行动，其行动方式包括公开干预和提供援助。[①]中国出兵朝鲜后，美国对中国的担心进一步加剧，认为中国可以随时进行干预，并在很短的时间内将法国人赶出越南北部。美国陆军部联合战略考察委员会于11月底提出一份分析报告警告说，在不发生全球战争的情况下，"失去"印度支那将严重危及东南亚其他国家以及印度和巴基斯坦的安全，而且，还会对世界上其他非共产党国家产生广泛的政治和心理影响。参谋长联席会议向国防部部长马歇尔建议，"作为紧急事态，美国应采取除了美军直接介入以外的一切实际可行的措施，以阻止印度支那落入共产主义之手"。[②]为此，美国政府毫不犹豫地扩大了对法国的军事援助，各种物资和装备源源不断地运往印度支那。到1950年底，美国的援助为1.5亿美元，1951年增至5亿多美元。同时，杜鲁门还向法国人表示，如果中国直接出兵介入战争，美国将不惜冒与苏联开战的风险，出动海军、空军予以干涉，并考虑对中国实施海空打击，封锁中国海岸。

1951年朝鲜停战谈判开始后，美国进一步加强了对印支事务的干涉，试图组织英国等盟国在印支采取"联合行动"。1952年2月，美国国务院政策规划室提出长篇报告，建议一旦中国进行干预，应立即对中国采取海空军事行动。5月，艾奇逊在巴黎向英、法外长明确提出，"如果中国在印度支那事务扮演一个更为积极的角色"，美英法应考虑出动海空军，"切断中国和印度支那间的交通"。他表示，美国将尽一切所能来"挽救"东南亚。[③]

1952年6月，美国国家安全委员会提出了"美国在东南亚的目标和行动方针"的报告，明确规定：共产党不论以何种手段控制整个东南亚，都将严重危及美国的安全利益；"失去"东南亚任何一个国家都将导致共产主义在整个东南亚，进而在印度、中东的"蔓延"，最终"危及欧洲的稳定和安全"。报告建议，在中国没有大规模卷入的情况下，美国应当增加对法国的经济和

---

① ORE 50-50, Prospects for the Defense of Indochina Against a Chinese Communist Invasion, September 7, 1950, Box 4 RG 263, National Archives, College Park, Maryland; ORE 50-50 Supplement, Prospects for Chinese Communist action in Indochina During 1950, Box 4, RG 263, National Archives, College Park, Maryland.

② NIE 5, Indochina: Current Situation and Probable Developments, December 29, 1950, Box 1, RG 263, National Archives, College Park, Maryland.

③ "Considerations Affecting U.S. Courses of Action with Respect to Chinese Communist Aggression Against Indochina", Records of the Policy Planning Staff, Box 18, RG 59, National Archives, College Park, Maryland; David L. Anderson ed., *Shadow on the White House: Presidents and the Vietnam War*, Lawrence: University Press of Kansas, 1993, p.36.

军事援助；倘若中国直接卷入，美国将不得不派出海空部队"保卫"印度支那，并考虑对中国本身采取海空行动的可能性。[①]1952 年 12 月，已经成为跛脚总统的杜鲁门再次决定向印支法军提供 6000 万美元的军事援助。

到杜鲁门离任前夕，美国已承担了法国在印支作战费用的 1/3。除了没有直接派兵参战外，美国向法国提供了包括飞机、坦克、大炮以及各种轻重武器、弹药等在内的价值 7.75 亿美元的援助，迈出了卷入越战泥潭悲剧性的一步。甚至在向艾森豪威尔移交权力时，杜鲁门还特别提醒新政府做好准备和采取行动，解决印度支那问题。[②]虽然美国政府认为"印度支那具有远比朝鲜更为巨大的战略上的重要性"，并把法国在印支的殖民战争视为"自由世界在全世界抵抗共产主义政府和破坏行动不可分割的一部分"，但仍然力求避免过深地陷入印支，只把干涉的程度限制在提供军事和经济援助上。这主要有以下几方面的原因：第一，美国本身在朝鲜已经是难以自拔，无力他顾，"对印度支那的关心不得不退居第二位"。第二，朝鲜战争的教训使美国决策者对亚洲的地面战争心有余悸。艾奇逊曾明确指出，"在印度支那保卫印度支那将是无益和错误的"，"我们不能再来一个朝鲜，我们不能把地面部队投入印度支那"。[③]第三，虽然法国在印度支那处境日益恶化，但不到万不得已，不会把自己在印支的控制权拱手交给美国。

二、美国策划"联合行动"

1953 年 1 月艾森豪威尔执政后，紧步其前任的后尘，继续奉行支持法国进行印支战争的政策，并不断扩大对法国的各项援助。美国决策者错误地认定，由于中国的介入，印支战争"不再是一场殖民国家与坚决要取得独立的殖民地人民之间的斗争，而是共产党力量与非共产党力量之间的斗争"，印度支那的"陷落"将严重危及美国在远东的地位。国务卿约翰·杜勒斯认为，目前印度支那局势比世界上任何其他地区的局势都更为危险，应该成为美国

① NSC 124/2, RG 273, National Archives, College Park, Maryland.

② U.S. Deaprtment of State, *Foreign Relations of the United States, 1952-1954*, Vol.13, Washington, D.C.: United States Government Printing Office, 1982, p.298; Robert Schulsinger, *A Time for War: The United States and Vietnam*, New York: Oxford University Press, 1997, p.56.

③ George Herring, *America's Longest War*, New York: McGraw-Hill, 1996, p. 22.

外交最优先考虑的问题，因为这一地区的事态发展将对欧洲和亚洲产生严重影响。杜勒斯特别担心，在朝鲜停战后，中国很可能将其注意力转向印度支那。9 月初，他在发表讲话时表示，像在朝鲜一样，在印度支那也存在着中国派兵介入的危险，并威胁说中国应当认识到，"如果再次发生侵略行动，后果将是极其严重的，冲突的范围将不会局限在印度支那"。1954 年 1 月，美国国家安全委员会提出一份研究报告，强调"失去印度支那，不仅会在东南亚和南亚产生反响，而且也会对美国和自由世界在欧洲以及其他地区的利益造成最严重的影响"。[①]

但此时，法国在印度支那的地位正变得岌岌可危，处于失败的边缘。在越南，绝大部分农村地区为越共所控制，法军只能盘踞在河内、海防等少数几个大城市以及沿越南、柬埔寨边界的狭长地带。朝鲜停战后，一些法国政治领导人开始出现厌战情绪，建议政府考虑从印度支那撤军。1953 年 11 月，法国政府向越南方面表示，愿意通过谈判谋求"体面的和平"。对此，胡志明做出了积极反应。[②]

但美国对谈判解决问题缺乏兴趣。艾森豪威尔政府认为，要想扭转战局，法国必须在印度支那采取大胆、果断的军事行动，制订一个详细的进攻计划。美国参谋长联席会议确信，如果法国能充分地利用越南军队，并实施一项旨在消灭敌方正规军的进攻战略，那么它就会在一年之内取得胜利。为此，美国政府积极协助法国远征军总司令纳瓦尔制订了新的作战计划。根据该计划，法国将增派 9 个营的部队和后勤部队去印度支那，并加紧训练当地的军队。具有讽刺意味的是，就连纳瓦尔本人对这一计划都没有什么信心，认为它不可能取得严格意义上的军事胜利，至多是打成一个平局，但美国方面却对这一所谓"结束战争"的计划寄予厚望。美国驻越南军事援助顾问团团长约翰·奥丹尼尔向华盛顿报告说，纳瓦尔计划将会成功地结束战争。杜勒斯也乐观地认为，到 1955 年法国人有可能打败越南的正规武装。为了保证该项"结束战争的计划"能取得预期的效果，美国政府大幅度增加了对法国人的直接军事援助。1953—1954 年间，美国向法国提供了军用飞机 360 架，大小战

---

① U.S. Department of State, *Foreign Relations of the United States, 1952-1954*, Vol.13, Washington, D.C.: United States Government Printing Office, 1982, p.419; NSC 5405, RG 273, National Archives, College Park, Maryland.

② National Intelligence Estimate 91, Probable Developments in Indochina Through Mid-1954, Records of the Bureau of Intelligence and Research, Box 4, RG 59, National Archives, College Park, Maryland; Stanley Karnow, *Vietnam: A History*, New York: Viking Press, 1983, p.191.

舰 390 艘，各种运输车达 2.1 万辆，轻重武器达 17.5 万支。1953 年 9 月，美国同意再向法国提供 3.85 亿美元的援助。

尽管如此，法国仍无法扭转战局。1954 年 3 月中旬，越南人民军在中国军事顾问团的直接帮助下发动强大攻势，包围了越南西北部的战略要塞奠边府。3 月 19 日，杜勒斯指示美国驻巴黎大使通知法国方面，美国认为法国应制订一项具体的作战计划，持续的军事僵局将在印度支那产生"我们最不希望看到的政治后果"。次日，法国总参谋长保罗·伊利在视察了印度支那战场后飞抵华盛顿，要求美国直接出兵干涉，并迅速再向法国提供 25 架 B-26 轰炸机。4 月 5 日，法国政府明确提出，只有美国立即出动空军进行干预，才能扭转战局。

对于采取何种军事行动，美国政府内部存在着不同意见。参谋长联席会议主席阿瑟·雷德福强烈主张进行直接军事干预，以挽救法军的败局。他上书艾森豪威尔，提出如果美国要想避免失去整个东南亚，就必须准备立即"以武力的形式行动起来"，建议用空袭的方式来解奠边府之围。根据他拟订的代号为"秃鹫"的作战计划，要求美国从设在菲律宾的空军基地派出 B-29 轰炸机，向奠边府附近投掷 3 颗战术原子弹，同时对越南人民军进行大规模夜袭。如果轰炸不能奏效，则美国应采取其他军事行动，包括动用美国空降部队和在海防港布雷、封锁。雷德福表示，根据五角大楼一个高级研究小组的研究结果，如果使用得当，只需要 3 颗战术原子弹，完全可以解救被困的法军。[①]空袭方案得到了空军参谋长内森·特文宁等人的支持。他们认为，奠边府是一个相当孤立的地区，周围没有大城市，只有共产党的军队和他们的供给物资，是使用原子弹的理想场所，而且如果投掷适当，将足以摧毁在那里的共产党的力量。[②]

出兵干涉的方案遭到了陆军参谋长马修·李奇微的坚决反对。李奇微认为，美国地面部队的人数已经大大缩减，如果对印度支那进行军事干涉，势必会削弱欧洲的防务，分散美国有限的军事力量。李奇微告诫艾森豪威尔，仅仅依靠空中和海上力量并不能确保在印支取得胜利，而派到那里的任何地

---

① U.S. Department of State, *Foreign Relations of the United States, 1952-1954*, Vol.13, Washington, D.C.: United States Government Printing Office, 1982, p.1271; Melanie Billings-Yun, *Decision against War: Eisenhower and Dien Bien Phu*, New York: Columbia University Press, 1988, p.120.

② Marilyn B. Young, *The Vietnam Wars, 1945-1990*, New York: HarperCollins, 1991, p.33; Lloyd Gardner, *Approaching Vietnam: From World War II through Dien Bien Phu, 1941-1954*, New York: W.W. Norton, 1988, p.202.

面部队将不得不在后勤供应困难、环境异常恶劣的情况下进行作战；就是使用原子武器也不能减少"为取得印度支那的军事胜利所需要的地面部队的数量"。①五角大楼的阿瑟·戴维斯海军上将也警告说，"不应自欺欺人地相信，有可能只使用海上和空中力量部分地卷入"，应当尽一切可能避免美军卷入印度支那冲突。至于使用原子弹，美国军方高层普遍对其作用持怀疑态度。国务院顾问道格拉斯·麦克阿瑟二世则分析了使用原子弹可能造成的政治后果，认为原子弹的使用不仅会在整个"自由世界"特别是在北约内引起极大震动，而且也会给苏联指责美国滥用核武器提供口实，美国在世界的领导地位将会受到一定影响。②

艾森豪威尔虽然同意向法国提供 25 架轰炸机以增援驻守在奠边府的法军，但却反对美国的直接军事卷入。他表示，谈论在印度支那由美军取代法军毫无意义，美国直接介入印支战争将是"不可想象的"，"在印度支那的这场战争将吞噬我们几个师的兵力"。③他宣称，"我比任何人都更加坚决反对让美国卷入那个地区的热战"，认为"美国如果派一名作战的士兵到印度支那，那就把美国的威信全部押上去了，不仅是美国在这一地区的威信，而且是美国在全世界的威信"。美国必须使用当地土生土长的军队，甚至可以使用美国的空军、海军向他们提供支持。④至于使用原子弹，艾森豪威尔表示，"我们决不能在不到 10 年的时间内第二次对亚洲人使用这种可怕的东西"。杜勒斯同样关心美国的声誉问题。他明确告诉法国人："如果打出自己的旗帜，派遣自己的陆、海、空军部队参加印度支那战争，则美国的威信是和我们将获得胜利这样一点联系在一起的。我们不能滥用美国的威信但又遭受失败，这将

① Robert A. Divine, *Eisenhower and the Cold War*, New York: Oxford University Press, 1981, pp.49-50; Robert Buzzanco, "Prologue to Tragedy: U.S. Military Opposition to Intervention in Vietnam, 1950-1954", *Diplomatic History*, Vol.17, No.2, Spring 1993, p.215.

② Christopher Gacek, *The Logic of Force: The Dilemma of Limited War in American Foreign Policy*, New York: Columbia University Press, 1994, p.99; U.S. Department of State, *Foreign Relations of the United States, 1952-1954*, Vol.13, Washington, D.C.: United States Government Printing Office, 1982, p.1272.

③ U.S. Department of State, *Foreign Relations of the United States, 1952-1954*, Vol.13, Washington, D.C.: United States Government Printing Office, 1982, p.949.

④ John Lewis Gaddis, *Strategies of Containment: A Critical Appraisal of American National Security Policy during the Cold War*, New York: Oxford University Press, 1982, pp.178-179.

会产生世界性的反响。"①

事实上，美国决策者还面临着公众和国会反对出兵的强大压力。民意测验表明，85%以上的美国人反对卷入印支战争。艾森豪威尔清楚地认识到，此时做出出兵干涉的决定，将会严重削弱共和党在11月份国会中期选举中的地位。一方面，美国国会对出兵干涉的方案持明显的保留态度。当艾森豪威尔要求国会通过一项决议，授权他在"国家利益需要的时候"，可以使用美国海空力量以阻止共产主义在东南亚的"扩展和蔓延"时，"议员们都惊呆了"。对于空袭方案，议员们普遍对其效果表示怀疑，认为美国单方面的干涉是不可取的，担心"朝鲜事件"会再度重演。在朝鲜战争中，美国为"联合国军"提供了90%的兵力。议员们还警告说，一旦把旗子打出去了，紧跟着就得使用地面部队。另一方面，国会也并没有把干涉的路完全堵死，而是提出了干涉的先决条件：美国的干涉必须是一个包括东南亚国家和英联邦在内的联盟的干涉的一部分；法国同意"在我们投入兵力时不把它自己的部队撤走"；法国保证越南、柬埔寨、老挝获得"完全的独立"。随后，美国国家安全委员会做出决定，应立即为日后可能的军事干涉进行各项准备和部署，并努力满足国会所提出的采取"联合行动"的必要先决条件。

经过朝鲜战争，美国决策者进一步认识到美国力量的有限，不能再重复在朝鲜直接出兵干涉的做法。4月5日，美国国家安全委员会提出报告，认为美国地面部队的直接介入"将增加与中国发生军事冲突和大规模战争的危险，美国将付出人力和金钱的高昂代价，并可能对国内政治产生不利影响"。艾森豪威尔也明确表示，"我们不能参加实际进行的战争"，单独出兵干涉将意味着在没有盟友的支持下，打一场同中国或许苏联的全面战争。②但是，放弃干涉又不甘心。艾森豪威尔想要的并不是奠边府，失去奠边府并不一定意味着失去印度支那。他认为，当务之急是建立一个由美国领导的，包括印度支那、英国、法国、澳大利亚和新西兰等在内的东南亚集体防务组织，通过联合军事努力，在东南亚把共产主义"封锁"起来。此外，美国政府也曾考虑在越南使用国民党军队，或者利用国民党军队进攻海南岛，并对中国大陆

---

① U.S. Department of State, *Foreign Relations of the United States, 1952-1954*, Vol.13, Washington, D.C.: United States Government Printing Office, 1982, p.1141; David L. Anderson, *Trapped by Success: The Eisenhower Administration and Vietnam*, New York: Columbia University Press, 1991, p.27.

② U.S. Department of State, *Foreign Relations of the United States, 1952-1954*, Vol.13, Washington, D.C.: United States Government Printing Office, 1982, pp.1440-1441.

实施海上封锁。由于风险太大和盟国的反对，最终作罢。①

1954 年 3 月 29 日，杜勒斯在一次讲话中正式端出了美国政府关于依照北约模式在东南亚建立一个区域性"各国协调组织"的构想。他声称"无论通过什么手段，共产党俄国和它的中国共产党盟国将其政治制度强加给东南亚，都将严重威胁整个自由的大家庭。美国认为那样的可能性不应被动地予以接受而应以联合行动予以对付"。杜勒斯认为，尽管奉行这一政策会冒很大的风险，但是，如果在此关键时刻不采取行动，则将来就会产生甚至更为严重的局面。4 月 5 日，他在众议院外交委员会发表讲话时再次重申了这番话，并指责中国参与了奠边府战役。②

随后，艾森豪威尔批准了杜勒斯的一项建议，即应努力说服英国与美国、法国及其他几个"友好的亚洲国家"一道共同抗击印度支那共产党的部队，如果中国出面干预的话，就由美国空军轰炸其华南的基地。为促使有关国家，特别是英、法接受"联合行动"的计划，美国政府展开了积极的外交活动。艾森豪威尔致函英国首相丘吉尔，提议建立一个由美、英、法、澳大利亚、新西兰、泰国和菲律宾等组成的新的联盟，以遏制共产主义在东南亚的"扩张"，并呼吁联合向中国发出警告，阻止其对越南的支援。为强调在印度支那采取联合干涉行动的重要性，艾森豪威尔于 1954 年 4 月 7 日在记者招待会上抛出了危害深远的所谓"多米诺骨牌理论"，宣称"失去"印度支那对"自由世界"会造成连锁反应，其后果是难以估量的。③杜勒斯则是频频出访，穿梭于伦敦和巴黎之间，与英法领导人进行磋商。

但是，美国的计划遭到了英国的反对。英国向来不愿看到印度支那战争进一步扩大，因为那样将危及英国在香港、马来亚的地位。首相丘吉尔和外交大臣艾登担心，"联合行动"极有可能会导致冲突范围的扩大，引起与中国的战争，甚至将世界推向一场新的世界大战的边缘。他们希望通过谈判来实现印度支那的停火，争取通过政治途径来解决。1952 年 5 月底，在巴黎美、英、法三国外长会议期间，艾登就曾向艾奇逊表示，他不认为中国要在东南

---

① George M. Kahin, *Intervention: How America Became Involved in Vietnam*, New York: Alfred A. Knopf, 1987, pp.41-42.

② 麦乔治·邦迪：《美国核战略》，褚广友等译，北京：世界知识出版社，1992 年，第 362 页；科拉尔·贝尔：《国际事务概览》（1954 年），云汀译，上海：上海译文出版社，1984 年，第 39 页。

③ U.S. Department of State, *Foreign Relations of the United States, 1952-1954*, Vol.13, Washington, D.C.: United States Government Printing Office, 1982, p.1281.

亚地区打一场战争，"英国政府强烈反对在东南亚采取任何可能导致与中国发生一场战争的行动"。1954 年 4 月，在同到访的杜勒斯进行会谈时，英国领导人不仅反对立即着手建立所谓的东南亚集体防务体系，也反对向中国发出联合警告。他们坚持认为：军事干涉不会奏效；法国不会赢得印度支那战争的胜利，越是拖延举行谈判，形势对法国就会越加困难；对中国实施海上封锁或者轰炸其交通线，这在军事上不仅不会起任何作用，反而有可能招致苏联的介入，引发一场新的世界大战。[①]4 月 18 日，英国政府指示驻美大使罗杰·梅金斯爵士，避免参加杜勒斯召集的为建立东南亚集体防务组织而举行的预备会议。在 4 月 20 日的北约理事会会议上，艾登不顾杜勒斯、雷德福施加的压力，明确拒绝了他们提出的在印度支那采取联合军事行动及利用空军、海军进行干预的要求。英国方面确信，"除非进行像朝鲜战争那种规模的干涉，否则对印度支那的局势是不会有什么效果的"。

1954 年 4 月底，英国内阁会议正式做出决定：在讨论印度支那问题的日内瓦会议召开之前，英国不准备在印度支那采取任何军事行动，也不会做出任何承诺；对法国在日内瓦会议上为解决印支问题所做出的努力，英国将给予一切可能的支持。[②]4 月 27 日，丘吉尔在下院发表讲话，强调英国政府无意在日内瓦会议召开之前就英国的军事行动问题做出任何许诺。美国领导人对英国的行动大为光火，却又无可奈何。艾森豪威尔认为，英国内阁的决定"使我们在寻求任何满意的盟国干涉方式的努力暂时终止了"。在他看来，丘吉尔政府之所以拒绝参加"联合行动"主要是"担心香港，希望香港平安无事"，英国人"害怕如果他们开进印度支那，中国便会进攻香港，轻易地把它拿下来"。艾森豪威尔表示，他要设法使英国相信，"如果我们同时一起进入印度支那，那就很好，但是如果他们不和我们一起进入，他们就不能指望我们会帮助他们保卫香港"。他指责英国不顾一切地寻求通过谈判来解决印支问题"实际上是在促成第二个慕尼黑"。[③]

① Anthony Eden, *Full Circle: The Memoirs of Anthony Eden*, Boston: Houghton Mifflin, 1960, pp.93-94; Andreas Wenger, *Living with Peril: Eisenhower, Kennedy, and Nuclear Weapons*, Lanham: Rowman & Littlefield Publishers, 1997, p.58.

② Richard Melanson and David Mayers eds., *Reevaluating Eisenhower: American Foreign Policy in the Fifties*, Urbana: University of Illinois Press, 1987, p.141; Lawrence S. Kaplan et al. eds., *Dien Bien Phu and the Crisis of Franco-American Relations, 1954-1955*, Wilmington: SR Books, 1990, p.72.

③ Memorandum for the Secretary of State, The Indochina Problem, April 27, 1954, Records of Policy Planning Staff, Box 81, RG 59, National Archives, College Park, Maryland.

在印支问题上，美法之间也存在着严重分歧。奠边府法军被包围后，法国政府敦促美国能够尽快实施"秃鹫"计划，对越南人民军进行大规模空袭。但是，法国反对美国将军事行动扩大到整个印度支那，从而损害法国在这一地区的殖民利益，更反对美国采取直接针对中国的军事行动，担心把法国拖入与中国的冲突中去。法国政府倾向于美国的单独干涉，不希望战争国际化，更不愿意放弃对印度支那的控制。它所要的是借助美国的军事干涉来增强自己在日内瓦会议上讨价还价的筹码，而不是危及日内瓦会议的前景。[①] 4 月 24 日，法国内阁召开紧急会议，决定婉拒美国关于全面介入的建议。美国政府对法国的态度极为不满，却又无计可施。艾森豪威尔指责法国人"要我们充当他们的小伙伴并提供物资和其他东西，以便保证他们自己在那一地区的权力"。[②] 4 月 29 日，艾森豪威尔在记者招待会上被迫宣布，美国打算"在印度支那问题上采取任何新步骤支持法国之前，先看一看外交活动在日内瓦会议期间能够起什么作用"。同时，他向国会领袖表示，仅仅作为法国的一个伙伴介入东南亚将是一个"悲剧性的错误"。

三、印度支那和平的实现

1954 年 4 月 26 日，讨论朝鲜问题和印度支那问题的国际会议在日内瓦召开。关于朝鲜问题的讨论历时 51 天，终因美国代表团的多方阻挠未能取得任何协议。5 月 8 日开始讨论印度支那问题，参加会议的有中、苏、美、英、法等。与会各国，除了美国以外，都希望通过谈判实现印支问题的政治解决。早在 3 月中旬，一个由艾森豪威尔指定的特别研究小组就美国的印度支那政策提出报告，认为美国应该利用自己的影响确保日内瓦会议不能达成任何协议，如果美国的努力没有成功，法国接受了不能令人满意的解决方案，则美国将不得不在没有法国参加的情况下，与印支各国以及其他有关国家一道继续进行战斗。4 月 7 日，美国国务院东南亚事务司的菲利普·邦斯尔、西欧司的罗伯特·麦克布赖德等人拟就了一份备忘录，称美国参加日内瓦会议是为了支持法国，使其不会在会议上采取一种直接或间接地意味着印度支那落入

① George C. Herring and Richard H. Immerman, "Eisenhower, Dulles, and Dien Bien Phu", *The Journal of American History*, Vol.71, No.2, September 1982, p.358.

② Eisenhower Papers, Diary Series, Box 3, Eisenhower Library, Abilene, Kansas.

共产党手中的立场。杜勒斯更是明确指出，日内瓦会议关于印度支那的讨论，只是一种"拖延性行动"，为的是法国有较充分的时间准备实施纳瓦尔计划。

美国政府对日内瓦会议所持的态度是极为消极的。国家安全委员会认为，"在目前的情况下，任何通过谈判取得的解决办法，都将意味着最终不仅把印度支那而且把整个东南亚丧失给共产主义。失去印度支那，对美国的安全来说，将是具有决定意义的"。美国的基本立场是，尽量阻止会议达成任何协议，如果做不到，就拒绝承认达成的协议。为了表示美国对会议不感兴趣，杜勒斯没有等到开始讨论印支问题便于 5 月 3 日离开日内瓦回国，由副国务卿沃尔特·史密斯代他率领美国代表团。根据杜勒斯的指示，美国只是作为一个"有关国家"而不是作为会议"参加国"和"谈判者"去参加日内瓦会议的。[1]

在日内瓦会议开始讨论印支问题后，美国仍然积极着手军事干涉的准备工作。参谋长联席会议拟订了部署美国军队的应急方案，其中规定当军事上对美国有利时，可以使用核武器。[2]国务院起草了授权艾森豪威尔在印度支那使用美军的国会决议。英国外交大臣艾登说，在会议开始阶段，杜勒斯仍旧在军事干涉的问题上"纠缠着我们不放"。他尖锐地指出，"美国人打算做的一切就是要取代法国人，并把印度支那搞到手"。

1954 年 5 月 7 日，越南人民军攻占奠边府，歼灭法军 12000 余人，取得了重大胜利。当日，艾森豪威尔和杜勒斯等人再一次研究了是否出兵干涉的问题，决定在日内瓦会议失败后，美国将进行军事干涉。于是，美国国务院、国防部、参谋长联席会议、国家安全委员会等都积极行动起来，为干涉行动献计献策。国务院要求国会授权总统动用美国的海空力量来支持亚洲友好国家对付共产党的"颠覆"活动。国务院政策规划室提出报告说，除非美国进行军事干涉，否则"失去"印度支那将不可避免，而"失去"印度支那将可能导致整个东南亚和南亚地区"落入共产主义之手"，因而，美国面临的安全威胁比以往任何时候都更大。为了国家利益的需要，不管其他国家如何动作，

① Richard H. Immerman, "The United States and Geneva Conference of 1954: A New Look", *Diplomatic History*, Vol.14, No.1, Winter 1990, p.63; 资中筠主编：《战后美国外交史》，上册，北京：世界知识出版社，1994 年，第 286 页。

② U.S. Department of State, *Foreign Relations of the United States, 1952-1954*, Vol.13, Washington, D.C.: United States Government Printing Office, 1982, p.1591.

美国必须在东南亚采取强硬行动。[1]参谋长联席会议做出决定，一旦中国公开介入印支战争，美国将使用核武器，对印度支那和中国境内的军事目标实施轰炸，并封锁中国海岸，占领海南岛。为此，参谋长联席会议制订了详细的行动方案。国家安全委员会声称"防卫东南亚的讨论是没有多大用处的，美国军队应当指向危险的根源，这首先是中国，而且在这方面应当使用原子武器"。杜勒斯公开威胁说，中国在越南的介入"等于是对美国宣战"。[2]

美国政府一方面加紧准备直接插手印支战争，另一方面撇开英国，与法国进行秘密谈判，继续磋商军事干涉事宜。但是，一如从前，法国并不希望美国实质性地卷入。在很大程度上，法美秘密会谈不过是法国用来增强在日内瓦会议的要价地位的"一张牌"，旨在以法美会谈为后盾，促使越南方面做出必要的让步，以便尽速取得协议。美国政府对法国的暧昧态度大为恼怒。5月中旬，美国向法国提出了进行军事干涉的先决条件，其中包括法国给予印度支那联邦"真正的自由"；美国军事顾问"承担训练本地人部队的主要责任"，并"分担制订军事计划的责任"；"法国军队继续作战"。法国方面明确表示，这些条件是"不能接受的"。至6月中旬，法美会谈终因双方立场相去甚远而陷入僵局。法国政府做出决定，在日内瓦会议期间不再要求美国对印度支那进行军事干涉。此时，美国的印度支那政策可以说完全走入了死胡同。杜勒斯在6月24日的国家安全委员会会议上无可奈何地表示，"现在潮流是逆我们而动，如果我们继续坚持强硬政策的话，我们将失去很多的盟友，那样我们将不得不重新评估我们的基本政策"。[3]

尽管美国施展种种伎俩，设置重重障碍，企图阻挠日内瓦会议取得进展，但最终未能如愿。1954年7月21日，经过绝大多数与会国的共同努力，会议终于就在印度支那停战问题上达成了协议，规定以北纬17度线为越南南北方临时军事分界线；法国承认柬埔寨、老挝、越南的独立，并从三国领土上撤军；三国将分别举行自由普选，实现各国统一，并承担义务不参加任何军事同盟；与会国保证尊重印支三国的主权、独立和领土完整，不干涉其内

---

[1] "US Guarantee of a Defense Line in Indochina", Records of the Policy Planning Staff, Box 81, RG 59, National Archives, College Park, Maryland.

[2] Stephen Ambrose, *Eisenhower: The President*, New York: Simon and Schuster, 1984, pp.205-206；艾森豪威尔：《受命变革》，复旦大学资本主义国家经济研究所译，北京：生活·读书·新知三联书店，1978年，第402页。

[3] John Lewis Gaddis, *The Long Peace: Inquires into the History of the Cold War*, New York: Oxford University Press, 1987, p.132.

政。美国拒绝在协议上签字，仅在会议上发表了一纸声明，表示美国将不使用武力或威胁来干扰日内瓦协议，这为日后美国干涉印度支那事务埋下了伏笔。

日内瓦会议的成功标志着第一次印度支那战争的结束。在第一次印度支那战争期间，由于受到国内、国际诸因素的制约，美国政府没有直接出兵介入，但其政策却在不断发生变化，从原来的所谓"中立"转向积极支持法国。从1950年6月到1954年6月，美国为法国进行殖民战争总共提供了1880辆坦克，394架各类飞机，438艘各类舰艇，30887辆摩托车和各种运输车辆，5045门大炮，价值27亿多美元。[1]在奠边府战役期间，美国向越南派出300名地勤人员，训练法国人驾驶美国提供的飞机，同时还帮助法国从北非向越南运送了两个营的伞兵部队。然而，这终究没有能挽救法国的败局。美国领导人并没有从法国的失败中汲取应有的教训，反而进一步加快了介入的步伐，力图把印度支那纳入自己的势力范围。美国国务院视日内瓦协议为"美国外交上的大失败"；国家安全委员会则认为日内瓦协议是一个"灾难"，它"使共产主义向前迈进了一大步，有可能会导致东南亚的丢失"。杜勒斯则强调："现在重要的不是哀悼过去，而是要抓住将来的机会，不让越南北部的丧失导致共产主义在整个东南亚和西南太平洋的扩张。"[2]

随着法国从这一地区的逐步撤出和东亚冷战的发展，美国一步步走向直接干涉印支事务，印度支那战争也从"法国的战争"转变为"美国的战争"，大规模的军事卷入只是时间早晚的问题。杜鲁门、艾森豪威尔政府的印支政策所产生的后果是极为严重的，它为日后美国更深地陷入越南战争铺平了道路，而艾森豪威尔提出的所谓"多米诺骨牌理论"则成为美国行动的指南。日后肯尼迪、约翰逊两届政府在越南的所作所为，不过是这一时期美国所奉行政策的合乎逻辑的延伸和必然的结果。

（原刊于《美国研究》2003年第4期）

---

[1] U.S. Joint Chiefs of Staff Historical Divison, *The Joint Chiefs Staff and the War in Vietnam, 1940-1954*, Wilmington: Michael Grazier, 1982, pp.488-489.

[2] Gary R. Hess, *Vietnam and the United States: Origins and Legacy of War*, Boston: Twayne Publishers, 1990, p.49.

富布赖特、约翰逊与越南战争

威廉·富布赖特在 1959—1974 年间担任美国参议院外交委员会主席，是美国历史上担任这一职务最长的议员，对于美国外交政策的制定和实施起着重要的作用。20 世纪 60 年代约翰逊执政后，富布赖特成为其对外政策的主要顾问和支持者。但随着美国在越南战争中愈陷愈深，两人的分歧和矛盾逐渐尖锐和公开，最终导致两人分道扬镳，富布赖特成为美国国会中主要的反战领袖。现利用美国《国会记录》、参议院外交委员会会议记录以及富布赖特本人的演说、著作等资料，对于富布赖特和约翰逊在越南战争问题上由合作转变为公开对立的过程及原因做一简要论述，并揭示富布赖特在与约翰逊论争中所面临的种种困境。

一、富布赖特对美国侵越政策的支持

富布赖特与约翰逊曾长期在国会中共事，并保持着密切的关系。1959 年富布赖特之所以能出任参议院外交委员会主席，约翰逊在其中起着至关重要的作用。不仅如此，肯尼迪竞选总统获胜后，在约翰逊的大力举荐下，富布赖特成为国务卿一职的重要人选之一。尽管由于种种政治上的原因肯尼迪最后没有选择富布赖特，而且约翰逊继任总统后也没有任命他为国务卿，但富布赖特一直是约翰逊在外交和国际事务问题上的主要顾问之一。

约翰逊执政初期，曾多次表示要将解决国内问题列为重要议事日程，并在 1965 年 1 月的国情咨文中正式提出"伟大社会"的施政纲领，要求国会在教育、医疗、环境保护、住房、消灭贫困和民权等领域采取广泛的立法行动。约翰逊的这些举措令包括富布赖特在内的许多美国人相信，美国领导人终于将关注的重点从国外转移到国内。但结果证明，不断扩大的越南战争不仅断送了约翰逊的"伟大社会"梦想，而且也结束了其近半个世纪的政治生涯。

约翰逊表示，在越南问题上他将继续坚持肯尼迪的政策。作为"多米诺骨牌理论"的坚定信徒，早在1961年5月，时为副总统的他在出访越南时就强调，如果美国不坚决有力地在东南亚同共产主义战斗，并且取得胜利，那么菲律宾、冲绳等沿海岛屿基地就没有安全可言，太平洋就将成为"红色海洋"，美国就不得不退守西海岸，并向整个世界表明，美国不会履行其做出的承诺。上任伊始，1963年11月24日，约翰逊指示美国驻南越"大使"亨利·洛奇转告南越领导人，美国政府支持南越的立场不会改变。27日，他在给国会的第一份咨文中明确表示，美国将坚持其"从南越到西柏林"所承担的义务。1964年3月初，约翰逊向富布赖特强调，美国在南越的目标是帮助其维持独立，避免被北越颠覆或推翻。他宣称，一旦美国撤出，南越政权就会垮台，并造成连锁反应，泰国和马来亚将处于严重危险之中，印度、印尼和菲律宾也会受到威胁。因而，美国决不能放弃南越。他同时也表示反对向南越派遣地面部队，而是继续帮助南越训练军队，并向其提供后勤援助，为此准备派国防部部长罗伯特·麦克纳马拉前往南越实地考察，以便决定美国是否需要采取以及采取何种新的政策，要求富布赖特对此仔细思考，并提出意见。富布赖特认为，根据目前的局势，至少在可预见的将来，美国对越南的政策"是正确的"，并表示完全支持约翰逊政府的这一政策。①

实际上，此时美国在越南已处于进退两难的境地。南越武装力量（民族解放阵线）于1963年底发动了强大的政治和军事攻势，使美国政府奉行的所谓"特种战争"政策濒于破产。1964年1月，在美国的支持和秘密参与下，南越政府军原第二军区司令阮庆率领一批年轻军官发动政变，推翻了具有一定民族主义倾向的杨文明政权，成立了新的政府，但仍岌岌可危。美国决策者决定进一步扩大行动，采取的措施主要是两个方面：一是强化秘密战，二是加强对北越的电子侦察。1964年1月中旬，约翰逊正式批准了由美国驻越军事援助司令部和中央情报西贡分站共同制订的代号为"34A行动"的秘密战方案。美国从1964年2月开始派遣驱逐舰在东京湾（北部湾）进行代号为"德索托"的巡航活动，其目的是通过炫耀武力向北越施加压力，同时对北越的预警雷达和海岸防卫进行电子侦察，为实施"34A行动"以及将来可能的

---

① William C. Gibbons, *The U.S. Government and the Vietnam War*, Part 2, Washington, D.C.: U.S. Government Printing Office, 1988, pp.222-223; Doris Goodwin, *Lyndon Johnson and the American Dream*, New York: St. Martin's Press, 1991, pp.196-197.

空中打击行动提供情报支持。

即便如此，美国军方仍不满足。参谋长联席会议向国防部部长麦克纳马拉报告说，仅靠秘密行动是不够的，美国必须准备采取"越来越大胆的行动"，包括轰炸北越的主要目标；如有必要，则使用美军直接进攻北越。在2月22日的白宫会议上，约翰逊要求有关部门加紧制订向北越施加压力的应急计划。3月中旬，美国国家安全委员会确定，美国的根本目标就是"保持一个独立的、非共产党的南越政权"，南越已经成为考验美国应对民族解放战争的试验场；美国的政策目标如不能实现，"几乎所有的东南亚国家都将落入共产党之手"。在随后几个月中，美国向南越增派了7000名军事顾问，使美国军事顾问的规模达到2.3万人，并任命威斯特摩兰为侵越美军总司令。

约翰逊政府的政策遭到韦恩·莫尔斯、艾伦·埃伦德、欧内斯特·格里宁等参议员的反对，他们认为越南战争是一场内战，美国没有理由进行干涉，美国不断增兵并使战争升级是犯了一个"严重错误"，要求尽早从越南脱身。富布赖特却坚定地站在约翰逊一边。他曾经表示，在20世纪60年代初期，他对南越局势并不在意，而是完全专注于欧洲事务，认为美国对南越的军事和经济援助只是"很小的行动"。1964年3月底，富布赖特在国会发表演说称："除了撤退以外（我认为在目前情况下考虑撤退是不现实的），美国在越南有三个可以选择的办法。其一，继续在南越境内进行反游击战，同时增加美国的援助，以提高南越军队的军事效能和南越政权的政治效能；其二，通过谈判结束战争以实现南越或整个越南的中立化；其三，扩大战争规模，可直接派大量美军直接参加，或是为南越军队提供装备来进攻北越的领土，可能采用的手段是从海上或空中进行突击式的活动。"富布赖特认为，就目前南越的军事情况而言，要想通过谈判来保住南越是极其困难的，而且美国也并没有进行讨价还价的有利地位，在双方之间的优势对比尚未发生有利于美国的巨大变化之前，几乎不可能通过谈判来确保南越政权。在他看来，美国在越南只有两种现实的选择：或是以某种方式扩大冲突，或是努力加强南越政权进行战争的能力。他强调，无论采取何种手段，美国都要"继续履行对南越所承担的责任和义务"。① 在回答议员的质询时，他甚至表示，"不管对还是错，我们已经深深地卷入了"，"我们承担的义务已经到了这一地步，如果撤

① U.S. Senate, *Congressional Record*, Washington, D.C.: United States Government Printing Office, March 25, 1964, pp.6227-6232.

出，那对我们国家来说将是灾难性的"。①

富布赖特或许没有想到，此时约翰逊政府正在为扩大战争加紧策划。8月初，美国借口北越鱼雷艇"蓄意"攻击正在东京湾（北部湾）执行巡逻任务的美国军舰，决定采取报复行动。在听取约翰逊的通报后，富布赖特表示，北越方面的攻击行动表明其正在考验美国的"决心"，除非美国做出反应，否则这种攻击仍会继续。约翰逊向国会领导人称，他打算向国会提交一项决议，要求国会支持政府在必要时对北越采取军事行动，"以捍卫东南亚的自由与和平"。包括富布赖特在内的多名国会领导人对此表示支持，其理由主要是："在我们认为国家遭到攻击时，局势需要我们紧急、迅速地表示出全国的团结一致。显然，总统的态度是，如果胡志明看到我们的决心和一致，他就会寻求和平，走向会议桌并通过谈判解决整个问题。"②随后，约翰逊发表电视讲话说，美军出动了60余架次的战机，对北越的1个巡逻艇基地和一个重要油库进行轰炸。这是美国对北越展开的第一次公开的武装进攻。

8月5日，约翰逊将"东京湾决议"提交给国会，主要内容是："国会批准并支持总统作为总司令决定采取一切必要的措施，以击退对美国军队的任何武装进攻，并阻止进一步的侵略。美国认为，维护东南亚的国际和平与安全对其国家利益和世界和平是至关重要的。因此，与美国宪法和联合国宪章相符，并依照在东南亚集体防务条约中承担的义务，美国准备按照总统的决定采取一切必要步骤，包括使用武装力量，援助要求给予支持的东南亚集体防务条约任何成员国或协定签字国以捍卫其自由。"③同日，富布赖特来到白宫，以便了解更多的信息，用来应对诸如莫尔斯、格里宁等一直对美国的越南政策持批评态度的议员可能提出的质询。

6日，富布赖特主持了美国参议院外交委员会和军事委员会举行的联合会议，讨论"东京湾决议"。国务卿迪安·腊斯克声称，此次攻击绝非孤立的事件，而是北越竭力要征服南越并最终征服和控制整个东南亚的一个既定步骤，美国总统有权采取至少是有限的军事行动以"捍卫"美国的国家利益。麦克纳马拉则详细介绍了两次攻击的时间、攻击发生时美国军舰所在的地点

---

① U.S. Senate, *Congressional Record*, Washington, D.C.: United States Government Printing Office, March 25, 1964, pp.6238-6244.

② J. William Fulbright, *The Price of Empire*, New York: Pantheon Books, 1989, p.104.

③ William C. Gibbons, *The U.S. Government and the Vietnam War*, Part 2, Washington, D.C.: U.S. Government Printing Office, 1988, p.302-303.

以及美国的反应等情况。莫尔斯认为美国海军舰艇是在支持南越的行动计划，在距离北越海岸如此之近的地方进行巡航是一种挑衅行为。麦克纳马拉对此坚决予以否认，声称美国海军绝对没有参与南越的军事行动，他们只是在东京湾（北部湾）进行例行巡航，与南越方面的行动没有任何关系。

作为会议主席，富布赖特并未向腊斯克、麦克纳马拉以及参谋长联席会议主席惠勒等人进行提问，而是对美国政府做出的迅速反应以及所表现出的克制给予了赞扬，并对北越"蓄意的侵略行径"和对国际法的"蔑视"进行了谴责。他认为，美国有权对北越的"富有侵略性的""无缘无故的"攻击做出反应，以保卫自身的安全，美国的行动符合其"重要利益"以及对东南亚盟友与伙伴所承担的"义务"。[1]富布赖特同时相信，如果目前的政策需要做重大变动，约翰逊肯定会与国会协商。他宣称，由于受到了直接挑衅，美国所采取的报复性措施完全是必要的和正当的，他要设法使该决议在参议院顺利通过。他在发言中还表示，该决议进一步表明，国会将批准和支持美国总统现在或将来采取必要的措施，以制止或击退共产党对东南亚"侵略"的决心。他称，"如果因为我们与苏联、东欧关系的发展持乐观态度，从而对北越和中国共产党的侵略计划产生任何幻想，那将是一个极大的错误"。他很清楚一旦国会通过这一决议，将赋予约翰逊很大的行动自由权。他表示，"我意识到大家都对发生在越南和其他地方的事情有自己的看法，但从根本上说，在我们的这种体制下，总统作为我们的代表在这些活动中必须发挥主导作用，尽管留意、提防是我们的特权，在许多场合我们应该如此，若是在涉及国家安全或受到战争威胁的时候，我们必须在很大程度上依靠行政部门的决策"。[2]

大多数参议员都对决议表示支持，但依然有少数人对此表示反对或怀疑。乔治·麦戈文、盖洛德·纳尔逊、格里宁等坚持认为参议院不能向约翰逊开出一张使其可以在东南亚发动地面战争的"空头支票"，并对美国可能会在南越愈陷愈深以致难以自拔感到不安。面对这些质询，富布赖特一再表示，决议案的目的就是让国会公开支持约翰逊总统对河内做出"有限而又适度"的回击，显示美国国内的团结和决心，从而迫使北越方面停止"侵略"活动。

麦戈文、丹尼尔·布鲁斯特等议员担心"东京湾决议"的通过可能意味

① U.S. Senate, *Congressional Record*, Washington, D.C.: United States Government Printing Office, August 6, 1964, pp.18399-18400.

② U.S. Senate, *Congressional Record*, Washington, D.C.: United States Government Printing Office, August 7, 1964, p.18462.

着国会授权约翰逊可以在越南大量使用美国地面部队。富布赖特对此表示，"在我看来，决议中没有任何地方考虑过使用地面部队的问题"，动用地面部队是"我们最不愿做的事情"，"我个人认为，任何情况下在亚洲大陆投入大量兵力都是非常不明智的"。他同时也承认，"从决议的措辞来看，它并不能阻止这样的行动，它将授权三军统帅采取任何他认为必要的措施"，这要由行政部门做出决定。① 尽管如此，富布赖特重申，"有些批评者宣称该决议是在扩大战争，但我认为恰恰相反，它是为了阻止战争扩大"。他强调行政当局不会考虑任何对过去政策的重大改变，而且也不打算利用该决议来采取任何其他行动。富布赖特甚至表示，这份决议是自己看到的送到参议院的最好的一份。

威斯康星州参议员纳尔逊担心约翰逊会利用"东京湾决议"向越南大规模增兵，从而导致战争升级，要求增加一项附加条款，说明美国的政策是避免军事上直接介入东南亚地区的冲突，不考虑动用地面部队。富布赖特认为，纳尔逊的修正案准确地反映了约翰逊所声明的政策，但如果附加这一条款，那就必须同众议院协商一致，而当务之急是毫不犹豫地确认"我们的团结一致"。富布赖特明确表示，"在这种情况下，我没有办法接受修正案"，将其提交给国会参众联席会议，并因此承担延误通过决议的责任。他同时保证说，决议本身只适用于美国海上军事行动，不包括地面军事行动，约翰逊总统无意发动一场地面战争。在他看来，如果美国的政策发生了变化，约翰逊会事先征求国会的意见。②

只有莫尔斯和格里宁明确表示反对该议案，认为美国的行为违反了1954年的日内瓦协议和联合国宪章。在莫尔斯看来，所谓"东京湾事件"不过是美国政府为发动战争而蓄意制造的借口。他表示，宪法规定发动战争的权力在国会，而决议案却将这一权力赋予总统，"我相信，历史将证明，由于这一决议，我们犯下了破坏和无视美国宪法的严重错误"，"我们事实上是要授权总统在任何情况下都可以不宣而战，这是一个历史性的错误"。莫尔斯要求富布赖特就此举行听证会，但遭到富布赖特的拒绝。③ 参议院对"东京湾决议"

---

① U.S. Senate, *Congressional Record*, Washington, D.C.: United States Government Printing Office, August 6, 1964, pp.18402-18403.

② U.S. Senate, *Congressional Record*, Washington, D.C.: United States Government Printing Office, August 7, 1964, pp.18459, 18471.

③ William C. Gibbons, *The U.S. Government and the Vietnam War*, Part 2, Washington, D.C.: U.S. Government Printing Office, 1988, p.329.

进行讨论时，只有不到 1/3 的议员在场。在富布赖特的大力推动下，尽管不少参议员心存疑虑，但还是对"东京湾决议"投了赞成票，使得该决议以 88 票对 2 票获得通过。随后，美国众议院以 416 票对 0 票通过决议。

富布赖特之所以支持并极力推动国会通过这一提案，在很大程度上是出于国内政治的考虑。当时美国正处于 1964 年总统大选的关键时刻，而越南问题成为共和党攻击约翰逊的主要议题。共和党人总统候选人巴里·戈德华特一直主张扩大战争，要求约翰逊应该考虑把战争"引入"北越乃至中国南部的"可能性"，甚至公然主张对北越投掷小型原子弹，以切断其补给线。实际上，自 60 年代民主党执政后，在美国对外政策的目标、手段以及如何看待共产党国家对西方的"威胁"等问题上，富布赖特与戈德华特之间的争论就从未停止。在戈德华特看来，共产主义与西方的矛盾和对抗是不可调和的，两者不可能和平共处；在与共产主义的较量中取得"全面胜利"必须是美国对外政策压倒一切的目标，为此美国可以采取一切必要的政治、军事、经济和心理手段。[①]

戈德华特的好战言论令富布赖特颇为担心。他认为，约翰逊已经明确表示不会向越南增兵，国会通过的决议实际上旨在威慑北越方面。而如果戈德华特当选，势必会采取更为强硬的政策，对北越乃至中国发动进攻，并有可能使用原子弹，从而引发一场美苏全面战争。因而，在美国总统大选来临之际，为了避免约翰逊被人指责为对共产主义"心慈手软"，国会必须对他予以全力支持，对"东京湾决议"表现出任何犹豫和疑虑都会对约翰逊造成非常不利的影响，并使其感到难堪。[②]正因为如此，有评论家甚至认为，戈德华特的崛起是促使那些对"东京湾决议"犹豫不决的参议员投赞成票的"最为重要的因素"。[③]

同时，富布赖特确信，鉴于约翰逊一直希望通过谈判解决问题，"东京湾决议"的通过无疑会有助于加强他的这一立场。他认为，约翰逊不仅不会在越南扩大战争，而且还将尽一切努力避免美苏发生冲突。因而，他和约翰逊所做的一切都是为了在不损害美国及其盟国安全与自由的情况下避免核

① Lloyd E. Ambrosius, "The Goldwater-Fulbright Controversy", *The Arkansas Historical Quarterly*, Vol.29, No.3, Autumn 1970, pp.252-270

② Lee R. Powell, *J. William Fulbright and America's Lost Crusade*, Little Rock: Rose Publishing Co., 1984, p.95; J. William Fulbright, *The Arrogance of Power*, New York: Random House, 1966, pp.51-52.

③ Robert D. Johnson, *Congress and the Cold War*, New York: Cambridge University Press, 2006, p.112.

战争。

对于"东京湾决议"，富布赖特和约翰逊有不同的解释。前者认为，提出该决议的目的不是为了战争，恰恰是为了阻止和避免战争，促使北越走向谈判，使美国尽快从越南撤出。在他看来，约翰逊提出的这一决议没有实质性意义，只是为了显示约翰逊反对共产党的"决心"和"意志"，"只不过是起个心理作用"。约翰逊如果要做出政策调整必须经过国会同意，至少应该与国会充分协商，他无权擅自扩大战争。[①]但对约翰逊来说，这一决议赋予了白宫很大的进行战争的自由，成为日后扩大战争的通行证，为战争的"美国化"提供了依据。

"东京湾决议"意味着美国对南越承担了"不可逆转的义务"，为美国政府进一步扩大越南战争奠定了基础。很显然，富布赖特在促使国会特别是参议院顺利通过这一决议过程中起到了关键性的作用。在随后的岁月中，富布赖特一直对此悔恨不已，他表示，"回想起来，我显然犯了个错误"，"一个悲剧性的错误"；"我本该举行听证会对问题做仔细的研究"；"如果我们举行了听证会，结果可能会有所不同"。他的传记作者甚至认为，这是富布赖特政治生涯中"最为耻辱的时刻"。[②]

二、约翰逊政府侵越政策的升级

"东京湾决议"通过后，约翰逊并未立即扩大战争规模。原因很简单，大选前他要极力维护自己爱好和平的形象。对约翰逊来说，至关重要的首先是顺利赢得总统选举，因而必须最大限度地争取选民的支持。他显然做到了。他对"东京湾事件"的处理不仅赢得了国会议员的支持，而且还得到了美国民众和舆论的赞赏。知名政治评论家李普曼称，这一事件表明约翰逊打算"恰当地、仁慈地、克制地"使用美国的力量，美国不会卷入一场地面战争，美

① Lee R. Powell, *J. William Fulbright and His Time: A Political Biography*, Memphis: Guild Bindery Press, 1996, p.212.

② Eugene Brown, *J. William Fulbright: Advice and Dissent*, Iowa City: University of Iowa Press, 1985, p.67; Haynes Johnson and Bernard Gwertzman, *Fulbright: The Dissenter*, Garden City: Double Day, 1968, p.196.

国的行动只限于向南越提供海空支援。^①哈里斯民意测验的结果显示，85% 以上的受访者赞成对北越的报复性轰炸；"东京湾事件"前后，民众对约翰逊越南政策的支持率由 42% 增至 72%。^②

富布赖特认为，如果戈德华特当选的话，那对美国来说将是一场灾难。在他看来，戈德华特所主张的对外政策是建立在一系列极为危险的"错觉"之上，包括美国民众宁愿他们的城市被摧毁、牺牲 100 万人的生命也不愿意改变美国与共产党国家的关系；美国无所不能，而苏联不敢向美国提出挑战；等等，这一政策将会使东西方关系再度紧张，引发新的国际冲突，使美国从一场危机走向另一场危机，最终导致核战争的爆发。^③

因而，为了彻底击败戈德华特，在促使参议院通过"东京湾决议"之后，富布赖特便全力以赴投入约翰逊的竞选活动。他先后奔赴佛罗里达、德克萨斯、亚利桑那等地，每到一处都极力呼吁民众支持约翰逊，并抨击戈德华特的好战言论。他认为：在这次选举中，民主党和共和党在对外政策问题上的差异是前所未有的；戈德华特及共和党提出了一项旨在意识形态领域展开一场殊死斗争的"激进"政策，以"彻底消灭共产主义"，并把戈德华特所阐释的美国价值观强加于整个世界；而以约翰逊为首的民主党则提出了一项"保守的"政策，在反对并阻止共产主义"扩张"的同时，通过与之达成一些限制性的协议，以减少爆发核战争的危险。他强调，美国应通过增加贸易往来和扩大文化交流来缓和美苏的紧张局势，并使美国与苏联和其他共产党国家建立一种正常的关系。^④

8 月 26 日，美国民主党大会在大西洋城举行，提名约翰逊为总统候选人。富布赖特在会上高度评价约翰逊具有一种"调解不可调和的矛盾""解决根深蒂固分歧"的非凡才能，"这使他能够在我们国家处于困难时期有效地领导参议院，并找到解决国家间分歧的途径"。在他看来，约翰逊能够明智地使用美

---

① Walter Lippmann, "In the Gulf of Tonkin", *The Washington Post*, August 6, 1964, p.20; David Halberstam, *The Best and the Brightest*, New York: Ballantine Books, 1992, p.512.

② David Halberstam, *The Best and the Brightest*, New York: Ballantine Books, 1992, p.422.

③ U.S. Senate, *Congressional Record*, Washington, D.C.: United States Government Printing Office, September 8, 1964, p.21677; J. William Fulbright, "Dangerous Delusions: A Note on Senator Goldwater", *Saturday Review*, October 24, 1964, p.24.

④ U.S. Senate, *Congressional Record*, Washington, D.C.: United States Government Printing Office, September 8, 1964, p.21677; J. William Fulbright, "Dangerous Delusions: A Note on Senator Goldwater", *Saturday Review*, October 24, 1964, p.25.

国所拥有的巨大力量以维护世界的和平。他还称赞约翰逊在"东京湾事件"中采取了"积极的、明确的决定",从而减少了在印度支那地区发生一场大战的可能性。[1]

　　在美国总统大选期间,美国政府并未放松对北越的压力,同时加紧策划战争的升级。9月9日,约翰逊下令进一步加强"34A行动"和"德索托"监测活动。由国务院负责远东事务的助理国务卿威廉·邦迪领导的研究小组一直在紧锣密鼓地制订计划,为战争的升级做准备。[2]11月,约翰逊以绝对优势战胜戈德华特。不仅如此,在国会选举中,民主党也取得了胜利,在众议院增加了38个席位,在参议院增加了2个席位,从而继续在国会中保持优势地位。但是,民主党的胜利并没有使约翰逊摆脱在南越所面临的困境,他发现除了更深地卷入南越外别无其他选择。他的高级顾问中,除了副国务卿乔治·鲍尔外几乎全都主张立即对北越实施轰炸。麦克纳马拉和总统国家安全事务助理麦乔治·邦迪警告说,北越的正规军已开始进入南部,南越政权难以抵挡住北越军队和南越民族解放阵线的进攻,已处于崩溃的边缘,美国的现行政策只会导致灾难性的失败;只有对北越实施大规模的轰炸,才能迫使北越方面停止向南方"渗透",削弱其士气,甚至有可能结束在南方的战争,并增强南越政权的政治凝聚力。约翰逊对此表示赞成,但同时特别强调对此应采取最为严格的保密措施,除非有他的明确指示,否则决不能公开美国政府的这一立场。[3]

　　与此同时,富布赖特也开始更多地关注越南事务,研读有关越南的书籍和材料,并对美国过多地卷入越南事务感到担忧。一位有着丰富在越南工作经验的外交官向他明确表示,选择越南来显示美国可以成功地应对"民族解放战争","在我看来,这是最具灾难性不过了"。[4]此时,有关美国将对北越实施轰炸的报道不断出现在报纸上,这使富布赖特感到,约翰逊的政策正在开始发生变化。在写给麦克纳马拉的备忘录中,他表示极为担心越南的局势,建议应减少美军的伤亡,并尽快从越南撤出。在写给他以前在牛津大学的老

① Haynes Johnson and Bernard Gwertzman, *Fulbright: The Dissenter*, Garden City: Double Day, 1968, p.191.

② *The Pentagon Papers*, Senator Gravel Edition, Vol.3, Boston: Beacon Press, 1971, pp.678-683.

③ William C. Gibbons, *The U.S. Government and the Vietnam War*, Part 3, Washington, D.C.: U.S. Government Printing Office, 1988, p.22.

④ Randall Woods, *J. William Fulbright, Vietnam, and the Search for a Cold War Foreign Policy*, New York: Cambridge University Press, 1998, p.82.

师麦卡勒姆的信中，他将自己的忧虑说得更为明确："我们是如此担心戈德华特，以致几乎没有注意总统会采取什么政策"；"正如我以前告诉你的，总统是一位行动者，而不是思想者。他在外交方面有何表现在很大程度上取决于他的信息来源和别人的建议"，但在华盛顿，有价值的建议却非常少见。[①]鉴于约翰逊私下不断向其保证，不会采取戈德华特所要求的向越南派遣海军陆战队的行动，美国在南越所做的不过是帮助其训练军队，并提供后勤支援，富布赖特确信，约翰逊仍希望谋求通过政治途径解决越南问题。[②]

12月底，富布赖特的助理马西向他提交了一份备忘录，全面分析了美国在南越面临的形势和选择。他强调，战争升级是错误的，轰炸对北越的战斗力或斗志不会有什么影响，只会导致美国陷入一场旷日持久、残酷的冲突，而且美国民众也会强烈反对这样的战争，因为在他们看来，这场战争与他们的自身利益之间没有关系。不仅如此，美国在南越扶植的独裁政权也没有赢得当地民众的支持。马西认为，美国在越南面临着三种选择：继续目前的行动；扩大军事干预；有计划地逐步减少军事援助，最终达成越南的"中立化"和美国的完全撤出。在马西看来，第三种方案对美国最为有利，而且也不会造成"鹰派"担心的所谓"多米诺骨牌"效应；美国可以与苏联合作，确保越南的独立、统一和不结盟。[③]但是这份备忘录并未打动富布赖特。一方面，他反对战争的升级，担心美国再次在亚洲大陆卷入一场地面战争，但另一方面又强调美国对南越所做出的承诺，不赞成美国单方面从南越撤出。[④]

实际上，到1964年底，富布赖特与约翰逊的关系已经发生了微妙的变化，他不能像以前那样经常与约翰逊见面，并向他说明自己的观点。很显然，鉴于美国政府的基本政策已定，约翰逊不再需要富布赖特的建议了，他只是在美国一旦在越南采取强硬行动时应通知的15名国会领导人之一。富布赖特日后表示，约翰逊利用了他，只是为了获得他的支持，而美国政府已经准备对北越发动轰炸，并计划向南越派遣军队。但即使是在这个时候，富布赖

---

① Lee R. Powell, *J. William Fulbright and America's Lost Crusade*, Little Rock: Rose Publishing Co., 1984, p.97; William Berman, *William Fulbright and the Vietnam War: The Dissent of a Political Realist*, Kent: Kent State University Press, 1988, p.30.

② Lee R. Powell, *J. William Fulbright and His Time: A Political Biography*, Memphis: Guild Bindery Press, 1996, p.216.

③ Randall B. Woods, *Fulbright: A Biography*, New York: Cambridge University Press, 1995, pp.361-362.

④ William Berman, *William Fulbright and the Vietnam War: The Dissent of a Political Realist*, Kent: Kent State University Press, 1988, p.31.

特在公开反对越战方面依然远远落后于弗兰克·丘奇、麦戈文和莫尔斯等人，仍然幻想着通过私下劝说的方式来对行政部门的决策施加影响。他同时也认识到，美国的越南政策完全由行政部门来掌控，除了表达他个人的观点看，自己并无力量影响美国在越南的行动。①

1964 年 11 月，富布赖特前往南斯拉夫参加国际教育交流项目的签字仪式。南斯拉夫是参加该项目的第一个社会主义国家，这令富布赖特非常振奋。在他看来，与南斯拉夫签署的交流协定不仅有助于缓和西方与共产党国家之间的紧张关系，而且还可以减少 20 世纪 40 年代以来美国对共产主义的所持的意识形态偏见。他还认为，南斯拉夫虽然是共产党国家，但其对外政策并未对美国的利益构成危害。同样，一个由共产党领导并且奉行独立的、民族主义对外政策的越南同样符合美国在东南亚的利益，并且要比一个腐败的、不稳定的且处处依靠美国援助的政权好得多。②

1965 年 1 月 22 日，富布赖特有机会再次来到白宫，当面向约翰逊陈述自己的意见，希望美国政府能更有效地处理好这场战争。对于美国向南越的援助问题，富布赖特表示，应将军事援助和经济援助明确区分开来，而且军事援助应该纳入在军事预算中，经济援助应该通过诸如世界银行、联合国开发署这样的机构来进行。富布赖特的这些建议只能说明他对约翰逊仍抱有不切实际的幻想。

尽管在公开场合，美国政府仍坚持称对越南的政策没有任何重大改变，但实际上，此时美国政府已经做好了对北越展开轰炸的一切准备，只是在等待一个展开行动的合适机会而已。1 月 27 日，麦克纳马拉、麦乔治·邦迪在致约翰逊的备忘录中强调，必须尽快就越南问题做出最后的决定，不能再拖延行动了，留给美国的时间已经不多了，建议由邦迪前往南越进行实地考察。在决策者看来，即使轰炸不能对北越产生决定性作用，但至少为改善南越的局势带来了一丝希望，现行政策只能导致一场"灾难性的失败"。约翰逊也确信，美国在越南发挥更大作用的时刻已经到来，必须使用美国的军事力量来迫使共产党方面改变政策。③

① Robert D. Johnson, *Congress and the Cold War*, New York: Cambridge University Press, 2006, p.120.

② Kurt Tweraser, "The Advice and Dissent of Senator Fulbright", Ph.D. dissertation, American University, 1971, p.582.

③ William C. Gibbons, *The U.S. Government and the Vietnam War*, Part 3, Washington, D.C.: U.S. Government Printing Office, 1988, p.51.

　　1965 年 2 月 7 日，南越民族解放阵线袭击了位于南越中部的波来古的美军基地，打死美军 9 名，打伤 100 多人，炸毁飞机 10 架。当时正在西贡的麦乔治·邦迪建议约翰逊建议对北越进行报复性轰炸，认为轰炸行动既可以减少北越对越共的支援，同时还可以增加南越的信心。回到华盛顿后，他又向约翰逊递交了长篇备忘录，称南越局势正在恶化，除非美国采取新的行动，否则失败是不可避免的；美国仍有时间扭转局势，但并不多。他强调，美国在越南的赌注极高，美国的国际威望及其很大一部分影响在越南直接处于危险之中。在他看来，即使持续轰炸的政策失败，"它仍然是值得实行的，至少，它将抑制我们没有尽力而为的指责，这种指责在许多国家，包括在我们国家将非同小可，同时还可以借此增强美国应对游击战的能力"。他确信，轰炸给北越带来的损失将会使其对在南越的行动有所克制。①这一报告得到了约翰逊的赞同。

　　在 2 月 8 日的美国国家安全委员会会议上，绝大多数与会者都要求对越共的突袭进行报复，阻止北越对南越的攻击，削弱或摧毁北越的军事力量，从而确保南越的安全。值得注意的是，迈克·曼斯菲尔德而不是富布赖特被邀请参会。曼斯菲尔德在会上表示，美国的轰炸行动有可能导致中国的介入，其结果可能比朝鲜战争更糟，建议通过谈判解决问题。会后，他又向约翰逊递交了一份备忘录，进一步阐述了自己反对战争升级的主张。约翰逊则称，他不想成为策划另一个"慕尼黑阴谋"的总统；尽管存在着中国和苏联介入的危险，但美国要敢于面对，怯弱只能使美国卷入更多的战争。随后，约翰逊向包括富布赖特在内的国会领导人通报了他的决定，强调扩大空袭是美国唯一合理的行动方案，"东京湾决议"已经赋予其采取行动的权力，并表示将会把军事行动保持在可控的范围和程度。富布赖特再次建议约翰逊谨慎行事，认为轰炸的升级意味着美国正式卷入了这场战争，有可能使美国陷入一场每个人都想避免的泥潭。在他看来，"东京湾决议"旨在支持约翰逊阻止战争的蔓延，在向北越显示了美国的团结一致之后，美国可以寻求通过和谈解决问题。2 月中旬，联合国秘书长吴丹提出有关各方举行谈判的建议后，富布赖特立即表示支持。②

　　3 月 2 日，"雷鸣行动"开始实施，拉开了美国对北越持续轰炸的序幕，

---

　　① U.S. Department of States, *Foreign Relations of the United States, 1964-1968*, Vol.2, Washington, D.C.: United States Government Printing Office, 1996, pp.174-185.

　　② Carroll Kilpatrick, "Peace Talks Urged by Thant", *The Washington Post*, February 13, 1965, p.1.

标志着越南战争的重大升级。约翰逊决定，在加紧轰炸的同时派遣一个步兵师到南越；加强对北越沿海的封锁；如果中国进行干预，保留对中国进行大规模报复的权利。4月，美国和南越空军共对越南北方的目标实施了3600架次的轰炸行动。

此时，尽管富布赖特并没有公开批评约翰逊政府的政策，但他对局势的发展非常担忧。2月9日和10日，富布赖特与其他几位参议员一起到白宫听取约翰逊等人的汇报，并被告知美国政府准备向南越派遣部队。参议员埃伦德对约翰逊的决定提出异议，认为"东京湾决议"并未赋予他这种权力，但是包括富布赖特在内的其他人并未表示反对。麦乔治·邦迪称，不论在当时还是随后几个月中白宫举行的各种会议上，富布赖特都从未对导致战争全面美国化的每一步方案表示过反对意见。[1]

在富布赖特看来，美国的轰炸行动是迫使北越进行谈判解决问题的必要措施。他认为，谈判解决问题需要双方都做出重大让步，为了促成问题的解决，有必要动用一定的军事力量，从而造成战场上的僵局。只有在这种情况下，双方才能共同努力，找出解决问题的适当方案。正因为如此，富布赖特表示将继续支持约翰逊政府轰炸越南的政策，认为国会就这一问题进行公开辩论将是非常危险的。他是这样看待当时局势的："我们面临的每一项选择都很糟糕，我们只能从中选择一个结果不是最坏的一项。对北越的轰炸旨在为了促使共产党方面同意进行谈判。现在的局势是没有人想谈判，也没有什么可谈，因而我们必须施加压力，以促谈判。我们显然能够把北越打得更痛些，但这是为了显示美国的决心，而不是要使事态过于升级，打击目标是经过了审慎的选择。"[2]

本来，约翰逊同意轰炸北越意在充分发挥美国的空中优势，在避免投入地面部队的同时扭转不断恶化的南越局势，希望通过轰炸能够迫使北越下令停止越南南方的"叛乱"，并不再向南方输送人员和物资。但事与愿违，他很快就受到了越来越大的要求出动地面部队的压力。约翰逊的大部分顾问都主张在轰炸北越的同时，派遣地面部队以保护美军基地。3月8日，3500名全

---

　① William Berman, *William Fulbright and the Vietnam War: The Dissent of a Political Realist*, Kent: Kent State University Press, 1988, p.35.

　② Fredrik Logevall, *Choosing War: The Lost Chance for Peace and the Escalation of War in Vietnam*, Berkeley: University of California Press, 1999, p.359; William Berman, *William Fulbright and the Vietnam War: The Dissent of a Political Realist*, Kent: Kent State University Press, 1988, p.35.

副武装的美国海军陆战队官兵在岘港登陆,走向了大规模卷入越南的第一步。

三、富布赖特与约翰逊分歧初现

　　约翰逊扩大战争的行动再次引发一些国会议员和媒体的极大关注,不少人担心南越是一个"致命的陷阱",扩大战争不仅不能扭转局势,而且正在给美国带来越来越大的风险。莫尔斯、格伦宁、丘奇等参议员公开向约翰逊的政策发起挑战,呼吁与北越进行谈判,通过政治途径解决问题。一些媒体警告说,"在距离加利福尼亚海岸 7000 英里的丛林中打一场战争,将会使美国付出生命、鲜血和财富的惨重代价"。[①]哈佛大学、密西根州立大学等举行了有关越南战争的讨论会,不少大学的学生开始举行小规模的抗议集会,并广泛发放停止轰炸的请愿书。1965 年 4 月中旬,美国亚洲研究学会的 130 名会员联名致函约翰逊,敦促他停止对越南的轰炸,通过举行国际会议来谋求达成协议;有 2 万多名青年学生聚集在华盛顿纪念碑前,谴责美国的越南政策。5 月中旬,来自数百所大学的师生代表在华盛顿举行"全国越战讨论会"。这表明反战运动已经开始兴起。不仅如此,美国扩大战争的行动也引起了国际社会的普遍关注和担心。联合国秘书长吴丹呼吁美国政府通过政治和外交手段从南越"体面地"撤出,英国、加拿大以及 17 个不结盟国家都一致要求美国停止轰炸,建议有关各方通过谈判和平解决问题。

　　虽然富布赖特对战争的升级表示担心,但是在公开场合依然坚持捍卫约翰逊的政策。3 月中旬,富布赖特在接受美国全国广播公司采访时重申支持对北越的轰炸行动,认为这将使北越方面认识到局势的严峻,促使其走向谈判桌,美国也因而可以避免出动地面部队。在他看来,尽管目前南越的局势非常严峻,但还没有到由参议院外交委员会或国会就美国的政策展开公开辩论的地步,况且此时举行听证会将会阻碍约翰逊采取进一步的行动。富布赖特担心的是,战争的升级有可能导致美苏之间的对抗。为了避免出现美苏在越南直接对抗的局面,富布赖特建议继续奉行与苏联合作的政策,并强调这

是最终走向缓和的最为切实有效的办法。[①]

　　富布赖特担心的是,越南战争的升级势必会对美苏关系的缓和造成破坏。他建议,美国应暂停轰炸, 作为交换, 苏联则向北越施加压力, 使其停止向南越的"渗透";一旦冲突停止, 苏联和美国即重开日内瓦会议, 并在整个越南举行自由选举。富布赖特确信, 苏联肯定会接受这一方案。3月底, 当富布赖特获悉约翰逊准备向越南调派更多的军队时, 他开始试图对美国政府的决策施加影响。富布赖特很清楚他的好友拉塞尔参议员对约翰逊很有影响力, 因而劝说他与其一道提出一项决议案, 要求通过谈判解决问题。拉塞尔表示不赞成富布赖特的提议, 认为尽管南越对美国没有什么战略价值, 但旗子一旦打出去, 美国就没有其他选择了, 只能寻求体面地结束战争。拉塞尔的这一态度令富布赖特大失所望。3月31日, 他在写给麦卡勒姆的信中表示非常担心越南战争会失控。他说,"我并不完全同意我们的政策, 但是目前为止我未能对政府的决策产生影响, 我感到非常沮丧, 不知道还能够做些什么"。[②]

　　富布赖特并没有放弃努力, 认为现在美国还没有到"无可挽回地"卷入一场亚洲地面战争的地步, 仍希望通过私下劝说的方式能够对约翰逊施加影响。1965年3月, 他多次以南斯拉夫为例向约翰逊阐述美国对共产党国家应采取的政策。他向约翰逊表示, 在他访问南斯拉夫期间, 南斯拉夫领导人提出要"进一步加强双方的友好关系", 希望约翰逊在1965年访问南斯拉夫;一个统一的、共产党统治下的越南将会像南斯拉夫一样, 坚持独立的、民族主义的政策, 并最终与美国建立友好的关系。[③]4月5日, 富布赖特向约翰逊和麦克纳马拉提交了一份备忘录, 称在胡志明的领导下统一越南并不违背美国的利益。在他看来, 对美国来说, 有一个独立、统一的共产主义国家总比有一个弱小且无力自己生存下去的民主国家要好。他再次强调胡志明像南斯拉夫的铁托一样, 是一位民族主义者, 对美国威胁最大的不是越南而是中国。美国应该鼓励东南亚地区民族主义运动的发展, 这样不仅可以遏制中国, 而且还可以与倾向于缓和的苏联加强联系。

　　① Randall B. Woods, *Fulbright: A Biography*, New York: Cambridge University Press, 1995, p.366; Lee R. Powell, *J. William Fulbright and His Time: A Political Biography*, Memphis: Guild Bindery Press, 1996, pp.232-233.

　　② Randall B. Woods, *Fulbright: A Biography*, New York: Cambridge University Press, 1995, p.367; William Berman, *William Fulbright and the Vietnam War: The Dissent of a Political Realist*, Kent: Kent State University Press, 1988, p.36.

　　③ Lee R. Powell, *J. William Fulbright and His Time: A Political Biography*, Memphis: Guild Bindery Press, 1996, p.231.

富布赖特认为，如果不扩大战争，南越政权就难以生存，但扩大战争对美国来说是得不偿失：其一，在一个统一的越南存在一个独立的共产党政权与美国的利益并不相悖；其二，美国军队在东南亚大规模地介入地面战争将会导致一场漫长的、血腥的冲突，而优势却是在对手一边，美国将为此付出惨重的代价；其三，对北越发动大规模的空中打击并不能打败南越境内的共产党，只会导致北越乃至是中国军队的直接介入。富布赖特强调，美国在亚洲打一场大战将对美国的利益造成灾难性的影响。他颇有预见性地写道："朝鲜战争以及古巴危机的经验告诉我们，战争将会加强一些不负责任的政治团体的力量，促使公众对我们自己的国家产生高度情绪化的态度。在亚洲的一场战争，特别是如果这场战争旷日持久，必然会毒害我们国家的政治生活，抵消 1964 年选举的有利影响，并使那些不负责任的、极端主义的政治运动的影响死灰复燃。"在备忘录的最后，他再次重申美国应停止轰炸行动，通过谈判解决问题。[①]令富布赖特大失所望的是，这份备忘录犹如石沉大海，约翰逊对此毫无反应。

对于约翰逊来说，富布赖特的这份备忘录显然不合时宜。此时，根据麦克纳马拉、邦迪等人的建议，约翰逊已经决定向越南增派更多的部队，扩大战争。同时，他需要对莫尔斯、麦戈文等人的批评做出回应，并取得富布赖特、曼斯菲尔德等人的支持。此外，约翰逊也不能完全无视国际社会要求通过谈判结束冲突的呼声。联合国秘书长吴丹、法国总统戴高乐以及一些盟国和不结盟国家的领导人都不断敦促美国政府谋求和谈。

为了应对国内外的舆论，约翰逊于 3 月 25 日发表声明，表示愿为解决越南问题在任何时候、任何地方同任何人会晤，但同时强调，这种解决的基础必须是"结束共产党的侵略"。4 月 7 日，他又在约翰·霍普金斯大学发表讲话，宣称美国愿意进行"无条件的讨论"，同时强调任何解决方案都必须确保"南越的独立和自由"。他表示，美国军队决不会从南越撤退。他强调要继续轰炸越南北方，用武力来迫使对方接受美国的方案。他说，"我们将使用力量"，并且"必须为一场持久的冲突做好准备"。约翰逊还把矛头指向中国，断言在南越战争中和在整个亚洲，"中国的影子越来越浓"，"在越南的斗争是一种具有侵略性目的的更广泛行动的一部分"。在向越南北方挥舞"大棒"的

① William Berman, *William Fulbright and the Vietnam War: The Dissent of a Political Realist*, Kent: Kent State University Press, 1988, p.36; Lee R. Powell, *J. William Fulbright and His Time: A Political Biography*, Memphis: Guild Bindery Press, 1996, pp.239-240.

同时，约翰逊还宣布出资 10 亿美元，与苏联和联合国一道制订一项东南亚发展计划。在富布赖特的推荐下，约翰逊决定由世界银行前行长、富布赖特的朋友尤金·布莱克来负责东南亚的发展项目。

约翰逊确信，他在霍普金斯大学的讲话"可以有效地掐住那些反战人士的脖子"，除了莫尔斯和格伦宁之外。事实的确如此。格伦宁认为，约翰逊一方面声称谋求"无条件的讨论"，另一方面却拒绝同越南南方民族解放阵线谈判，这种做法本身就等于是美国提出先决条件。莫尔斯也表示，他在约翰逊的演说中没有发现美国正在主动谋求和平解决东南亚问题的迹象，而只看到美国打算继续在南越的战争，并轰炸越南北方。而麦戈文、丘奇等人则认为约翰逊开始由军事手段转向通过谈判结束战争，这一讲话为美国政府的越南政策指出了"一个新的方向"。①

富布赖特同样对约翰逊的表态感到非常满意。在讲话的前一天，约翰逊曾就此向富布赖特和曼斯菲尔德征询意见。正是在富布赖特的建议下，约翰逊才增加了"无条件讨论"的相关内容。②在富布赖特看来，美国政府准备推进南越大规模的经济改革，同时认真地考虑进行谈判，以避免冲突的升级。他认为，谈判是用来取代军事行动方案的唯一现实的选择。富布赖特在参议院发表的演说中一方面对约翰逊的政策仍表示支持，另一方面也提出了暂停轰炸的主张，以便进行谈判。他在接受记者采访时表示，在战争进一步扩大之前，为了使人们有时间来思考和讨论，暂时实行停火也许是相宜的，而美国暂停轰炸的行动有助于增加谈判的可能性。4 月 18 日，他再次就此发表谈话，强调暂时停止对越南北方的空袭，也许能为"和平谈判"开辟道路。③

尽管富布赖特的建议得到了一些国会议员和媒体的赞成，但腊斯克、麦克纳马拉和麦乔治·邦迪等都对此明确表示反对，认为鉴于战场形势不利，美国尚不具有进行讨价还价所必需的足够的实力地位。他们还强调，如果现在表现出谈判意向，只会严重损害南越政权及其军队的战斗意志，促使北越采取进一步行动。参议院军备小组委员会主席斯坦尼斯甚至称，美国不仅不

---

① William C. Gibbons, *The U.S. Government and the Vietnam War*, Part 3, Washington, D.C.: U.S. Government Printing Office, 1988, pp.220-221; Robert D. Johnson, *Congress and the Cold War*, New York: Cambridge University Press, 2006, p.117.

② E. W. Kenworth, "Fulbright: Dissenter", *New York Times*, October 31, 1965, p.4.

③ "Fulbright Urges Halt in Bombings", *New York Times*, April 19, 1965, p.1; Jack Bell, "Viet Pause Is Urged by Fulbright", *The Washington Post*, April 19, 1965, p.2.

能停止对北越的轰炸，而且还应准备无限期地扩大战争。一名白宫顾问后来坦承，约翰逊此时根本无意进行谈判，只不过是做些政治姿态，以平息国内外的反对意见。①事实上，在 4 月初的美国国家安全委员会会议上，约翰逊政府已经做出决定，要加大对北越的空袭，向南越增派数千名美军，大幅度增加对南越的军事和经济援助。美国决策层甚至根本没有就谈判一事进行过任何内部讨论。

四、富布赖特与约翰逊分道扬镳

随着越南战争的步步升级，富布赖特对美国政府的政策愈发感到不安。他阅读了大量有关越南和东亚问题的著作，并与研究东南亚问题的学者进行交流，使他开始认识到越南的冲突在本质上是一场内战。

1965 年 4 月 30 日，腊斯克在参议院外委会作证时，富布赖特再度对美国政府的越南政策提出质疑。他表示，当初国会通过"东京湾决议"时，行政部门并没有打算在印度支那部署地面部队；鉴于美军在南越的人数越来越多，美国政府有必要从国会获得进一步的授权。他明确告诉腊斯克：美国在南越的行动显然已经变得越来越有争议，国会中的很多人对此缄口不言，没有公开讨论这一问题，是因为不想令政府感到难堪；"但我很清楚，我们有些人希望就此进行公开讨论，却不希望让政府感到为难，因为我们知道局势非常严峻"。他强调，如果约翰逊政府能够把要采取的政策提交给参议院外交委员会和国会进行审议和讨论，"这将是一个明智之举"。②

尽管富布赖特对越南战争的前景感到不安，但他仍尽可能避免公开谈论这一问题。5 月初，富布赖特在维也纳和斯特拉斯堡发表讲话时，除了重申根据 1954 年的日内瓦协议解决越南问题，并由联合国据此监督选举外，并未对美国政府的政策做出任何评论。应该说，富布赖特还是对约翰逊抱有一些幻想。参议院外交委员会办公室主任马西建议就越南战争举行公开听证会，以唤起国会议员和民众对这一问题的关注。但在富布赖特看来，自己的建议

① Lee R. Powell, *J. William Fulbright and His Time: A Political Biography*, Memphis: Guild Bindery Press, 1996, pp.241-242; Eric F. Goldman, *The Tragedy of Lyndon Johnson*, New York: Alfred A. Knopf, 1969, p.379.

② United States Congress, Senate, Committee on Foreign Relations, *Executive Sessions of the Senate Foreign Relations Committee*, Historical Series, 1965, Vol.17, Washington, D.C.: U.S. Government Printing Office, 1990, p.469.

仍然受到白宫的欢迎，为了能对政府的决策施加影响，除了支持至少是默认美国政府的政策外别无选择，况且现在还没有到就越南问题进行公开讨论的地步。他的助手和朋友也不断告诫他应避免与约翰逊公开决裂，否则将会毁掉他的政治前程。富布赖特认为，在美国政府内部很多人正向约翰逊施加压力，而约翰逊尽力采取克制的政策，避免战争的升级，他所追求的不过是一场僵局，从而为谈判铺平道路。因而，在此关键时刻，应该继续帮助他。他在给选民的信中充满信心地表示，"我正尽全力去说服总统不扩大战争，找到走向谈判桌的途径"；"你们必须明白，是他接手了这场战争，要克服过去的错误并非易事"。①

富布赖特显然过高估计了他对约翰逊的影响力。实际上，随着越南战争的逐步升级，美国政府的决策圈子也越来越小。由于担心泄密，从而引起国内外的反对，约翰逊不再信任国家安全委员会。大部分决定都是由他、腊斯克、麦克纳马拉、邦迪等极少数人在星期二聚餐会上做出的，然后再提交给国家安全委员会和国会审议通过。因而，富布赖特所能做的不是参与政策的制定，而只能通过公开或私下的讨论促使约翰逊政府修正所做出的决定。

1965 年 6 月 1 日，作为美国《对外援助法》的一项修正案，约翰逊要求国会拨款 8900 万美元，帮助南越、老挝和泰国进行社会和经济重建。富布赖特对此给予大力支持。他强调，这一援助计划对南越来说是非常重要的，因为就南越人而言，"满足人的需求既是战争的目标，同时也是确保战争胜利的条件"。他还称，在南越如同拉美和非洲地区，民族主义要比共产主义或资本主义的意识形态更为强大有力。同时，他也认识到，只要越南战争仍在继续，南越的重建计划就不会取得什么成果，希望美国政府能够改弦更张，寻求结束战争的办法。②在富布赖特的大力推动下，该修正案在参议院以 42 票对 26票获得通过。

不仅如此，即使美国对北越展开持续轰炸之后，应约翰逊的要求，富布赖特于 6 月 15 日在参议院发表演说，继续为美国政府的越南政策辩护。约翰逊称，为了对付那些要求大规模扩大战争的强硬派，并通过谈判解决冲突，

①　William C. Gibbons, *The U.S. Government and the Vietnam War*, Part 3, Washington, D.C.: U.S. Government Printing Office, 1988, p.252; Randall Woods, *J. William Fulbright, Vietnam, and the Search for a Cold War Foreign Policy*, New York: Cambridge University Press, 1998, p.90.

②　U.S. Senate, *Congressional Record*, Washington, D.C.: United States Government Printing Office, June 7, 1965, pp.12732-12734.

他需要富布赖特的帮助。值得注意的是，在讲话之前，富布赖特第一次请约翰逊审阅了自己的演说稿。①

富布赖特在演说中强调，美国的目标是尽早通过谈判来结束战争，并极力赞扬约翰逊具有政治家的"克制""耐心"和"坚定"，顶住了要求扩大战争的压力。他表示，既反对美国无条件地从南越撤出，因为这有违美国对南越所做出的"承诺"，并使美国的声誉受到损害，北越方面也会因此得寸进尺；也不赞成战争的升级，认为这将导致美国陷入一场旷日持久、异常残酷的丛林战，而战略优势却在对手一边，并且中国也会卷入其中，最终可能演变成一场核战争，主张在双方相互妥协的基础上谋求政治途径来解决问题。他认为，北越方面希望谋求"完全的胜利"，目前无意谋求和平解决。鉴于此，美国一方面应加强南越军队的战斗力，以便使共产党方面认识到，不可能利用武力来推翻西贡政权，并将美国赶出南越，另一方面继续向北越方面提出合理的、有吸引力的可取代军事胜利的方案。②

6月16日，富布赖特在接受美国全国广播公司记者采访时，进一步阐述了他对越南战争的看法。他认为，与欧洲不同，南越对美国来说并不是至关重要的，美国用不着全力以赴。他再次表示，最为担心的是战争的升级有可能导致美国与中国乃至苏联的对抗，因而谈判是解决问题的最好办法。当记者问到美国政府是否准备接受南越民族解放阵线为谈判对象时，富布赖特表示，他将会建议约翰逊政府这样做。他认为，美国政府应当承认有关各方，并与之进行谈判，不论这些派别是否具有传统的合法性，因为这些派别在当地都是重要的政治力量。在富布赖特看来，为了避免可能的全面战争，美国应该做出一定的妥协。③

富布赖特的这些讲话引起了美国国会议员和媒体的极大关注。曼斯菲尔德、丘奇、麦戈文、纳尔逊等参议员等对他的主张表示支持，称赞他为人们考虑解决越南战争这一关键问题提出了"最具建设性的意见"，"是参议院传

---

① William C. Gibbons, *The U.S. Government and the Vietnam War*, Part 3, Washington, D.C.: U.S. Government Printing Office, 1988, pp.303-304; Haynes Johnson and Bernard Gwertzman, *Fulbright: The Dissenter*, Garden City: Double Day, 1968, p.214.

② U.S. Senate, *Congressional Record*, Washington, D.C.: United States Government Printing Office, June 15, 1965, pp.13656-13658; E. W. Kenworth, "Fulbright Urges a Holding Action in Vietnam War", *New York Times*, June 16, 1965, p.1.

③ William Berman, *William Fulbright and the Vietnam War: The Dissent of a Political Realist*, Kent: Kent State University Press, 1988, pp.41-42.

统的最好体现"。《纽约时报》刊发社论指出，正当美国军方和一些共和党领导人正要求回归戈德华特所要求的"全面胜利"这一目标，并要求加强对北越的轰炸时，富布赖特的主张是"弥足珍贵的"。[①]

美国的保守派议员和媒体则对富布赖特的主张给予了猛烈批评。国会参众两院的共和党领导人举行联合新闻发布会，强调美国决不应为了谈判而向共产党方面做出任何"重大让步"。众议院共和党领袖福特甚至要求美国立即轰炸北越的防空导弹基地，强调美国政府决不能食言，牺牲南越的"自由和独立"，以建立一个包括共产党力量在内的联合政府。前副总统尼克松在访问南越时也指责富布赖特对共产主义"心慈手软"，为了谋求和平不惜向北越方面做出重大让步。他宣称，谈判只会拖延战争。在他看来，美国在战争升级方面进展太慢，为了取得战争的胜利，有必要大规模增兵。他威胁说，如果约翰逊试图与北越达成妥协，那么共和党就将把越南问题列为 1966 年国会选举和 1968 年总统大选的一项主要议题。[②]

更为重要的是，约翰逊政府不愿做出任何让步，坚决反对接受南越民族解放阵线为谈判对象。实际上，1964 年 6 月至 1965 年 8 月间，"印度支那国际监督委员会"加拿大代表团团长布莱尔·西伯恩曾 5 次前往河内，进行居间调解。他向河内方面表示：如果河内不再向南越的越共（即南越民族解放阵线）提供援助，并从南越撤军，美国不仅也会撤军，而且还会对北越予以承认，并提供经济援助。他同时威胁说，美国人的耐心是极其有限的，如果北越拒不接受，美国将对北越实施海空打击。北越方面的立场非常明确，要求美军撤出越南，南越民族解放阵线参加联合政府。[③]后一点是美国政府无论如何不能同意的。美国决策者确信，如果让越共进入了政府，无异于将南越拱手让给北越。因而，富布赖特刚刚结束采访，约翰逊就打电话告诉他，他的有关南越民族解放阵线的观点并不代表政府的立场。在随后的一次记者会上，约翰逊明确批评了任何使南越民族解放阵线地位合法化的做法。

尽管美国持续对北越展开轰炸，继续向南越提供大量军事和经济援助，并不断增兵，但对美国决策者来说，局势依然堪忧。1965 年 6 月初，威斯特

---

① U. S. Senate, *Congressional Record*, Washington, D.C.: United States Government Printing Office, June 17, 1965, p.14016; "A Limited Objective in Vietnam", *New York Times*, June 17, 1965, p.32.

② "Fulbright Proposal Attacked by G.O.P.", *New York Times*, June 19, 1965, p.12; Neil Sheehan, "Nixon Bids U.S. Press for Victory", *New York Time*, September 6, 1965, p.2.

③ Dean Rusk, *As I Saw It*, New York: Norton, 1990, p.461.

摩兰电告五角大楼称：东南亚的冲突正在升级；部分北越军队已进入南越，更多的军队正在途中，南越军队很难应对日益强大的越共力量；在此后非常关键的几周内，除了增派美军或第三国军队以加强在南越的行动外，"我认为我们已没有任何其他选择"。他要求增派 4 万多美军，以加强地面进攻力量，迫使北越方面确信不可能获胜，同时还敦促华盛顿必须研究并制订在必要时动用更多美军的计划。麦克纳马拉回忆说，"我在国防部任职 7 年收到的数千封电报中，这是最令我烦恼的一封"。他在对南越实地考察后提出报告，确认局势非常严峻，但美国现在就采取行动为时还不算太晚。他承认，这样做固然包含着巨大的风险，但在短期内可以阻止南越的失败，从长期来说可以为达成有利的解决提供一个很好的机会，建议逐步向南越增派 10 万美军，对越共施加更大的压力。①

约翰逊接受了麦克纳马拉的建议，决定在越南战争问题上采取更为强硬的行动，不仅同意向南越增派 5 万美军，使驻越美军总数达到 12.5 万人，而且授权威斯特摩兰为了赢得胜利可以全权使用美军。他在新闻发布会上公开表示，以后如有需要，还将增派更多的军队。显然，美国决定再一次在远东地区打一场大规模的地面战争。约翰逊的这一决定遭到不少国会议员的反对。曼斯菲尔德警告说，现在增兵只是一个开始，这场战争有可能持续 4 年、5 年，甚至 10 年，美国将要为此付出高昂的代价。麦戈文同样表示，越南战争的扩大将会造成成千上万美军的伤亡，花费数十亿美元，严重削弱美国的实力，同时还会给越南人民造成巨大的伤害。丘奇强调，找到一条取代扩大东南亚战争的方案对参议院来说是"绝对至关重要的"，敦促富布赖特就美国的越南政策举行公开听证会。他认为，鉴于参议院外交委员会以往举行的听证会大都是秘密举行，由于行政部门牢牢地控制着信息，美国民众很难了解这些听证会的情况；而举行公开听证会则可以邀请那些学识渊博、有才能的人就美国正在实施的外交政策的正确与否做出客观评价，进而对影响美国外交并引导美国卷入越南的思想观念进行全面探讨。在他看来，一旦美国民众逐渐明白就连擅长外交事务的参议院外交委员会的成员都强烈地反对扩大战争，对战争的抵制和争论就会在全国蔓延开来，从而对决策者构成强大的压

---

① Robert McNamara, *In Retrospect: The Tragedy and Lessons of Vietnam*, New York: Times Books, 1995, p.188; Lyndon B. Johnson, *The Vantage Point: Perspectives of the Presidency, 1963-1968*, New York: Holt, Rinehart and Winston, 1971, pp.145-146.

力；倘若"我们不走出封闭的会议室，这种局面就永远不会发生"。①但富布赖特却对约翰逊的政策表示理解和支持。

　　6月28日，约翰逊向富布赖特通报了越南战争的情况，表示将向南越增派更多的军队，以守住防线，并使美国获得更好的谈判地位。他同时称，共和党和一些右翼分子正在等待时机，一旦美国政府表现出犹豫不决，他们就会发起猛烈攻击。马西则提醒说，约翰逊所做的不仅是为了"守住防线"，"似乎正处于就越南问题做出另一项重大决策的边缘"，没有人会就此征询参议院的意见，直到最后做出决定，认为这是参议院采取措施以阻止美国一步步走向战争的"最后机会"，建议富布赖特与那些对越南局势心存忧虑的参议员一道商议解决问题的对策。但富布赖特依然对约翰逊抱有不切实际的某种幻想，并公开表示支持约翰逊的决定。在他看来，扩大轰炸容易导致与中国乃至苏联发生冲突，但增兵却是限制冲突升级并促成僵局的最好办法。他认为，美军可以依托大海固守住一些战略要地，以阻止北越军队和南越民族解放阵线武装占领整个南越，并最终迫使精疲力竭的北越方面通过谈判解决问题。②

　　7月27日，约翰逊将11名国会领导人召集到白宫商议向南越增兵事宜。耐人寻味的是，身为参议院外交委员会主席的富布赖特并没有被邀请与会，取而代之的是该委员会中极端反共的乔治·斯马瑟斯。尽管对战争的扩大深感忧虑，曼斯菲尔德表示作为参议院多数派领袖他只能支持约翰逊的决定。

　　当日下午，富布赖特、拉塞尔、约翰·斯帕克曼、乔治·艾肯、约翰·库珀等聚集在曼斯菲尔德的办公室商讨越南局势，一致认为局势即将失控，而南越对美国并没有重要的战略价值，美国应尽一切努力从南越脱身，通过谈判结束冲突。在以曼斯菲尔德的名义致约翰逊的信中，这些议员们表示，之所以在越南问题支持他主要因为他是总统，并不意味着他们对美国政府的政策表示赞同，认为越南对美国的利益并不是至关重要的，用不着在此大动干戈。他们强调，局势即将失控，美国政府应尽一切努力从越南脱身。但是在约翰逊看来，如果美国从南越撤出，"那很可能就意味着放弃一切，从柏林、

---

　　① United States Congress, Senate, Committee on Foreign Relations，*Executive Sessions of the Senate Foreign Relations Committee*, Historical Series, 1965, Vol.17, pp.939-953; David F. Schmitz and Natalie Fousekis, "Frank Church, the Senate, and the Emergence of Dissent on the Vietnam War", *Pacific Historical Review*, Vol.63, No.4, 1994, p.578.

　　② William C. Gibbons, *The U.S. Government and the Vietnam War*, Part 3, Washington, D.C.: U.S. Government Printing Office, 1988, p.432; Randall Woods, *J. William Fulbright, Vietnam, and the Search for a Cold War Foreign Policy*, New York: Cambridge University Press, 1998, pp.93-94.

日本和南美撤出"，美国在世界上也就没有信誉可言，从此没有一个国家会再相信美国所做出的承诺。28 日，约翰逊在向这些反对战争升级的议员们通报了南越严峻的政治和军事形势后表示，美国已没有退路，这场战争可能会持续六七年或者更长时间。在随后举行的新闻发布会上，约翰逊宣布向南越增兵 7.5 万人，日后如有需要，还将进一步增兵。同时，为了继续误导美国国会和公众，约翰逊否认美国的政策发生了重大改变，重申"我们并不想打一场后果难以预料的大的战争"。①

美国政府扩大战争的决定令富布赖特深感震惊和愤慨。他原来一直认为，轰炸和增兵不过是约翰逊用来平息国内的强硬派、促使各方走向谈判的必要措施，而他的实际政策却是要谋求战争的胜利，迫使北越接受美国的谈判条件。1965 年 10 月，富布赖特在接受媒体采访时提出，鉴于战场上的局势不再完全倒向民族解放阵线一边，在"一段合理的时间"内，比如说春季，美国应停止轰炸行动，以便为和平解决问题创造条件。他认为，倘若美国不停止轰炸，那么进行谈判的前景将是非常暗淡的。②这一建议随即遭到美国政府的反对。白宫方面发表声明表示，只有在河内表示愿意进行谈判时美国才会停止轰炸。在越南战争问题上，富布赖特与约翰逊渐行渐远。

五、富布赖特对美国侵越政策的批评

富布赖特很清楚，随着战争的加剧，和平解决越南问题的前景已越来越渺茫。为了促使美国公众开始重新审视政府的对越政策，对越南战争有一个新的认识，富布赖特决定就越南问题举行听证会，旨在促使国会和民众对政府的越南政策展开一场全面的讨论。他要通过举行国会听证会的形式向美国国会议员和民众说明，美国在越南并没有至关重要的利益。之所以选择这一方式，富布赖特表示，"像我这个已被排除在外的人，已经没有进一步的可能

---

① William C. Gibbons, *The U.S. Government and the Vietnam War*, Part 3, Washington, D.C.: U.S. Government Printing Office, 1988, pp.433-435; Lee R. Powell, *J. William Fulbright and His Time: A Political Biography*, Memphis: Guild Bindery Press, 1996, pp.257-258; George C. Herring, *America's Longest War: The United States and Vietnam*, New York: Alfred A. Knopf, 1986, p.141.

② William Berman, *William Fulbright and the Vietnam War: The Dissent of a Political Realist*, Kent: Kent State University Press, 1988, p.48.

（如果说我曾有过的话）来通过静悄悄的劝说对约翰逊政府施加影响。能找到的替换办法就是通过参议院外交委员会提供的讲坛进行公开的教育"。[①]

1966 年 2 月初，富布赖特主持召开了越南问题听证会，邀请著名苏联问题研究专家乔治·凯南、退役将军詹姆斯·加文等就美国的东亚政策阐述自己的观点。他们在听证会上都表示，美国扩大越南战争的做法严重损害了美国的全球战略和国际地位，应当通过外交谈判的途径解决问题，并尽快从越南脱身，否则极有可能引发一场同中国的战争。凯南还强调，不论从军事上还是经济上，越南对美国来说并不具有重要的价值。[②]听证会得到了媒体的巨大关注，美国哥伦比亚广播公司和全国广播公司都对听证会进行了直播，各大媒体也竞相报道听证会的相关情况。虽然听证会并没有能扭转约翰逊政府的越南政策，但通过现场直播和媒体报道，产生了广泛的影响，使民众开始重新审视美国政府的政策，对越南战争有了新的认识。

在参议院外交委员会所收到的美国民众信函和电报中，反对与支持战争升级的比例达到了 30 比 1。尽管约翰逊的一些助手和朋友不断安抚说，听证会对公众舆论的影响很小，但白宫新闻秘书莫耶斯表示，根据哈里斯民意测验，1966 年 1 月 26 日至 2 月 26 日，美国民众对约翰逊政府越南政策的支持率从 63% 下降至 49%，认为"华盛顿从未像现在这样充满反对的声音"。3 月初的盖洛普民意测验同样显示，在越南听证会之前大约 60% 的受访者支持约翰逊的政策，听证会结束后对约翰逊的支持率已大幅下降。由斯坦福大学与芝加哥大学的舆论研究学者共同展开的调查也表明，88% 的美国民众赞成与南越民族解放阵线进行谈判。就连纽约的商界人士也开始转变对战争的态度，认为美国应立即从南越撤出。富布赖特认为，民意测验的结果表明，美国民众在谋求和平方面正逐步达成共识，而对战争的继续则愈发担忧，美国民众对听证会"令人鼓舞"的反应在很大程度上表明，美国政府有必要向民众阐释为何再次卷入一场远在数千英里之外的战争。不仅如此，在参议院外交委员会内，富布赖特也逐步获得了更多同事的支持。听证会召开前一年，只有四五名同僚支持富布赖特；听证会结束后，19 名成员中有 10 人赞成富布赖特对美国外交政策的批评。数年后，丘奇、麦戈文都认为富布赖特决定公开召开听证会是他政治生涯中最为重要的事情。当然，也有一些舆论和媒体对

①　Fulbright, *The Price of the Empire*, New York: Pantheon Books, 1989, pp.119-120.

②　有关越南问题听证会的情况可参见 J. William Fulbright, *The Vietnam Hearings*, New York: Vintage, 1966.

听证会提出质疑，指责此举有损美国在世界上的声誉，并促使北越方面认为只要继续坚持战斗，美国最终会从南越撤出。[①]

越南问题听证会的成功举行促使富布赖特再接再厉，举行中国问题听证会。在他看来，美国的对华政策与越南战争紧密相关，在很大程度上越南战争针对的目标就是中国，越南问题的实质是对华关系，若美国要从越南脱身，必须首先改变对华政策，改变美国国会和公众对国家安全威胁的看法，否则就有可能出现更多的越南。富布赖特呼吁建立"新的中美关系"，并认为这是"其他所有问题的根本所在"。他相信，如果中美两个大国能够达成谅解，这将有助于亚洲地区的稳定。在他看来，美国对整个亚洲的政策是基于对中国的近乎病态的恐惧。因而，他要努力消除这种恐惧，为美国改变对华政策营造一个较为宽松的舆论氛围。

1966 年 3 月 8 日至 30 日，参议院外交委员会邀请了包括费正清、鲍大可、斯卡拉皮诺等在内的知名东亚问题专家出席作证，从历史、现实等各个方面批评了美国 1949 年以来美国政府推行的对华"遏制并孤立"的僵硬政策，指出美国孤立中国的政策业已失败，有必要重新审视对华政策，采取一种更加灵活的"遏制但不孤立"的政策，承认中国存在的客观现实，发展对华贸易，放宽美国人员访问中国的限制，最终与中国关系正常化。毫无疑问，这是美国国会举行的最具历史意义的听证会之一，对于教育美国国会议员、公众，塑造舆论起了重要作用，有助于美国各界重新认识中国的历史、文化和对外政策，为日后美国改变对华政策奠定了舆论和思想基础。同时，正是因为这一听证会的推动，美国对华政策开始由封锁、孤立转为"遏制而不孤立"。[②]

富布赖特举行听证会的意图主要是教育国会议员，使其对中国有一个较为全面和深入的认识。他说，"我们希望为更好地了解中国做出贡献"；"我认为现阶段本委员会能做的最好贡献就是为公认的中国问题专家和学者提供一个论坛"，这将有助于国会和民众进一步了解美国与中国的关系以及美国卷入

① Lee R. Powell, *J. William Fulbright and America's Lost Crusade*, Little Rock: Rose Publishing Co., 1984, p.187; Joseph A. Fry, *Debating Vietnam: Fulbright, Stennis, and Their Senate Hearings*, Lanham: Rowman & Littlefield Publishers, 2006, pp.78-79.

② 有关中国问题听证会的情况可参见 United States Congress, Senate, Committee on Foreign Relations, *China, Vietnam, and The United States: Highlights of the Hearings of the Senate Foreign Relations Committee*, Washington, D.C.: Public Affairs Press, 1966; Akira Iriye, *U.S. Policy toward China: Testimony Taken from the Senate Foreign Relations Committee Hearings, 1966*, Boston: Little, Brown, 1968.

越南冲突的相关问题。[①]

在越南问题和中国问题听证会上，富布赖特也阐述了自己对中国的看法。与费正清的观点相一致，他认为中国对西方国家的敌视有着深刻的历史原因。近代以来中国长期受到西方国家的侵略，而美国恰好是西方国家的象征，应从这一视角而不是共产主义和资本主义意识形态的对立来理解中国对西方和美国的敌视态度。他确信，中国并非像美国决策者所称的那样是一个"侵略成性"的国家，中国对周边国家没有领土野心。富布赖特还对中国参加朝鲜战争的原因做了分析，强调首先是美军打到了中国的门口，离中国最重要的工业基地近在咫尺，中国出于保卫国家安全的需要才决定参战。在中国加入联合国问题上，富布赖特持赞成费正清、鲍大可等人的主张，指出应当让中国融入国际社会，在接触中发展对华关系。他还表示，尽管中国是社会主义国家，但中美两国能够友好相处。从长远来说，不应让台湾问题成为中美关系的障碍，美国应把台湾问题看作中国的国内问题。

在中国问题听证会最后一次会议上，富布赖特表示，听证会取得了"激发民众对中国问题的兴趣、鼓励人们就美国对华政策展开广泛讨论"这一预期目标。的确，中国问题听证会同样引起了美国民众和媒体的广泛关注，各大电视台都对听证会进行了实况转播，有关听证会的内容也成为各主要报纸的头版新闻。《纽约时报》《华盛顿邮报》《新闻周刊》、哥伦比亚广播公司等详细报道了相关情况。与此同时，加利福尼亚大学伯克利分校、威斯康星大学、美国外交政策协会等也都举行了有关中国问题的研讨会。哈里斯民意测验表明，55% 的受访者认为富布赖特的做法对美国是有利的，57% 的人赞成美国承认中国，55% 的人支持中国进入联合国。[②]

由于越南问题和中国问题听证会所产生的广泛影响，仅在 1966 年的前四个月内，富布赖特就收到邀请他前往演讲的信函 736 封，这无疑为其更全面、系统地阐述自己对美国外交的看法提供了极好的机会。[③] 1966—1967 年间，富布赖特先后在康涅狄格大学、约翰·霍普金斯大学、美国新闻出版协

① U.S. Senate, *Congressional Record*, Washington, D.C.: United States Government Printing Office, March 7, 1966, pp.5147-5148; Naomi Lynn and Arthur McClure, *The Fulbright Premise*, Lewisburg: Bucknell University Press, 1973, p.156.

② Michael Lumbers, *Piercing the Bamboo Curtain: Tentative Bridge-building to China during the Johnson Years*, Manchester: Manchester University Press, 2008, p.155; William Berman, *William Fulbright and the Vietnam War: The Dissent of a Political Realist,* Kent: Kent State University Press, 1988, pp.60-61.

③ Melvin Small, *Johnson, Nixon, and the Doves*, New Brunswick: Rutgers University Press, 1988, p.80;

会、美国律师协会等发表演说，全面阐述了对美国外交政策特别是越南战争的看法。在他看来，批评美国政府的政策是"服务"国家的一种特殊方式，是一种更高形式的"爱国主义"，也是他作为参议员应尽的责任。他非常担心美国会越来越表现出"权力的傲慢"，从而重蹈历史上很多大国的覆辙，尽管对美国来说这一进程还尚未开启，但"我们正在进行的这场战争"只能会加速这一进程的到来。他警告说，如果越南战争继续打下去并不断扩大，那种致命的进程继续加速，直至美国成为一个不受任何约束的"帝国"，到那时越南战争就将给美国造成巨大的、悲剧性的后果。[1]

很显然，鉴于自身对美国政府决策的影响有限，富布赖特希望通过举行听证会、发表演说等方式来唤起美国民众和国会议员，并使其共同向约翰逊施加压力，从而促使美国政府尽快采取措施以结束这场不得人心的战争。不仅如此，自从与约翰逊彻底决裂后，富布赖特即开始谋求恢复美国宪法赋予国会在外交事务方面的权力，使其在美国外交政策的制定和实施过程中发挥更大的作用，要求参议员运用宪法赋予的权力，以确保更好地维护美国自身利益。他认为，参议院有责任对总统及其顾问所实施的外交政策进行评估，并提出建议，批准或反对行政部门在外交政策方面所采取的主要行动。[2]在他的推动下，美国国会通过了一系列议案，对行政部门在外交事务上的权力予以限制，从而部分恢复了国会在外交领域的影响力，对约翰逊的越南政策一定程度上构成了牵制。

1964—1966年，在短短的两年内，富布赖特与约翰逊因越南战争而最终分道扬镳，并由此成为美国国会中"鸽派"的主要代表人物。约翰逊曾指责富布赖特反对越南战争是出于个人利益的考虑，发泄对从没有当上国务卿的不满，并以此来引起人们的关注，并称自己不论对越南采取何种政策，富布赖特都会照样批评。[3]很显然，这一说法表明约翰逊对富布赖特抱有极深的成见。

其实，富布赖特之所以在20世纪60年代中后期走上了反对越南战争的道路，主要是基于以下几方面的考虑。其一，他逐渐认识到，促使美国在越南越陷越深的所谓"多米诺骨牌理论"是完全没有根据的，越南战争在本质上是一场内战，美国不可能赢得胜利。其二，旷日持久的战争给美国国内的

① William Fulbright, *The Arrogance of Power*, New York: Random House, 1996, p.138; Homer Bigart, "Fulbright Warns of Fatal Course by U.S. in Vietnam", *New York Times*, April 29, 1966, p.1, 32.

② William Fulbright, *The Arrogance of Power*, New York: Random House, 1966, p.44.

③ Doris Goodwin, *Lyndon Johnson and the American Dream*, New York: St. Martin's Press, 1991, p.313.

政治、经济和社会乃至民众心理都造成了极为严重的负面影响，是诸多国内问题产生的主要根源，只有结束了越南战争，这些问题才能得到解决或缓解。其三，越南战争削弱了美国的国际地位和影响力，并危及美国与盟国以及苏联的关系，同时也是中美关系处于严重对立的重要根源。

在反对约翰逊的越南政策中，富布赖特面临着诸多的困境。传统上，美国外交政策的制定和实施属于以白宫为主导的行政部门，国会的作用只是同意和批准政府的行动。特别是进入 20 世纪以来，随着美国越来越多地卷入国际事务，行政部门在外交问题上的权力更是不断扩大，以至于国会议员要想对此提出挑战，需要很大的政治勇气。即使是在参议院外交委员会，公开支持富布赖特的人也并不占多数。况且是如果总统与国会议员同属一个党派，这一挑战所冒的政治上的风险无疑大大增加。或许正因为如此，尽管一些民主党议员不赞成约翰逊的越南政策，但在公开场合仍不敢与政府对抗，并对富布赖特公然批评政府外交政策的行为表示不满。实际上直至 1966 年，富布赖特并未公开批评美国政府的对外政策，确信最高决策者能够明智地、克制地使用权力。不仅如此，他还必须考虑到他的家乡阿肯色州大部分选民的政治倾向。事实上，约翰逊在该州颇受欢迎。据 1967 年 5 月小石城电视台所做的民意测验，有 54% 的受访者表示反对富布赖特在越南战争问题上的立场。[①]显而易见，为了政治前途的需要，富布赖特在反对越南战争的道路上不得不谨慎行事。

1974 年 12 月 19 日，富布赖特在参议院发表告别演讲时表示，"人们要是记得我，我想那是因为我是持不同政见者。虽然持不同政见并非我的初衷，但是当重大问题违背了你最崇高的愿望和最强大的信念时，你别无选择，只能表示异议，除非你放任不管"。[②]这句话体现了他作为一名美国杰出的政治家一生所恪守的行为准则。正是因为美国有一批像富布赖特这样有良知、负责任的政治家，尽管受到各种各样复杂因素的制约，他们对美国政府决策的影响有一定的限度，但他们的存在使得美国领导人在对外政策方面终究不敢一意孤行、恣意妄为。

（原刊于《美国历史的深与广——纪念历史学家杨生茂百年诞辰论文集》，商务印书馆 2017 年）

---

① Randall Woods, *Fulbright: A Biography*, New York: Cambridge University Press, 1995, p.466.

② U.S. Senate, *Congressional Record*, Washington, D.C.: United States Government Printing Office, Washington, D.C.: United States Government Printing Office, December 19, 1974, pp.41075-76.

尼克松政府对越南战争的政策

  侵越战争是美国历史上打得时间最长的一场战争，也是一场最不得人心的战争，它给美国政治、经济、社会以及文化都产生了深刻影响。在 1968 年的总统选举中，尼克松曾许诺要结束越南战争，并向选民保证制订一项迅速实现停战的"秘密计划"。在一定程度上可以说，尼克松的这一承诺为他赢得大选增分不少。上台执政后，尼克松提出了以战略收缩为主要内容的所谓"尼克松主义"，对美国的外交军事战略做出了重大调整，其中的一项核心任务就是如何尽快结束旷日持久、代价高昂的越南战争，兑现竞选中的诺言。

一、美国的"越南化"计划

  长期以来，尼克松一直以其强硬的反共立场而著称。作为一个"多米诺骨牌理论"的坚定信徒，他积极支持历届美国政府对越南的干涉政策。但作为一个现实主义的政治家，在 20 世纪 60 年代后期，他逐步改变了自己原来的看法。他清醒地认识到，越南战争是个无底洞，耗尽了美国的人力物力，是"卡住国家喉咙的一块骨头"，它"导致了我们国家分裂和妨碍了任何对国内政策问题做出建设性的处理"。[①]的确，在尼克松就任总统时，美国正处于内外交困的境地。在国际上，由于西欧、日本经济的迅速崛起，其独立倾向明显增强，美国的实力地位开始受到严重挑战；苏联利用美国陷入越南战争之机，大力扩充军事力量，使美苏实力对比发生了不利于美国的变化。在美国国内，越南战争不仅严重制约了经济的发展，而且也成为美国社会动荡不

---

  ① George C. Herring, *America's Longest War: The United States and Vietnam, 1950-1975*, New York: Alfred A. Knopf, 1986, p.222.

安的最主要因素之一。所有这些都表明，战后以来美国奉行的越南政策已难以为继，改弦更张的时候到了。

尼克松在竞选期间就曾对其顾问们说，"我已经得出这样的结论：这场战争是没法打赢的"。他多次表示"我不打算像约翰逊那样告终，我要结束这场战争，而且要快"。[①]他曾含糊地表述了关于结束越南战争的基本思路，即设法与北越和中国接触，通过谈判谋求"体面的"和平。但同时他又强调，现在王牌在美国手里，"我们要悄悄地行动，可是手里要拎着一根大棒。我们今后就打算这样干"。他甚至多次表示可能使用核武器。对于尼克松来说，美国从越南仓皇撤退同样是不能容忍的。

尼克松上台伊始，立即授权他的国家安全助理亨利·基辛格组织人员草拟解决越南问题的行动方案。根据尼克松的行政助理霍尔德曼的说法，"尼克松不仅打算结束战争，他还绝对确信他必将在上台后的一年内结束战争"。同时，尼克松很快就认识到，美国要从越南脱身并非易事。尼克松和基辛格都认为，越南是对美国"意志"和"信誉"的严重考验，如果美国只是简单地从越南"一走了之"，那将会对美国在世界上的声望和利益产生严重影响。同前几届总统一样，尼克松也不希望做一个"输掉战争"的总统。他所谋求的是所谓"体面的"和平，争取实现"光荣停战"。为此，尼克松政府采取了双管齐下的两手政策：一方面，通过"越南化"计划建立一支能够逐渐替代美军作战的南越部队，以便使美军尽早逐步撤离越南；另一方面，从1969年1月25日起，美国同南越阮文绍政权与北越和南越民族解放阵线在巴黎举行四方会谈，寻求谈判解决问题的途径。美国的谈判的最主要目标是保住南越政权。[②]与此同时，美国还制订了所谓"绥靖战略"，试图通过地方政治改革来赢得农民的支持，重建地方政治机构，孤立南越革命力量。

当时，美国政府内部对于越南战场形势的分析意见不一。以参谋长联席会议、太平洋美军总部和驻越美军司令部为代表的一派持比较乐观的看法，认为形势对美国有利，北越同意在巴黎举行和谈表明了它在军事上的"虚弱"。另一派以国务院和五角大楼以及中央情报局为代表，认为已经取得的成果是"夸大了的和不牢靠的"，在政治上没有取得"切实的进展"，北越在战场上或在和谈方面采取的行动都不是出于"软弱"，越南的形势最多不过是"一种相

① H.R. Haldeman, *The Ends of Power*, New York: Times Books, 1978, p.81.

② NSSM 21, Vietnam, January 25, 1969, Office of International Security Policy and Planning, Subject Files, 1969-1971, Box 2, Record Group 59, National Archives, College Park, Maryland.

持不下的僵局"，而"一项妥协的解决办法对越南来说是唯一可行的出路"。国防部和中央情报局的官员确信，约翰逊政府对北越的大规模轰炸未能奏效，没有能削弱北越的军事力量以及其坚持战争的决心和意志。相对说来，后一种观点基本反映了越南战场的现实，在外交决策过程中占据了上风。[1]

尼克松政府侵越政策的核心是所谓"越南化"。根据他本人的阐述，这一计划是"旨在巩固南越的武装部队和人民，以便他们能够自卫。随着他们的部队在人数、装备、作战技巧和领导等方面的增强，他们逐步承担了自卫的责任。这个过程还包括通过绥靖计划把政府权力扩大到乡村，增长经济力量，发展政治制度等一切使南越能够自立的要素"。[2]尼克松把"越南化"计划视为尼克松主义"最重要而且是最明显的运用"，认为"我们的整个战略都取决于这项计划能否成功"，他要求国家安全委员会尽快拟订一个详细的"越南化"时间表。[3]

1969年3月，美国国家安全委员会提出了两种可供选择的行动方案：一是采取包括威胁升级或实际升级的办法继续对北越施加压力；二是在逐步削减驻越美军的同时，让南越阮文绍军队承担越来越大的作战责任，以此作为在谈判桌上促使北越让步的又一手法。6月8日，尼克松与阮文绍在太平洋上的中途岛举行会谈。会谈结束后，尼克松不顾阮文绍的反对，宣布到8月底以前从南越撤走25000名美国军人，并表示今后几个月内将考虑进一步撤军。这是尼克松执政后宣布的第一个撤军计划。

8月中旬，美国国防部长梅尔文·莱尔德向驻越美军司令部发出指示，强调驻越美军的军事使命已经改变，其目标不再是"击败"北越人和迫使其撤回北越，而是集中力量大幅度地支援南越军队，加强它击退北越进攻的能力，提高其作战效能。9月16日，尼克松再次宣布在年底之前还将撤出40500名美军，从而把驻越美军总数减少到50万人以下。在发表这份撤军声明的同时，尼克松声称，"结束这场战争的时刻已经到来"，"进行有意义的谈判的时刻已经到来"。

在逐步撤军的同时，尼克松政府又以空前的规模向南越政权提供各类援

---

[1] NSSM 1, Situation in Vietnam, January 21, 1969, National Security Council Files, Box 365, Nixon Presidential Materials Project, National Archives.

[2] 《尼克松1973年对外政策报告》，上海：上海人民出版社，1973年，第74页。

[3] NSSM 36, Vietnamizing the War, April 10, 1969, NSC Files, Box 365, Nixon Project, National Archives, College Park, Maryland.

助，加速南越军队的现代化，以弥补因美军撤出而造成的力量削弱。1969 年美国向南越提供了价值 10 亿美元的武器和物资。南越当局则在美国的大力援助下，实行全国总动员，加紧扩充军队，规定从 18 岁到 38 岁的男子必须服役，结果使南越政府军由 1968 年的 74 万人猛增到 1970 年的 110 万人。

1970 年 4 月 20 日，尼克松宣布 1971 年春季以前再从南越撤军 15 万人。此后，美国政府不断小规模地撤军。到 1972 年 5 月，驻越美军已经减少到 6.9 万人。莱尔德在记者招待会上宣称，"从今以后，我们在越南已不再拥有具备战斗力的师一级单位了"。他说，所有战斗任务都已经移交给南越军队了。1972 年 6 月，美国政府宣布，驻越美军不再参加地面作战。

但是，"越南化"计划本身包含着难以克服的矛盾。第一，实施该计划的主要目的是要让阮文绍政权在美国的援助下承担起维持自身统治的主要责任，但这一政权是"靠美国的津贴纠合在一起的派系网"，腐败无能，不得人心，决非美国的武器和金钱所能支撑，正如美国政治学家斯坦利·霍夫曼所言："军事努力需要强有力的政治基础；如果政治基础已经腐朽，那么，要想靠正在进行的战争来使之加强是不大可能的。"第二，颇具讽刺意味的是，源源不断的美援不仅没有使阮文绍政权"自立"，反而使得该政权越来越依赖美援，这就严重削弱了"越南化"计划的基础。无疑，尼克松政府精心策划的这一计划脱离了南越的现实，失败是难免的。

二、美国扩大侵越战争

应当说，"越南化"计划是美国被迫采取的逐步撤退的步骤，但是，尼克松则宣称"我们撤军是因为我们有力量，而不是因为我们软弱"。为确保"越南化"计划的成功，防止北越利用美国实行这一计划之机一举摧毁南越政权，尼克松政府又不断对北越施加种种压力，并采取了一些连约翰逊政府都未敢实施的重大军事升级行动，试图以军事威胁迫使对方在谈判桌上做出让步。尼克松自己不无得意地把这套做法称之为"狂人理论"，确信要赢得这场战争，就唯有"无视批评意见和冒战争升级的风险"，轰炸整个印度支那。因此，在逐步撤出地面作战部队的同时，美国政府凭借其占绝对优势的空中力量，对北越进行狂轰滥炸，并将战火蔓延到柬埔寨和老挝。尼克松曾宣称，这是一场"为了和平的战争",战争的目的是赢得和平。[①]

尼克松执政伊始,基辛格就指示国防部制订一份关于越南战争可供选择的轰炸方案。1969年2月22日,南越民族解放阵线发动了大规模攻势,使驻越美军和南越政府军遭受重大伤亡。美国借口民族解放战线是从设在柬埔寨的基地向美军发动进攻的,并且还通过柬埔寨运进了大量补给品,因而决定对柬埔寨境内的目标实施轰炸。同年3月,尼克松批准了代号为"菜单"的秘密轰炸计划。3月17日,从冲绳基地起飞的美国B-52轰炸机开始轰炸柬埔寨境内所谓的"共产党庇护所"。在此后的一年多时间里,美国出动B-52轰炸机3630架次,共向柬埔寨投弹10多万吨。[②]

与此同时,美国政府通过种种途径向北越施加压力,迫使其做出妥协。1969年7月中旬,尼克松向越南北方发出"最后通牒":如果和谈在11月1日前仍无重大突破,美国将不得不采取后果严重的武力措施。尼克松后来说,他和基辛格已经决定"孤注一掷",力图用某种方式结束战争,"或者是通过谈判达成协议,或者是加紧使用武力"。8月初,他又发出警告,如果巴黎谈判还不能取得进展,美国就将重新估价其政策。在基辛格的领导下,一个"越南问题特别小组"秘密制订了一份庞大的扩大战争方案,其中包括轰炸河内、海防及北越其他重要地区;在港口和河流中布雷;轰炸灌溉系统;从地面入侵越南北方;摧毁北方与南方之间的主要通道——"胡志明小道";轰炸北越通往中国的铁路枢纽。另一项研究则分析了用战术核武器封锁北越铁路将造成的各种后果,计划在为期4天的空袭里对总数达29个的北越重要目标进行一系列毁灭性轰炸,如果必要的话,还将再次给予打击,直到河内停止抵抗。[③]基辛格宣称,通过军事上给予北越以猛烈的决定性的打击,像北越这样一个"四流小国"肯定会有一个"突破点"。[④]更有人主张将北越炸平,使它回到"石器时代"去。基辛格在巴黎谈判时向北越代表威胁说,"如果11月1日以前还没有就解决办法取得重大进展,我们将被迫采取后果极为严重的措施,虽然这样做我们是很不愿意的"。与此同时,他还向苏联驻美大使多勃

---

① C. L. Sulzberger, *Seven Continents and Forty Years*, New York: Quadrangle, 1977, p.507.

② William Shawcross, *Sideshow: Kissinger, Nixon and the Destruction of Cambodia*, New York: Simon and Schuster, 1979, p.32.

③ William Burr and Jeffrey Kimball, "Nixon's Nuclear Ploy", *Bulletin of the Atomic Scientists*, Vol.59, No.1, 2003, pp.28-37, 72-73.

④ Roger Morris, *Uncertain Greatness: Kissinger and American Foreign Policy*, New York: Harper & Row, 1977, p.164.

雷宁发出了同样的警告，除非北越做出让步，否则尼克松将不得不采取后果严重的行动。①

美国借口大批北越军队通过老挝南部的"胡志明小道"进入南越，并称北越在老挝境内驻扎大量军队，决定对老挝实行轰炸。1970 年 2 月中旬，美国 B-52 轰炸机对老挝境内"胡志明小道"上的目标进行轰炸，从而又将战火烧到老挝。尼克松称，"我们的首要任务就是努力拯救在南越的美国人及其盟友的生命，而他们的生命正受到沿'胡志明小道'不断渗透过来的北越军队和装备的威胁"，美国在老挝采取的行动"对于保护在越南的美国人的生命始终是必要的"。②尼克松确信，要想使"越南化"计划取得成功，就必须清除北越在老挝的"庇护所"。美国的这一扩大战争的行动在国内引起了轩然大波，国会和舆论界对此提出了尖锐的批评。

3 月 18 日，美国支持柬埔寨的朗诺—施里玛达集团发动军事政变，推翻了西哈努克亲王的中立主义政府。4 月初，柬埔寨局势日趋紧张，美国声称北越为推翻朗诺政权开始在柬埔寨境内发动进攻。与此同时，朗诺政权要求美国提供军事和经济援助。尼克松认为，朗诺只有获得大量美援才能存在下去；如果朗诺垮台，"南越将不仅从北面而且从西面受到威胁"。4 月 26 日，尼克松决定将全力以赴进攻"共产党人在柬埔寨的庇护所"。他下令由美国空军支援南越政府军进攻柬埔寨境内的鹦鹉嘴地区，并同意美军对鱼钩地区展开攻势。30 日，尼克松不顾国务卿罗杰斯和国防部部长莱尔德等人的反对，在电视讲话中正式宣布了美军入侵柬埔寨的行动。他宣称，"成千上万"的北越士兵"正从其庇护所出来入侵柬埔寨"，这是对美国"决心"的考验。他还说，"如果情况危急，而美国这个世界上最强大的国家表现得却像一个可怜的、无能为力的巨人，那么极权主义和无政府主义势力就将威胁全世界的自由国家和自由制度"。尼克松表示，如果美国不能应付这一挑战，那么其他国家就会认识到，尽管美国拥有压倒一切的实力，但当现实的危机来临时，它并不值得信赖。③

入侵柬埔寨是美国在印度支那的又一次严重的战争升级行动，在美国国内激起出乎尼克松预料的强大抗议浪潮，使一度缓和下来的反战运动再次高

---

① Richard Nixon, *RN: The Memoirs of Richard Nixon*, New York: Simon and Schuster, 1978, p.399.

② 西摩·赫什：《权力的代价：尼克松执政时期的基辛格》，吴忠衡等译，北京：国际文化出版公司，1991年，第 219 页。

③ Jeffrey P. Kimball, *Nixon's Vietnam War*, Lawrence: University Press of Kansas, 1998, p.212.

涨起来。全国 1000 多所大学的 150 多万学生举行示威游行，要求弹劾尼克松。暴力事件也时有发生。5 月 4 日，被派去镇压学生示威的国民警卫队枪杀了 4 名肯特州立大学的学生，另有 9 名学生受伤，使美国公众大为震惊，10 万名各界人士涌入华盛顿，参加了 5 月 9 日的全国抗议日。此后不久，警察又在密西西比州杰克逊学院打死 2 名示威学生，打伤 12 名学生。越来越多的美国公众认识到，美国在越南作战"在道义上是错误的"。

美国国会除批评尼克松政府的战争升级行动外，开始采用立法手段进行干预，限制总统发动战争的权力。6 月，参议院投票终止了 1964 年的"东京湾决议"，并通过一项修正案，要求禁止美国在 6 月 30 日以后继续为柬埔寨提供军事援助或继续在柬埔寨进行军事活动。毫无疑问，国会的这一法案对于尼克松政府是一个极大的牵制。慑于反战浪潮的强大压力，尼克松被迫宣布在 6 月底以前从柬埔寨撤出美军。这次入侵造成了美军死亡 344 人，伤 1592 人。尼克松认为，出兵柬埔寨是整个越南战争期间"最成功的军事行动"，它"防止了柬埔寨的崩溃"，"削弱了北越的进攻力量"，为推行"越南化"计划赢得了时间。[①]

在入侵柬埔寨之后仅仅 9 个月，尼克松又于 1971 年 1 月 18 日决定对老挝南部采取代号为"蓝山 719 号"的重大军事行动，由南越军队实施入侵，美国提供空中掩护和炮火支援，并出动直升机运送部队和物资。这一行动的目的是要切断老挝境内的"胡志明小道"。美国决策者认为，北越正通过这条通道将大批人员和作战物资运往柬埔寨和南越，以便为发动春季攻势做准备。2 月 8 日，17000 名南越军人越过边界进入老挝。入侵部队遭到解放武装的坚决抵抗，损失惨重。在一个多月的战斗中，南越军队伤亡达 9000 人，美军伤亡 317 人。3 月中旬，入侵部队开始撤退。

1971 年 5 月，尼克松和基辛格提出一个新的"和平方案"：美国保证在协议签署后 6 个月内全部撤出南越；在南越全民公决确定南越的政治未来之前 30 天阮文绍辞职。[②]这是美方第一次规定撤军的具体日期。北越方面则要求美国在越南问题通过政治途径解决之前首先放弃对阮文绍政权的支持。很显然，这是美国所不能接受的，巴黎谈判陷入僵局。

---

① 理查德·尼克松：《不再有越战》，王绍仁等译，北京：世界知识出版社，1999 年，第 143 页。

② David L. Anderson ed., *Shadow on the White House: Presidents, and the Vietnam War, 1945-1975*, Lawrence: University Press of Kansas, 1993, p.165.

三、美国侵越战争的结束

1972 年 3 月底，北越军队大举南下，迅速推进，使阮文绍军队顾此失彼，疲于应付。尼克松政府决定采取强硬行动，进一步加大对北越的军事压力。4 月中旬，尼克松下令出动大批 B-52 轰炸机对包括河内、海防等在内的北越重要城市进行持续性猛烈轰炸，并在海防布雷，对北越实行海上封锁。他声称，"这将是结束战争的决定性军事行动"。从 5 月 9 日到 10 月 23 日，美国共向北越发动了 41500 架次的空袭，倾泻了几十万吨的炸弹。在战争升级方面，尼克松比其前任走得更远。与此同时，基辛格与苏联领导人举行秘密会谈，第一次明确表示在停火协议签字后，北越军队仍可以留在南方，同时警告说美国认为苏联应对北越的此次进攻负责，如果战争继续进行下去，不仅会给北越造成重大后果，而且也将严重损害美苏关系。

同施加军事压力相配合，美国政府也在考虑通过谈判寻求解决越南问题的途径。早在 1969 年 5 月 14 日，尼克松发表电视讲话，提出了一项"全面和平计划"。该计划放弃了要求河内在美国之前 6 个月从南越撤军的主张，建议双方在停火协议签订后一年内同时撤军，同时还建议由一个国际机构来负责监督停火、撤军以及在南越举行自由选举等。尼克松在讲话中再次重申了越南战争的重要性，宣称："如果我们干脆放弃在南越的努力，即使有利于和平事业，其他国家对美国可靠性的信任将会受到损害。从长远看，这将危及我们对世界和平的期望。一个大国不能违背它的诺言，一个大国必须是可以信赖的。"[1] 但是，由于美国的方案同北越和越南南方民族解放阵线关于美军无条件撤军和解散南越政权的要求相去甚远，双方在巴黎的秘密会谈没有取得任何实质性的进展。

随着 1972 年大选的临近，尼克松决定在谈判问题上做些妥协，放弃了长期坚持的要求美国与北越军队必须同时撤离越南南方的要求，使双方立场渐趋接近。美国政府如此是基于以下几方面的原因：第一，尼克松正谋求连任，他不想让竞争对手利用战争问题大做文章；第二，美国对北越的狂轰滥炸未能迫使对方屈服，做出妥协是唯一能达成协议的有效途径；第三，美国国内

---

① Tad Szulc, *The Illusion of Peace: Foreign Policy in the Nixon Years*, New York: Viking Press, 1978, pp.65-66.

厌战、反战情绪的压力。1972 年 10 月 8 日，基辛格在赴巴黎会谈前夕接见记者时无可奈何地说，"在我们所陷进去的这场战争中，取胜毫无意义，失败则无法忍受。因此我们必须从中解脱出来"，"不管结局如何，我国在这场战争中总不免大触霉头。我们现在只盼摆脱这场战争时能保住一点面子"。

此时，北越的谈判立场也有所松动，同意把军事问题同政治问题分开解决，并放弃了原先关于建立联合政府的要求，代之以建立一个由三方同等人数组成的"民族和解与和睦全国委员会"，由该委员会负责选举和执行协定，从而在解决政治问题上做出了关键性的让步，为协议的最后签订打下了基础。基辛格称他"几乎闻到了和平的气息"。美国方面也加紧对阮文绍政权施加压力。尼克松在致阮文绍的信中表示，除了接受协议外，"我们别无其他合理办法可供选择"。在另一封措辞强硬的电报中，尼克松威胁说，"如果我们之间显而易见地走向分歧的趋势继续下去，美国对你和你的政府提供支持的必要基础势必遭到破坏"。与此同时，尼克松又对阮文绍做出"绝对保证"，一旦北越违反和平协定，美国将采取迅速而有力的报复行动，同时还许诺向南越提供价值 10 亿美元的军事装备。①

1972 年 11 月 7 日，尼克松在选举中获得了压倒性优势的胜利。随后，美国与北越代表在巴黎重开谈判。由于谈判不再受美国大选的影响，基辛格的态度变得强硬起来，要求修改原先双方达成的协议草案，遭到北越的坚决拒绝，和谈陷入了僵局。尼克松决定中断谈判，施加新的军事压力，对北越实施所谓"卡脖子外交"。从 12 月 17 日起，美国在海防重新布雷，出动 B-52 轰炸机 729 架次对北越的道路、桥梁、机场、油库和工业基地进行了越战以来最为猛烈的轰炸，在 12 天内投弹 36000 吨，造成了大约 11000 名平民死亡，美国为此损失了 15 架 B-52 轰炸机和 11 架其他类型的飞机，死亡或失踪飞行员 93 人，被俘 31 人。②

尼克松后来称"圣诞轰炸"行动是他就越南问题做出的"最困难的决定"。其实，美国的"圣诞轰炸"只不过是用来掩饰撤退而已。"尼克松如此急于要从越南脱身，他对河内的全部要求，就是给他发一张离境证，在这个过程中，他可能还要来一番大叫大嚷、狂轰滥炸，但这无非是为了掩护撤退而已"，"为

<hr />

① Gary R. Hess, *Vietnam and the United States: Origins and Legacy of War*, Boston: Twayne Publishers, 1990, p.132.

② Robert D. Schulsinger, *A Time for War: The United States and Vietnam, 1941-1975*, New York: Oxford University Press, 1997, p.302.

的是强迫他们接受我们做的让步"。这也正像尼克松自己所言,"法国曾为留在越南而战,美国却为撤出越南而战"。在北越同意于 1973 年 1 月 8 日重开谈判后,尼克松决定从 12 月 29 日起暂停轰炸。1973 年 1 月 27 日,参加巴黎会谈的美国、越南民主共和国的代表正式签订了《关于在越南结束战争、恢复和平的协定》,标志着长达十几年美国侵越战争的结束。

　　作为一个现实主义的领导人,尼克松清醒地认识到他上台时美国所面临的内外困境,适时地对美国的外交政策特别是对华政策进行了重大调整,并努力从越南寻求抽身。由于在撤退和维护面子之间始终犹豫不决,尼克松政府又将这场战争毫无意义地拖延了 4 年之久,不仅给印度支那人民的生命财产造成了灾难性的破坏,而且美国也为此付出了高昂的代价。在这 4 年所谓"为了和平的战争"中,美军死亡 20553 人,使美军在越南死亡总人数上升至58000 人。尼克松政府的越南政策再一次证明:只有谈判才是解决冲突和争端的唯一有效办法,依赖武力或武力威胁其结果只能是适得其反。如今,越南战争早已成为历史,美国与越南的关系也实现了正常化,但越南战争的影响和后果至今人们仍能深深地感受到,成为美国人挥之不去的梦魇,也成为影响美越关系健康发展的一个长久的阴影。无论如何,越南战争的教训永远值得美国决策者认真反思,并引以为戒。

(原刊于《东南亚研究》2003 年第 4 期)

冷战时期美日关系嬗变的主要轨迹

冷战时期，日本是美国在东亚太平洋地区的重要战略前哨。历届美国政府都非常重视对日关系，将加强与日本的关系作为其东亚政策的核心，日本方面更是将发展对美关系列为外交的重中之重。因而，相互合作成为美日关系的主流。另一方面，随着日本经济实力的增强和美国的相对衰落，双方的关系也随之不断进行调整，并在经贸领域产生了一系列分歧和矛盾。合作与纷争并存构成了这一时期美日关系发展的主要特征。

一、"旧金山体制"下的美日关系

第二次世界大战结束后，特别是随着美苏冷战的展开，美国政府将原来对日本的"打击与限制"政策转变为扶植与支持，力图把日本纳入其西太平洋的战略防线。美国国家安全委员会制订的第48/2号文件确定美国对日政策的主要目标是：政治上，防止日本倒向苏联，维持美日友好关系；经济上，使日本能够自立并尽快复兴；军事上，使其成为美国东亚太平洋战略防线中的重要一环。1950年1月中旬，美国国务卿迪安·艾奇逊在一次讲话中明确将日本纳入美国在东亚的战略安全体系。①

为了把日本拉入美国阵营，美国政府决定加快对日媾和步伐，结束占领状态。美国国务院认为，一个对美友好、拥有全部主权的日本可以更好地帮助美国实现其在亚洲遏制苏联和中国的意图。1950年6月朝鲜战争爆发后，美国加速扶植日本，积极策划单独对日媾和。1951年9月初，由美国主导在旧金山召开了对日媾和会议，签订了对日和约，即《旧金山和约》，确立了日

---

① NSC 48/2, RG 273, National Archives at College Park, Maryland.

本半独立、半占领的"旧金山体制"。与此同时，美国与日本还签署了《日美安全保障条约》，据此美国获得在日本领土及其周围驻军等一系列权利，驻日美军可根据日本政府的要求，对日本国内的"大规模暴动和骚乱"予以镇压。该条约显然是一个不平等条约。① 1952 年 2 月，美日双方又签订了《日美行政协定》，进一步确定美国可以在日本各地无限制地设置军事基地，驻日美军享有优先使用日本的铁路、船舶、通信、电力和公共设施的权利；在基地内外，驻日美军及其家属享有治外法权等。1952 年 4 月，随着《旧金山和约》《日美安全条约》和《日美行政协定》的生效，日本从法律上恢复了国家的独立和主权，并成为以美国为首的西方阵营的一员。

20 世纪 50 年代，日本一方面积极支持并配合美国的冷战战略，包括对中国实施经济封锁、直接和间接参加朝鲜战争等，另一方面利用美国的经济援助，全力发展经济，1955 年至 1960 年日本经济年平均增长率为 8,5%。随着经济实力的不断增强，日本"自主外交"趋势日见明显。1956 年 10 月，日方不顾美国阻挠，与苏联达成协议，结束了两国的战争状态，恢复双方的外交关系。与此同时，日本国内的反美情绪开始高涨，双方的矛盾集中在《日美安全条约》问题上。1955 年 8 月底，日本政府向美方正式提出修订这一条约问题。

1957 年 6 月下旬，日本首相岸信介访问美国，在与美国国务卿杜勒斯会谈时表示，"日本作为自由各国的一员，与美国的合作是基本政策"，强调"日美新的关系应当是两国之间友好、伙伴的关系"。为了"使日美关系在一切领域里都实现对等"，开创日美关系的"新时代"，并以此提高日本的国际地位，他要求重新研究日美安保条约，明确提出日本对条约内容的很多方面"都不满意"。在他看来，这一条约的存在使得"日本仍然处于与美军占领时期相同的状况"。② 杜勒斯认为，现在还不是就美日安保条约"任何一个具体条款"进行重新谈判的时候，"这一程序需要最仔细的研究和准备"，主张对于修订条约问题应采取拖延手段。③ 但是，美国并不能长久地拖延下去。在美国政府内部，包括负责远东事务的助理国务卿以及美国驻日大使等官员都认为，现

---

① 《国际条约集》（1950—1952），北京：世界知识出版社，1959 年，第 394 页。

② 岸信介、矢次一夫、伊藤隆：《官场政界六十年》，周斌译，北京：商务印书馆，1981 年，第 118、154 页；田尻育三等：《岸信介》，北京大学亚非研究所译，长春：吉林人民出版社，1980 年，第 158-159 页。

③ U.S. Department of State, *Foreign Relations of the United States, 1955-1957*, Vol.23, Washington, D.C.: United States Government Printing Office, 1991, pp.346-347.

行条约具有很大的"片面性",修改条约有助于加强日本与美国的合作,防止其走向"中立"。1960 年 1 月,美日就新《日美安全条约》达成协议。该条约虽然仍允许美国继续在日本驻军,使用日本的军事设施,但删去了旧条约中驻日美军可以镇压日本"暴动和骚乱"等条款,并规定了双方在政治、经济和安全方面进行合作的原则,表明日本虽然继续依附于美国,受美国的种种控制,但其独立自主倾向开始明显加强。即便如此,条约的修订遭到了日本各界民众的强烈反对,迫使艾森豪威尔不得不取消原定于 1960 年 6 月下旬的访日计划。

二、美日关系的调整

1960 年池田勇人出任日本首相后,提出了"国民收入倍增计划",日本经济进入高速发展时期。1961—1970 年日本工业生产年均增长率高达 16.2%。1970 年,其国民生产总值已达到 1975 亿美元,占资本主义世界国民生产总值的 6.5%。日本国民生产总值先后超过加拿大、英国、法国、联邦德国等国家,成为资本主义世界仅次于美国的第二经济大国。日本经济实力的增强,使得美日关系发生了变化。1961 年 6 月中旬,肯尼迪总统与池田举行会谈。双方认为美日关系进入了"平等伙伴关系",为进一步加强两国的伙伴关系,决定成立部长级的美日贸易和经济联合委员会、科学合作委员会和教育文化合作委员会。11 月初,美日贸易和经济联合委员会在日本箱根举行第一次会议,主要议题包括美日经济状况和展望、进一步发展双边经贸关系等。肯尼迪称这次会议"成功地把美日伙伴关系概念扩大到经济领域",认为"这是在两国关系中向前迈出的最重要的一步"。

约翰逊执政时期,美国深陷越南战争泥潭,对日政策主要是争取日本对美国军事行动的支持。1965 年 1 月中旬,约翰逊与日本首相佐藤荣作就越南战争以及双边关系问题举行会谈,并发表联合声明。双方重申应加强两国之间更紧密的合作,确认以两国各自的经济成长为基础的日美经济关系的发展,对双边具有极其重要的意义。虽然如此,由于绝大多数日本民众对美国卷入越南战争持批评态度,无疑给美日关系蒙上了一层厚厚的阴影。在美国高层看来，美国对越南的干涉在很大程度上也符合日本的利益。[1] 1965 年 9 月，美国驻日大使赖肖尔向佐藤抱怨说，"由于众多日本人反对美国的越南政策，在过去的几个月里日美关系处于停滞甚至恶化的状态"。他非常担心，由于日本对越南战争的态度会使美国在日本的地位和影响有"动摇的危险"。[2] 为了使日本民众更多地了解美国的越南政策，美国政府高层多次出访日本，向日本政府和民众说明美国的亚洲政策，谋求日本的理解和支持。在越南战争期间，日本不仅获得了数十亿美元的"特需"收入，而且还曾秘密出动登陆艇为美军运送弹药等，并向南越军队提供上万部电台及大量药品等物资。[3]

　　尼克松政府执政后，对美国的外交政策做出重大调整，提出了"尼克松主义"，从亚洲实施战略收缩，因而更加倚重日本，视日本为美国亚洲政策的"基石"，将发展与日本的关系作为外交政策的"基本目标"。1972 年 1 月初，美日两国举行首脑会晤。双方表示，要在政治、经济、科学技术和文化等所有领域密切合作。2 月初，尼克松发表外交咨文称，"日本是美国在亚洲最重要的盟国"。尼克松很快因为"水门事件"被迫辞职，但接任的福特总统依然将加强美日关系作为外交政策的中心。1974 年 11 月，福特访问日本，这是 100 多年来美国在任总统第一次赴日访问，也是福特接任总统后的首次出访，显示了美国对日本的重视。他表示，同日本的"伙伴关系"是美国对外战略的一根支柱。日本方面也一再强调，坚持以日美关系为外交基轴。1975 年 9 月，日本天皇进行了有史以来的首次访美。1979 年 5 月，卡特总统在与来访的大平正芳首相会晤时重申，日本是美国亚洲政策的基石。大平则表示，"我们同不可替代的友邦、同盟国美国结成了紧密的富有成效的伙伴关系，日美两国有着必须履行的同样的任务"。[4] 双方发表联合声明表示将进行"全面合作"，日本准备在世界范围内协助美国，承担更多的国际责任。在 20 世纪 70 年代，美日政治关系有了长足发展，仅首脑会谈就有 12 次，超过此前 20 年的总和。与此同时，双方进一步加强了在国际问题上的相互合作和支持。[5]

---

① Warren Cohen and Nancy Tucker eds., *Lyndon Johnson Confronts the World*, Cambridge: Cambridge University Press, 1995, p.117; 于群：《美国对日政策研究》，长春：东北师范大学出版社，1996 年，第 320 页。

② 五百旗头真编著：《日美关系史》，周永生等译，北京：世界知识出版社，2012 年，第 221 页。

③ Walter LaFeber, *The Clash: A History of U.S.-Japan Relations throughout History*, New York: W.W. Norton, 1997, p.343.

④ 日本大平正芳纪念财团编著：《大平正芳》，中日友好协会、中日关系史研究会编译，北京：中国青年出版社，1991 年，第 612-613 页。

⑤ 刘世龙：《美日关系》，北京：世界知识出版社，2003 年，第 548 页。

随着日本军事力量的不断增强，美日防务关系更加紧密。1975 年 8 月，美日就两国防务领导人每年定期磋商达成一致，并同意就双方防卫合作的各项具体问题进行研究。1976 年 7 月，日美防卫合作小组委员会成立，主要任务是就包括军费在内的日美合作前景进行协商。该小组委员会设有作战、情报和后勤支援三部分。1977 年 8 月中旬，日美防卫合作小组委员会第五次会议就以下两点达成一致：第一，日方主要对付有限和小规模的入侵。在发生较大规模入侵的情况下，日方将负责防御作战，美方负责进攻作战。第二，制订日美《防卫合作指针》。1978 年 11 月，美日提出了《防卫合作指针》，规定双方应研究制订联合作战计划，适时进行必要的联合演习和联合训练，进一步明确了"美攻日守"的作战分工等。[①] 与此同时，日本还决定大幅提高承担的驻日美军的费用，由 1977 年的 5.8 亿美元提高至 1979 年的 10 亿美元。

美日之间的主要矛盾集中在经济领域。1965 年日本对美贸易从入超转为出超，此后日本的顺差数额直线上升。1968 年日本对美贸易顺差突破 10 亿美元，1969 年为 13.98 亿美元，1971 年升至 32 亿美元。在日本商品大量涌入美国的同时，日本却对钢铁、计算机、汽车等 460 多种商品实行进口限制。因而，美国政府一直敦促日本实行贸易自由化。在美国的压力下，至 1970 年日本仍对 100 多种商品实行进口限制。纺织品贸易是这一时期美日贸易摩擦的重点领域。由于日本纺织业发展迅速，出口量占世界纺织品总出口量的近70%，并且大部分流向美国，从而对美国南部的纺织业造成严重冲击。实际上，自 20 世纪 60 年代初期双方就开始围绕这一问题进行交涉。美国多次要求日本实行自主限制对美出口，遭到日方的抵制。1969 年 5 月，日本众议院全票通过了反对美国要求日本限制纺织品出口的决议，认为美国的要求违反了"关贸总协定"。日本纺织业也联合起来，要求日本政府坚持自主经济外交。1969 年 12 月、1970 年 1 月，美国两次提出限额方案，要求日本的 30 多种毛纺、化纤产品每年出口美国的增长率不得超过 30%，否则将禁止从日本进口。美国国会内一批力主实行贸易保护主义的议员要求单方面实行纺织品的进口配额制。美国商务部部长甚至称，日本目前是在进行一场经济战，"其直接的目标是试图控制太平洋，然后或许是整个世界"。[②]

① 刘世龙：《美日关系》，北京：世界知识出版社，2003 年，第 568 页；冯昭奎等著：《战后日本外交》，北京：中国社会科学出版社，1996 年，第 189 页。

② Walter LaFeber, *The Clash: A History of U.S.-Japan Relations Throughout History*, New York: W.W. Norton, 1997, p.353.

1971 年 8 月 15 日，尼克松提出了"新经济政策"，对一切进口商品征收10% 的附加税，使日本蒙受巨大损失。美国政府还向日本发出最后通牒，如果 1971 年 10 月 15 日之前仍不能就纺织品贸易问题达成协议，美国将采取进口配额制。经过双方多次交涉，1971 年 10 月中旬就纺织品贸易问题达成协议，日本最终做出妥协，接受了美国的解决方案，决定对所有化纤及毛纺织品的出口实行自主限制。此举将使日本对美国的纺织品出口比原计划减少30%—40%，并因此造成 30 万—40 万纺织工人失业。为此日本政府不得不出资对遭受损失的中小企业给予补贴。[①] 尽管日本对纺织品以及钢铁等的出口采取了"自主限制"措施，1972 年受限制的日本商品数量有 130 种，其出口增长率不得超过 5%，同时扩大美国商品的进口，放宽对美国投资的限制，但仍然无济于事，并不能从根本上解决双方在贸易领域的矛盾。

20 世纪 70 年代中期，美日贸易摩擦从纺织品转向汽车、彩电等产品。1971—1975 年间，日本每年向美国出口彩电 100 万台左右，1976 年猛增至253 万台，1977 年高达 295 万台，占美国市场的 40%。1980 年日本向美国出口汽车 192 万辆，在美国市场的占有率为 21%。随着日本产品的大量涌入，双方贸易摩擦再度加剧。1976 年日本对美贸易顺差为 38.3 亿美元，1977 年为 73.2 亿美元，1978 年升至 101 亿美元。美国政府强烈要求日本自主限制对美出口，进一步开放国内市场。1977 年双方签订了《维持市场秩序协定》，规定今后三年间，日本每年对美出口彩电限制在 175 万左右；从 1981 年起，对美出口汽车自主限制在 168 万辆以内。在农产品方面，双方也进行了多轮交涉，并于 1978 年 12 月达成协议，日本承诺扩大进口美国柑橘、牛肉以及橘汁和葡萄柚汁的数量。到 1980 年，美国出口牛肉的 57.6% 和柑橘的 14.7% 都销往日本。[②] 至此，美日紧张的经贸关系得以暂时缓解。

三、美日同盟关系的深化

进入 20 世纪 80 年代，美日关系发展更为迅速，政治、安全合作有了大幅提升。里根政府多次表示，与日本的关系是美国亚洲政策的"基石"，甚至

---

① 宋成有、李寒梅等：《战后日本外交史》，北京：世界知识出版社，1995 年，第 288 页。

② John Emmerson and Harrison Holland, *The Eagle and the Rising Sun*, New York: Addison-Wesley, 1988, p.70.

认为"对世界和平与繁荣来说，没有比美日关系更重要的双边关系了"。布什政府同样认为美日同盟是"太平洋共同体"的基轴，美日关系是"世界上最重要的关系之一"。布什还将美日基轴推向全球，要求日本不仅在亚太而且在世界其他地区为美国分担责任，同美国在全球问题上进行广泛的合作，协调行动，而日本也一直谋求政治大国的地位，在国际事务中发挥重要作用。1992年1月布什上任伊始就出访日本，双方签署了指导未来两国关系的《东京宣言》和《行动计划》，强调两国要建立更加密切的"全球伙伴关系"，"承担建立新时代的特殊责任"。

美日关系强化的重要表现是双方在安全与军事领域的合作。20世纪70年代末80年代初，苏联利用美苏关系缓和的有利时机，加紧在全球范围内的扩张，对美国的霸权提出了挑战。为了遏制苏联在亚太地区的攻势，美国迫切需要加强与日本的军事合作，利用日本的有利位置和迅速发展的经济实力抗衡苏联，确保美国在该地区的利益。1981年5月，美日首脑会晤后发表了联合声明，首次明确提出双方是同盟关系。里根总统颁布的国家安全指令第62号明确表示，为维护和发展与日本的伙伴关系，防止这一关系出现重大转变的可能性，美国应在磋商等级方面，将日本等同于北约盟国，在涉及双方共同利益的领域保持各个层次的频繁交流。[1]1983年1月，日本首相中曾根康弘访美时承认日美同盟具有军事性质，表示在对苏战略上日本与美国处于一个"同心圆"中，美国是进攻的矛，日本是防守的盾。他在接受《华盛顿邮报》采访时更是明确表示，日本将成为阻止苏联轰炸机南下的"不沉的航空母舰"，并且在战时日本负责封锁苏联潜艇和军舰必须经过的津轻、对马和宗谷等海峡。他还表示，日本将承担起"保卫"西太平洋1000海里海上通道的责任，加强与美国的军事技术合作，协助美国研制开发新式武器。他宣称，日美两国是"隔海相望的命运共同体"，双方之间牢固的合作"是亚太地区乃至世界和平的基石"。[2]

美日在军事和安全领域的合作有了长足进展。1983年11月，双方成立了军事技术联合委员会，拟在人工智能、光纤通信、火箭推进技术、复合材料等16个尖端领域进行技术合作。1985年底，双方签署了有关日本向美国提供武器技术的细则。1987年日本决定参加美国的"战略防御计划"研究工

---

① National Security Directive No.62, "United States-Japan Relations", October 25, 1982, Reagan Library.

② 五百旗头真编著：《日美关系史》，周永生等译，北京：世界知识出版社，2012年，第264页。

作。在日本媒体看来，日本此举"将使日本越出迄今的日美同盟关系，明确地加入西方军事同盟"。与此同时，双方多次举行双边和多边联合军事演习，并且参与的兵种也逐步增多。美国还在日本青森县三泽空军基地部署了两个轰炸机中队。日本政府不仅增加了驻日美军的费用负担，而且不断增加防务开支。1987 年，日本的防卫预算突破了国民生产总值的 1%。时任美国助理国务卿的沃尔福威茨在国会作证时称，美日防务合作"从来没有这样好过"。[①]

在经贸领域，双方关系却依然紧张，纷争迭起。根据美方统计，1980 年美日贸易逆差为 99.2 亿美元，1986 年达到 514 亿美元，1987 年升至 598 亿美元，占美国对外贸易赤字总数的 1/3。贸易摩擦的领域包括汽车、钢铁、电子、半导体技术以及农产品等各个领域。美国政府认为，造成对日贸易逆差的根本原因在于日本市场的封闭性。1987 年 5 月的一份民意测验表示，69% 的美国人认为日本正在进行不公平的贸易。[②]为此，美国多次要求日本进一步开放市场，减少贸易壁垒，限制对美出口，并改变货币金融体制。美国国会则主张对日采取强硬措施，包括制定限制大量进口日本产品的法规，提高进口关税。1985 年美国国会出台了 300 多项关于贸易保护主义的提案，其中大都将矛头对准了日本。汽车贸易是双方冲突的重点。1980 年日本的汽车产量首次超过美国跃居世界第一，并大量涌入美国市场，占据了美国市场的 21.3%，对美国汽车工业造成重大冲击。1979 年美日就汽车贸易问题进行谈判，并于 1981 年 5 月 1 日达成协议。日本同意今后 3 年内对美国出口汽车实施"自主限制"，最初两年限制在每年 168 万辆，第三年再根据美国市场情况进行调整。1984 年协议延长一年，限额增至 185 万辆。

实际上，汽车贸易摩擦只是双方经贸关系紧张的一个缩影，这一时期美日经贸关系的紧张已经扩大到工业、农业以及金融体制等各个方面。双方围绕半导体的摩擦一度达到白热化程度。美国半导体产业一直在世界上居主导地位。20 世纪 80 年代初，日本的半导体产业在政府的扶植下发展迅速，其物美价廉的产品特别是存储器颇受美国消费者青睐，对美国的半导体生产商构成很大威胁。美国半导体协会指控日本公司存在不公正的贸易行为，要求美国政府采取措施。在美国的压力下，1986 年 9 月双方达成了第一个《日美半导体协议》。据此，美国暂时停止对日本公司的倾销诉讼，日本则同意今后

---

① 王振锁：《日本战后五十年》，北京：世界知识出版社，1996 年，第 345 页；资中筠主编：《战后美国外交史》，北京：世界知识出版社，1994 年，第 947 页。

② 五百旗头真：《战后日本外交史》，吴万虹译，北京：世界知识出版社，2007 年，第 159 页。

5 年内，美国和其他外国公司半导体产品在日本市场的占有率由 8.5% 提高到 20% 以上。1987 年 3 月，美国指责日本违反协议，向美国倾销计算机芯片，决定对进口的价值 3 亿美元的日本半导体产品征收 100% 的报复性关税。美日在半导体领域的争端进一步加剧。①

在金融领域，美国敦促日本在"金融市场开放和日元国际化上采取强有力的大胆步骤"，要求提高日元对美元的比价，从而减少美国对日贸易逆差。1983 年 11 月，美国正式向日本提出开放日本金融市场的要求。1985 年 9 月，在美国纽约广场饭店召开了由日本、美国、英国、法国和联邦德国五国财长和中央银行行长参加的会议，并达成《广场协议》，决定共同采取行动使美元贬值。日本政府成立了由日本银行前总裁前川春雄为首的"应对国际协调的经济结构调整研究会"，负责向政府提出中长期政策建议。1986 年 4 月，该研究会向日本政府提交报告，建议日本应扩大内需，实现从依赖外需到内需主导型经济增长的转变；减少财政盈余；转变出口依赖型的产业结构，进一步开放市场；实现金融自由化、国际化等。美国政府对此表示欢迎。

为了从根本上解决问题，美日从 1989 年 9 月至 1990 年 4 月就经济结构问题进行谈判。两国领导人对此都非常关注。布什强调，美日结构问题协商必须成功，必须把美日经济关系置于坚实的基础之上。日本首相海部也表示，结构问题协商极为重要，日本将尽全力进行结构改革，这是新内阁"最重要的课题之一"。美国的谈判目标是：促使日本改革其经济制度，使之由出口大国转向进口大国，全面开放市场，从而减少对日贸易逆差。在美方看来，日本应在下述几方面进行结构性调整：第一，日本的公共投资占国民生产总值的比重应在今后的 3—5 年由现在的 6.7% 增至 10%；第二，日本的土地价格过高，妨碍了美国企业的进入；第三，日本的流通渠道复杂；第四，日本应加强《反垄断法》和《专利法》的实施；第五，商品的内外价格差别较为突出。为此，美方向日本提出了 270 条需要改进的建议。日方则要求美国采取对等行动，并向美国提出了 80 多条建议。经过多轮艰难谈判，美国终于迫使日本同意在计算机、商业卫星和木材制品等方面更大地开放市场，放宽外国企业对日出口和投资的法律限制；增加政府的公共投资，以扩大内需；改善流通渠道，使美国商品顺利进入日本市场；消除日本国内的结构性障碍；改

① 徐更发：《美日半导体摩擦刍议》，《美国研究参考资料》，1987 年第 8 期，第 54-59 页；何晓松：《日美政治经济摩擦与日本大国化》，北京：社会科学文献出版社，2015 年，第 82-83 页。

革储蓄制度和价格机制；鼓励民间消费；推动日本企业改善经营制度等。美国承诺降低联邦政府的财政赤字；刺激个人储蓄和企业投资等。美日结构协商达成协议在一定程度上缓解了双方的经济矛盾，但并未改变贸易的不平衡。

美日围绕汽车贸易的争吵依然非常激烈。1991 年美国国内汽车销售量为 817 万辆，其中日本汽车公司的销量就占了 246 万辆，占美国市场的 1/3。而美国汽车却只占日本市场的 1%。日本汽车的倾销导致一些美国汽车生产商的亏损、裁员甚至倒闭。在美日贸易逆差中，汽车和汽车配件占了 3/4。布什政府不断要求日本开放汽车及汽车零配件市场，提高美国汽车在日本的占有率。经过反复交涉，双方于 1991 年 10 月达成一项协定，一致同意努力消除美国汽车及零配件销往日本的障碍，以解决美日汽车贸易的赤字问题。1992 年 1 月布什访问日本，汽车贸易问题成为美日首脑"最优先讨论的问题"。1991 年度美日贸易中，日本出超 410 亿美元，75% 是汽车出口造成的。在美国的强大压力下，日方不仅同意到 1994 年将进口美国汽车配件数额从 1990 年的 90 亿美元提高至 190 亿美元，每年进口美国汽车 2 万辆，而且还宣布实行"自主限制"，保证 1992 年度对美出口汽车不超过 165 万辆。

为减少贸易逆差，美国一方面不断敦促日本开放国内市场，增加对日出口，另一方面又多次威胁征收惩罚性关税，限制日本产品进入美国市场。美国国内还掀起了抵制日货运动，民众反日情绪高涨。1989 年美国的一项民意测验显示，多达 68% 的受访者认为日本是美国未来的最大威胁。1992 年 7 月初，美国众议院通过主要针对日本的贸易法案，允许美国政府对参与不公正贸易的国家采取报复行动，要求限制日本汽车进口数量和提高日本公司在美生产的汽车所使用的美制部件比例。日本方面则认为，日美贸易问题的根源在于美国劳工的"素质低下"，"缺乏职业道德"，工作不够努力，这些言论更加激起美国民众的愤怒。虽然日本政府采取了一些相应的措施，由于美日经济的结构性矛盾，美日贸易逆差依然居高不下。1992 年，美国对日贸易赤字仍达 490 亿美元，占其全球贸易逆差总额的 40%。

四 、结语

通过梳理战后美日关系嬗变的主要轨迹。一方面，可以发现双方的政治和安全关系不断加强、提升，而贸易摩擦不仅从未中断，反而愈演愈烈；另一方面，这种争端并未影响到双方关系稳定地向前推进，合作与分歧贯穿于冷战时期美日关系发展的整个过程。即使在冷战结束后，国际环境发生了重大变化，双方关系发展的这种特征依然存在。克林顿政府强调要与日本建立"新型伙伴关系"和"面向 21 世纪的日美协调关系"，认为美国与日本的关系比其他任何国家都重要，双方要努力加强两国之间"极其重要的伙伴关系"，并把日本看作是"最坚定的朋友"。小布什认为美日同盟是现代史上"最伟大和最牢靠"的同盟，是维护太平洋地区和平与繁荣的基石。奥巴马政府也强调，美日同盟是美国亚太战略和亚太安全的基石，美国和日本是"平等的伙伴关系"，美日关系永远是美国在亚太地区的重心。日本方面也一再重申，日美同盟是日本外交和安全的"基轴"。

在全面提升政治关系的同时，美日在安全领域、驻日美军基地问题以及对一些重大国际问题的态度等方面的分歧一直存在，纷争不断。美国对日贸易逆差更是居高不下，1994 年为 620 亿美元，1999 年为 770 亿美元，2006 则高达 920 亿美元，双方有时为此甚至到了剑拔弩张的地步。但美日每次都是通过谈判、磋商解决分歧，化解矛盾，使之不对两国同盟关系的发展造成严重的破坏性影响。应当说，政治手段是解决双边争端的唯一有效办法，经济制裁、贸易战等强制手段不仅于事无补，反而使事态愈发恶化，其结果将是两败俱伤。实际上，双方之间的这些矛盾和分歧在很大程度上也体现了两国关系的紧密性、复杂性以及相互依存。随着经济全球化、一体化进程的加快，各国之间的经济联系更加紧密，如何使竞争性的经济关系不会危及政治关系的稳定发展，仍然是包括美国、日本在内的国际社会共同面对的重要课题。

（原刊于《学术前沿》2018 年第 9 期）

附录 读史偶感——赵学功教授访谈录

采访时间：2019年5月19日
采访地点：南开大学历史学院
采访记录及文字整理：范晨星（南开大学历史学院博士研究生）

问：请谈一下您是怎样走上史学研究道路的？为什么选择美国史作为研究方向？

答：首先，非常感谢《历史教学》杂志社的采访。说实话，当初柳文全老师提出要进行采访时候，自己心里非常矛盾。一方面感觉这一动议非常有意义。前些年杂志社曾组织了这方面的专栏，刊登了十多位国内知名中青年学者的访谈，并编辑成书出版，反响非常好。我自己也认真拜读了，从中获益良多。但另一方面自己深感学识、能力太有限，所做的工作微不足道。这是自己第一次接受这样的采访，主要是想把这些年学习历史的点滴思考和体会以及一些经验教训讲出来，请大家多加批评指教，这对自己今后的发展也是大有帮助的。

我本科就读于山西大学历史系。虽然是一所地方院校，但那时的山西大学历史系汇聚了一批在国内外颇有影响的知名学者，学术氛围也非常好，现在很怀念在那里读书的日子。当时的校长就是著名历史学家程人乾先生。记得刚入学不久，就听说程先生是国内研究东欧史、国际共运史和国际关系史的大家，在学界享有很高的声誉。虽然对程先生十分景仰，但除了听过几场报告外，作为一名本科生很难有机会向先生请教问题。非常幸运的是，1988年本科毕业之后，有机会开始师从程先生学习世界现代史。跟随程先生三年，先生耳提面命，言传身教，从做人到为学循循善诱，诲人不倦。先生的谆谆教诲让我们受益终身。跟随程先生读书，最大的感受是先生不仅专业知识精深，学识渊博，而且理论水平极高，对问题的剖析鞭辟入里、高屋建瓴，令人折服。当时指导我们学习的还有王文庆先生和张谦让先生等，都是知名的世界近现代史专家。

在当时的情况下，限于各种条件，研究生同外界的学术交流很少，信息非常闭塞。程先生多次要我们争取各种机会走出娘子关，多参加学术活动，向学界前辈、同人学习，了解国内外学术发展动态，开阔学术视野。正是在程先生的鼓励和支持下，1990 年秋，我和一位师兄参加了中国美国史研究会在河南大学举办的学术讨论会，并由此结识了不少美国史研究的著名学者和青年才俊。这是自己第一次参加中国美国史研究会的学术讨论会，收获很大，初步确定了今后的学术发展方向。研究生应该适当走出去，以了解国内外的学术发展动态，扩大自己的学术视野。尽管现在网络的便捷为大家获取各种学术信息提供了极大的便利，但我觉得还是应适当参加一些学术交流活动和会议，有机会当面向国内外的知名专家求教，并建立学术联系，这不仅有助于提高自己的学术水平和能力，更好地了解国内外学术动态，而且对今后的学术发展也是大有助益的。

南开大学的美国史研究在国内外享有盛誉，实力雄厚，是莘莘学子向往的学术殿堂。1991 年 9 月，自己来到南开，有幸师从著名历史学家杨生茂先生攻读美国史博士学位，这是自己人生中的一个重要转折点。杨先生不仅是南开美国史学科的创建者，而且也是中国美国史和世界近现代史研究的主要奠基者和开创者之一，长期从事美国史、世界近现代史的教学和研究工作，著述丰厚，成就斐然，其论著和学术思想影响了国内一代又一代的美国史学者。求学期间和博士毕业留校工作之后，南开美国史研究室的前辈张友伦先生、陆镜生先生，以及当时在天津社会科学院工作的华庆昭先生等都给予自己各方面的支持、帮助和提携。正是在这些先生的悉心指导下，自己才真正走上学习和研究美国史的道路。

问：您最初的研究主要集中在美国与东亚关系史这一领域，为何选择这一研究领域？

答：选择这一领域主要是冷战结束后，随着新材料的不断增加，当时对于战后国际关系史的研究成为大家关注的重点，特别是对于冷战时期的中美关系。我的硕士和博士学位论文都是围绕朝鲜战争与中美关系展开。刚开始写博士论文时，杨先生叮嘱我一定要广泛收集国内外的相关研究成果，特别注意最新的研究动态。先生特别告诫我，这一课题具有一定的敏感性，要掌握好分寸；视野一定要开阔，不能写成战争史或军事史，应从国际关系史的角度来写，揭示出相关各方的政策互动；多收集各种材料，注意中外文资料的平衡，不能只看美国学者的论著和美国政府的档案文献，必须阅读其他国家学者的相关成果，避免资料使用上的偏颇；对于国内外的相关资料要保持审慎分析的态度，从中引出自己的独立判断，不要人云亦云，等等。由于自己能力和学识的有限，完成的论文距离杨先生的这些要求还相差甚远。后来经过修改，在毕业论文的基础上出版了《朝鲜战争中的美国与中国》一书，同时还发表了数篇相关论文，认为由于双方在意识形态、现实政治考虑等问题上存在很大的分歧和矛盾，使得中美关系在 20 世纪 40 年代末 50 年代初难以实现和解，同时提出朝鲜战争是中美关系史上的一个重要转折点，直接导致了双方在 20 世纪五六十年代的对立与隔阂。这些看法当时受到学界的一定关注，被认为是国内具有代表性的观点之一。

其后，在美国与东亚关系史这一领域又出版了两本专著。《巨大的转变：战后美国对东亚的政策》对战后半个多世纪美国东亚政策发展演变的轨迹进行了系统梳理，将其大致划分为四个发展阶段：第一阶段为杜鲁门政府到约翰逊政府，美国东亚政策的主要特征是遏制与军事干涉，朝鲜战争、两次台湾海峡危机、第一次印度支那战争即是这一特征的体现，越南战争则标志着美国在东亚的扩张达到了顶点；第二阶段是从尼克松政府到卡特政府，这一阶段美国东亚政策的基本特征是战略收缩；第三阶段是从里根政府到老布什时期，基本特征是随着亚太地区的崛起，美国政府决定"重返"亚太，试图建立美国主导下的"亚太地区新秩序"；第四阶段为冷战后时期，当时主要论述的是克林顿政府为构筑"新太平洋共同体"在政治、经济和安全等方面所采取的各种举措。除了阐释各个时期美国东亚政策的主要内涵外，该书还剖析了美国东亚政策变化的主要缘由，揭示了美国政策的复杂性及其内在矛盾性。这本书的重点虽然是论述美国对东亚政策的发展演变，但同时也注意到了美国与东亚国家关系的互动性，因为美国政策的制定在很大程度上也是因应东亚地区局势的变化。

近年在这一领域出版了《富布赖特：美国冷战外交的批评者》。富布赖特早年曾担任美国阿肯色大学校长，1945 年进入参议院，由此开始了长达 30 年之久的参议员生涯。1959 年担任参议院外交委员会主席，直至 1974 年卸任，成为迄今担任这一职务时间最长的参议员。富布赖特不仅参与了许多美国重要对外政策的制定，同时也是美国外交的战略思想家和评论家。他撰写的著作包括《权力的傲慢》《跛足巨人》和《帝国的代价》等，对美国外交政策和国际关系提出了许多富有见地的看法，影响深远。他的一些著作还被翻译成中文。他积极倡导国际教育文化交流，反对美国对外干涉，主张美国从越南战争中脱身，并改变对中国的敌视政策。20 世纪 60 年代中期，他曾多次主持召开有关中国问题和越南战争的国会听证会，推动了美国对华政策从"遏制与孤立"到"遏制但不孤立"的转变，开启了美国各界重新认识中国的进程，对日后中美关系的解冻发挥了积极作用。

当时写这本书主要基于两点考虑：一是自己 1999—2000 年间曾作为富布赖特访问学者赴美国马里兰大学和国家档案馆从事过一年的学术研究，是富布赖特国际交流项目的直接受惠者，有责任和义务将这位对当代美国政治和外交产生过重大影响的政治家一生的重要活动介绍给大家，使更多的人认识和了解他；二是国内对于富布赖特的研究还较为薄弱。美国学界很早就对其外交思想展开了研究，出版了多部传记和研究著作。国内的研究主要集中在他在推动国际文化交流和美国对华政策转变等方面，尚没有系统的研究著作。希望通过抛砖引玉，引起更多学人对相关问题的兴趣和关注。

这本小书主要以美国《国会记录》、美国参议院外交委员会听证会和会议记录以及富布赖特本人所发表的演说、论著等为核心资料。除了对富布赖特的外交思想、活动做了较全面的梳理外，重点论述了其对越南战争和美国东亚政策的看法及主张，揭示了富布赖特反对越南战争的主要原因及所面临的困境。富布赖特之所以在 20 世纪 60 年代中后期改变了以前对越南战争的态度，走上了反对越南战争的道路，主要是基于以下几方面的考虑：其一，认识到促使美国在越南越陷越深的所谓"多米诺骨牌理论"是完全没有根据的，美国不可能赢得胜利。其二，旷日持久的战争给美国国内的政治、经济和社会乃至民众心理都造成了极为严重的负面影响，是诸多国内问题产生的主要根源，只有结束了越南战争，这些问题才有可能得到解决或缓解。其三，越南战争严重削弱了美国的国际地位和影响力，并危及美国与盟国以及苏联、东欧国家的关系，同时还包含着与中国或苏联发生全面冲突的巨大危险。

这本书揭示了美国国会与行政部门在对外政策和战争权力上的博弈。实际上，在反对约翰逊的越南政策中，包括富布赖特在内，美国国会领导人面临着很大的困境，受到诸多因素的制约。首先是在制度层面，大多数国会议员虽然对行政部门在外交事务方面的权力过大表示不满，但同时认为国会也并非制定对外政策的合适机构。不仅如此，国会的公开辩论和磋商导致的混乱不仅会导致美国对外决策的举棋不定，而且势必会延长战争，从而使更多的美国人付出生命的代价。正因为如此，尽管不少美国国会议员对越战持反对或怀疑态度，但始终没有形成一支强有力的、有组织的反对力量。在很长一段时间，包括富布赖特在内的"鸽派"在国会中一直处于孤立地位。其次是党派政治的影响。在对外关系方面，美国一直有着所谓"两党一致"的传统。富布赖特与约翰逊同属民主党，这在一定程度上使得他在反对美国政府的政策方面必须有所克制。同时，他还必须考虑到阿肯色州大部分选民的政治倾向。与南部各州一样，阿肯色州的民众大都对美国的侵越战争持支持态度，赞成美国政府采取一切手段以取得军事胜利。因而，他们一方面对富布赖特在越南战争问题上所表现出来的"诚实和正直"表示敬佩，但另一方面也对他坚持反对意见的做法感到不满。正因为如此，富布赖特在反对越南战争升级的同时，也明确表示不赞成美国单方面从越南撤出。显而易见，为了政治前途的需要，富布赖特在反对越南战争的道路上不得不谨慎行事。另一方面，也正是因为在美国拥有一批像富布赖特这样负责任的、有良知的政治家，才使得美国决策者在对外政策方面终究不敢一意孤行、为所欲为。

最近在美国与东亚关系史研究领域所做的主要工作是以中国、美国、英国的三方面档案资料为基础，力图对 20 世纪 50 年代三方之间的矛盾与冲突进行系统梳理，考察三方之间关系的互动，以此来揭示东亚冷战的复杂性。此前已经就这一时期的英美关系与东亚冷战进行了一些初步的探索，发表了数篇文章。通过研究英国在朝鲜战争、第一次印度支那战争和两次台湾海峡危机的政策可以清楚地看出，英国在冷战中的利益与美国并不完全一致，非常希望能通过外交努力促进美国与中国关系的缓和，并在国际关系中发挥重要作用。英国的东亚政策要考虑的因素比较多，包括其在香港的地位、英联邦国家的态度等，但由于实力大不如以前，并将维护和加强与美国的"特殊关系"作为外交政策的重心，这在很大程度上限制了英国对美国政府决策的影响。

问：古巴导弹危机是战后国际关系史上的重要事件，您曾经写过一本有关这方面的专著，当时是出于什么考虑？

答：的确，古巴导弹危机是冷战时期美苏之间进行的一场最为严重的直接对抗，将世界带到了核战争的边缘。这一事件一直是各国历史学者和政治学者研究的重要课题。特别是在西方学术界，出版了不少有价值的论著，但仍有继续拓展的空间。实际上，自己在读硕士期间就曾对这一问题产生了兴趣，第一次参加中国美国史研究会的会议就提交了有关古巴导弹危机与美苏关系的论文。当然，那时候限于自己的能力、水平以及资料等各方面的限制，还谈不上真正的研究，只是提出了自己一些不成熟的看法。

经过数年的资料收集和写作，2009 年出版了《十月风云：古巴导弹危机研究》。利用相关各方的资料，力图从国际史的视野对这一问题进行较全面、系统的考察，并提出一些不同于西方学者的观点。个人觉得，只有将这一事件置于当时美国、苏联和古巴三方关系的互动及其相互影响之中进行考察，才能对这一危机的根源有一个更为清晰的认识。说到底，这一危机不仅是美苏核军备竞赛的必然结果，而且也是美国政府对古巴奉行敌视、孤立和干涉政策的产物。长期以来，西方学者在研究这一问题时，大都将重点放在美苏两国，而忽视了古巴在其中所起的作用。写这本书时对古巴在危机的发生、发展过程中所扮演的角色给予了较多关注，尽可能发掘使用古巴方面的资料。同时，在一些问题上也力争提出自己的看法。多年来，西方学界将美国领导人对古巴导弹危机的应对视为危机管理的"典范"和美国"强制性外交的胜利"与"完美体现"，认为这次危机之所以和平解决，主要是肯尼迪政府采取了强硬立场，充分利用美国的"压倒性"战略优势和军事实力，迫使苏联领导人不得不退却，从古巴撤走导弹。这种看法过分夸大了美国军事力量在危机处理中的作用。实际上，危机的和平解决在很大程度上归因于美苏两国首脑对核战争有共同的恐惧心理，不想让事态扩大到不可收拾的地步，因而在具体行动上双方基本上都保持了一定的克制和谨慎态度，竭力避免危机的升级，减少战争风险。在研究方法上，力图使用国际关系学的危机管理和官僚决策等理论，特别是在论述美国和苏联高层决策过程中，尝试把历史学的叙述与国际关系的理论分析结合起来。

问：您最近发表的一些论文大多围绕核武器与冷战时期的美国外交这一主题，在这方面有什么心得？

答：核武器是影响战后国际关系的重要因素，也是当前国际社会关注的热点之一。研究核武器与冷战时期的美国外交这一课题不仅具有学术价值，而且也有一定的现实意义。冷战时期核危机的解决，可以为当今国际社会核问题的处理和应对提供某种有益的启示与借鉴，但国内史学界对此的研究较为薄弱。近年来，个人在这一领域只是做了一些初步的探索，并且大都以个案研究为主，旨在揭示核武器与冷战时期美国外交政策之间的内在联系，并基于历史的探讨就核武器对当代国际关系的影响进行分析。目前完成了国家社会科学基金项目"核武器与美国对外关系研究"，已结项，现正在对书稿进行修改、完善。

对于冷战的起源，国内学术界已经有不少的研究，但大都集中在意识形态、地缘对抗等方面，从核武器这一视角来揭示这一问题的成果并不多见，且限于资料等方面的原因，论述不够深入，仍有很大的拓展空间。第二次世界大战中，美英两国联手研制原子弹，由此确定了双方对核武器的垄断。虽然美国政府主要是出于减少美军伤亡和加速战争进程的双重需要对日本实施了核打击，但此举对美苏关系产生了微妙且深刻的影响。围绕着垄断与反垄断，美苏之间展开了激烈的较量。美国将原子弹视为实现其政治和外交目标的重要工具，对苏政策愈发强硬。而苏联一方面采取了针锋相对的态度，同时加紧核武器的研制。尽管出于政治和宣传上的需要，双方都表示赞成对原子能实施国际控制，但实际上双方立场迥异，且互不让步，最终导致原子能国际控制计划以失败告终。

核武器虽然不是冷战的产物，但在促使战时美苏同盟瓦解、冷战爆发的过程中扮演了非常独特的角色。从核武器角度而言，冷战的发生具有一定的必然性，在很大程度上是由核武器的巨大毁灭性所决定的。即使美英两国在这一问题上也是纷争迭起，何况在意识形态、战略目标、社会制度等诸多方面都存在严重对立的美国和苏联，双方的冲突显然在所难免。战时美英两国将苏联排除在外，秘密研制核武器无疑为日后同盟关系的破裂埋下了隐患。在美国领导人看来，这一武器不仅是实力的象征，同时也是实现美国外交和政治目标的一张"王牌"，是克敌制胜的法宝。同样，苏联领导人也将其视为对付美国和西方、维护国家安全的必不可少的工具。由于美国一开始就在原子弹的研制方面实施严格的保密措施，并在多个场合向苏联方面进行核讹诈，试图以此促其妥协让步，这不仅大大恶化了双方关系，同时也加剧了两国在核武器问题上的较量。从根本上讲，美苏在核武器问题上的矛盾和冲突是双方长久以来缺乏必要信任的合乎逻辑的结果。核武器的出现不仅强化了双方在诸多问题上的对抗，而且围绕着垄断与反垄断美苏展开了激烈角逐，由此拉开了愈演愈烈的核军备竞赛的序幕，而这恰恰构成了冷战最基本的特征之一。

美国不仅对苏联实施核外交，对于中国更是频频挥舞核大棒。朝鲜战争时期，美国政府力图借助所享有的核优势，对中朝方面几次发出核威胁，幻想以此改变战场上的不利局面，实现有利于自己的和平。但朝鲜战争的结果证明，美国的核威慑不仅没有改变战场上的局面，也没有能挽回美国的败局，对中朝的行动没有起到任何作用。制约美国在朝鲜战场使用核武器的因素主要包括：美国的全球战略重心是在欧洲，而不是亚洲；美国的主要对手是苏联而不是中国，原子弹是用来与苏联抗争的重要威慑力量；扩大战争将给美国在政治上造成严重后果；包括英国、加拿大等在内的美国的主要盟国强烈反对使用核武器。正是由于受到诸多因素的制约，美国政府在使用核武器方面不能不有所顾忌。尽管美国国内不断有人叫嚣对中国使用核武器，但美国政府终究未敢轻举妄动。最终，只能通过谈判解决问题。所谓美国的"核威慑"导致了朝鲜停战不过是美国决策者自欺欺人的一个"神话"而已，朝鲜战争的结果表明了美国核威慑的限度。

近期做的另一个案研究是关于第二次台湾海峡危机时期美国对中国的核威胁问题。1958年发生的台湾海峡危机是国际冷战史和中美关系史研究的重要课题。国内外学界对此已有较多研究，发表了不少有价值的论著。但是，从核武器这一视角来系统、深入地考察美国政策发展变化的成果却比较少。在这一个案研究中，试图基于翔实的美国政府档案资料，对美国政府内部（包括行政部门和军方）围绕核武器问题而展开的讨论、决策与行动进行了考察，分析了影响美国决策的国内外因素。西方不少学者将这一个案作为美国核威慑成功的典型例子，认为美国的核威胁使得中国放弃了解放沿海岛屿的政策，这种观点显然过分夸大了美国核威胁的作用。还有学者认为，美国之所以在第二次台湾海峡危机中没有使用核武器，是美国决策者"自我慑止"的结果。

实际上，艾森豪威尔政府的核威胁以及战争边缘政策遭到了美国国内和国际舆论的普遍反对，使其陷入了进退两难的境地。中国领导人从炮击金门到后来决定恢复中美大使级会谈并决定让金门留在国民党手中，完全是基于形势的分析和判断而做出的决策，与美国的核威慑无关。不仅如此，正是中国政府奉行的灵活政策才使得美国政府走出了困境。同时，学界一般认为"灵活反应战略"是美国肯尼迪政府提出的。实际上，美国在第二次台海危机中的困境，使得美国政府内部对过分依赖核威慑的国家安全战略提出质疑，特别是美国国务院认为这一战略过于僵硬，要求将发展常规力量与核力量并重，灵活应对美国所面临的情况，为此与美国军方展开了激烈交锋，这表明艾森豪威尔政府的"大规模报复战略"已经走到了尽头。

问：冷战时期美国的核战略是不是也是处于不断调整过程中？经历了怎样的变化？核武器在冷战中究竟扮演了怎样的角色？

答：冷战时期美国的核战略几经演变，从初创时的简单、僵硬逐步走向成熟，变得更为灵活多样和复杂化。但大体而言，每一届政府的核战略都是在核威慑战略这一框架下进行的调整，都是美国国家安全战略和军事战略的重要工具和后盾，核武器始终是美国各种战略手段中"最具威慑力的最后手段"。美国的核战略无论是以何种名称和形态出现，都带有较强的进攻性、扩张性和冒险性，是为美国的全球战略服务的。核讹诈始终是美国核威慑战略的基本特征，核优势则是美国实力地位的一个重要象征。

美国的核威慑政策、核力量使用政策、核力量发展政策以及核军备控制政策是核战略的基本内容，四者是一个有机的统一整体，缺一不可。同时，四者之间又相互制约。影响美国核战略变化的因素很多，但主要包括以下几方面。其一，美国外交政策特别是对苏政策的变化。说到底，核武器作为一种重要的威慑力量，是为美国实现自己的政治和外交意图服务的，核政策的发展当然要服从美国冷战战略的变化和国家安全的需求。其二，技术的变革。随着原子能科学的不断发展，核武器的研制越来越呈现加速度趋势，核武器变得越来越多样化、小型化、精确化，特别是分导式多弹头技术的发展，对美国核战略产生了深刻影响。正是军事技术的变革使得核武器从原来的纯威慑力量逐步成为可用于实战、满足不同形势需求的真正的武器。同时，技术的不断进步也使得核武器的通信、指挥、控制系统变得更为复杂化。其三，苏联核战略的变化。冷战时期，苏联是美国最主要的对手，美国的核力量也主要是用来对付苏联的挑战。随着双方军备竞赛的加剧和力量对比的变化，美国的核战略也因此而不断调整。从一定意义上说，美国的核政策也是对苏联政策和行动的一种反应，体现了对苏联威胁认知的变化。核武器的最大作用在于威慑对手，随着对手战略力量的不断增强，美国的核战略必须相应地做出调整，从而能继续有效地起到威慑的效果。实际上，自20世纪50年代后期开始，美苏两国在核武器问题上进入了一个相互威慑时期。在研究美国核战略变化的同时，也必须对冷战时期苏联的核战略有一个较为清楚的认识。

冷战时期，美苏之间在展开激烈的核军备竞赛的同时，双方还就限制核军备竞赛进行了多次谈判。两国领导人深刻地认识到，在核时代，一旦发生美苏全面战争，其后果不可想象，这不仅是美苏两国的自我毁灭，甚至可能是整个人类的灾难。在这一点上，美苏两国领导人达成了共识，这是双方展开对话的基础所在。同样重要的是，由于两国都投入大量的人力、物力和资金用于国防建设，使双方的经济都不同程度地受到了严重影响，特别是苏联的经济发展出现了严重的失衡。应当说，包括核武器在内的军备竞赛使双方都付出了高昂的代价。此外，自 20 世纪 50 年代以来，世界各国人民也强烈反对核武器的扩散，和平运动不断高涨，因而，核军备控制成为必要。核军备控制和核裁军也成为美国核战略的一个重要组成部分。

核武器在战后国际关系中究竟扮演了何种角色，这是一个颇有争议的问题，学界对此争论不休。一种看法是核武器维持了世界和平。持这一观点的包括美国冷战史专家约翰·加迪斯等人，认为核武器的巨大毁灭性消除了发动战争的欲望，因而维持了战后世界的稳定。在这派学者看来，核武器之所以能够维护战后"长久的和平"，就是因为核武器破坏力如此之大，使得任何发动核战争之举无疑是自取灭亡，认为如果没有核武器，那么柏林危机、古巴导弹危机以及中东危机就很有可能升级和失控。因而少数学者甚至赞成核扩散，认为相互威慑是维护和平的基本因素。

另一种看法则认为，核武器与战后和平没有什么关系。毫无疑问，核武器的巨大破坏力以及对核战争的恐惧是遏止美苏两国铤而走险非常重要的因素，并在一定程度上决定了两国的行为方式，但由此断言核威慑维持了战后"长久的和平"显然是过于简单了。实际情况是，核武器并非维持和确保了战后的和平，反而造成了世界的紧张局势，甚至将人类文明带到了毁灭的边缘。通过对一些个案的初步研究，个人得出的基本结论是：尽管在冷战时期美国决策者将核武器作为实现外交和政治目的的重要工具，但结果往往适得其反，不仅加剧了国际紧张局势，使世界面临着核战争的巨大危险，而且美国政府也陷入了内外反对的困境。美国的核威慑并没有给世人带来和平，只有彻底销毁核武器，建立一个无核世界，才能使人类永远摆脱核战争的阴影。

核武器在冷战时期可以说是一把双刃剑。一方面，为了追求所谓的战略优势，维护国家安全，双方在核军备竞赛方面可以说是不遗余力，从而加剧了世界紧张局势。另一方面，核军备竞赛不仅没有给美苏两国带来安全，反而使双方都面临着被对方毁灭的危险。由于核武器空前巨大的破坏力，使用核武器意味着两败俱伤，尽管美国曾多次制订各种各样的核作战计划，并在朝鲜半岛、台湾海峡、中东、加勒比海、印度支那等地区频频挥舞核大棒，对其他国家进行核讹诈，但事实是，自二战结束以来，美国从未在实战中应用核武器。在很大程度上，由于国内、国际诸多复杂因素的制约，威胁使用核武器也成为一种"禁忌"。当然，这种情况的出现并非美国核威慑使然，也非美国的所谓"自我慑止"所致，而是各种因素共同作用的结果。

问：您的研究方向一直集中在冷战史领域，您认为目前国内冷战史研究面临哪些问题？如何进一步推进？

答：应当说，国内的冷战国际史研究虽然起步很晚，但发展非常迅速，取得了令人瞩目的成果，特别是华东师范大学沈志华教授领导的研究团队，享誉海内外。可以说，在某些与中国相关的问题上，中国学者的研究已可以与西方学者并驾齐驱，冷战史毫无疑问成为了国内史学界一个新的学术增长点。同时，也应看到国内学界对冷战史的研究还存在一些问题。个人觉得主要表现在以下方面：一是研究的不均衡性，表现在研究区域和选题的不均衡。现在国内学界的大部分研究主要侧重于美国、英国、苏联、日本等国家的研究，并且大都与中国相关，如中美关系、中日关系、中苏关系等，而对于其他国家和地区的关注相对不足或甚少。同时，我们的研究还大都集中在战争、冲突、危机等传统议题方面，对于环境、思想文化、意识形态、技术等方面的研究相对较少。这就影响了我们对冷战的复杂性的认识。因而，我们在研究视野和选题方面还需要进一步扩大。可以说，在这方面要做的工作实在是太多了，包括加强对外国语言的掌握、多国资料的运用、知识结构的完善、研究视野的扩大等等。二是需要加强理论的提升。冷战史实际上是一个跨学科的研究领域，内容非常丰富、复杂，需要借鉴其他相关学科的理论和方法。现在，西方学者已经将国际关系、政治学、社会学、宗教学、文化学等学科的理论与方法与冷战史研究有机地结合起来，大大深化了冷战史的研究。三是需要进一步发掘使用中国的档案资料，包括地方档案馆的资料。

当然，这些问题中有些是国内世界史研究面临的普遍问题，并且大家也都开始关注，并采取了一些有针对性的措施。例如，国内已有多位知名学者撰文呼吁要加强冷战史研究与国际关系理论的结合，提高国际关系史研究者的理论素养，并大力倡导从国际史和跨国史的视角对一些重大问题来展开研究。这些理论和方法的运用，都是为了帮助我们更好地揭示出历史发展进程的复杂性。同时，为了培养复合型人才，现在一些高校还开设外国语言与外国历史本科专业，并特别重视学生对小语种的学习，这是一个非常好的做法，势必会对今后我国世界史学科的发展起到有力的推动作用。相信经过若干年的不懈努力，国内对包括冷战史研究在内的世界史研究，不论是在深度还是广度方面都一定会有很大的提升，在国际学界的影响力也会愈益增强。

问：现在进入了大数据时代，这也引起了很多史学研究者的关注。您认为大数据对历史研究特别是世界史研究会产生怎样的影响？

答：首先，大数据时代的来临为我国的世界史研究带来了前所未有的发展机遇，极大地改善了世界史研究的条件，对世界史学科发展的影响无疑是巨大的。在过去很长一段时间里，由于缺乏充分的档案文献资料，我国世界史学科的发展受到很大制约，而大数据时代的到来在很大程度上改变了这种状况。

数量众多的大型数据库的出现极大地丰富了研究者可资利用的资料，很多学者称之为"史料革命"。图书、报纸、期刊、政府档案、日记等资料的数字化为研究者提供了极大的便利。不论是史料的数量还是种类，与以往相比确实是不可同日而语。例如，研究美国史的学者常用的"美国历史文档"系列数据库收录了 1639 年至 20 世纪末超过 4000 万页的原始文献资料，包括美国早期印刷品、美国早期报纸以及美国国会文献等。盖尔公司开发的"盖尔学术资源"收录了 15 世纪以来出自美国国家档案馆、英国国家档案馆、美国国会图书馆、英国国家图书馆以及哈佛大学、牛津大学等图书馆所收藏的原始资料、报刊、手稿和书籍达 1.7 亿页，内容以英国史和美国史为主，包括美国解密档案在线、珍稀原始典藏档案等数十个系列。

大数据时代使得世界史学者获取研究资料的途径、方式更为便捷。以往，国内世界史文献资料大都集中在北京、上海等地的科研机构和高校，只有国家图书馆和极少数高校的图书馆收藏一些国外的缩微资料，而且很不全面、系统。研究者要想利用原始档案只能去国外的档案馆或图书馆抄录、复印。20 年前，笔者就曾在美国国家档案馆以及肯尼迪、约翰逊和福特总统图书馆进行了一年的资料收集工作。当时确定的研究方向是冷战时期美国的对华政策，主要是从杜鲁门政府至尼克松政府时期。每天在档案馆都要查阅几盒子的档案，并且复制或抄录那些美国国务院编的《美国对外关系文件集》中所没有收录的、自己觉得有研究价值的档案。当时抄录和复印了近万页有关冷战时期美国对华政策的原始资料，而如今大部分资料都可以在相关的数据库中很方便、快捷地查阅到。应当说，随着越来越多的数据库的引入，世界史原始资料匮乏的问题在一定程度上已经得到了解决。

同时，数据库也是对纸质资料的重要补充。举例来说，由美国国务院编的《美国对外关系文件集》长期以来一直是国内外学者研究美国外交史和国际关系史的重要参考资料。由于受到美国档案解密制度以及篇幅等因素的制约，该套系列中收录的不少文件在出版时没有完全解密，只能部分收录，或者根本没有收录，使得研究者对一些问题的了解很不全面。现在通过查阅 Gale 公司的"美国解密档案在线"或 Proquest 公司的"数字国家安全档案"

等数据库获得的有关信息就要丰富得多，在一定程度上弥补了《美国对外关系文件集》收录资料的不足。另有一些颇有参考价值的资料，由于篇幅较大，有的多达上千页，不可能收录到该系列中，只能在相关数据库中查阅。因而，学者们在进行课题研究时，应尽可能将电子资源与纸质文献相互参照。

数据库收录的大量可资利用的资料使得研究者的选题更具多样性，对一些问题的探究也更为深入。原来有些颇有学术价值的选题，由于缺乏足够的原始材料支撑，难以深入下去，使得研究者最后不得不忍痛割爱。随着相关资料的大量涌现，这种状况在一定程度上得到改变。就美国史而言，多年来国内学者的研究较多地集中在政治史、外交史等方向。而如今随着资料的增加和获取资料的便利，很多学者转向城市史、社会史、文化史、移民史、疾病史和环境史等领域，大大拓展了国内美国史研究的领域。在深度方面，近些年随着越来越多的原始文献资料数据库的引入，国内世界史学者已经可以在某些方面像美、英学者那样进行较为微观和精细的研究，特别是在古典文明、英国史、美国史和冷战史等领域，对一些问题的探究应当说具有了相当的深度。随着大数据时代的到来，国内世界史研究的水平和质量都有了较大提升，与国际史学界展开平等对话和交流的能力也会进一步加强。

在研究方法上，大数据对传统的史学研究方法产生了一定的影响，特别是计量方法和比较方法的使用。大数据的核心是对海量的相关数据资料进行量化分析，并据此得出相应的结论。以往，由于缺乏必要的资料，国内世界史学者要想对一个问题阐释清楚尚有困难，更谈不上对其进行定量分析和比较研究了。大数据时代使得这种状况开始发生改变，有学者已经尝试将大数据分析用于研究经济史、人口史、环境史。但是，真正运用计量和比较方法取得的有价值的世界史研究成果目前还不多见。如何在世界史研究中更好地运用计量方法仍然是学者们面临的一大难题。

同时，值得注意的是，大数据有可能导致世界史研究的不平衡性进一步扩大。长期以来，国内世界史研究在西方古典文明、美国史、英国史以及日本史等领域所取得的成果较大，研究队伍也具有一定规模；而从事德国史、法国史、俄国史以及非洲史、拉美史等研究的学者人数相对较少，国内主要学术期刊发表的有关论文以及出版的学术著作的数量与前者相比也存在一定的差距。造成这一局面的原因有很多，但缺乏充分的资料无疑是一个重要因素。就目前来看，有关世界史的大型资料数据库的内容仍集中在美国史、英国史以及西方古典文明等领域，数据库公司以及材料来源也大都在美、英等西方国家，有可能导致世界史研究队伍、研究成果的进一步失衡。这种状况在短时期内难以改变，但应引起人们足够的注意，并采取相应的有效措施，以便使我国的世界史研究能够较为全面地向前推进。

史料固然是历史研究的重要基础，但占有充分的文献资料只是学术研究的第一步。大数据并没有而且也不会对传统历史研究的理论和方法产生根本性变革，更不能改变历史学的人文属性。实际上，大数据时代对世界史研究者的学识、能力和素养等都提出了更高的要求，更需要研究者对史料进行审慎地辨析、解读和阐释。大数据时代愈发需要世界史学者不断提高自身的理论素养，拓展研究视野，并在研究方法上不断创新。唯有如此，才不会在海量的史料中迷失方向，更好地驾驭史料，选取更有价值的课题，构建有意义的"宏大叙事"。

问：您刚才一直强调档案资料的重要性，您在档案收集方面有什么体会？

答：大数据时代的确给人们获得资料带来了极大便利，但在可能的情况下，仍需要学者们到档案馆和图书馆收集原始文献资料。数字化的资料虽然已经是浩如烟海，但也仅仅是档案馆和图书馆所藏文献的很少的一部分。随着人们的选题越来越个案化、多元化，对资料特别是原始资料的要求也就越来越高。很显然，仅靠数字化的资料远不能满足研究的需要。

国际关系史研究的原创研究更需要以档案资料为基础。查阅档案的确比较枯燥，但同时更多的其实是一种享受。当你翻阅一页页的原始档案，你才更能体会历史的厚重和复杂，切身感受历史的发展进程。而每每有所发现，更是如获至宝，欣喜不已。记得当初刚进入美国国家档案馆查阅资料时，面对一大间屋子的档案目录，真不知从何处入手，后来还是请教了档案管理人员，并经过一段时间的摸索，才逐步了解了其分类和收藏情况。在档案馆的每天工作就是翻阅档案、复制和抄录档案。前面说过，自己在美国国家档案馆和相关的总统图书馆所复印和抄录的资料现在很大一部分都可以从数据库中获取，但我觉得当时花的功夫并没有白费。正是因为在档案馆进行了一年的档案收集工作，使自己对冷战时期美国政府对华政策的整体情况不仅有了更为直观的认识，而且对美国政府的决策过程、决策的复杂性等问题也有了进一步的了解。做档案研究必须下苦功夫，扎扎实实，没有捷径可走，这也是历史学者的一个基本功。不过，对于刚踏入史学研究殿堂的研究生来说，我觉得还是先从二手资料入手为好，最大限度地了解所要研究问题的学术史，然后再进行档案研究，这样就不会被淹没其中，同时也才能真正认识和理解档案资料的价值所在，并将二手文献与档案资料进行有机地结合。

现在还记得当初来南开不久去杨先生家请教问题时，先生就送我一本厚厚的油印的《美国外交史中文书籍、论文和资料索引》，其中收录了从 20 世纪初直至 80 年代中期有关美国外交史的中文书籍、论文和资料约 3000 多种，这是先生领导的课题组为编写《美国外交政策史》一书所做的大量基础性工作之一。该索引并非正式出版物，但非常实用，分门别类，分为十几个专题，按图索骥，查阅起来很方便，为研究者了解国内对有关问题的研究状况提供了极大的便利。甚至在今天，这本索引仍有一定的参考价值，因为一些以前的期刊已经停刊，各种数据库或许根本没有收录；有些图书也由于年代久远，也没有收入图书馆的检索系统。

历史研究需要尽可能多地占有资料，特别是原始资料，并且对各种资料进行比对，去伪存真，然后在此基础上进行审慎地分析，提出自己的看法。实际上，我们在研究美国史、冷战史和国际关系史的过程中，对于美国政府的档案文献、相关人物的日记、书信以及回忆录等所谓的第一手资料，也需要进行认真地辨析。总之，掌握的资料越多，对问题的了解也就愈发全面、客观，就更加接近历史的真实。

问：您对中学历史教学有什么看法？

答：对于现在的中学历史教学了解确实不多。通过与一些中学历史教师的接触，结合自身的体会，切实感到中学的历史教育非常重要，因为这一阶段是学生身心发展的关键时期。历史学作为人文社会科学的基础，对一个人的世界观、人生观、价值观的形成和人格的塑造都起着至关重要的作用。作为人文社会科学的基础，历史学的功能是其他学科难以替代的，也是不可能替代的。应当进一步加强中学历史教学，可以将其作为中学生的一门"通识课"，同时尽可能做到中外历史文化的兼顾，以便使学生对中外文明的发展演进都能有一个较为全面、整体的认识和了解。

（原刊于《历史教学》2019 年第 7 期）

作品简介

本书收录了作者在《历史研究》《美国研究》等期刊发表的十多篇论文，主要涉及美国的核外交、美国对古巴的政策和美国对东亚的政策，揭示了冷战时期美国对外政策的复杂性和矛盾性。这些论文发表后曾受到学界的关注，部分论文被《中国社会科学文摘》、中国人民大学《复印报刊资料·世界史》等转载。

作者简介

赵学功，1966年12月生，河北枣强人。1994年6月毕业于南开大学，获历史学博士学位。现为南开大学历史学院教授，教育部人文社会科学重点研究基地南开大学世界近现代史研究中心副主任，兼任国务院学位委员会世界史学科评议组成员。主要教学和研究领域为美国史、国际关系史和世界近现代史，出版学术专著5部，在《历史研究》《中国社会科学》（英文版）等期刊发表论文数十篇。研究成果多次获得省部级奖励。曾入选教育部"优秀青年教师资助计划项目"和教育部"新世纪优秀人才支持计划"项目；2016年入选教育部"长江学者奖励计划"特聘教授。